案例指导

2016~2017年卷

（总第八卷）

浙江省高级人民法院 编

中国法制出版社
CHINA LEGAL PUBLISHING HOUSE

编者语

案例是人民法院审理案件后形成的司法公共服务产品，其作为司法经验和智慧的结晶，体现了案件认定事实和适用法律的规则和技术，是规范司法自由裁量权行使的有效手段，是弥补既定法律规范缺陷的重要措施。加强案例指导工作，充分发挥典型案例的指导作用，对于统一裁判尺度、提升司法能力和水平、加强司法实践和法学教育研究的交流、培养公众的法治思维和规则意识，实现“努力让人民群众在每一个司法案件中感受到公平正义”的司法工作目标均具有十分重要的意义。

《案例指导》是浙江省高级人民法院审判委员会主办的刊物，于2007年5月创刊，至今已出刊44期，刊发各类典型案例504个，其中编发的部分案例入选最高人民法院指导性案例、部分案例作为最高人民法院典型案例向社会公布，社会效果良好。在编辑过程中，我们坚持质量至上的原则，注重指导性、实践性和服务性的统一。至今，我们已先后结集公开出版发行《案例指导》七卷，受到了广大读者的欢迎和喜爱。应广大法官、法律工作者等的要求，我们再次编辑出版这本《案例指导（2016—2017年卷）》（总第八卷），对2016、2017年刊发的案例进行系统的编撰和梳理。本书共收集典型案例54个，按照案例性质不同，分为刑事、民事、行政、国家赔偿四篇，并在刑事案例中按照罪名，在民事案例中按照调整的法律关系不同予以分节编辑，便于读者查找和阅读，对审理类似案件具有参考价值。

由于时间原因，本书疏漏之处在所难免，真诚欢迎社会各界、专家同仁提出宝贵意见。

编者
2018年8月

目　录

Contents

刑　事　篇

▶贪污贿赂类犯罪

民 事 篇

▶合同纠纷

行 政 篇

国家赔偿篇

刑 事 篇

▶危害公共安全类犯罪

001 沈育峰交通肇事案

——“交通肇事后逃逸”的认定

▶裁判要旨

交通肇事后，行为人立即报警并前往交警中队，后在接受公安机关调查取证之前离开交警中队的行为，应认定为“交通肇事后逃逸”。

▶案例索引

浙江省湖州市南浔区人民法院（2016）浙0503刑初62号刑事判决(2016年3月23日)。

▶案情

公诉机关：浙江省湖州市南浔区检察院。

被告人：沈育峰。

湖州市南浔区人民法院经审理查明：2015年3月18日22时45分许，被告人沈育峰驾驶车牌为浙E33556的小型越野客车，行驶至南浔区双林镇墙莫线8千米+640米路段时，追尾汪胜军驾驶的无车牌轻便二轮摩托车，造成汪胜军及轻便二轮摩托车乘客钟芳受伤，后钟芳（女，殁年25岁）经医院抢救无效死亡的交通事故。经鉴定，钟芳符合在交通事故中因头部遭受外力作用致严重颅脑损伤而死亡。经认定，被告人沈育峰行驶时未确保安全距离，且造成事故后逃逸，负事故的主要责任；被害人汪胜军未戴安全头盔、驾驶无车牌轻便二轮摩托车载人，负事故的次要责任；被害人钟芳乘坐无车牌轻便二轮摩托车未戴安全头盔，负自身伤害的次要责任。

另查明，事故发生后，被告人沈育峰立即报警，接警人员让其在现场等待出警，但其离开事故现场，于当日23时17分到达双林交警中队。值班协警告知其必须等待出警的交警回来配合调查取证，但其于23时31分离开双林交警中队。23时37分，交警多次拨打被告人沈育峰的手机，均无法接通。2015年3月19日10时45分，被告人沈育峰主动至湖州市公安局南浔区分局交通警察大队投案，并如实供述了上述犯罪事实。2015年3月20日，被告人沈育峰与被害人钟芳亲属就被害人钟芳在交通事故中死亡的赔偿在湖州市南浔区双林镇人民调解委员会的主持下达成调解协议，约定由被告人沈育峰赔偿被害人亲属人民币101万元，现已履行完毕。被害人亲属已对被告人沈育峰表示谅解。

湖州市南浔区人民检察院指控称，被告人沈育峰违反交通运输管理法规，因而发生重大交通事故，致一人死亡，且交通肇事后逃逸，应当以交通肇事罪追究其刑事责任。

被告人沈育峰及其辩护人对公诉机关指控的犯罪事实和罪名均无异议，其辩护人同时提出，被告人沈育峰不属于交通肇事后逃逸；被告人沈育峰具有自首情节，具备适用缓刑的条件。

▶审判

浙江省湖州市南浔区人民法院经审理认为，被告人沈育峰违反交通运输管理法规，因而发生致一人死亡的交通事故，并负事故的主要责任，且在肇事后逃逸，其行为已构成交通肇事罪。公诉机关及辩护人提出的被告人沈育峰具有自首情节的意见，与庭审查明的事实和相关法律规定相符，予以采纳，依法减轻处罚。被告人沈育峰在事故发生后即打电话报警，且事故后果没有明显扩大，酌情从轻处罚。被告人沈育峰已就赔偿与被害人亲属达成协议，并已履行完毕，且已取得谅解，酌情从轻处罚。根据被告人沈育峰犯罪的事实、犯罪的性质、情节和对社会的危害程度，依照《中华人民共和国刑法》第一百三十三条、第六十七条第一款、第七十二条第一款、第七十三条第二款和第三款之规定，作出如下判决：被告人沈育峰犯交通肇事罪，判处有期徒刑二年三个月，缓刑三年。

一审宣判后，被告人未提出上诉，检察院未提出抗诉，本案判决已发生法律效力。

▶评析

交通肇事逃逸，是指发生重大交通事故后，肇事者为了逃避法律追究，驾驶肇事车辆或者遗弃肇事车辆后逃跑的行为。在审判实务中，主要从以下两个要件把握：一是主观要件，即为了逃避法律追究；二是客观要件，即在接受公安机关处理前，驾驶肇事车辆或者遗弃肇事车辆后逃跑。

本案中，对于被告人沈育峰是否构成“交通肇事后逃逸”，主要有两种意见：一种意见认为，被告人沈育峰不构成“交通肇事后逃逸”。理由是：一是被告人在事故发生后立即报警并前往了双林交警中队，且其后因高血压的正当理由离开交警中队，不具有为逃避法律追究而逃跑的主观故意；二是被告人离开事故现场径直去交警中队等候处理，不宜认定为具有遗弃肇事车辆逃跑的行为。另一种意见认为，被告人沈育峰的行为构成“交通肇事后逃逸”。理由是：一是被告人在接受公安机关处理前，无法定事由或正当理由离开事故现场，应当推定为逃避法律责任；二是被告人肇事后虽采用打电话方式报警，后从警察指定等待处理的地点离开，具有在接受公安机关处理前遗弃肇事车辆逃跑的行为。两种意见的争议焦点在于：

一、被告人沈育峰辩称因高血压身体不适离开交警中队，能否认定为法定事由或正当理由

一般认为，如果没有法定事由或者正当理由离开事故现场，应当推定为逃避法律追究。而关于法定事由或者正当理由，实践中应根据具体案情加以分析，《浙江省高级人民法院关于在审理交通肇事刑事案件中正确认定逃逸等问题的会议纪要》（以下简称《纪要》）仅将肇事者被殴打或者面临被殴打的实际危险而逃离事故现场的情形予以列明，对于其他何种情形能够达到法定事由或者正当理由，《纪要》未作进一步阐述。

本案中，被告人沈育峰于当日 23 时 17 分到达双林交警中队，在值班协警明确告知须等待出警的交警回来后配合调查取证的情况下，仍于 23 时 31 分离开交警中队，且其后来主动切断了交警与其联系的通道。离开之后，其并未马上到医院就医，而是时隔 5 小时后就医。综上，被告人沈育峰离开的理由未达到紧急、迫切的程度，应当认定为无法定理由或正当理由离开事故现场（此处将双林交警中队理解为事故现场，具体理由在第二点予以阐述），故基于此推定其具有逃避法律追究的主观故意。

二、交通肇事后逃逸，能否理解为“逃离事故现场”的行为

根据《最高人民法院关于审理交通肇事刑事案件具体应用法律若干问题的解释》（以下简称《解释》）第三条的规定，“交通运输肇事后逃逸”是指行为人具有本解释第二条第一款规定和第二款第（一）项至第（五）项规定的情形之一，在发生交通事故后，为逃避法律追究而逃跑的行为。《解释》对逃跑的时间和场所并未作明确限定，只要是在肇事后为逃避法律追究而逃跑的行为，都可视为“交通肇事后逃逸”。浙江省高级人民法院《纪要》规定，“以逃离事故现场为一般情形。这里的事故现场，不仅包括交通事故发生现场，还包括与事故发生现场具有紧密联系的空间，如按警察指定等候处理的地点等”。因此，最高人民法院的司法解释和浙江省高级人民法院《纪要》均将类似在将伤者送至医院后或者等待交管部门处理的时候逃跑的情形，囊括在“交通肇事后逃逸”内，使此类逃避法律追究的行为得到严惩。

综上，应当认定被告人沈育峰在交通肇事后，为了逃避法律追究而逃跑，其行为属于“交通肇事后逃逸”。被告人沈育峰在事故发生后第一时间报警，事故损失也没有明显扩大，故法院在量刑时对其酌情从轻处罚适当。

编写人　浙江省湖州市南浔区人民法院　薛苏蓉

浙江省高级人民法院　董晓超

▶破坏社会主义市场经济类犯罪

002 湖州蒙萨家装材料有限公司、湖州随缘物业管理有限公司及何雪峰等非法吸收公众存款、集资诈骗、骗取贷款案

——非法吸收公众存款罪与集资诈骗罪的司法认定

▶裁判要旨

一、行为人以向单位内部职工或亲友集资为名，实际希望或放任内部职工或亲友向社会介绍，通过内部职工或亲友间接向社会公众吸收资金的，可以认定为向社会不特定对象吸收资金。

二、非法占有目的是区分非法吸收公众存款罪与集资诈骗罪的关键。行为人在严重负债的情况下，明知自己没有偿还能力、相关款项必然无法偿还仍予为之，并造成严重后果的，可认定行为人具有非法占有目的。根据主客观相统一的原则，集资诈骗案件中对参与非法集资的共同行为人可以分别定性。行为人主观上没有非法占有他人钱财的共同诈骗犯罪故意，对其在他人集资诈骗过程中所参与的非法集资犯罪行为，连同其前期实施的非法集资行为，均可按非法吸收公众存款罪定罪处罚，相关数额计入非法吸收公众存款犯罪总额。

三、典当行是专门从事典当活动的企业法人，不属金融机构，可以作为非法吸收公众存款、集资诈骗的犯罪对象，成为集资类案件的被害人。

▶案例索引

一审：浙江省湖州市中级人民法院（2015）浙湖刑初字第21号刑事判决（2016年7月15日）；

二审：浙江省高级人民法院（2016）浙刑终371号刑事裁定（2016年9月29日）。

▶案情

公诉机关：浙江省湖州市人民检察院。

被告单位湖州蒙萨家装材料有限公司，住所地湖州市吴兴区飞英街道随缘小区，法定代表人何健健。

被告单位湖州随缘物业管理有限公司，住所地湖州市吴兴区飞英街道随缘小区，法定代表人何雪峰。

被告人何雪峰，男，系湖州随缘置业有限责任公司、湖州随缘物业管理有限公司法定代表人、总经理，湖州蒙萨家装材料有限公司实际控制人。

被告人朱红阳，男，系湖州蒙萨家装材料有限公司、湖州随缘置业有限责任公司、湖州随缘物业管理有限公司出纳。

被告人何健健，男，系湖州蒙萨家装材料有限公司法定代表人、总经理。

湖州市中级人民法院经审理查明：2004年至2014年，被告人何雪峰未经批准，以个人或其开办的湖州随缘置业有限责任公司等名义，以个人、公司相互担保，或以随缘项目的有关房产、车库作抵押的形式，以资金周转、投资经营为名，以支付高额利息为诱饵，采取口头等方式发布集资信息，由公司出纳即被告人朱红阳开具收据或具体经办，先后向谈仁兴等一百余名社会不特定人员以及湖州丰源典当有限责任公司、湖州信立典当有限责任公司等单位非法吸收资金累计人民币94500余万元，造成损失累计人民币8400余万元。

2013年年底至2014年7月，被告人何雪峰在严重负债、缺乏偿还能力的情况下，明知相关款项必然无法归还，仍采取虚构借款用途和自身实力，隐瞒严重亏损等事实真相的手段，以支付高额利息为诱饵，在被告人朱红阳的协助下继续向社会不特定人员非法筹集资金，先后骗取倪文忠等四十余名被害人以及浙江喜盈门木业有限公司、湖州丰源典当有限责任公司等单位提供款项合计5700余万元，至案发时，归还本金1760余万元，支付利息400余万元，实际骗得款项合计人民币3620余万元，用于归还前期债务、支付高额利息等，至案发前未归还。

2013年6月至2014年4月，被告人何雪峰指使被告人朱红阳和其子即被告人何健健，通过签订虚假购销合同、编造贷款用途等方式，以随缘小区的部分房产作抵押，分别以何雪峰、何健健以及被告单位湖州随缘物业管理有限公司、湖州蒙萨家装材料有限公司等名义，先后骗取中国光大银行股份有限公司杭州滨江支行、浙江吴兴农村合作银行股份有限公司城西支行、浙江南浔农村商业银行股份有限公司湖城支行等金融机构提供银行贷款共计人民币2930万元，逾期未归还。

上述期间，何雪峰将部分集资款项用于建造湖州随缘小区，或为了继续非法集资或骗取银行贷款，曾将使用非法集资所得建造的房产用于借款抵押或重复抵押、买卖。因未能归还到期集资款项，还曾与部分债权人签订以房或地下车库抵债协议，或将部分无产权的自建房用于出租。

案发后，公安机关依法查封了随缘小区的相关涉案房产。

湖州市人民检察院指控被告单位湖州蒙萨家装材料有限公司、湖州随缘物业管理有限公司及被告人何雪峰、朱红阳等分别犯非法吸收公众存款罪、集资诈骗罪、骗取贷款罪，向湖州市中级人民法院提起公诉。

两被告单位的诉讼代表人以及被告人朱红阳、何健健对指控的事实及罪名没有异议。

被告人何雪峰及其辩护人认为，何所筹集的资金基本上来源于职工、亲友，属单位内部正常的投资活动，不属于非法集资，不构成非法吸收公众存款罪；其主观上没有集资诈骗的犯罪故意，客观上没有实施非法占有和挥霍他人钱财等诈骗犯罪行为，资金均用于随缘小区的开发经营和周转，案发前具有偿还债务的能力，不构成集资诈骗罪；相关贷款系有关银行行长、经理为了完成信贷任务而上门要求其帮助办理，贷款手续系银行人员包办，不构成骗取贷款罪，要求宣告无罪。

▶审判

浙江省湖州市中级人民法院经审理认为，被告单位湖州蒙萨家装材料有限公司、湖州随缘物业管理有限公司及被告人何雪峰、朱红阳、何健健以签订虚假购销合同，编造贷款用途等欺骗手段取得银行贷款，数额特别巨大，且逾期未归还，其行为均已构成骗取贷款罪。被告人何雪峰、朱红阳未经批准，以资金周转、投资经营为名，采用支付高额利息的手段，向百余名社会不特定人员吸收资金，扰乱金融秩序，数额巨大，其行为均已构成非法吸收公众存款罪。被告人何雪峰在不具有归还能力的情况下，以非法占有为目的，使用诈骗方法向数十名社会不特定人员非法集资，数额特别巨大，其行为已构成集资诈骗罪。在非法吸收公众存款的过程中，何雪峰系主犯，应当依法惩处；朱红阳系从犯，可从轻或者减轻处罚。在骗取贷款的单位犯罪中，何雪峰是直接负责的主管人员，系主犯，应当依法惩处；朱红阳、何健健是其他直接责任人员，系从犯，可从轻或者减轻处罚。依照《中华人民共和国刑法》第一百七十五条之一，第一百七十六条第一款，第一百九十二条，第六十九条，第二十五条第一款，第二十六条第一款、第四款，第二十七条，第六十七条第三款，第五十六条第一款，第五十二条，第五十三条，第六十四条，第七十二条第一款、第三款，第七十三条第二款、第三款之规定，作出如下判决：（一）被告单位湖州蒙萨家装材料有限公司犯骗取贷款罪，判处罚金人民币四十万元。（二）被告单位湖州随缘物业管理有限公司犯骗取贷款罪，判处罚金人民币十万元。（三）被告人何雪峰犯集资诈骗罪，判处有期徒刑十二年，剥夺政治权利二年，并处罚金人民币三十万元；犯非法吸收公众存款罪，判处有期徒刑八年，并处罚金人民币三十万元；犯骗取贷款罪，判处有期徒刑五年，并处罚金人民币四十万元，决定执行有期徒刑十七年，剥夺政治权利二年，并处罚金人民币一百万元。（四）被告人朱红阳犯非法吸收公众存款罪，判处有期徒刑三年，并处罚金人民币十万元；犯骗取贷款罪，判处有期徒刑二年，并处罚金人民币十万元，决定执行有期徒刑三年六个月，并处罚金人民币二十万元。（五）被告人何健健犯骗取贷款罪，判处有期徒刑二年，缓刑三年，并处罚金人民币十万元。（六）公安机关查封的相关涉案房产依法予以追缴，按比例发还被害人，不足部分继续予以追缴。

一审宣判后，何雪峰不服，以无罪为由提出上诉。

浙江省高级人民法院经审理认为，何雪峰上诉提出原判定性错误，要求宣告无罪的理由不能成立，不予采纳。原判定罪及适用法律正确，量刑适当。审判程序合法。据此，依照《中华人民共和国刑事诉讼法》第二百二十五条第一款第（一）项之规定，裁定驳回何雪峰的上诉，维持原判。现裁判已发生法律效力。

▶评析

在审判实践中，非法集资类犯罪是一种备受社会关注、处理难度较大的常见涉众型经济犯罪。就本案的争议焦点来说，法律适用方面既有罪与非罪、此罪与彼罪的问题，又涉及共犯能否分离定性、罪数的转化以及被害人身份的确认等多个经济犯罪疑难问题的司法认定，对今后审理好类似集资类案件具有一定的指导意义。

一、非法吸收公众存款罪中“不特定对象”与“内部集资”的认定

根据刑法规定，非法吸收公众存款等集资犯罪行为的本质特征在于违反规定向社会公众即社会不特定对象吸收资金。2011 年 1 月起施行的《最高人民法院关于审理非法集资刑事案件具体应用法律若干问题的解释》（以下简称《解释》）第一条第一款规定：“违反国家金融管理法律规定，向社会公众（包括单位和个人）吸收资金的行为，同时具备下列四个条件的，除刑法另有规定的以外，应当认定为刑法第一百七十六条规定的‘非法吸收公众存款或者变相吸收公众存款’：（一）未经有关部门依法批准或者借用合法经营的形式吸收资金；（二）通过媒体、推介会、传单、手机短信等途径向社会公开宣传；（三）承诺在一定期限内以货币、实物、股权等方式还本付息或者给付回报；（四）向社会公众即社会不特定对象吸收资金。”从而确立了非法吸收公众存款罪构成所必备的“非法性”“公开性”“利诱性”“社会性”四个基本特征，是审判实践中把握集资犯罪的基本判断标准。同时，该条第二款规定：“未向社会公开宣传，在亲友或者单位内部针对特定对象吸收资金的，不属于非法吸收或者变相吸收公众存款。”该款规定的目的在于明确非法吸收公众与内部集资的区分界限，在一定意义上也是对非法吸收公众存款行为的公开性和社会性两个特征的逻辑展开和具体说明。据此，对集资对象是否特定的判断，既要考察行为人主观上是否仅向特定对象吸收资金，又要考察其客观上所实施的行为是否可控。如果行为人对集资行为的辐射面事先不加以限制、事中不作控制，或者在蔓延至社会后听之任之，不设法加以阻止的，应当认定为向社会不特定对象吸收资金。行为人以向单位内部职工或亲友集资为名，实质上希望或放任内部职工或亲友向社会介绍，通过内部职工或亲友间接向社会公众吸收资金的，也可以认定为向社会不特定对象吸收资金。

本案中，一、二审法院认定被告人何雪峰的行为构成非法吸收公众存款罪，理由如下：1. 据被告人何雪峰供述和相关证据材料，何雪峰案发前于2004 年开始在浙江省湖州市开发经营房地产项目随缘小区，于 2006 年起先后以妻子吴美华为挂名股东等形式变更成立湖州随缘置业有限责任公司、申请成立湖州随缘物业管理有限公司、湖州随缘房产经营有限公司等企业，自己担任公司法定代表人、总经理，在开发建造随缘小区之初并没有多少自有资金，且由于房地产企业无法向银行贷款，只能依靠民间集资来开发建造随缘小区，维持正常运转。2. 在卷的借条单、账册、借款凭证，同案被告人供述以及公司财务人员的证言等证据，证实何雪峰在朱红阳的协助下，违反国家金融法律规定，通过口头等方式发布集资信息，以开发房产、经营周转等为由，以承诺支付月息 1. 5%—9% 不等的高息为诱饵，向社会公开宣传，先后向一百余名社会不特定对象即社会公众非法吸收资金，所筹集资金的规模累计人民币高达94000余万元，显然行为人对集资行为的辐射面和后果难以预料和控制，实际造成损失特别重大，具有严重的社会危害性。3. 大量的被害人陈述或报案陈述证实，何雪峰曾在非法集资过程中向其宣称只要其身边的亲戚朋友有钱肯借给他，有多少他吸收多少，且都愿意支付高息，其出于帮助亲友赚取利息的心理，就不停地有钱凑起来借给何雪峰，集资对象中有的系随缘公司的职工及其介绍的亲友，有的系小区住户、购房者、上门看房者、家政工作人员，有的系其他社会人员，范围并不特定。4. 何雪峰本人在侦查阶段亦多次供认，一开始那几年，其借钱的对象主要是在社会上打过交道、有一定熟悉程度的人，或曾经在其原先创办的湖州雪峰职教中心工作过的职工，或随缘小区的住户以及他们带来认识的人，但从2013年开始，由于很难借到资金了，开始向一些完全不认识的人，靠纯粹支付高息而借款，只要能借到钱，不会考虑对方身份，所供与同案被告人朱红阳的供述以及在案的客观性证据反映的情况相符。综合全案证据，足以认定何雪峰主观上具有向社会不特定对象非法吸收资金的意图，客观上实施了非法吸收公众存款的犯罪行为，严重破坏了金融管理秩序，其行为符合刑法规定的非法吸收公众存款犯罪的构成特征。故何雪峰辩称其所筹集的资金基本上来源于职工、亲友，属单位内部正常的投资活动，不属于非法集资，不构成非法吸收公众存款罪等理由与事实及法律不符，不能采信。

二、集资类案件中“非法占有目的”的认定及其对定性的影响

根据刑法规定，非法占有目的是区分集资诈骗罪和非法吸收公众存款罪等其他集资犯罪的关键所在。行为人主观上是否具有非法占有的目的，应当根据主客观相统一原则加以综合分析认定。对行为人将集资款用于创业投资、股票、期货、房地产等高风险行业的情形，能否认定其主观上具有非法占有目的，不宜一概而论，应当结合行为人的抗风险能力，如自有资金、亏损程度、负债状况等案件具体情况具体认定。行为人明知自己没有偿还能力仍予为之，并造成严重后果的，可认定行为人具有非法占有目的。根据《解释》第四条第三款的规定：“集资诈骗罪中的非法占有目的，应当区分情形进行具体认定。行为人部分非法集资行为具有非法占有目的的，对该部分非法集资行为所涉集资款以集资诈骗罪定罪处罚；非法集资共同犯罪中部分行为人具有非法占有目的，其他行为人没有非法占有集资款的共同故意和行为的，对具有非法占有目的的行为人以集资诈骗罪定罪处罚。”据此，行为人在非法集资过程中产生非法占有目的，应当只对非法占有目的支配下的非法集资犯罪行为以集资诈骗罪定性处罚，对于之前实施的行为，构成非法吸收公众存款罪等其他犯罪的，应按相关犯罪处理，并实行数罪并罚。本案对何雪峰、朱红阳的处理就涉及非法占有目的的认定及其相关定性影响问题。

本案中，关于何雪峰的行为定性问题，一、二审法院根据何雪峰主观故意的演变情况以及非法占有目的的产生时间，对何雪峰的后期行为以集资诈骗罪定性处理，是正确的。理由如下：1. 在卷的专项审计报告、资产评估报告、财务账册、借款凭证等书证以及被告人本人供述和财务人员的证言等证据显示，何雪峰案发前在缺乏自有资金的情况下，投身开发房地产项目，一直靠非法集资、拆东墙补西墙等手段维持项目运转、支付高额利息，导致亏空和损失越来越大。截至案发，何雪峰前期非法吸收公众存款造成的损失为8400 余万元，后期所实施集资诈骗行为造成的损失为 3600 余万元，另欠有关银行和小贷公司等债务为 6400 余万元，累计债务 23000 余万元，而公安机关查封的相关涉案房产经评估价值为 12000 余万元，系严重资不抵债。2. 何雪峰本人在侦查阶段亦多次供认，其当时心里也清楚这样不停地靠高额利息借款下去迟早要出事，但是不借钱来支付前期利息和归还本金的话，就会被债主逼死，只有不停地靠借款来维持僵局，造成拆东墙补西墙，债务雪球越滚越大的恶性循环，直到后来完全借不到钱，欠下巨额债务无法归还，所供与朱红阳的供述以及财务账册等书证能够相印证。3. 在卷的被害人报案陈述、证人证言以及公安机关出具的情况说明等材料显示，何雪峰在客观上实施了虚构事实、隐瞒亏损真相、重复抵押或“一房二卖”等一系列诈骗犯罪行为。在作案过程中，其将已用作借款抵押的房产非法出售给他人，或在资金链断裂外逃之前，将已抵押给银行的房产再次抵债给部分债权人，并唆使对方占领房产，企图逃废债务，造成了相关银行以及部分购房人的不满，相关人员多次到有关部门上访。综合何雪峰事前、事中、事后的一系列客观行为表现，其在严重负债的情况下，明知自己缺乏偿还能力、相关款项必然无法偿还，仍采取虚构事实、虚假承诺还款日期、隐瞒已严重亏损真相等手段，以高额利息为诱饵，先后骗取倪文忠等四十余名社会不特定人员继续提供款项累计高达5000余万元人民币，最终造成集资款共计3600余万元人民币一直无法偿还，事后又存在躲避等逃匿行为，足以认定其在后期已经在主观上形成了以非法占有为目的的诈骗犯罪故意，客观上实施了集资诈骗犯罪行为，其行为符合刑法规定的集资诈骗罪的构成特征。

关于朱红阳与何雪峰的后期行为能否分离定性问题。有人认为，何雪峰与朱红阳之间系共同犯罪关系，应当适用同一罪名。这种观点忽视了集资犯罪的特殊性，不能成立。非法集资是非法吸收公众存款罪和集资诈骗罪共有的基础行为，非法吸收公众存款罪是集资诈骗罪的基础罪名，而集资诈骗罪则是非法吸收公众罪的加重罪名。实践中，根据重行为吸收轻行为的原则，对构成集资诈骗罪的行为人往往按集资诈骗罪一罪处理，但并没有否定其非法集资这一基础行为的存在。本案中，根据主客观相统一原则，鉴于朱红阳主观上没有与何雪峰形成非法占有他人钱财的共同诈骗犯罪故意，对其在何雪峰集资诈骗过程中所参与实施的非法集资犯罪行为，连同其前期实施的非法集资行为，均可按非法吸收公众存款罪定罪处罚，相关数额可计入非法吸收公众存款犯罪总额。

三、典当行能否成为集资类案件被害人

本案中，检察机关将典当行作为非法吸收公众存款和集资诈骗的被害人予以指控。但在审理过程中，涉案的典当行提出异议，认为不能将典当行作为集资类案件被害人。有的还认为，对典当行应当作为金融机构来对待。这一观点于法无据，不能成立。根据中国人民银行于1996年下发的《典当行管理暂行办法》的规定，当时的典当行是以实物占有权转移形式为非国有中、小企业和个人提供临时性质押贷款的特殊金融企业，中国人民银行是典当业的主管部门。2000 年 6 月 23 日，中国人民银行、原国家经贸委联合下发的《关于典当行业监管职责交接的通知》明确指出，经国务院同意，取消典当行金融机构的资格，将原由人民银行监管的典当行业作为一类特殊的工商企业，交由国家经贸委统一归口管理。2003 年国务院机构改革后，典当行的监管又划归商务部负责。根据商务部于 2005 年公布的《典当管理办法》规定，典当行是专门从事典当活动的企业法人，其组织形式与组织机构适用公司法的相关规定，由商务主管部门对典当业实施监督管理。典当行不得经营集资、吸收存款或者变相吸收存款、发放信用贷款等业务。从现行规定以及历史演变的过程来看，典当行是专门从事典当活动的企业法人，目前已不属金融机构，故可以作为一般“单位”成为非法吸收公众存款等集资类犯罪对象和相关案件的被害人。

综上，一、二审法院的相关裁判是正确的。

编写人 浙江省高级人民法院 陈增宝

▶侵犯财产类犯罪

003 刘德俊盗窃案

——通过密码器转走他人账户钱款的定性问题

▶裁判要旨

盗窃罪中的秘密窃取的认定，只要是以平和而非暴力的手段，违反占有人的意思而取得财物，就是盗窃罪中的窃取，而不以实施隐秘方法为条件。

▶案例索引

一审：浙江省杭州市萧山区人民法院（2014）杭萧刑初字第1366号刑事判决（2015年2月10日）；

二审：浙江省杭州市中级人民法院浙杭刑终字第351号刑事裁定（2015年6月24日）。

▶案情

公诉机关：浙江省杭州市萧山区人民检察院。

被告人：刘德俊。

杭州市萧山区人民法院经审理查明：2013年11月15日，被告人刘德俊以向银行贷款需要银行卡现金流转记录（即银行卡“刷流水”）为由，让被害人邵营军帮其刷资金流水。同年11月17日，被告人刘德俊使用假名“秦峰”，以包养名义骗取江丽信任，让江丽办理了工商银行卡、农业银行卡各1张，开通了手机银行和网上银行，并将绑定手机号码设置为被告人刘德俊所使用的手机号码。相关的银行卡、密码器等均由被告人刘德俊保管。同年11月18日、19日，被告人刘德俊和江丽两次来到杭州市萧山区北干街道被害人邵营军的办公室，将江丽卡号为621226120201224××××的工商银行卡、身份证等均交给被害人邵营军，让被害人邵营军帮忙“刷流水”，其支付相应手续费。2013年11月20日，被告人刘德俊称自己因故无法前往，便让江丽独自前往被害人邵营军处“刷流水”，被害人邵营军将498000元转入江丽的工商银行卡内。后被告人刘德俊私自通过手机网银转账的方式将该笔钱转入卡号为622858019905607××××的农村合作银行卡内，并指使张乐到萧山颐高数码广场来剑的数码店内，通过POS机刷卡套现的方式将该笔钱取出，并给张乐好处费1万元。

另查明，案发后，公安民警从被告人刘德俊处扣押现金20700元并发还给被害人；来剑退出好处费3800元，张乐退出赃款7300元，均已发还给被害人。

杭州市萧山区人民检察院指控被告人刘德俊犯盗窃罪，要求依法惩处。

被告人刘德俊对起诉书指控的事实和罪名均提出异议。其辩称其没有参与起诉书指控的事实。其称一名叫孙凯（音）的男子让其找人办银行卡，后其找到江丽，并让江丽和张乐一起办了银行卡，银行卡办好后，其将密码器交给孙凯，后孙凯让其帮忙刷资金流水，其帮孙凯到被害人邵营军处刷了2次资金流水，第3次其没有参与，其将孙凯带至张乐处，后其一直在新桥其家附近没有离开，其不清楚第3次刷流水的情况。另，被告人刘德俊还提出即便认定其参与该起事实，其行为也应当是构成诈骗罪而非盗窃罪。

被告人刘德俊的辩护人提出起诉书指控被告人刘德俊犯盗窃罪事实不清、证据不足，提请法庭对被告人刘德俊宣告无罪。还提出即便被告人刘德俊参与了起诉书指控的事实，也应构成诈骗罪，而非盗窃罪。

▶审判

浙江省杭州市萧山区人民法院经审理后认为：被告人刘德俊以非法占有为目的，秘密窃取他人财物，数额特别巨大，其行为已构成盗窃罪。公诉机关指控罪名成立。被告人刘德俊有盗窃前科，应酌情从重处罚。关于被告人刘德俊及其辩护人提出公诉机关指控的罪名有误，应认定为诈骗罪的辩解和辩护意见，经审理认为，被告人刘德俊指使江丽将身份证、银行卡等交给被害人邵营军，待被害人邵营军将钱款打入江丽账户后，私自使用密码器通过手机银行转账的方式将被害人邵营军打入江丽卡内的钱取走，其主观上有非法占有的故意，客观上采取了秘密的手段取得了他人财物，其行为符合盗窃罪的构成要件，故对上述辩解和辩护意见本院不予采纳。依照《中华人民共和国刑法》第二百六十四条、第五十五条第一款、第五十六条第一款、第五十二条、第五十三条、第六十四条之规定，判决如下：

一、被告人刘德俊犯盗窃罪，判处有期徒刑十年六个月，剥夺政治权利一年，并处罚金 30000 元。

二、尚未追回的被告人刘德俊犯罪所得赃款，继续予以追缴。

一审宣判后，被告人不服提起上诉。

杭州市中级人民法院经审理认为，原判认定的事实清楚，证据确实、充分，被告人的行为符合盗窃罪的构成要件。故裁定驳回上诉，维持原判。

▶评析

本案在审理中有两种观点：一种观点认为被告人刘德俊的行为应认定为诈骗罪；另一种观点认为被告人刘德俊的行为应认定为盗窃罪。笔者认为被告人刘德俊的行为应认定为盗窃罪。

一、被告人刘德俊的行为不构成诈骗罪

诈骗罪是指以非法占有为目的，用虚构事实或者隐瞒真相的方法，骗取数额较大的公私财物的行为。[①] 主观方面行为人具有非法占有公私财物的目的；客观方面表现为行为人采用虚构事实或者隐瞒真相的方式，使财物所有人或者管理人信以为真，“自愿地”交出财物的行为。即诈骗罪的基本构造为：行为人以不法所有为目的实施欺诈行为→被害人产生错误认识→被害人基于错误认识处分财产→行为人取得财产→被害人受到财产上的损害。[②] 也就是说，诈骗罪要求被害人基于行为人的欺诈行为对事实真相产生错误认识，进而出于真实的内心意思而“自愿地”处分财产。

结合到本案，被告人刘德俊客观方面的确有采用虚构事实或者隐瞒真相的方式：1. 以假名“秦峰”与江丽结识，并以包养江丽为名骗使江丽办理银行卡及开通网上银行、办理密码器等；2. 被告人刘德俊与江丽假扮夫妻，并以刷流水为由骗使被害人邵营军向江丽名下的银行卡操作资金流水。但除了行为人“采用虚构事实或者隐瞒真相的方式”以外，诈骗罪客观上还要求被害人基于以上错误认识，从而“自愿地”处分财产。本案中被害人邵营军并没有自愿处分财产的行为，即被害人邵营军并没有基于错误认识“自愿”交付财物给被告人刘德俊。从被害人邵营军的角度看，其实际掌握了涉案的银

---

① 赵秉志：《新编中国刑法学》（下册），中国人民公安大学出版社 1999 年版，第 782 页。

② 张明楷：《刑法学》（下），法律出版社 1997 年版，第 779 页。

行卡（即江丽名下的工商银行卡）及江丽的身份证、银行卡密码等信息。尽管被害人邵营军将钱转入江丽的账户内，但其认为其一直控制着涉案款项，且该控制是唯一的、排他的（被告人刘德俊隐瞒了涉案银行卡办有密码器的事实）。被害人邵营军并没有要“处分”涉案款项的意识，亦没有“自愿”向被告人刘德俊交付涉案款项的行为，且其对涉案款项即将受到被告人刘德俊的控制是完全不知情的。综上，尽管被告人刘德俊在一定程度上使用了诈骗手段，但因被害人邵营军主观上没有自愿处分自己财物的意思表示，客观上亦没有处分自己财物的行为，故被告人刘德俊所实施的行为不符合诈骗罪的构成要件，不应认定为诈骗。

二、被告人刘德俊的行为应认定为盗窃罪

盗窃罪，是指以非法占有为目的，秘密窃取公私财物，数额较大，或者多次盗窃，入户盗窃，携带凶器盗窃、扒窃的行为。在本案中，要认定被告人刘德俊的行为是否构成盗窃罪，就要先认定被告人刘德俊是否具有非法占有的主观目的和是否采用秘密窃取的方式取得他人财物。

首先，被告人刘德俊具有非法占有的主观目的。其次，被告人刘德俊取得财物的手段符合盗窃罪秘密窃取的构成要件。盗窃行为的本质是侵害他人对财物的占有，即违反被害人的意志，将他人占有的财物转移为自己或第三者占有。一方面，盗窃行为破坏或者排除了他人对财物的占有；另一方面，盗窃行为建立了新的占有，使行为人或第三者具有类似所有人的地位。而行为是否具有秘密性，并不直接决定是否存在排除占有与建立占有的事实。故盗窃罪的秘密具有主观性，是指行为人主观上自以为财产所有人或占有人不知晓，因此即使在客观上财产所有人或占有人知晓也符合盗窃罪的秘密特征。换言之，客观上的公开窃取行为，仍然可能实现排除他人对财物的占有和建立新的占有的效果。所以，秘密与否，并不影响盗窃罪的成立。日本学者提出：窃取，本来是指秘密取得之意，但即便公然实施也可构成本罪。[①] 我国学

① 参见［日］西田典之：《日本刑法各论》（第三版），刘明祥、王昭武译，中国人民大学出版社2007年版，第116页。

者周光权认为只要是以平和而非暴力的手段，违反占有人的意思而取得财物，就是盗窃罪中的窃取，而不以实施隐秘方法为条件。[①] 同时，盗窃罪的秘密具有相对性，是指行为时财产所有人或占有人不知晓，即使财产所有人或占有人事后知晓也应当认为符合盗窃罪的秘密特征。根据这一解释，即使被告人刘德俊的取款行为肯定会被被害人邵营军发现，只要被告人刘德俊在取款当时被害人不知晓，就应当认为是秘密窃取。结合到本案，被告人刘德俊指使江丽办卡，并让江丽一人前往被害人邵营军处刷资金流水，最终利用持有的密码器通过网上转账的方式将被害人邵营军的钱转走，最终邵营军肯定能确定被告人刘德俊就是将其钱转走的人，但在被告人刘德俊取款的当下，被害人邵营军是无法知晓的。故应当认定被告人刘德俊的行为系秘密窃取。

最后，涉案的款项的所有权、支配权均属于被害人邵营军。虽然被告人刘德俊是利用自己持有的密码器，将被害人邵营军打入江丽银行卡内刷流水的钱通过网上银行的方式转走，但结合本案实际情况，应认定钱款的所有权、支配权均属于被害人邵营军。被害人邵营军给江丽卡内转款是为给银行卡做资金流水，并没有给付钱款的意思表示。同时，为保证资金安全，江丽自愿将银行卡、其本人身份证、银行卡密码及绑定的手机均交付给被害人邵营军，由被害人邵营军实际控制该账户，该行为可视为江丽自愿交付了对其银行账户内资金的支配权。按照双方的约定，江丽或者刘德俊是无法操控其本人的银行账户的。从被告人刘德俊的行为亦能判断，其本人也认可其银行账户内的钱是属于被害人的，且账户内的钱也是受被害人实际控制和支配的。但被告人刘德俊隐瞒了银行卡有密码器的情况，使得被害人邵营军在不知情的情况下钱款被盗。

综上所述，被告人刘德俊在行为过程中虽然有骗的行为，但从其取得钱款的方式分析，被告人刘德俊在被害人邵营军不知情的情况下，利用密码器将江丽卡内的钱转走，更符合盗窃罪的客观要件；且从被害人邵营军的角度分析，其并没有自愿将钱款交付给被告人刘德俊的主观意识，被害人邵营军

---

① 周光权：《刑法各论讲义》，清华大学出版社2003年版，第108－109页。

掌握着江丽的银行卡、身份证及银行卡绑定的手机，被害人邵营军主观上的认知是钱款均在其控制内。故被告人有“骗”的行为，但其取得钱款的主行为是秘密窃取，故本案应认定为盗窃罪为妥。

编写人　浙江省杭州市萧山区人民法院　吴海云

004　付克兵盗窃案

——冒用他人支付宝账户进行蚂蚁“花呗”套现的定性

▶裁判要旨

蚂蚁“花呗”不属于刑法意义上的“信用卡”，其所设置的消费额度虽与信用卡的授信额度类似，但冒用他人支付宝账户进行蚂蚁“花呗”套现的犯罪行为不构成信用卡诈骗罪或诈骗罪，应以盗窃罪定罪处罚。

▶案例索引

浙江省瑞安市人民法院（2015）温瑞刑初字第1624号刑事判决（2015年9月28日）。

▶案情

公诉机关：浙江省瑞安市人民检察院。

被告人：付克兵。

浙江省瑞安市人民法院经审理查明：2015年6月8日至2015年6月10日，被告人付克兵利用事先知晓的被害人杨平的支付宝账户及密码，通过该支付宝蚂蚁“花呗”先后三次套取人民币8000元，后扣除交付给卖家手续费

10%后实际得款人民币7200元均用于个人还款。

2015年7月30日，被告人付克兵主动到公安机关投案自首并已退赔被害人杨平经济损失人民币8000元。

▶审判

浙江省瑞安市人民法院经审理认为：被告人利用事先知晓的被害人的支付宝账户密码进行蚂蚁“花呗”套现、取现的行为，虽然具有一定的欺骗性质，但仍符合刑法关于盗窃罪的犯罪构成规定，属于秘密窃取公私财物，构成盗窃罪。被告人付克兵能自首，已退赔被害人经济损失，依法予以酌情从轻处罚并适用缓刑。浙江省瑞安市人民法院于2015年9月28日作出（2015）温瑞刑初字第1624号刑事判决：被告人付克兵犯盗窃罪，判处拘役四个月，缓刑六个月，并处罚金人民币1000元。宣判后，被告人未上诉，公诉机关亦未提出抗诉，判决已发生法律效力。

▶评析

随着我国电子商务的普及发展和技术手段的大大加强，我国的电子商务市场呈现爆炸式增长。为有效抢占市场份额和刺激消费者进行网络消费，阿里巴巴旗下的蚂蚁金服适时推出了蚂蚁“花呗”网络支付服务，用户开通后即可免费使用蚂蚁“花呗”设置的消费额度购物，且可确认收货后次月再还款，获得不少网络消费者的青睐。但同时也出现不法分子利用虚构交易进行“花呗”违法套现甚至设局诈骗等犯罪行为。

鉴于网络犯罪立法的滞后和对新类型犯罪认识理解的分歧，实践中对于冒用他人的支付宝进行“花呗”套现行为的定性及处理尚存争议。一种意见认为被告人实施的犯罪行为具有欺骗性质，即通过骗取“花呗”服务提供商代为支付货款而获取利益，应认定为诈骗罪。另一种意见则认为虽然被告人的行为具有一定的欺骗性质，但仍符合刑法关于盗窃罪的犯罪构成规定，应以盗窃罪定性处罚。我们赞同第二种意见。具体理由如下：

一、被告人的犯罪行为不构成信用卡诈骗罪

在司法实践中，冒用他人支付宝、微信等第三方支付中绑定的信用卡的行为，以信用卡诈骗定罪。虽然被告人冒用他人的支付宝账户进行“花呗”套现行为客观上与冒用他人信用卡套现的犯罪行为非常类似，但《刑法》第一百九十六条规定的信用卡诈骗的具体方式只有使用伪造的信用卡、使用作废的信用卡、冒用他人信用卡、恶意透支四种情形。《全国人民代表大会常务委员会关于〈中华人民共和国刑法〉有关信用卡规定的解释》中明确规定：“刑法规定的‘信用卡’，是指由商业银行或者其他金融机构发行的具有消费支付、信用贷款、转账结算、存取现金等全部功能或者部分功能的电子支付卡。”

虽然蚂蚁“花呗”具有很多实体信用卡和网络信用卡的功能和特征，如能购物消费，有免息期，能分期还款，逾期未还还能产生逾期利息，使用方式、用户资金、用户信用的信息化特征明显，交易进行自动化等；但蚂蚁“花呗”仍是网络支付工具，本质就是小额信贷。显然，蚂蚁“花呗”不属于刑法意义上“信用卡”的范围。因此被告人的行为不能以信用卡诈骗罪定罪处罚。

二、被告人的犯罪行为不构成诈骗罪

权威观点认为，诈骗罪区别于盗窃罪的关键点是行为人获取财产的手段不同。“从诈骗罪的构造可以看出，成立诈骗罪首先要求有欺骗行为。诈骗罪中的欺骗行为，表现为向受骗者表示虚假的事项。虚假表示是否属于欺骗行为，关键在于该行为在具体的事态下是否具有使他人陷入或者继续维持认识错误进而处分财产的一定程度的危险性。”① 本案中被告人的犯罪行为并不属于该类欺骗行为。

首先，被告人未向被害人进行“虚假表示”。被告人与被害人是亲戚关系，利用被害人请求其帮忙修改支付宝账户密码的机会获取了被害人的支付宝账户密码，获取方式在法律上属正当获取。可见被告人并非通过欺骗方式

① 张明楷：“论诈骗罪的欺骗行为”，载《甘肃政法学院学报》2005 年 5 月。

获取被害人的支付宝账户密码，而且被告人虽获取了被害人的支付宝账户密码，但并不等于已经实际占有了被害人的财物。

其次，被告人未向蚂蚁“花呗”服务提供商进行“虚假表示”。虽然被告人冒名使用被害人的支付宝账户进行“花呗”套现的行为看似具有一定的欺骗性，但被害人账户中的“花呗”消费额度是蚂蚁微贷根据被害人的支付宝账户的网购综合情况而提供的网购额度。被害人的支付宝账户信息都是真实的，也是支付宝公司所认可的。被告人并未同时实施需重新审核发还贷款的“欺骗行为”来骗取“花呗”服务提供商支付货款而获取利益，套现的最终受害人是支付宝账户所有人。支付宝公司作为一个第三方支付平台，完全是按照支付系统正常的程序来操作。而且从网络经济活动要求资金支付实时、迅速的需要来讲，也不能要求所有的交易过程仍然需在人的直接干预下进行，密码代替用户签名、所有的处理过程均由计算机处理，交易双方只需确认处理结果的正确即可。

可见，无论是被害人，还是支付宝公司都没有基于自愿的意思而将财产交付给被告人，而诈骗罪的本质特征就在于犯罪行为的欺骗性和交付财物的“自愿性”，故被告人的犯罪行为不构成诈骗罪。

三、被告人的犯罪行为属于秘密窃取公私财物

盗窃罪，是指以非法占有为目的，秘密窃取公私财物，数额较大，或者多次盗窃、入户盗窃、携带凶器盗窃、扒窃的行为。“秘密性”作为盗窃罪的本质特征，是盗窃罪与其他侵财型犯罪区分的主要标志。盗窃罪的“秘密性”既具有主观性的特征，也具有相对性的特征。所谓“秘密性”的主观性，是指行为人所采取的取财手段主观上自认为不会被财物占有人当场发觉。至于客观上是否为他人所知，并不影响行为的秘密性。因此，只要行为人主观上是意图秘密窃取，并采取了自认为的秘密窃取手段，即使客观上已被财物占有人发觉或者注视，也不影响盗窃罪秘密性性质的认定。所谓“秘密性”的相对性，表现为行为人主观方面所认识到的秘密性是针对财物的所有人或占有人而言的，并不包括旁观者或者其他人，对其他人而言盗窃行为可能是秘密的，也可能是公开的。

本案中被告人的行为由取得支付宝账户、密码，使用支付宝“花呗”购买商品，退款并取现三个行为组成。第一个取得支付账户密码的行为，是被告人以帮忙修改支付宝账户密码的机会秘密获取了被害人的支付宝账户密码，获取方式在法律上属正当获取。被告人虽获取了被害人的支付宝账户密码，但并不等于已经实际占有了被害人的财物，被害人基于信任将支付宝账户密码让被告人知晓，并不等同于将支付宝交付被告人使用。该取得账户密码行为仅是被告人后续可以使用支付宝的前提。此后，被告人在被害人不知情的情况下利用知晓的支付宝账户密码使用“花呗”购买商品，该行为是三个行为中的核心，属于行为人采取不易被财物所有人、保管人或者其他人发现的方法，将公私财物非法占有的行为。后续的被告人退货套现并取现的行为，只是被告人实现商品货币化的手段。被告的上述三个行为结合在一起所形成的犯罪过程更符合盗窃罪“非法占有为目的，秘密窃取公私财物的行为”的法定构成要件特征。虽然被告人的“冒用”行为有欺骗之嫌，但并非只要使用了欺骗手段导致财产转移的行为就构成诈骗，而且盗窃罪犯罪构成中的“秘密窃取行为”本身就包含一定的欺骗行为。

综上，本案被告人利用事先知晓的被害人的支付宝账户密码进行蚂蚁“花呗”套现、取现的行为属于秘密窃取公私财物，应以盗窃罪定罪处罚。

编写人　浙江省瑞安市人民法院　尹志望　张浩杰

005 巫建福盗窃案

——入户盗窃摩托车钥匙后，利用车钥匙窃取户外摩托车的行为是一次盗窃行为，应认定为“入户盗窃”

▶裁判要旨

一、行为人入户盗窃摩托车钥匙，后利用钥匙在户外窃取摩托车的行为，是在统一犯意之下所实施的先后分步行为，属刑法意义上的一次盗窃行为，而非分别实施的两次盗窃行为。

二、因摩托车钥匙与摩托车之间客观上存在的密切联系，前者成为后者形式占有的载体，具有财产权属性，故入户盗窃车钥匙的行为，在户内即已经对被害人的财产权造成了实质性侵害，属于盗窃行为的着手，因此，即使最终获取摩托车的行为发生在户外，整体行为仍应认定为“入户盗窃”。

▶案例索引

浙江省江山市人民法院（2016）浙0881刑初106号刑事判决（2016年3月23日）。

▶案情

公诉机关：浙江省江山市人民检察院。

被告人：巫建福。

江山市人民法院经审理查明：2015年10月15日14时许，被告人巫建福经过江山市虎山街道被害人应素妹家时，见大门未关，产生盗窃念头，进入室内窃得摩托车钥匙一个、“一字”型起子一把，并用窃得的车钥匙在门口试开车辆，在打开二轮摩托车的电门锁后，因当时盗窃摩托车易被发现，遂先行离开。当晚21时许，巫建福再次到该处，使用窃得的车钥匙将摩托车偷走。经鉴定，涉案起子价值人民币1元、摩托车价值人民币800元。

浙江省江山市人民检察院以被告人巫建福犯盗窃罪向江山市人民法院提起公诉。

被告人巫建福对指控事实无异议。

▶审判

浙江省江山市人民法院经审理认为，被告人巫建福以非法占有为目的，入户盗窃他人财物，其行为已构成盗窃罪。巫建福能如实供述自己的罪行，依法可以从轻处罚。据此，依照《中华人民共和国刑法》第二百六十四条、第六十七条第三款、第五十二条之规定，以盗窃罪判处被告人巫建福拘役三个月，并处罚金人民币1000元。

一审宣判后，检察机关未提出抗诉，被告人巫建福亦未提出上诉，判决已发生法律效力。

▶评析

本案被告人先后在户内外实施盗窃，户内获取财物客观价值微薄，户外窃取财物价值未达“数额较大”标准。故有观点即认为应分别予以评价，户内行为不以犯罪论或属盗窃未遂，户外行为不构成盗窃罪。另一种观点认为，巫建福的行为属一次行为，应整体认定为“入户盗窃”。两种观点的核心差异，除如何区分刑法中的一行为外，主要在于如何界定“入户盗窃”这一入罪标准的内涵。我们同意后一种观点，理由如下：

一、利用“入户盗窃”的车钥匙盗窃“户”外摩托车的行为是一次盗窃行为

理论界对刑法意义上的一次行为认定，有不同观点：

一是同时同地说，即同一时间、同一地点，在侵害行为能力范围内针对所有对象的单个侵害行为是一次行为。二是相对同时同地说，即相对集中的时间、地点连续实施侵害行为的是一次行为。而相对集中的范围由司法人员根据个案情况依司法经验判断。三是概括犯意说，即基于一个概括的犯意，完整地实施的一系列的侵害行为的，为一次行为。

三种观点逐步由自然意义走向规范意义认定，实践中均具借鉴意义。我们认为，行为次数认定的意义有两点：一是如何在概括故意的表象下，更精确地界定“多次行为”的入罪标准，即在规范基础上考量自然意义；二是如何在分步实施的表象下，厘清因果链条，更准确地认定罪名，即在自然基础上考量规范意义。前者侧重于自然认定，以从严打击；后者侧重规范认定，以罪责统一。本案属后一情形，可结合行为要素具体分析。

1. 时间。一行为的时间通常是连贯的，但行为需分步完成时，会存在时间间隔。在分步实施中，如因时间间隔而导致前一步行为对最终结果的因果链条断裂，行为人再次实施不得不重复预备、着手、实施等一系列动作，那么前后行为就应认定为刑法意义上的数行为。如分步行为已完全符合单独罪名构成，涉及罪数论问题，需衡量总体行为和分步行为的构成，才能准确厘定。

2. 地点。地点是刑法保护的法益存在的，能够为一次行为所能影响到的相对隔离的空间。因为法益多具象为特定物体，所以一般情况下一次行为所涉及的空间应是同一或相对集中的。但在刑法保护的法益由多个物体共同体现的情况下，如分开分别存放的商业秘密文件等，先后分步盗窃文件的行为属一次行为，所涉及的每个地点均属于行为地点。

3. 犯罪意图。一行为的犯意应具有特定性和明确性。在连续犯、牵连犯等概括故意场合，概括故意之下的多个犯意虽具有联系，但因每个犯意已具有明确性，且分别构罪，即使最终从一重处认定为一罪，仍属数行为。犯意对行为完成程度也具有影响，如根据犯意某行为已结束，后续行为属另起犯意，即使前后行为存在联系，甚至可以涵盖在一个构成内，也不宜认定为一行为。

4. 完成程度。一次行为的实施，是完整完成行为人犯罪意图，或虽未完成，但在当时条件下行为已实施终了。而分步行为的结果，距离总体犯意所针对的法益侵害程度存在距离，如分别对每次行为进行评判，反而使其总体行为得不到充分评价。

所以，不能仅以时间或空间间隔为由认定行为次数，而应综合考量犯罪意图、完成程度及行为是否能够得到刑法的充分评价角度综合评判。本案中，首先，巫建福的前后行为虽存在明显间隔，但目的明确，即窃取户外的摩托车，盗窃车钥匙在行为人的认知上并非一个独立或完整形态。其次，巫建福盗窃车钥匙，并利用钥匙盗取摩托车的因果链条始终未被客观事实所阻断，如入户行为被发现、摩托车防护措施出现变化或放置位置有重大变动等，致使巫盗窃摩托车的行为需重新着手实施。而其试开摩托车后暂行离开的行为，也非被迫因客观行为而中断，系其为安全起见作出分步实施行为的选择。最后，其行为目的特定、统一，主观上，盗窃车钥匙也并非为了车钥匙自身微薄的客观价值，而是为了实现车钥匙与摩托车之间的特定联系所体现的使用价值；客观上，盗窃车钥匙的行为无法独立符合完整构成要件，进而被评价为单独的盗窃行为。此种认定也可以通过侧面得到司法解释的认同，如《最高人民法院、最高人民检察院关于办理盗窃刑事案件适用法律若干问题的解释》第五条规定，盗窃记名权利凭证的案件中，以盗窃凭证后兑现数额认定犯罪数额，即将窃取凭证和窃取财产视为整体行为，立足于最终对象财物价值，而非截断链条分别讨论权利凭证和财产的价值。综上，巫建福的前后行为应认定为一行为。

二、利用“入户盗窃”所得车钥匙在户外窃取摩托车的行为应认定为“入户盗窃”

有观点认为，“入户盗窃”是以盗窃为目的的入户，并在户内获取财物的行为。我们认为，“入户盗窃”并不要求盗窃行为的着手和完成均在户内。

通说认为“入户盗窃”是以盗窃为目的的入户行窃的行为，仅主张入户着手实施盗窃行为是必要的，而非认为获取财物这一既遂标准必须在户内完成。实践中也完全存在户内着手、户外既遂的可能，如入户行窃被发现后跑脱的，其既遂就系在户外完成，此种情况，当然属于一般认知的"入户盗窃"。前文已述，财物是否在户内，与权利人是否在户内保护有财产权并非完全重合。权利人可以通过占有户内的载体，实现对别处关联财物的形式占有，因此，窃取户内形式占有载体的行为，已经侵犯了权利人对关联财物的控制，对财产权的侵犯在此时已经发生，应属盗窃行为着手。这符合一般认知，如入户窃取存折后在银行获取钱款的行为，受害人一般会认为自己的财产权在户内已经受侵犯，而不是始自金融机构。同时，也符合如前述司法解释对记名凭证的认定逻辑。从司法效果来看，亦会避免相关观点那样强行割裂一行为分开讨论，或因"户"外财物均价值不足，不以盗窃罪论的尴尬情况，并与入户盗窃凭证未获取财物行为以盗窃未遂论处的司法惯例保持平衡，避免冲突。

另外，并非所有与他处财物具有联系的物品都可以认定为观念占有的载体，需综合考量：1. 联系的直接性。载体的使用价值应当直接体现出财产性，反之不然。例如，身份证件如果可以直接领取财物，属于载体，如尚需要其他行为配合才能与财物取得直接联系，则不宜认定。2. 联系的必要性。在如记名凭证、证券等与关联财物具有唯一联系的场合，即使后续获取关联财物仍需实施复杂的行为，因凭证是最终获取财物的必需途径，应视为载体，实务观点对此也予认可，如将窃取银行存单后冒名取款的行为认为盗窃罪，而非使用了虚假手段才获取直接控制的诈骗罪①。3. 联系的效用性。在获取财物未必一定要通过载体的场合，如窃取户外的车辆并非一定要获取车钥匙等，需要考量联系的效用性。就社会认知而言，车辆之所以能够安心放置在"户"外公共场所，是因为可以解锁并驱动车辆的钥匙已经被权利人安全控制在"户"内，一旦获取钥匙，就意味着可以相对轻易地在"户"外实现对车辆的控制，即整体行为中，获取钥匙的行为较启动车辆的行为更为重要，

---

① "张泽容、屈自强盗窃案"，参见中华人民共和国最高人民法院刑事审判第一、二、三、四、五庭主办：《刑事审判参考》第52期，法律出版社2007年版。

据此，车钥匙应视为形式占有的载体。

综上，本案中，巫建福在户内外先后实施的行为系在统一犯意之下进行，且未被客观上事实切断前后因果联系链条，应当认定为一次盗窃行为，巫建福的整体盗窃行为系先后在户内外分步完成。此外，巫建福明确地具有利用车钥匙盗窃摩托车的故意，且其入户窃得的摩托车钥匙具有开启车锁和启动摩托车的多种功能，一般社会认知标准也均将其视为摩托车形式占有的权利载体，故巫建福所实施的盗窃行为在入户阶段就已经侵犯了被害人对摩托车的形式占有，即使其盗窃行为的完成阶段——窃得摩托车的行为系在户外实施，但整体仍应认定为“入户盗窃”。

编写人　浙江省衢州市中级人民法院　殷一村

浙江省江山市人民法院　徐升

006　叶华峰、林俊华等九人诈骗案

——利用网络交易平台控制指数升降而亏空客户款项行为的定性及刑事责任的区分

▶裁判要旨

一、行为人出于非法占有他人财物的目的，采取虚构事实、隐瞒真相、设置圈套的方法诱使他人在非法网络交易平台进行贵金属等投资，并以欺诈手段误导客户操作、控制指数升降，从而骗取他人财物，数额较大的，构成诈骗罪，应当依照《中华人民共和国刑法》第二百六十六条之规定定罪处罚。

二、三人或三人以上为实施诈骗犯罪行为而组成较为固定的犯罪组织，

并事前预谋成立虚假公司，采取公司化运作模式，公司各成员间分工明确、具体，应认定为犯罪集团。对成立公司并按投资股份分享收益的被告人，均应对集团全部诈骗数额承担刑事责任。对按照公司要求分成不同小组，以各自诈骗所得提成而获得收益的被告人，均应对其参与的诈骗数额承担刑事责任。

▶案例索引

浙江省宁波市鄞州区人民法院（2015）甬鄞刑初字第30号刑事判决（2015年5月22日）。

▶案情

公诉机关：浙江省宁波市鄞州区人民检察院。

被告人：叶华锋、林俊华等九人。

2013年10月，被告人叶华峰、林俊华、黄国圆、张桃妹四人经商议组建福州杰讯电子商务科技有限公司（以下简称福州杰讯公司），被告人叶华峰、林俊华各占35%的股份，被告人黄国圆、张桃妹各占15%的股份，公司坐落于福建省福州市仓山区浦上大道万达广场内，未办理工商注册登记等任何手续。2014年1月下旬，福州杰讯公司更名为华峰电子商务有限公司（以下简称华峰公司），被告人叶华峰、林俊华变更为各占30%的股份，被告人黄国圆、张桃妹变更为各占20%的股份。

2013年10月至2014年1月，原福州杰讯公司通过招募业务员从事所谓的网络营销、推广贵重金属投资业务，对所招募来的业务员进行培训指导，要求业务员在网上申请新的QQ号或利用公司配发的QQ号在网上寻找客户。业务员根据公司要求，在网上包装虚假身份、编造投资贵金属获利的假象诱骗客户进入该公司指定的网上不法交易平台进行贵金属炒作，使客户陷入贵金属网上投资的骗局。该公司进而与网上不法交易平台相互配合，通过操控指数升降和误导客户操作的手段，骗取客户的资金。其中，被告人叶华峰冒充“贵金属理财顾问”与网上不法交易平台配合、操控客户交易；被告人林俊华负责公司培训等日常管理工作；被告人黄国圆、张桃妹兼为业务员，又为公司招募其他业务员，并对新业务员进行培训及工作指导；被告人范伟负责该公司的财务及后勤保障工作。

自2013年11月至2014年1月，原福州杰讯公司利用上述诈骗手段骗取被害人资金共计人民币2102929元。具体如下：

1. 2013年10月，被告人黄国圆利用QQ网名为“钻石糖”的女性身份在网上搭讪结识被害人曹志刚并骗取其信任后，诱骗曹志刚进行贵金属炒作，并介绍由被告人叶华峰冒充的专业理财师（QQ网名为“贵金属理财顾问”和“黄秋荣”）给曹志刚。曹志刚在被告人叶华峰的指导下到陕西金叶平台开户，进行白银、蓝田玉等炒作。2013年11月至2014年1月中旬，被告人叶华峰与该交易平台相互串通配合，通过指数升降和误导操作的方法，骗取曹志刚资金共计人民币1103316元。

2. 2013年11月初，该公司业务员被告人魏斌通过QQ聊天向一网友推介贵金属炒作，并向其介绍被告人叶华峰冒充的“贵金属理财顾问”，后该网友介绍其朋友被害人王咏芳前来，王咏芳在被告人叶华峰的指导下到陕西金叶平台开户，炒作白银、蓝田玉等。被告人叶华峰指示被告人魏斌在模拟软件上进行炒作，向网友传递贵金属炒作盈利的假象，诱使王咏芳陷入投资骗局。2013年11月初至2014年1月中旬，被告人叶华峰与该交易平台相互串通，通过操控指数和误导操作的方法，骗取王咏芳资金共计人民币179444元。

3. 2013年11月，该公司业务员被告人陆罗穗利用QQ网名为“綷福”的女性在网上搭讪结识被害人太文并骗取其信任后，编造贵金属炒作获利的假象诱骗太文投资，并介绍由被告人叶华峰冒充的“贵金属理财顾问”给太文。太文在被告人叶华峰的指导下到陕西金叶平台开户炒作白银、蓝田玉等。被告人叶华峰、陆罗穗诱骗太文加大资金投入后，利用太文委托被告人陆罗穗代为操作之机，通过交易平台控制指数升降亏空太文账户内的资金，从而骗取太文资金共计人民币44172元。

4.2013年12月16日，该公司业务员被告人陆建云利用QQ网名为“辉”的男性在网上搭讪结识了被害人朱亚波，经过多日网聊熟络之后，被告人陆建云得知朱亚波在股市中亏损，便借机介绍投资贵金属获利不菲的“杨小依”给朱亚波，同时用QQ网名“钻石糖”假扮“杨小依”进一步诱骗朱亚波，并介绍由被告人叶华峰冒充的“贵金属理财顾问”给朱亚波。之后被害人朱亚波在被告人叶华峰的指导下到陕西金叶平台开户，炒作白银、蓝田玉等。其间，朱亚波又先后介绍其朋友苏亚玲、陈林、周勤在被告人叶华峰的指导下到陕西金叶平台进行白银、蓝田玉等的炒作。被告人叶华峰、陆建云与该交易平台相互配合，诱骗被害人朱亚波、苏亚玲、陈林、周勤加大资金投入后，操控指数升降导致四被害人爆仓亏空，从而骗取朱亚波人民币531382元，苏亚玲人民币18819元，陈林人民币105842元，周勤人民币31556元。

5.2014年1月初，该公司业务员被告人苏宝妹通过QQ网上聊天搭讪结识了被害人王学军并骗取其信任后，编造炒作贵金属获利的假象诱骗王学军投资，并介绍由被告人叶华峰冒充的“贵金属理财顾问”给王学军。后王学军在被告人叶华峰的指导下到陕西金叶平台开户，炒作白银、蓝田玉等。被告人叶华峰通过交易平台操控指数的方式亏空被害人的资金，从而骗取王学军资金共计人民币88398元。

2014年3月19日，被告人叶华峰、林俊华、张桃妹、范伟、陆建云、黄国圆被民警抓获。同年8月26日9时许，被告人苏宝妹到福建省福州市公安局盖山派出所投案。同年9月9日，被告人魏斌到福建省屏南县公安局岭下派出所投案；同日，被告人陆罗穗到江苏省南通市公安局崇川分局投案，三人均如实供述了自己的主要犯罪事实。

案发后，被告人林俊华退缴非法所得人民币199500元，被告人陆罗穗退缴非法所得人民币9000元。在本院审理期间，被告人范伟退缴非法所得人民币10000元。

宁波市鄞州区人民检察院指控认为：被告人叶华峰、林俊华、黄国圆、张桃妹、陆建云、范伟、魏斌、苏宝妹、陆罗穗以非法占有为目的，虚构事实，隐瞒真相，骗取他人钱财，其中被告人叶华峰、林俊华、黄国圆、张桃妹、陆建云、范伟诈骗数额特别巨大；被告人魏斌诈骗数额巨大；被告人苏宝妹、陆罗穗诈骗数额较大，其行为均已构成诈骗罪；且在共同犯罪中，被告人叶华峰、林俊华、黄国圆、张桃妹、陆建云、魏斌、苏宝妹、陆罗穗均系主犯，被告人范伟系从犯；被告人魏斌、苏宝妹、陆罗穗有自首情节。

▶审判

浙江省宁波市鄞州区人民法院经审理认为，被告人叶华峰、林俊华、黄国圆、张桃妹、陆建云、范伟、魏斌、苏宝妹、陆罗穗以非法占有为目的，采用虚构事实、隐瞒真相的方法，结伙骗取他人钱财，其中被告人叶华峰、林俊华、黄国圆、张桃妹、陆建云、范伟诈骗数额特别巨大，被告人魏斌诈骗数额巨大，被告人苏宝妹、陆罗穗诈骗数额较大，其行为均已构成诈骗罪，且构成共同犯罪。公诉机关指控的罪名成立。在共同犯罪中，被告人叶华峰、林俊华组织策划实施诈骗犯罪，是诈骗集团的首要分子，被告人黄国圆、张桃妹兼为业务员，又为公司招募其他业务员，并对新业务员进行培训及工作指导，均系主犯，依法按照集团所犯的全部罪行处罚；被告人陆建云、魏斌、苏宝妹、陆罗穗在其各自参与的共同犯罪中起主要作用，均是主犯，应当按照其所参与的犯罪数额处罚。被告人范伟在其参与的共同犯罪中起次要作用，系从犯，依法应当减轻处罚。被告人魏斌、苏宝妹、陆罗穗犯罪以后自动投案，如实供述自己的罪行，是自首，依法均可从轻处罚。被告人叶华峰、张桃妹、范伟到案后均能如实供述自己的主要犯罪事实，依法均可从轻处罚。被告人林俊华、范伟、陆罗穗案发后能退缴部分赃款，又可酌情从轻处罚。各被告人的辩护人分别对此提出的辩护意见，均予以采纳。根据本案中被告人魏斌、陆罗穗犯罪的性质、情节，依法不能适用缓刑，其辩护人就此提出的辩护意见，不予采纳。遂于2015年5月22日作出如下判决：被告人叶华峰犯诈骗罪，判处有期徒刑十二年六个月，并处罚金人民币十五万元；被告人林俊华犯诈骗罪，判处有期徒刑十一年六个月，并处罚金人民币十五万元；被告人黄国圆犯诈骗罪，判处有期徒刑十一年，并处罚金人民币十万元；被告人张桃妹犯诈骗罪，判处有期徒刑十年六个月，并处罚金人民币八万元；被告人陆建云犯诈骗罪，判处有期徒刑十年，并处罚金人民币五万元；被告人范伟犯诈骗罪，判处有期徒刑三年六个月，并处罚金人民币三万元；被告人魏斌犯诈骗罪，判处有期徒刑三年，并处罚金人民币三万元；被告人苏宝妹犯诈骗罪，判处有期徒刑一年十个月，并处罚金人民币二万元；被告人陆罗穗犯诈骗罪，判处有期徒刑一年，并处罚金人民币一万元；暂扣在公安机关的作案工具笔记本电脑、电脑、U 盘等均予以没收；责令九被告人继续退赔相关被害人的财物损失。一审宣判后，被告人未提起上诉，公诉机关也未提起抗诉，一审判决已发生法律效力。

▶评析

一、被告人的行为构成诈骗罪

在本案审理过程中，对九被告人的行为构成何罪，存在以下几种观点：

第一种观点认为，被告人的行为构成非法经营罪。理由是：被告人未经国务院期货监督管理机构批准，违反国家规定非法经营变相的贵金属、蓝田玉期货业务，经营数额达 200 万余元，情节严重，其行为构成非法经营罪。

第二种观点认为，被告人的行为构成盗窃罪。理由是：被害人将资金投入陕西金叶平台自己开设的账户，该账户密码、身份信息等均由被害人掌控。被告人在被害人不知情的情况下，通过网络平台提走被害人账户中的款项，符合盗窃罪中“秘密窃取他人财物”的行为特征。

第三种观点认为，被告人的行为构成诈骗罪。理由是：被告人实施了虚构事实、隐瞒真相的行为；作为受骗者陷入了认识错误，并基于错误认识处分自己的款项至网络交易平台，使被告人通过掌控的网络平台的后台获取该大部或全部款项。从上述结构分析，被告人的行为完全符合诈骗罪的行为特征。

法院最终认定九被告人的行为构成诈骗罪。我们认为，法院的裁判是正确的。具体理由如下：

（一）九被告人的行为不构成非法经营罪

非法经营罪中被告人的主观目的特征是在经营活动中扰乱市场秩序，一般情况是获取经营利润。本案部分辩护人之所以提出本案应定为非法经营罪，其主要参照的是《刑事审判参考》第 727 号刘溪、聂明湛、原维达非法经营案[①]，认为九被告人的行为特征与该案有极其相似之处，即采取欺骗手段诱使网民购买贵金属、蓝田玉的行为本质上属于非法经营变相的期货业务活动，客观上符合国务院《期货交易条例》中有关变相期货交易的特征，主观目的只是谋取贵金属、蓝田玉转让的差价，仅仅是为了营利，并不具有非法占有的目的，因此本案被告人构成非法经营罪。我们认为，本案与刘溪、聂明湛、原维达非法经营案的不同之处是：后者被告人采取与被害人订立合约的方式，允许被害人存入保证金在交易平台上买涨买跌，被告人从中收取高额佣金，不具有非法占有被害人财物的目的，而前者被告人与被害人之间并没有签订合约，不存在收取交易佣金而获利，被告人采取控制交易平台指数升降，让被害人产生可以获取高额收益的错误认识，诱使被害人设立账户并存入大量钱款，然后通过陕西金叶平台后台亏空被害人存入的大部或全部款项，具有非法占有的目的，符合诈骗罪的行为特征。

（二）九被告人的行为不构成盗窃罪

盗窃罪最基本的特征是秘密窃取他人财物。秘密窃取包括主、客观两方面的内容，即客观上是采取隐蔽的方式取走他人财物，主观上行为人自认为被害人不知晓。只要行为人采取秘密的、自认为财物所有人或管理人所知晓的方法取走财物，不管第三者是否知晓，也不问行为人是否以为第三者知晓，均不影响盗窃罪的成立。秘密窃取的对象包括所有人和财物管理人。本案中，被害人在陕西金叶平台开设账户，该网络平台对其账户中的资金安全负有管

---

① 参见任素贤、于书生：“刘溪、聂明湛、原维达非法经营案——以现货投资 Q 名义非法代理境外黄金合约买卖的行为，如何定性”，载《刑事审判参考》2011 年第 5 集，法律出版社 2012 年版，第 23 页。

理之责，被告人通过陕西金叶平台后台将被害人账户中的资金提走，对于作为被害人账户资金管理人的陕西金叶平台而言，九被告人不符合盗窃罪中“秘密窃取他人财物”的行为特征，故不宜以盗窃罪定罪处罚。

（三）九被告人的行为符合诈骗罪的构成特征

1. 被告人主观上具有非法占有他人财物的故意。诈骗犯罪都是以非法占有为主观故意，被告人在主观上是否具有非法占有目的，能否判定其具有诈骗犯罪的主观故意，是认定诈骗罪的关键。本案中，被告人主观上具有非法占有的故意，主要体现在以下几个方面：（1）虚假的贵金属、蓝田玉网络炒作。被告人打着虚假的“贵金属、蓝田玉”网络炒作幌子，利用网络交易平台按照自己的意愿控制指数升降，先让客户尝到升值的甜头，待客户向账户中注入大量资金后，亏空客户资金，明显与正常的交易行为相违背，违反了市场交易的本质特征，不是一般意义上的赚取中介费或差价。（2）非法占有的钱财数额巨大。就全案而言，被告人骗取客户钱财合计人民币210多万元，总的数额特别巨大，反映出其主观上具有非法占有他人财物的主观故意。（3）被告人实施了虚构事实、隐瞒真相的诈骗活动。从案情分析，被告人主要实施了预谋成立虚假公司、培训业务员并在QQ上聊天骗取网民信任、在网上包装虚假身份、编造投资贵金属获利的假象、误导客户操作等诈骗手段，骗钱得手后变更公司名称，隐匿账款，反映出其具有非法占有的目的，符合诈骗犯罪的构成特征。

2. 九被告人客观上实施了诈骗犯罪行为。诈骗犯罪的基本构造为：行为人虚构事实和隐瞒真相、对方错误认识、基于错误认识而自愿交付财物（财产受损），这三者之间具有刑法上的因果关系，先后顺序显然。诈骗罪的行为人只有在自己持有他人财物之前就已产生非法占有对方财物的目的，与对方接触过程中，采用虚构事实、隐瞒真相的手段，使对方产生错误认识，从而使本人将财物自愿交付给行为人，方能达到诈骗的目的。根据刑法理论和诈骗罪的构成原理，诈骗罪在客观方面具有以下几个特征：一是非法占有目的的产生时间在非法占有他人财物之前；二是诈骗行为在整个诈骗犯罪过程中始终起手段作用，为了达到非法占有目的，行为人必然要采取一系列的诈骗手段；三是被害人基于被骗信以为真，表面上系自愿交付财物，实际上是被骗的结果。

本案被告人出于非法占有的目的，采取了虚构事实、隐瞒真相的手段，客观上实施了一系列诈骗行为，符合诈骗罪的客观特征。主要体现在：（1）成立虚假公司，在互联网上注册虚拟的QQ账户，事先有预谋、有准备，在没有取得从事贵金属、蓝田玉期货业务资质的情况下，在非法交易平台上从事变相的期货业务。（2）在模拟软件上进行炒作，向网友传递贵金属炒作盈利的假象；（3）利用控制的网络交易平台，初始让客户尝到“增值”甜头，虚构投资所谓的贵金属、蓝田玉可以获得丰厚收益为幌子，诱骗客户加大投入后控制指数升降亏空客户账户资金。（4）变更公司名称，得款后隐匿账款。

二、如何认定诈骗集团及各成员的诈骗数额

犯罪集团是指三人以上为了实施一种或几种犯罪而组织起来的较为固定的共同犯罪组织。被告人叶华峰、林俊华、黄国圆、张桃妹四人组建起比较稳固的犯罪集团实施诈骗，该集团采取公司化运作模式，各被告人按组参与流水线诈骗作业，诈骗所得按公司制定的分配比例给扮演不同角色的成员。被告人叶华峰冒充“贵金属理财顾问”与网上不法交易平台配合、操控客户交易；被告人林俊华负责公司培训等日常管理工作；被告人黄国圆、张桃妹兼为业务员，又为公司招募其他业务员，并对新业务员进行培训及工作指导；被告人范伟负责该公司的财务及后勤保障工作，五被告人的犯罪行为在诈骗集团中具有总体性、组织性，故该五人应当对全案犯罪数额负责。其余四被告人扮演业务员具体实施诈骗行为的被告人，是仅对其诈骗成功的数额负责，还是应当对全案诈骗数额承担刑事责任，是本案审理过程中需认真处理的难点问题。我们认为，本案其余四被告人应对各自的诈骗数额承担刑事责任。主要理由为：一是各业务员在具体实施诈骗犯罪中相互之间被分列到不同的平行小组，相互之间不存在相互领导、指导和穿插配合的情况；二是扮演业务员的各被告人主观上受各自诈骗故意支配，客观上分组实施了各自的诈骗行为。在实施诈骗过程中，各业务员间有着严格的界限，不存在相互穿插配合实施诈骗的情况，体现了各组之间分离性和目的不一致性；三是各业务员根据公司制定的分配制度，其收益按各自诈骗的实际数额提成，相互之间不存在共享诈骗利益。

编写人 浙江省宁波市鄞州区人民法院 苏家成

▶妨害社会管理秩序类犯罪

007 曾炳华等非法获取计算机信息系统数据案

——非法获取计算机信息系统数据罪与提供侵入计算机系统程序罪的界定

▶裁判要旨

被告人事先合谋，分工负责，共同非法获取服务器中的订单数据用于转卖牟利。其中一被告人负责编写程序并利用工作便利将程序存储在服务器中的行为应被评价为共同非法获取订单数据的行为，而非提供侵入计算机信息系统程序的行为。对被告人单独的非法人的行为宜以非法获取计算机信息系统数据罪论处。

▶案例索引

浙江省杭州市余杭区人民法院（2014）杭余刑初字第1050号刑事判决(2014年9月12日)。

▶案情

公诉机关：浙江省杭州市余杭区人民检察院。

被告人曾炳华，男，因本案于2014年4月10日被刑事拘留，同年5月16日被逮捕。

被告人张周生，男，因本案于2014年4月10日被刑事拘留，同年5月16日被逮捕。

被告人林启藩，男，因本案于2014年4月10日被刑事拘留，同年5月16日被逮捕。

杭州市余杭区人民法院经审理查明：厦门欢乐逛网络科技有限公司（以下简称欢乐逛公司）的经营范围包括网络技术服务及计算机软硬件的开发与销售，该公司为浙江淘宝有限公司提供一款第三方应用软件“欢乐逛”。被告人林启藩原系欢乐逛公司软件工程师，且系核心技术人员。

2014年2月底至3月初，被告人曾炳华、张周生为获取利益，与被告人林启藩经事先预谋非法获取欢乐逛服务器中的订单数据用于转卖牟利。被告人林启藩利用其担任欢乐逛公司软件工程师的工作便利，私自编写用于获取用户的订单数据的程序，放置在欢乐逛公司的服务器中，并将程序的存放路径、修改参数的方法、内容及执行的方法提供给被告人曾炳华。被告人曾炳华利用该程序及方法，多次非法获取订单数据（包括买家昵称、卖家昵称、商品价格、订单创建时间、收货人姓名、收货地址、收货人联系电话等），并伙同被告人张周生将上述非法获取的数据转卖给他人，非法获利共计人民币2万余元。

另查明，公安机关从被告人处扣押系列作案工具，被告人林启藩协助公安机关抓获其他犯罪嫌疑人。在法院审理期间，被告人曾炳华、张周生、林启藩退出违法所得人民币2万元。

▶审判

浙江省杭州市余杭区人民法院经审理认为，被告人曾炳华、张周生、林启藩结伙违反国家规定，侵入计算机信息系统，获取该计算机信息系统中存储、处理、传输的数据，并进行出售牟利，情节严重，其行为均已构成非法获取计算机信息系统数据罪。公诉机关指控的罪名成立。被告人张周生在共同犯罪中与同伙分工合作，作用相当，不宜区分主从犯。被告人曾炳华、张周生、林启藩如实供述自己的罪行，依法予以从轻处罚。被告人林启藩协助司法机关抓捕其他犯罪嫌疑人，应当认定为有立功表现，依法可以从轻处罚。被告人曾炳华、张周生、林启藩积极退赃，且在庭审中自愿认罪，酌情予以从轻处罚，并对被告人曾炳华、张周生、林启藩均适用缓刑。依照相关法律，判决：被告人曾炳华犯非法获取计算机信息系统数据罪，判处有期徒刑一年十个月，缓刑二年，并处罚金人民币一万三千元；被告人张周生犯非法获取计算机信息系统数据罪，判处有期徒刑一年十个月，缓刑二年，并处罚金人民币一万三千元；被告人林启藩犯非法获取计算机信息系统数据罪，判处有期徒刑一年四个月，缓刑一年六个月，并处罚金人民币一万元。

▶评析

本案争议的焦点在于对被告人林启藩行为性质的认定，关键在于如何界定非法获取计算机信息系统数据罪与提供侵入计算机信息系统程序罪。法院最终认定被告人林启藩的行为构成非法获取计算机信息系统数据罪。我们认为，法院的裁判是正确的，理由如下：

首先，本案三被告人事先具有非法获取订单数据以转卖牟利的共同故意。本案中，犯意的提出人是曾炳华（原欢乐逛公司员工），其为获取非法利益联系林启藩、张周生，三人事先商量，并有明确分工：林启藩负责编写、测试、修改程序，并利用其为欢乐逛公司员工的身份放在欢乐逛公司的服务器中，并将该程序的存储路径和 URL 以及服务器管理员账号密码等告知曾炳华；曾炳华负责获取数据、修改程序参数；张周生负责在网上出售数据。由其分工可知，林启藩编写程序的目的在于获取数据后转卖牟利，而非仅仅提供或出售该程序，在这一点上，三人达成合意并付诸行动。

提供侵入计算机信息系统程序罪主观上要求明知他人要侵入计算机信息系统实施犯罪，仍为其提供侵入的程序。这里，行为人只需要概括地认识到他人将要实施计算机犯罪，对于具体实施何种犯罪以及犯罪后果如何不要求明知。而非法获取计算机信息系统数据罪主观方面要求明知是以侵入计算机信息系统或其他手段获取数据的行为，仍故意为之。

在本案中，三被告人在事先的合谋过程中已形成了非法获取欢乐逛公司服务器中的订单数据的故意，即被告人林启藩并非仅具有为他人实施犯罪提供侵入计算机信息系统程序的故意，亦并非仅概括地认识到他人将利用自己提供的程序实施犯罪。事实上，其自身具有同他人一起实施该犯罪行为之故意，并且明确知晓该犯罪的内容，即非法获取计算机信息系统数据，在这种意义上说，被告人林启藩成立非法获取计算机信息系统数据罪的共犯。

其次，提供侵入、非法控制计算机信息系统程序、工具罪，本质上是为计算机犯罪提供作案工具的犯罪行为，是一种犯罪的“前行为”或“帮助行为”。立法将之单独规定为一个罪名是考虑到实践中提供侵入计算机信息系统程序的行为在网络犯罪中起到的重要作用，若将提供程序者作为使用者的共犯进行处理，假如使用者的事实行为未达到刑事处罚之标准，则无法对提供者进行处理。实践中提供者往往以层层代理的方式销售，规模庞大，因此，单独设立此罪名是为了打击网络黑色产业链，职业化制作、提供、出售此类程序、工具的行为。

在本案中，被告人林启藩私自编写程序并利用工作便利将程序存储在欢乐逛公司的服务器中的行为，并不具有职业化倾向，且无售卖、出租等行为，亦未将该类程序以网上发布等形式供不特定人下载、使用，显然不符合前述罪名之设立初衷。本案中林启藩的行为也并非一种“前行为”或“帮助行为”，而是三人共同完成获取数据转卖牟利的一种必要行为，该私自编写侵入程序的行为由林启藩来实施，只是因为这种行为具有一定专业技术性，且需要利用工作便利，三人依照自己的特长分工不同而已。因此，被告人林启藩应与其他二人成立非法获取计算机信息系统数据罪的共犯。

最后，被告人林启藩并未因其编写程序的行为单独获利，三被告人合伙开了一家公司，共同赚钱共同消费，三人供述均明示或默认共同支配转卖数据所得款项。三名被告人分工合作，实现同一犯罪目的，被告人林启藩得到并享受的也是整个犯罪过程实现后所获得的“利益”，因此，不宜将林启藩的行为割裂开来进行单独评价。

编写人　浙江省杭州市余杭区人民法院　钱望浙　施逸　李跃华

008　周叶瑜、周丹莲等赌博案

——以微信抢红包形式进行赌博的行为定性分析

▶裁判要旨

在以微信抢红包形式进行的赌博类案件中，由于微信群的相对封闭性、参赌人员的相对固定性等特点，对组织者及作为代包手的参与者应以赌博罪定罪处罚。

▶案例索引

浙江省温州市永嘉县人民法院（2016）浙0324刑初547号刑事判决（2016年6月16日）。

▶案情

公诉机关：浙江省永嘉县人民检察院。

被告人：周叶瑜、周丹莲、陈娟。

永嘉县人民法院经审理查明：2015年7月，被告人周叶瑜利用手机微信组建了一个名为“228的4，小数点小发，30退”的群，其本人为群主，并纠集被告人陈娟、周丹莲等人作为代包，由代包代发红包并且抽取头薪，组织群内人员在微信群里以抢红包的形式赌博。该微信群规定发出来的每个红包金额为190元，分成4个包，抢到红包金额小数点最小的成员发下一个红包，由该成员将228元通过二维码转账给代包，然后由代包抽取其中的38元，将剩余的190元分成4个红包再发到群里由群内人员抢。每天最后一个抢到小数点最小的成员将228元转给群主或是代包，由群主或是代包在第二天发190元的红包作为每天第一个红包，如此循环。每个红包抽取的38元中有25元放入奖池，作为抢到顺子、豹子等特殊数字的成员的奖励，其中4元作为代包的好处费，其余的归群主被告人周叶瑜所有。在抢红包期间，被告人周叶瑜每天还会发几个金额不定的福利包用于炒热群内气氛或确定群内正在抢红包的人数。

2015年8月12日，该微信群被民警查获，被告人周叶瑜组织人员以抢红包形式赌博共计10天以上，每天群内参与抢红包人员20人以上，每天发出的红包个数在200个以上，涉案赌资共计45.6万元以上，抽取头薪共计2.6万元以上。其中被告人周丹莲在该微信群中代发红包约5天，共发红包250个左右，获利900余元，其参与期间，涉案赌资达22.8万元以上，抽取头薪达1.3万元以上。被告人陈娟在该微信群中代发红包约3天，共发红包120个左右，获利480元左右，其参与期间，涉案赌资达13.68万元以上，抽取头薪达0.78万元以上。

▶审判

浙江省温州市永嘉县人民法院经审理认为，被告人周叶瑜、周丹莲、陈娟伙同他人以营利为目的，组织多人采用向微信群内发放并抢夺红包的方式聚众赌博，从中抽头获利，其行为均已构成赌博罪。公诉机关指控被告人周叶瑜、周丹莲、陈娟构成开设赌场罪罪名不当，予以纠正。被告人周叶瑜曾因故意犯罪被判处有期徒刑，在刑罚执行完毕后五年内再故意犯应当判处有期徒刑以上刑罚之罪，系累犯，应从重处罚。被告人周丹莲、陈娟在共同犯罪中起次要作用，系从犯，结合二被告人归案后均能如实供述其罪行，在法庭上自愿认罪，决定对二被告人均予以一定程度的从轻处罚并适用缓刑。永嘉县人民法院于 2016 年 6 月 16 日作出判决：一、被告人周叶瑜犯赌博罪，判处有期徒刑二年六个月，并处罚金人民币 5 万元；二、被告人周丹莲犯赌博罪，判处有期徒刑一年，缓刑一年六个月，并处罚金人民币 2 万元；三、被告人陈娟犯赌博罪，判处有期徒刑十个月，缓刑一年六个月，并处罚金人民币 1.8 万元；四、随案移送的作案工具手机二部，予以没收。

宣判后，各被告人均未提出上诉，公诉机关亦未提出抗诉，判决已发生法律效力。

▶评析

一、罪与非罪的界限：娱乐活动抑或刑事犯罪

赌博，是指就偶然的输赢以财物进行赌事或者博戏的行为。偶然的输赢，是指结果取决于偶然因素，这种偶然因素对当事人而言具有不确定性。[①] 而微信红包的特点就是能否抢到红包和抢到多少金额的红包有相当大的不确定性。微信红包分为两种：一是普通红包，即每个人抢到的红包金额都是一样的，但如果红包个数少于群内总人数，会导致一部分人抢不到红包；二是拼手气

---

① 张明楷：《刑法学（第四版）》，法律出版社 2011 年版，第 948 页。

红包，即每个人抢到的红包金额都是系统随机设定的，具有非常大的不确定性，也恰恰是因为金额随机，增加了参与抢红包的刺激性和娱乐性。从行为定性上分析，微信抢红包符合偶然输赢的构成特点，属于广义上的赌博行为，但根据《最高人民法院、最高人民检察院关于办理赌博刑事案件具体应用法律若干问题的解释》（以下简称《解释》）第九条的规定①，亲朋好友在日常生活中进行以娱乐为目的的少量金额的抢红包活动是不以刑法意义上的赌博论处的。但与此同时，一些不法分子根据微信抢红包的特点，对其发放和领取的规则进行了彻头彻尾的改造，表面上看确实是一群人在相互发红包活跃气氛，实则是一种赤裸裸的犯罪行为。

以本案的微信群抢红包为例，按照该玩法，群主一般会请一名甚至数名代包手在群内专门发红包，群内参赌人员将固定金额（本案是228元，下同）通过二维码的方式转账给代包手，代包手从中抽取一定的头薪（38元），将剩余的190元通过拼手气红包的方式再发到群里。每个红包分4个包发，抢到金额尾数小数点最小的人发下一个红包，如A抢到34.25元，B抢到61.32元，C抢到26.84元，D抢到67.59元，那么下一个发红包的人就是A，因其尾数小数点25是最小的，A会将228元再转账给代包手从而进行新一轮游戏。在代包手抽取的38元头薪中，为刺激大家参赌的积极性，有25元会放入“奖池”，作为抢到顺子（如12.34元）、豹子（如11.11元）等特殊数字成员的奖励，奖励金额为奖池总金额的40%至80%不等；有4元作为代包手的好处费由代包手直接扣除；剩余的金额归群主所有，群主会将该笔金额的部分用于发放福利包，以确定当前群内参与抢红包的人数及炒热群内抢红包的气氛。

① 《解释》第九条：不以营利为目的，进行带有少量财物输赢的娱乐活动，以及提供棋牌室等娱乐场所只收取正常的场所和服务费用的经营行为等，不以赌博论处。

从我国《刑法》第三百零三条[①]、《治安管理处罚法》第七十条[②]及《公安部关于办理赌博违法案件适用法律若干问题的通知》第九条[③]可以看出，进行赌博活动是否以营利为目的是认定构成犯罪或非罪、是否应进行行政处罚的关键所在。本案中，被告人周叶瑜组建微信群并纠集代包手周丹莲、陈娟代发红包，支付代包手好处费并将部分抽取的头薪投放“奖池”，用于对抢到特殊数字的成员的奖励，以增加抢红包的趣味性，并时常发放福利包炒热气氛，积极“调动”群内人员参赌的积极性，明显就是以营利为目的，且涉案赌资达45.6万元以上，远超行政法规规定的范围，对被告人周叶瑜及作为共犯的被告人周丹莲、陈娟应当追究刑事责任。

二、此罪与彼罪的界限：开设赌场罪与赌博罪

本案的争议焦点在于对群主周叶瑜及代包手周丹莲、陈娟的行为定性问题，主要有两种意见：

第一种意见认为周叶瑜的行为构成开设赌场罪，理由是微信群可以看作“赌场”，其有一定的空间（尽管是虚拟的），任何人都可以通过群内成员的邀请进入微信群，其所针对的对象是不特定的，群内成员负责抽取头薪、代发红包并发放福利包炒热气氛以维持“赌场”的正常运营。从此种层面上讲，周叶瑜的行为符合开设赌场罪的构成要件。

第二种意见认为周叶瑜的行为构成赌博罪，理由是参赌人员需要群内成员的邀请才能入群，入群后才能参与抢红包，同时考虑到微信群的相对封闭性、参赌人员的相对固定性，以聚众赌博型赌博罪定罪处罚较为合适。

本文同意第二种意见，并认为代包手周丹莲、陈娟作为共犯，其行为同

---

① 《刑法》第三百零三条：以营利为目的，聚众赌博或者以赌博为业的，处三年以下有期徒刑、拘役或者管制，并处罚金。开设赌场的，处三年以下有期徒刑、拘役或者管制，并处罚金；情节严重的，处三年以上十年以下有期徒刑，并处罚金。

② 《治安管理处罚法》第七十条：以营利为目的，为赌博提供条件的，或者参与赌博赌资较大的，处五日以下拘留或者五百元以下罚款；情节严重的，处十日以上十五日以下拘留，并处五百元以上三千元以下罚款。

③ 《公安部关于办理赌博违法案件适用法律若干问题的通知》第九条：不以营利为目的，亲属之间进行带有财物输赢的打麻将、玩扑克等娱乐活动，不予处罚；亲属之外的其他人之间进行带有少量财物输赢的打麻将、玩扑克等娱乐活动，不予处罚。

样构成赌博罪。

由于开设赌场与一般的赌博犯罪相比，赌场分工明确具体，参赌人数众多，赌资数额较大，对社会的危害性更大，因此《刑法修正案（六）》将开设赌场罪从《刑法》第三百零三条中剥离出来而形成一个独立罪名，并将法定最高刑提高到有期徒刑十年。开设赌场，是指为赌博提供场所，设定赌博方式，提供赌具、筹码、资金等组织赌博的行为；聚众赌博，是指以营利为目的，为赌博提供场所、赌具，组织、招引他人参与赌博的行为。[①] 从字面意思上分析，开设赌场与聚众赌博都涵盖了为赌博提供场所、组织他人进行赌博之义，但从近年来审理的开设赌场案件中可以看出，开设赌场有一个显著特征——行为人对整个赌博活动具有明显的控制力——这也是区分开设赌场与聚众赌博的关键所在。

（一）对赌博场所的控制

开设赌场中，行为人提供的场所具有固定性的特点，即赌场的地理位置相对固定且在行为人的实际控制之下。开设赌场之所以比一般的赌博有更大的社会危害性，就在于赌场能在行为人的实际控制之下不断地发展、壮大，吸引越来越多的赌客参与赌博。固定性不要求赌场的位置永远不能发生变化，而是即使赌场位置经常变动，行为人仍能实际控制赌场。审判实务中，经常会出现行为人为了逃避抓捕而频繁更换赌场地点，从而形成“流动赌场”的情况，在此种情况下，虽然行为人变换了地点，但会及时通知赌客，大部分赌客也都能知道变动情况从而前往新的赌场赌博。而在聚众赌博中，行为人对赌博场所的控制性相对较弱甚至没有，“打一枪换一个地方”，赌博地点往往是临时确定的，没有固定的场所。

（二）对赌博内部组织的控制

行为人对赌场规模的控制一般表现为赌场内部有专门的工作人员，有明确的分工安排。行为人一般会雇用服务人员在赌场内专门从事看场、放哨、抽头、理手、接送等事务并支付报酬，受雇人员听组织者指示、服从组织者

---

① 应宗迅：“赌博罪的刑法适用问题研究”，上海交通大学 2013 年硕士学位论文，第 27 页。

的工作安排，从而形成一套严密的组织体系和工作体系。而在聚众赌博中，组织者（俗称“赌头”，下同）通常利用自己的人际关系在小范围内组织他人赌博，成员相对固定同时“赌头”也参与赌博，人员关系较为松散，没有严密的组织性。如本案中，代包手周丹莲、陈娟每次代发完固定的40个红包（根据二人的供述，其每天只能发40个红包）即会退群，等下一次抢红包时，周叶瑜又会电话联系二人是否有空代发然后再将其拉入群内，发完又退群，如此循环。故周叶瑜对周丹莲、陈娟二人是没有实际控制力的，三人之间亦没有形成严密的组织体系。

（三）对赌博活动的控制

对赌博活动的控制主要包括赌博场所的隐蔽性与否及赌博时间的确定性与否。

1. 赌博场所的隐蔽性。开设赌场中发挥纠集他人进行赌博作用的主要是“赌场”，即只要赌场在一定范围为相关人所知悉，那么赌场就会自动吸引赌客前来赌博，而并不需要行为人每次赌博前向他人发出赌博的邀请。[①] 也正是基于此特点，赌场会相对固定且公开，隐蔽性不强，赌客流动性较大。与场所发挥聚众效应相对应的，聚众赌博中则需要“赌头”发挥聚众作用。“赌头”在每次赌博前，需要分别招引他人，如打电话、参赌人员相互传达等，其赌博场所并不具有自动吸引赌博人员的特点。因此，聚众赌博具有较大的隐蔽性，参赌人员相对固定。本案中，被告人周叶瑜通过个人的人际关系拉赌客入微信群，入群之后才能参与抢红包，赌客之间一般是亲戚朋友、朋友的朋友关系，成员相对固定且微信群相对封闭，故隐蔽性较高。

2. 赌博时间的确定性。开设赌场罪中，赌场一般有固定的场次和开赌时间，如每天两场，下午、晚上各一场，部分赌场甚至会明确到几点开赌。正是基于此特点，赌场才会在长时间内不断地为他人所知悉并为赌博活动提供服务，赌客得知赌场开放时间后，便会“不约而同”地前往赌场赌博，赌场慢慢积累了人气，组织者从中的非法获利也会逐渐增加。聚众赌博具有临时

---

① 李连华、鞠佳佳：“开设赌场与聚众赌博的界限”，载《中国检察官》2009年第4期。

性、短暂性的特点，“赌头”仅确定某一次的赌博时间、地点，完成这次赌博后该场所也就不再保持其作为“赌场”的作用，下一次赌博又须“赌头”再组织，且时间、地点都是不确定的。本案中，被告人周叶瑜每次召集赌博时，均先在群内发放福利包以确定当前参与抢红包的人数，然后再决定是否正式开始抢红包赌博，在抢红包结束后，微信群仍作为正常的交流平台使用。

三、赌博罪中的共犯认定

从对赌博场所、赌博内部组织、赌博活动的控制性可以看出，本案被告人周叶瑜的行为构成赌博罪。但对代包手周丹莲、陈娟是否构成赌博罪的共犯，我们认为应当从二人所负责的具体事务出发，衡量其行为对赌博活动的顺利进行所起的作用大小，进而对其性质进行认定。

我国刑法将被告人的犯罪地位分为主犯、从犯、胁从犯、教唆犯，并未包括帮助犯，一般认为帮助犯属于从犯的一种。《解释》第四条[①]对赌博罪中帮助犯的构成条件作了“直接帮助”的限制解释，故在认定赌博罪共犯时必须注意两点：一是必须要有共同的犯罪故意，即行为人明知他人在实施赌博犯罪活动，仍然为其提供帮助。二是行为人提供的是“直接帮助”，即对于赌博犯罪的产生和发展来说，这种帮助有直接的促进作用，并非可有可无。[②]司法实务中，为赌博活动提供服务的主要分为两类人：从事送水送饭、打扫卫生等单纯性服务工作的人；从事抽取头薪、望风看场等与赌博活动直接相关的工作的人。本文认为应当围绕“直接帮助”这一限制规定视具体情况区分对待上述两类人。对于前者，他们的行为对赌博活动的持续虽有一定的作用，但却是非常有限且可以替代的，即使少了他们，也并不影响赌博活动的继续进行，因此不宜认定为“直接帮助”行为。但对于后者，他们的存在与否直接影响了赌博活动是否能顺利开展，起到了不可或缺的作用，且从“赌头”处获取的好处费实际来源于“赌头”通过抽头获取的非法利益，故应当

---

① 《解释》第四条：明知他人实施赌博犯罪活动，而为其提供资金、计算机网络、通讯、费用结算等直接帮助的，以赌博罪的共犯论处。

② 高贵君、张明、吴光侠、邓克珠：“关于办理网络赌博犯罪案件适用法律若干问题的意见”，载《人民司法》2010 年第 11 期。

追究刑事责任。

本案中，被告人周叶瑜为降低风险，其本人并不直接在群内发红包，而根据游戏规则，参赌人员又不能直接发红包，而是先将228元转给群内的代包手，再由代包手抽取38元头薪后将剩余的190元发出。在此种情况下，周叶瑜邀请周丹莲、陈娟作为代包手在群内专门发红包，若二人拒绝，则周叶瑜会邀请其他的代包手入群。由此可见，代包手在整个微信群抢红包犯罪活动中起到了至关重要的作用，可以说，没有代包手则抢红包无法进行。周丹莲、陈娟明知群内的抢红包规则和性质迥异于作为娱乐活动的抢红包，具有一定的赌博色彩，仍然积极配合周叶瑜的指令，帮助代发红包，主观上与周叶瑜具有共同的犯罪故意，应当以赌博罪的共犯论处。

四、案件反思：赌博罪立法与司法实践的脱节

（一）赌博罪刑罚体系不完善——罪责刑不相适应

根据《刑法》第五条[①]的规定，罪责刑相适应是我国刑法的基本原则。开设赌场因其参赌人数众多、赌资数额较大、社会影响恶劣从而从赌博罪中剥离出来单独形成一个罪名，且法定最高刑是十年。然而，普通的赌博活动仍然存在参赌人数多、涉案金额大的情况，尤其是利用移动通信终端进行的赌博，因其犯罪成本低、蔓延速度快、灵活性强、隐蔽性高等特点，近年来不断滋生并逐渐得到发展。例如，本案的微信群抢红包，不仅可以随时随地将各地的赌客聚集在一起，打破了时间和区域限制，而且极大地缩短了每局的赌博时间，玩一局仅需要几十秒，马不停蹄就来下一局，手机操作、入群即抢、方便快捷，与传统的麻将、扑克相比，规则更简单、上手更快。此外，也正是因为方便快捷，往往一个群一天就能发出上百个红包，赌资每天可达上万元，本案中被告人周叶瑜仅参与10天，涉案赌资就达45.6万元以上，抽取头薪达2.6万元以上。由此可见，利用移动通信终端进行的赌博，其危害性并不小于甚至高于传统赌博，在此种情况下，对赌博罪设置三年以下有期徒刑就显得过低。

---

① 《刑法》第五条：刑罚的轻重，应当与犯罪分子所犯罪行和承担的刑事责任相适应。

（二）单一的地域管辖原则导致对移动网络型赌博犯罪难以有效打击①

根据《刑事诉讼法》第二十四条的规定：刑事案件由犯罪地的人民法院管辖。如果由被告人居住地的人民法院审判更为适宜的，可以由被告人居住地的人民法院管辖。刑事案件的地域管辖以犯罪地管辖为主、被告人居住地管辖为辅。但移动网络型赌博的特殊之处在于其是以手机等移动通信终端为工具的赌博活动，行为人只要携带手机，就可以在任何时间、任何地点组织赌博。通过对微信群主的手机基站分析，发现群主在整个赌博期间定位的地址在三个以上的占了相当大的比重，这在一定程度上也与群主从事的职业、生活方式有关，有的群主甚至在一天之内更换数个地点，如早中晚分别在ABC 三地，但由于手机是随身携带的，因此并不影响其在微信群内组织他人抢红包赌博。在此种情况下，若坚持以犯罪地为主的管辖原则，则 ABC 三地均有管辖权，容易导致相互推诿或争相管辖，难以对赌博活动进行有效打击。

（三）移动网络型赌博调查取证困难

移动网络型赌博具有较强的隐蔽性，因此调查取证难度相对较高。同时，移动网络型赌博涉及的多为电子证据，无论是在提取、复制还是固定上，都和传统证据有很大的区别，以及电子证据的易毁性、有限性、合法性等问题，都是侦查机关不得不面对的问题。对于一个熟悉计算机、能操纵计算机进行赌博的犯罪嫌疑人来说，要想更换资料、销毁证据是非常简便和容易的，侦查人员也反映，在办案过程中，扣押的电子终端上的电子数据往往是被删减过、修改过的，这在一定程度上也影响了证据的有效性。即使数据没有被销毁，如何将操作这些数据的 ID 与现实中的人联系起来也是一个难题，如在微信抢红包中，代包手往往会注册十几个微信号，一个微信号使用一段时间就会注销，侦查机关很难固定证据。

编写人　浙江省永嘉县人民法院　王茜　王佳佳

---

① 注：为与特意构建赌博网站而进行传统网络赌博相区分，本文中的移动网络型赌博，特指以手机等移动通信终端为硬件，以微信等手机公共软件为媒介进行的赌博活动。

009 颜卫民拒不执行判决案

——拒不执行判决、裁定罪中拒执行为起算时间的认定

▶裁判要旨

拒不执行判决、裁定罪的认定以判决、裁定等法律文书的生效为前提，而不以权利人申请强制执行或执行立案为必要。法律文书生效后，权利人申请执行或执行立案前，义务人有隐藏、转移、故意毁损财产或者无偿转让财产、以明显不合理的低价转让财产等拒不执行行为，情节严重的，应当以拒不执行判决、裁定罪定罪处罚。

▶案例索引

浙江省杭州市萧山区人民法院（2014）杭萧刑初字第2142号刑事判决（2015年3月5日）。

▶案情

公诉机关：浙江省杭州市萧山区人民检察院。

被告人：颜卫民。

杭州市萧山区人民法院经审理查明：杭州市萧山区人民法院于2014年6月4日作出（2013）杭萧民初字第6010号民事判决，判令被告人颜卫民在判决生效后十日内支付杨国庆、徐雪琴、田珍丽交通事故损失赔偿款361031.75元，已赔偿20000元，尚应赔偿341031.75元。该判决于2014年6月23日生效。因被告人颜卫民未自觉履行生效法律文书确定的义务，申请执行人杨国

庆、徐雪琴、田珍丽于 2014 年 8 月 18 日向杭州市萧山区人民法院申请强制执行，执行标的额为 341031.75 元。立案执行后，该院向被告人颜卫民发出执行通知书，但被告人颜卫民未自觉履行付款义务。杭州市萧山区人民法院在执行中查明，被告人颜卫民在中国农业银行股份有限公司杭州拱秀路支行开设了账号尾号为 4716 的账户，该账户于 2014 年 8 月 11 日及 8 月 15 日分别有保险理赔款 2000 元和 78652.46 元入账，被告人颜卫民分别于 2014 年 8 月 11 日至 8 月 15 日取出 8850 元，于 2014 年 8 月 26 日取出 71000 元。被告人颜卫民取出上述款项后未履行生效法律文书确定的义务。被告人颜卫民于 2014 年 10 月 8 日被抓获归案，其到案后如实供述了上述事实；同年 10 月 15 日，其家属代其支付赔偿款 41031.75 元。

杭州市萧山区人民检察院指控被告人颜卫民犯拒不执行判决罪，要求依法惩处。

被告人颜卫民及其辩护人对本案的犯罪事实及罪名均无异议，要求对被告人颜卫民适用缓刑。

▶审判

浙江省杭州市萧山区人民法院经审理认为，被告人颜卫民对人民法院的生效判决有能力执行而拒不执行，情节严重，其行为已构成拒不执行判决罪。公诉机关指控的罪名成立。被告人颜卫民归案后如实供述了自己的罪行，可以从轻处罚；案发后，其家属代其支付部分赔偿款，可以酌情从轻处罚。采纳辩护人提出的与上述相一致的辩护意见。关于被告人提出的对其适用缓刑的辩护意见，根据其犯罪性质、情节及后果等，不符合适用缓刑的条件，故对该辩护意见不予采纳。据此，依照《中华人民共和国刑法》第三百一十三条、第六十七条第三款之规定，作出如下判决：被告人颜卫民犯拒不执行判决罪，判处有期徒刑一年。

一审宣判后，被告人颜卫民未提起上诉，公诉机关未提出抗诉，现一审判决已生效。

▶评析

本案中，被告人颜卫民在民事判决生效后、强制执行立案前存在转移财产的行为，关于被告人犯罪数额的认定，存在两种不同的观点：

第一种观点认为，被告人颜卫民的犯罪数额应认定为71000元。民事判决生效并申请强制执行获立案后，被执行人即被告人颜卫民领取保险赔偿金后，未支付给交通事故中受到人身损害的申请执行人，致使民事判决无法执行的标的额为71000元，该数额属于拒不执行判决、裁定罪规定的"有能力执行而不执行"的数额，应认定为被告人颜卫民的犯罪数额。而民事判决生效后执行立案前，被告人颜卫民取走的8850元，不应认定为被告人颜卫民的犯罪数额。第二种观点认为，被告人颜卫民的犯罪数额应认定为79850元。民事判决生效后，被告人颜卫民领取保险赔偿金后，未支付给法律文书确定的权利人的数额均应认定为拒不执行判决、裁定罪规定的"有能力执行而不执行"的数额。

上述两种观点的分歧在于拒不执行判决、裁定罪中规定的"有能力执行而拒不执行"的行为起算时间如何认定。

第一种观点认为，人民法院依法作出的具有执行内容的判决、裁定生效后，权利人向人民法院申请强制执行，并由法院立案执行前，义务人隐瞒、转移、故意毁损财产或者无偿转让财产、以明显不合理的低价转让财产等不履行法律文书确定义务的行为，并不属于我国《刑法》第三百一十三条规定的"有能力执行而拒不执行"的行为，不应以拒不执行判决、裁定罪定罪处罚。生效法律文书确定的执行内容进入强制执行程序是构成拒不执行判决、裁定罪的要件和前提。一方面，《全国人民代表大会常务委员会关于〈中华人民共和国刑法〉第三百一十三条的解释》明确规定本罪的犯罪主体为被执行人、担保人或者协助执行义务人，在生效法律文书进入强制执行程序前，义务人尚不具备被执行人的身份。刑法规定拒不执行判决、裁定罪的立法意图在于解决实务中的"执行难"问题，该罪的调整对象应限于人民法院立案执行生效法律文书后，在强制执行过程中发生的社会关系，而不包括执行立案前的行为，否则将不当地扩大刑罚打击面，有违刑法谦抑性原则。另一方面，《刑法》第三百一十三条关于“对人民法院的判决、裁定有能力执行而拒不执行”的规定强调“执行”而非“履行”，在生效法律文书未被申请强制执行并由法院立案执行前，义务人被确定的是一种自愿履行的义务。当义务人未履行相关义务时，权利人可以通过申请强制执行予以救济，在该阶段，尚无动用刑罚手段救济的必要。只有当人民法院立案执行后，生效法律文书才被赋予了强制执行的效力，也只有在执行立案后被执行人有能力执行而拒不执行的情况下，才有启动刑罚手段救济的必要。

第二种观点认为，人民法院依法作出的具有执行内容的判决、裁定生效后，法律文书确定的义务人具有隐藏、转移、故意毁损财产或者无偿转让财产、以明显不合理的低价转让财产等逃避履行义务的行为，且数额达到 5 万元以上的，均应认定为拒不执行判决、裁定罪中的“有能力执行而不执行、情节严重”的行为，以拒不执行判决、裁定罪定罪处罚。生效法律文书进入强制执行程序并不是构成拒不执行判决、裁定罪的要件和前提。理由如下：

1. 法律并未明确将本罪的犯罪主体限定为进入强制执行程序的被执行人或者协助执行义务人等，更未将本罪的调整范围局限于生效法律文书进入强制执行程序后发生的行为。虽然《刑法》及《全国人民代表大会常务委员会关于〈中华人民共和国刑法〉第三百一十三条的解释》等法律和立法解释使用了“执行”“被执行人”“协助执行义务人”等名词，但从立法本意出发，上述名词的使用并不意味着本罪的犯罪主体应限定为被执行人或者仅为强制执行程序中的相关当事人，也不意味着该罪仅仅调整生效法律文书立案执行后发生的社会关系，更不能据此认定该罪的构成以生效法律文书进入强制执行程序为必要。法律及相关立法解释作出上述规定，主要是因为该罪的侦办通常来源于生效法律文书被立案执行后、人民法院在强制执行过程中发现的相关犯罪线索。也就是说，该罪的发现往往是在案件的执行阶段。被告人的身份往往是执行阶段的被执行人或者协助执行义务人，但不能据此反向推断出该罪的犯罪主体仅限于被执行人或者协助执行义务人，更不能因此将生效法律文书进入强制执行程序认定为该罪的构成要件。

2. 具有执行内容的判决、裁定生效后即具有法律约束力和强制执行力，义务人有及时履行、积极履行生效法律文书确定义务的责任，生效法律文书的强制执行力不是在进入强制执行程序后才产生的，而是自法律文书生效之日起即产生。生效法律文书被立案执行只是其法律约束力和强制执行力的其中一种表现形式，不是其强制执行力的依据。自法律文书生效之日起，义务人即成为拒不执行判决、裁定罪的调整对象。

3. 将具有执行内容的判决、裁定生效之日确定为拒不执行判决、裁定罪中拒执行为的起算时间点，可以有效避免生效法律文书沦为一纸空文的恶果。如果仅仅将生效法律文书被人民法院立案执行后被执行人实施的隐藏、转移、故意毁损、无偿转让财产等逃避执行的行为视为拒不执行判决、裁定罪中的“有能力执行而拒不执行”的行为，而将法律文书生效后立案执行前的同种行为排除在外，将使法律文书难逃沦为一纸空文的命运。因为按照此种观点，法律文书生效后立案执行前，即使义务人实施了隐藏、转移、故意毁损、无偿转让财产等逃避履行义务的行为，法律也奈何不得，只能听之任之，义务人在这个阶段实施的逃避履行法定义务的行为完全不受法律的约束和制裁，义务人履行法律文书确定义务的行为变成了一种自觉自愿的道德行为，这显然于情、于理、于法不合，也让法律文书的生效变得毫无意义。

4. 拒不执行判决、裁定罪的立法意图在于解决法院生效判决、裁定的“执行难”问题。“执行难”问题的根源主要在于义务人不主动甚至千方百计地逃避履行生效法律文书确定的义务。实践当中，义务人并不是在生效法律文书进入强制执行程序后才逃避执行，而是在执行立案前甚至在判决作出前即已采取各种手段逃避履行义务，导致权利人只能申请强制执行，并最终造成各种“执行难”问题，因此，将判决、裁定生效后立案执行前义务人逃避履行义务的行为纳入拒不执行判决、裁定罪的调整范围应是法律设定该罪的应有之义。

5. 虽然拒不执行判决、裁定罪往往由人民法院执行机构在执行过程中发现相关犯罪线索后移送公安机关侦查处理，但并不意味着追究被执行人的刑事责任时仅仅追究其在生效法律文书立案执行后实施的拒执行为，对其在判决、裁定生效后，立案执行前的逃避履行行为应一并追责。只有这样，才能促使义务人在判决、裁定生效后即迫于刑罚的威慑力而主动履行生效法律文书确定的义务，从而使社会大众真正尊重司法裁判，敬畏法律威严，从根本上解决“执行难”问题，实现拒不执行判决、裁定罪的立法目的。

我们同意第二种观点，法院并据此作出判决。

编写人　浙江省杭州市萧山区人民法院　王奎刚

010　周权非法行医案

——非法行医造成就诊人死亡的认定

▶裁判要旨

在审理非法行医犯罪案件时，要全面客观分析非法行医行为与就诊人死亡结果之间的因果关系。如果非法行医行为与就诊人死亡结果之间仅存在一定的因果关系，非法行医人承担次要责任的，应当认定其不构成非法行医的结果加重犯，但可以根据案件情况，认定为《中华人民共和国刑法》第三百三十六条第一款规定的“情节严重”。

▶案例索引

一审：浙江省杭州市萧山区人民法院（2014）杭萧刑初字第62号刑事判决（2014年11月20日）；

复核：浙江省高级人民法院（2015）浙刑三复字第10号刑事裁定（2015年5月13日）；

重审：浙江省杭州市萧山区人民法院（2015）杭萧刑重字第3号刑事判决（2015年8月11日）。

▶案情

公诉机关：浙江省杭州市萧山区人民检察院。

被告人周权，男，2014年11月12日因涉嫌犯非法行医罪被逮捕。

杭州市萧山区人民检察院以被告人周权犯非法行医罪，向萧山区人民法院提起公诉。

被告人周权对起诉书指控的事实和罪名无异议，并当庭表示自愿认罪。

杭州市萧山区人民法院经审理查明：2005年11月18日，杭州市萧山区宁围镇盈丰卫生院下属的宁围镇新北社区卫生服务站注册成立。该服务站的承包人为被告人周权，工作人员为杂工黄和琴、护士肖娜及宁围镇盈丰卫生院派驻的医生王坚昌。2012年8月，萧山区宁围镇盈丰卫生院改制，医生王坚昌离开上述服务站回宁围镇盈丰卫生院上班后，周权在无医师资格证书、医师执业证书、乡村医生执业证书的情况下，继续从事医疗经营活动，多次为前来就诊的人员进行诊治。2012年10月18日，该服务站被杭州市萧山区卫生局注销医疗机构执业许可证。

2013年1月1日，被害人韩书杰和老乡饮用了白酒，次日上午9时许，韩书杰因出现呕吐、肚子不适等症状，由老乡背到被告人周权经营的上述诊所就诊。周权先考虑为醉酒，后考虑为浅表性胃炎，可能伴有出血，劝韩书杰去浙江萧山医院检查，韩书杰等人考虑到去大医院诊治费用太高而未采纳。周权遂予以输液治疗（庆大霉素32万单位+5%葡萄糖注射液250ml）。韩书杰在输液过程中因痛楚两次脱针，在输液约125 ml后出现昏迷现象，周权又对韩书杰采取掐人中、拍手臂等措施。韩书杰的陪同人员见情况紧急，马上叫面包车将韩书杰送到浙江萧山医院急救。浙江萧山医院抢救半小时后于当日10时45分宣布韩书杰死亡。

经杭州市医学会鉴定，被害人韩书杰因饮酒后诱发急性胰腺炎，去被告人周权处时病情已很严重，在输液约125 ml后就出现昏迷。尸检报告提示患者有冠心病及急性胰腺炎病理表现，死亡原因考虑为急性胰腺炎引起心肌缺血缺氧加重所致，病情凶险、发展快，为韩书杰死亡的主要原因。在非法行医过程中，周权曾建议韩书杰去萧山医院诊治，韩书杰未采纳，延误规范诊治，韩书杰也负有一定责任。周权虽然建议韩书杰到萧山医院诊治，但未能坚持，未认识到韩书杰疾病的严重性，在简单询问韩书杰的情况后做了腹部检查，考虑浅表性胃炎，有可能伴有出血，予静滴5%葡萄糖注射液250 ml＋庆大霉素32万单位。周权未能对患者进行血压、心率等基础检查，在患者出现昏迷后仅予掐人中、拍手臂呼叫，未能就地心肺复苏，未联系120将患者送去萧山医院，延误对韩书杰的救治，与其死亡也存在一定的因果关系。因此，周权的非法行医行为与韩书杰死亡之间有一定的因果关系，参照《医疗事故分级标准（试行）》，构成一级甲等人身损害，被告人周权承担次要责任。

被告人周权归案后如实供述了自己的非法行医事实，后与被害人家属达成赔偿67万元的协议并已履行，被害人家属对周权表示谅解。

▶审判

浙江省杭州市萧山区人民法院经审理认为，被告人周权未取得医生执业资格非法行医，造成一名就诊人死亡，其行为已构成非法行医罪。公诉机关指控罪名成立。考虑周权曾劝说被害人到正规医院治疗、其对被害人韩书杰死亡承担次要责任及其积极赔偿、取得被害人家属谅解等具体情况，宜对周权在法定刑以下量刑。遂于2014年11月20日作出（2014）杭萧刑初字第62号刑事判决：被告人周权犯非法行医罪，判处有期徒刑五年六个月，并处罚金人民币6000元。宣判后，在法定期限内没有上诉、抗诉。杭州市萧山区人民法院将本案层报最高人民法院核准。

杭州市中级人民法院经复核同意对被告人周权在法定刑以下判处刑罚，并逐级报请浙江省高级人民法院复核。

浙江省高级人民法院经审理并经审判委员会讨论认为，被告人周权未取得医生执业资格而非法行医，情节严重，其行为已构成非法行医罪。周权的非法行医行为与被害人死亡之间仅有一定的因果关系，对死亡承担次要责任，故原判认定周权的行为属于《中华人民共和国刑法》第三百三十六条第一款中的“造成就诊人死亡”情形，并据此确定十年有期徒刑以上法定刑档次量刑不当，本案不属应当报请最高人民法院核准在法定刑以下判处刑罚的情形。遂于2015年5月13日作出刑事裁定：撤销原判，发回杭州市萧山区人民法院重新审判。

杭州市萧山区人民法院经重新审判后认为，被告人周权未取得医生执业资格非法行医，情节严重，其行为已构成非法行医罪。公诉机关指控的罪名成立。周权的非法行医行为对被害人的死亡仅起次要作用，不能认定周权非法行医“造成就诊人死亡”，公诉机关指控周权的非法行医行为致人死亡的指控不当，应予纠正。周权归案后如实供述自己的非法行医罪行，可以从轻处罚。周权与被害人家属达成赔偿协议并取得谅解，对周权可酌情从轻处罚。遂于2015年8月11日作出刑事判决：被告人周权犯非法行医罪，判处有期徒刑二年六个月，缓刑三年，并处罚金人民币一万元。宣判后，被告人周权未上诉，检察机关亦未抗诉，判决已发生法律效力。

▶评析

本案被告人周权在未取得医生执业资格的情况下非法行医的事实清楚。案件的关键问题是周权的非法行医能否认定为“造成就诊人死亡”，即二者之间是否存在因果关系？

在刑法中，通常认为只有在结果犯的情况下才存在因果关系问题。只有当危害行为与危害结果之间存在因果关系，且这种因果关系在刑法规范上被确认，该危害结果才可以在刑事上归责于行为人。那么，在刑法规范上如何确认因果关系呢？在刑法理论上存在诸多争论，也历经了一个发展的过程。在理论探讨因果关系的事实关联上，提出了“条件说”，即认为某个行为只要在逻辑上是发生结果的条件，就与结果存在因果关系。显然，“条件说”是一种宽泛的因果关系概念，若直接运用于刑法领域，将会过分扩大承担刑事责任的事实基础。因此，刑法学者都致力于限缩条件的范围，陆续提出了“因果关系中断说”“原因与条件区别说”等，其中较有影响的是“相当因果关系说”，即以行为时一般人所认识或者应当认识的事实，以及即使一般人不能认识但行为人所能认识的特殊事实为基础，判断因果关系是否存在。“相当因果关系说”的核心是对因果关系的相当性的判断。

结合本案，如何判断周权的非法行医行为与就诊人死亡结果之间是否符合因果关系的相当性？经杭州市医学会鉴定，就诊人去周权处时病情已很严重，其急性出血性胰腺炎并发血液学异常及心脏灌流量不足，使冠状动脉痉挛，心肌缺血缺氧，是造成其死亡的主要原因。周权亦曾建议就诊人去正规医院诊治，但未被采纳，其在非法行医过程中对就诊人进行腹部检查、未就地心肺复苏等延误救治的行为，并非造成就诊人死亡的直接原因。周权的非法行医行为与就诊人死亡之间仅有一定的因果关系，承担次要责任。

在司法实践中，非法行医“造成就诊人死亡”的情形比较复杂，既存在非法行医直接致人死亡，是直接、主要的原因，承担全部或者主要责任的情形，也可能存在非法行医间接致人死亡，或者说存在一定因果关系，承担次要责任的情形。对于前者，以一般人所认识的事实或者行为人所认识的特殊事实为基础进行判断，非法行医行为与就诊人死亡结果在因果关系上具备相当性，几乎是容易确认的；然而，对于后者，所谓“一定的因果关系”虽仍然失之含糊，但仅承担“次要责任”的表述，则较为清楚地显示了周权的非法行医行为在就诊人死亡结果的因果关系的参与度在 0 至 50% 以下，甚至不排除参与度很低的可能性。我们认为，根据一般人所认知的经验常识，在本案中上述承担次要责任，仅有一定因果关系的非法行医行为，在因果关系上与“造成就诊人死亡”结果显然不具备相当性的要求，在刑法规范上不应被确认存在因果关系，即不能认定为《中华人民共和国刑法》第三百三十六条第一款中“造成就诊人死亡”的结果加重情形，否则有违罪责刑相适应的基本原则。这也是原审法院一方面认定结果加重犯，另一方面却感觉量刑过重须报请在法定刑以下处罚的根本矛盾之所在。

但同时，我们也要认识到非法行医有着严重的社会危害性，为充分保障公民身体健康和生命安全，对情节严重的非法行医行为，要坚决依法惩处。在本案中，周权的非法行医行为虽然未直接造成就诊人死亡，但不可否认其在非法行医过程中的延误救治的行为，在客观上是造成就诊人死亡的原因之一。因此，周权对就诊人死亡承担次要责任的行为，可以认定为《中华人民共和国刑法》第三百三十六条第一款规定的“情节严重”。

2016 年 12 月 16 日，最高人民法院公布了《最高人民法院关于修改〈关于审理非法行医刑事案件具体应用法律若干问题的解释〉的决定》，增加规定了“非法行医行为系造成就诊人死亡的直接、主要原因的，应认定为刑法第三百三十六条第一款规定的‘造成就诊人死亡’”“非法行医行为并非造成就诊人死亡的直接、主要原因的，可不认定为刑法第三百三十六条第一款规定的‘造成就诊人死亡’。但是，根据案件情况，可以认定为刑法第三百三十六条第一款规定的‘情节严重’”。本案虽然判决在此司法解释修改之前，但对如何正确理解适用解释仍具有参考意义。

编写人　浙江省高级人民法院　邱传忠

011 谢勇贩卖毒品案

——网络贩卖毒品案件中的管辖、证据认定和法律适用问题

▶裁判要旨

网络贩卖毒品案件与传统贩毒案件在案件管辖、证据形式、法律适用等方面均存在较大差异，其中在电子证据（数据）的收集、提取、固定和保存等方面表现得尤为明显。在办理网络贩毒案件时，应着重对电子证据（数据）的收集、提取是否合法、是否完整进行审查判断，同时也应关注案件的法律适用和管辖问题。

▶案例索引

浙江省绍兴市越城区人民法院（2016）浙0602刑初44号刑事判决（2016年3月8日）。

▶案情

公诉机关：浙江省绍兴市越城区人民检察院。

被告人谢勇，男，2001年8月11日因犯聚众斗殴罪被判处有期徒刑五年，2015年7月7日因涉嫌犯贩卖毒品罪被逮捕。

被告人王婷，女，2015年10月30日因涉嫌犯非法持有毒品罪被逮捕。

绍兴市越城区人民检察院以被告人谢勇犯贩卖毒品罪、被告人王婷犯非法持有毒品罪向越城区人民法院提起公诉。

被告人谢勇对起诉指控的事实和罪名均无异议，请求从轻处罚，并当庭

表示自愿认罪。

绍兴市越城区人民法院经审理查明：

1. 2015 年 4 月 7 日左右的一天，被告人谢勇通过自建的名为“约炮吧”的网络聊天室以及 QQ 聊天与李艳萍（另案处理，已判决）联系，并从上家黄振如处以每克 80 元的价格购入甲基苯丙胺（冰毒），再以每克 100 元的价格贩卖给李艳萍约 50 克。

2. 2015 年 6 月 5 日左右的一天，被告人谢勇通过自建的名为“约炮吧”的网络聊天室与被告人王婷取得联系，双方商定购买毒品的数量为 100 克以及价格、支付毒资及交付毒品的方法。谢勇向王婷收取毒资 10400 元后，从上家黄振如处以每克 70 元的价格购入甲基苯丙胺，并让黄振如直接将毒品通过快递邮寄给王婷，王婷收到甲基苯丙胺约 76.3 克。

3. 2015 年 6 月 10 日左右的一天，被告人谢勇通过自建的名为“约炮吧”的网络聊天室与陈林（另案处理）联系，并从上家黄振如处以每克 70 元的价格购入，再以每克 85 元的价格向陈林贩卖甲基苯丙胺约 100 克。

4. 2015 年 4 月至 6 月，被告人谢勇在绍兴市袍江新区世纪城分两次向黄刚贩卖甲基苯丙胺共计约 5 克。

5. 2015 年 6 月，被告人谢勇在绍兴市袍江新区世纪城分两次向高强贩卖甲基苯丙胺约 10 克。

2015 年 6 月 18 日被告人谢勇被抓获归案。

▶审判

绍兴市越城区人民法院经审理认为，被告人谢勇违反国家毒品管理制度，明知甲基苯丙胺是毒品仍多次贩卖，数量在 50 克以上，其行为已构成贩卖毒品罪；被告人王婷明知甲基苯丙胺是毒品，仍非法持有且数量在 50 克以上，其行为已构成非法持有毒品罪。公诉机关指控的罪名成立，本院予以支持。被告人谢勇有故意犯罪前科，可酌情从重处罚。被告人谢勇、王婷均能自愿认罪，可分别酌情从轻处罚。被告人谢勇、王婷及其辩护人请求从轻处罚的意见，本院均予以采纳。遂于 2016 年 3 月 8 日作出（2016）浙 0602 刑初 44 号刑事判决：

一、被告人谢勇犯贩卖毒品罪，判处有期徒刑十五年，剥夺政治权利五年，并处没收财产人民币十万元。

二、被告人王婷犯非法持有毒品罪，判处有期徒刑七年，并处罚金人民币七千元。

三、扣押的手机 2 部、电脑 1 台均予以没收。

宣判后，谢勇、王婷均未上诉，检察机关未提起抗诉。判决已经生效。

▶评析

网络贩卖毒品案件是指利用互联网、物流网等现代科技创新手段实施毒品交易的犯罪，是日益庞大的网络犯罪中的重要分支。网络犯罪是当今世界各国和地区共同面临的问题。早在 2001 年 11 月，欧盟及美国、加拿大、日本等 30 个国家在布达佩斯签署了《网络犯罪公约》。我国刑法及相关司法解释对涉及个罪的网络犯罪也均有规定，如对电信诈骗犯罪的规定。2014 年 7 月 2 日，最高人民法院、最高人民检察院、公安部（以下简称“两院一部”）发布《关于办理网络犯罪案件适用刑事诉讼程序若干问题的意见》（以下简称《意见》）第一条对网络犯罪案件的范围作了规定。根据该规定，网络犯罪案件主要是指：危害计算机信息系统安全犯罪案件；通过危害计算机信息系统安全事实的盗窃、诈骗、敲诈勒索等犯罪案件；在网络上发布信息或者设立主要用于实施犯罪活动的网站、通讯群组，针对或者组织、教唆、帮助不特定多数人实施的犯罪案件，以及主要犯罪行为在网络上实施的其他案件。毒品犯罪分子利用互联网、物流网实施毒品交易的案件符合上述特征，属于网络犯罪案件，人民法院在办理网络贩毒案件时，应适用《意见》的相关规定。本案被告人谢勇通过自建的名为“约炮吧”的网络聊天室与他人联系贩卖毒品犯罪，属于网络贩毒犯罪案件。

一、网络贩卖毒品的管辖问题

网络贩毒案件的特点之一，是最后的毒品卖家与最初的毒品买家之间存在若干个相互衔接的交易环节，这些中间交易环节只是交易“毒品单子”，并不直接交易毒品货物。例如，A与B通过互联网达成毒品买卖的合意，由B将毒品卖给A，然后B又通过互联网向C购买毒品，联系D最终将毒品通过快递方式寄给最初的买家A。A、B、C、D都不在同一个城市，互相之间一般并不认识，只是通过互联网联络。例如，本案中被告人谢勇在绍兴，下家王婷在辽宁，上家黄振如在广东，彼此之间都是通过互联网联系的。谢勇并不直接将毒品交付给王婷，而是由上家根据谢勇提供的地址直接将毒品寄给王婷。对于这类通过互联网联系存在多个交易环节的案件，首要的问题就是确定案件的管辖。对网络犯罪案件的管辖，《意见》第2条规定：网络犯罪案件由犯罪地公安机关立案侦查。必要时，可以由犯罪嫌疑人居住地公安机关立案侦查。网络犯罪案件的犯罪地包括用于实施犯罪行为的网站服务器所在地，网络接入地，网站建立者、管理者所在地，被侵害的计算机信息系统或其管理者所在地，犯罪嫌疑人、被害人使用的计算机信息系统所在地，被害人被侵害时所在地，以及被害人财产遭受损失地等。涉及多个环节的网络犯罪案件，犯罪嫌疑人为网络犯罪提供帮助的，其犯罪地或者居住地公安机关可以立案侦查。

网络贩毒案件的特殊性在于，除了具有网络犯罪的特点之外，还具有毒品犯罪本身的特点。2008年12月1日，最高人民法院发布《全国部分法院审理毒品犯罪案件工作座谈会纪要》规定，毒品犯罪的“犯罪地”不仅可以包括犯罪预谋地、毒资筹集地、交易进行地、运输途经地以及毒品生产地，也包括毒资、毒赃和毒品藏匿地、转移地、走私或者贩运目的地等。

从上述看，网络毒品犯罪的管辖地具有广泛性，包括：1. 毒品犯罪分子使用的计算机系统所在地，用于毒品犯罪的网站建立者所在地；2. 毒品犯罪分子的居住地，包括临时居住地；3. 毒品犯罪分子通过网络联系产生买卖合意所使用的计算机所在地，通过网络支付毒资的计算机所在地；4. 毒品的最终贩运目的地，毒品运输途经地等。上述任何一地的公安机关均有权管辖毒品网络犯罪案件。就本案而言，谢勇所在地绍兴、王婷所在地辽宁、上家黄振如所在地广东，以及上述人员通过计算机联系时计算地的所在地等地的公安机关均有权管辖。

值得研究的还有两个问题：一是在分案处理的情况下，如本案黄振如与谢勇在分案处理的情况下，绍兴的公安机关对在广东的黄振如有无管辖权？根据上述规定，通过网络支付毒资的计算机所在地、交易进行地、预谋地的公安机关均有权管辖，故绍兴公安机关对黄振如有管辖权。二是杭州互联网法院设立之后，对这类网络贩毒案件有无专门的管辖权？根据刑事诉讼法的规定，刑事案件实行属地管辖原则，如果犯罪地并不在杭州互联网法院管辖的区域之内，原则上杭州互联网法院对此类案件没有管辖权。当然如果刑事诉讼法作出相应的修订，则另当别论。

二、网络贩卖毒品案件中电子证据的收集提取与审查判断

网络贩卖毒品案件有别于传统犯罪的关键之一是证据形式的不同，网络犯罪中涉及电子数据（证据）的收集、提取、固定和保存，以及对电子证据的审查、判断。依法及时地收集提取毒品犯罪中的电子证据，对认定贩毒事实具有决定性价值。《中华人民共和国刑事诉讼法》第四十八条第（八）项首次将“电子数据”纳入法定的八种证据种类之一。2016 年 9 月 9 日“两院一部”发布《关于办理刑事案件收集提取和审查判断电子数据若干问题的规定》（以下简称《规定》），《规定》对电子证据的概念、电子证据的种类、电子证据的收集和提取、电子证据的审查判断作了全面规定。根据上述规定，电子证据（数据）是指：案件发生过程中形成的，以数字化形式存储、处理、传输的，能够证明案件事实的数据。包括在互联网上发布的各类信息，网上聊天记录、通话记录、电子交易记录、用户注册信息，等等。本案中的电子证据包括：谢勇与上下家之间的 QQ 聊天记录、“约炮吧”网络聊天室的注册信息、谢勇与他人的手机通话记录、谢勇登录电脑聊天的日志等。

值得研究的是：银行卡、支付宝、微信等交易记录是否属于电子证据？

《规定》将“电子交易记录”列为电子证据。电子交易是一个内涵广泛的概念，凡是通过电子信息技术来传递商务信息和进行的交易都属于电子交易。用户、商家、银行之间通过银行卡、支付宝、微信等电子系统进行资金结算的，显然也属于电子交易的范畴。故本质上，上述交易为电子交易，交易记录属于电子证据。但是，司法实务中，上述交易记录一般都是由银行、商家根据电子交易记录打印成书面交易记录，由于两者内容具有一致性，因而具有同等效力，故以书面交易记录呈交法庭时就属于书证，而不再属于电子证据。

人民法院今后在办理涉及使用电子证据定案的案件时，应当严格依照《规定》的要求对电子证据进行审查、判断。在办理网络贩毒案件时，应当着重审查以下几点：

1. 对电子证据的收集、提取是否符合法律规定。在《规定》颁布以前，司法实务中对电子证据的提取在形式上并不统一。这里以提取计算机（包括手机）内存数据、网络传输数据等不是存储在存储介质上的电子数据为例，实务中一般是将电子数据提取到光盘后，同时制作一份“电子数据鉴定意见书”或者“电子数据检验报告”，记载取证的过程，也就是用“鉴定意见”的形式记载取证的过程。由于鉴定意见是对已经收集提取到的证据中某个专门性问题需要进一步解决时，聘请专门知识的人予以鉴定后出具的结论。例如，对已经提取的指纹、DNA 是否属于某人所留，则需要进行鉴定；又如，在贩毒案件中毒贩之间的通话录音是否属于某人的声音，则需要进行声纹鉴定。而电子证据本身是与案件中的其他证据一样客观存在的一种证据，不存在需要鉴定的前提。只有对电子数据涉及的专门性问题难以确定时，才应当进行鉴定。故《规定》对电子证据的提取明确规定为应当按照刑事诉讼法中关于“勘验、检查、搜查、扣押、查封”的规定进行。人民法院在对电子证据进行审查、判断时，应当注意以下几个问题：

（1）收集、提取电子数据，应当由二名以上侦查人员进行。从以往司法实务来看，不少案件中对电子证据提取时存在只有一名取证人的状况。而且，

“电子数据检验报告”的取证人既不是侦查员，也不是鉴定人，而是署名为“检验人”。根据《规定》要求，今后类似这样的电子数据检验报告因缺乏二名以上侦查员署名，因而不具有法律效力。

（2）取证方法是否符合相关技术标准。由于电子数据的特殊性，不同的取证方法可能会导致某些电子数据无法提取。这方面有国家标准的，应当依照国家标准，没有国家标准，依照行业标准。

（3）收集、提取电子证据时，是否有符合条件的见证人在场。由于客观原因无法由符合条件的人员担任见证人的，应当在笔录中注明情况，并对相关活动进行录像。这一点尤为重要。从审判实务看，对电子数据原始存储介质（手机、电脑等）进行扣押、查封时，一般有见证人在场，但是，对计算机（包括手机）内存数据、网络传输数据等不是存储在存储介质上的电子数据进行收集、提取时，往往没有见证人。

（4）审查提取笔录是否符合规范。电子证据收集、提取之后，需要制作提取笔录。特别要注意的是，提取笔录必须由侦查人员、电子数据持有人（提供人）、见证人三方签名。

2. 对电子数据是否真实、内容是否完整进行审查。这方面主要审查移送的是否为原始存储介质，原始存储介质的扣押、封存状态，电子数据有无被增加、删除、修改等情形，并根据电子数据完整性的相应方法进行检验。

三、网络贩毒案件中书证的审查与判断

网络贩毒案件中重要的书证主要有三类：

1. 快递单。毒品最终有无成交、买家最后有无收到毒品，均要通过快递单进行确认。实践中就存在毒品上家已经通过快递单寄送毒品，但是毒品下家辩称没有收到毒品。这时候就需要从快递公司提取该快递单的物流信息，以便于认定毒品是否被交付。由于快递公司与银行不同，快递公司一般并不长久保存已经完成物流状态的快递单信息，因此，如果在案件侦破后不是第一时间从快递公司提取相关信息，该快递单的相关信息就可能永久消失。本案中，侦查机关在侦查过程中及时从申通快递公司提取了快递详情单、快递公司的说明等书证，保存、固定了相关书证，从而确保案件能够认定。

2. 毒资交易记录。网络贩毒案件中，既可能通过支付宝、微信、网上银行、银行ATM机等电子支付方式进行交易，也可能通过银行柜台汇款等方式进行交易。通过电子系统完成毒资支付的，该电子交易记录属于电子数据（证据）。无论采用何种方式进行交易，金融类机构一般都将交易记录打印出来，这类纸质打印的交易记录就是书证。对此，应当着重审查提取的手续是否合法，交易记录上显示的双方主体与实际的交易主体之间是否同一、交易记录上的交易地点是否清楚等。例如，被告人供述在某某医院的ATM机上汇款给对方，银行卡交易记录显示了该ATM机的编号，但是，银行没有出具该ATM是否就是某某医院旁边的那台ATM机的证明，导致无法进一步确认被告人所供述的汇款地点是否真实。

3. 手机通话记录、短信记录、通话轨迹记录。当这类电子数据被打印成书面文字，以书证形式呈交给法庭时，它们与电子证据具有同等效力。对此，应着重审查提取的主体是否合法，是否加盖提取主体的公章，电话号码的持有者是谁等内容。

四、网络贩毒案件的法律适用

网络贩毒案件的法律适用主要涉及三个问题：1. 犯罪形态的认定。网络贩毒案件中，由于中间存在多个交易环节，如果其中某一环节断裂，对其他的交易主体就存在一个既遂、未遂的形态问题。这里存在两个问题：一是毒品通过快递方式寄出以后，取货人还没有提取之前，毒品被截获的；二是毒品还没有寄出，案件就被破获的。对于第一种情况，可以视为毒品已经通过每一个卖家之手传递到最后一个买家之处，但最后一个买家尚未取货即被抓获，故对最后一个买家而言，属于犯罪未遂，对其余的卖家都可以视为犯罪既遂；对于第二种情况因为毒品尚未贩卖即被抓获，如果最后的卖家尚未持有用于贩卖的毒品，则全案属于犯罪未遂。其余的上下家可以按犯罪未遂处理。2. 定性问题。网络贩毒案件最后以毒品交付为终结，对交易环节中每一个下家而言，其都要求上家将毒品用快递方式运输至最终目的地，这就存在一个毒品运输的问题。例如，本案中被告人谢勇是否还构成运输毒品罪？由于下家本身并没有实施运输毒品行为，其只是告知上家毒品交付的目的地，这种情况不属于指使，故对下家而言不构成运输毒品罪。3. 共同犯罪的认定。网络贩毒案件中每个交易环节分割开来都是独立的，故每一环节的双方都是上下家的关系，但全案是一个整体，应当并案处理。区分上下家与共同犯罪之关系的意义在于量刑。如果认定为共同犯罪，则可能面临着主从犯，以及罪责大小的问题，当然，上下家之间也存在罪责大小的问题，但不存在主从犯问题。

编写人　浙江省高级人民法院　干金耀

012　吴守镇贩卖毒品案

——从贩毒人员身上查获的毒品数量应当认定为其贩毒数量

▶裁判要旨

对于没有贩毒行为的吸毒者，其在购买、储存毒品过程中被查获的，如没有证据证明其是为了实施贩卖毒品等其他犯罪，毒品数量达到法定数量标准的，以非法持有毒品罪定罪处罚；而从贩毒人员的身上查获的毒品，可以其先前的贩毒行为推定其对被查获的同种类毒品有贩卖目的，从而认定为其贩卖的毒品；但有证据证明查获的毒品并非贩毒人员用于贩卖的除外。

▶案例索引

一审：浙江省苍南县人民法院（2016）浙0327刑初691号刑事判决（2016年6月16日）；

二审：浙江省温州市中级人民法院（2016）浙03刑终01010号刑事裁定（2016年8月22日）。

▶案情

公诉机关：浙江省苍南县人民检察院。

被告人吴守镇，男，因犯收购、销售赃物罪于2004年9月8日被判处有期徒刑八个月，缓刑一年；因吸毒分别于2008年8月16日、2013年9月7日被行政拘留十五日；2013年9月12日被责令强制隔离戒毒三年；因吸毒于2015年11月19日被行政拘留十五日并责令强制隔离戒毒二年。2015年11月20日因涉嫌犯贩卖毒品罪被逮捕。

苍南县人民检察院以被告人吴守镇犯贩卖毒品罪，向苍南县人民法院提起公诉。

苍南县人民法院经审理查明：

1. 2015年10月初的一天，肖云福（另案处理）应华祖还的要求，帮其联系被告人吴守镇购买冰毒。后被告人在苍南县灵溪镇城中北路与求知路路口以人民币400元的价格将一小包冰毒贩卖给肖云福，肖云福收到冰毒后交给华祖还。

2. 两三天后，肖云福（另案处理）应华祖还的要求，再次帮其联系被告人购买冰毒。后被告人在苍南县灵溪镇城中北路与求知路路口以人民币400元的价格将一小包冰毒贩卖给肖云福，肖云福收到冰毒后交给华祖还。

3. 次日早上，因华祖还将上述毒品丢失，肖云福再次帮助华祖还联系吴守镇购买冰毒。后被告人吴守镇在苍南县灵溪镇大门路与江湾路交界路段之间的河滨路以人民币200元的价格将一小包冰毒贩卖给华祖还。

4. 2015年11月3日20时许，被告人吴守镇在苍南县灵溪镇灵浦路和通福路路口以人民币300元的价格将一小包重0.86克的甲基苯丙胺贩卖给林某某。同年11月9日18时许，被告人吴守镇在苍南县灵溪镇望鹤路横阳支江桥头行走时被公安机关抓获，并从其身上查获1大包、7小包合计重38.62克的甲基苯丙胺。

▶审判

被告人吴守镇辩称其没有贩卖毒品，其身上查获的毒品是供自己吸食的。辩护人认为，指控被告人吴守镇贩卖毒品事实不清楚、证据不充分，本案应定非法持有毒品罪。

苍南县人民法院经审理认为，被告人吴守镇多次贩卖毒品，其被查获的毒品数量应认定为其犯罪的数量。被告人吴守镇违反国家对毒品的管制，明知是毒品而予以贩卖，其行为已构成贩卖毒品罪。遂于 2016 年 6 月 16 日作出（2016）浙 0327 刑初 691 号刑事判决，认定被告人吴守镇犯贩卖毒品罪，判处有期徒刑十二年，并处罚金人民币 48000 元。

宣判后，被告人吴守镇不服，提出上诉。

温州市中级人民法院经审理认为，原判以查获的毒品数量认定被告人吴守镇构成贩卖毒品罪并无不当，故裁定驳回上诉，维持原判。

▶评析

本案的争议焦点是被告人身上被查获的 38.62 克甲基苯丙胺能否认定为贩毒的数量？

从有吸毒情节的贩毒人员的身上或者住所、车辆等处查获的毒品，到底应认定为非法持有毒品还是贩卖毒品，在司法实践中存在过较大争议。有的认为，从有吸毒情节的贩毒人员的身上、住所、车辆等处查获的毒品，如没有证据证明其是为了实施贩卖等其他毒品犯罪行为的，应当认定为非法持有毒品罪；且认为虽然贩毒人员之前有贩毒行为，但从证据角度看，并不能必然地得出被查获的毒品一定用于贩卖，故仍然需要证据予以证明，并据此作出判决。此类判决的法律依据是《全国部分法院审理毒品犯罪案件工作座谈会纪要（2008）》（以下简称《大连会议纪要》）的规定，“吸毒者在购买、运输、存储毒品过程中被查获的，如没有证据证明其是为了实施贩卖等其他毒品犯罪行为，毒品数量未超过刑法第三百四十八条规定的最低数量标准的，一般不定罪处罚”。

我们认为，上述观点是对《大连会议纪要》相关规定的误读。“在购买、运输、存储毒品过程中被查获的，如没有证据证明其是为了实施贩卖等其他毒品犯罪行为”，可以认定为非法持有毒品罪的情形，针对的主体仅仅是“吸毒者”。这里的“吸毒者”是单纯的“吸毒者”，不能包括“有贩毒行为的吸毒者”或者“以贩养吸的吸毒者”。针对“以贩养吸”的情形，《大连会议纪要》明确规定“对于以贩养吸的被告人，其被查获的毒品数量应认定为其犯罪的数量”。我们认为，“以贩养吸”通常指行为人为了维持其吸毒的需要而零星贩卖少量毒品的情形，从事较大数量甚至大量的贩毒行为的情形则不属于“以贩养吸”。对于以贩养吸的被告人，其被查获的毒品数量尚且应认定为其犯罪的数量，从事较大数量甚至大量贩毒行为的被告人，其被查获的毒品数量当然更应认定为其犯罪的数量。因此，对于有贩毒行为的吸毒者，不论是零星地贩卖少量毒品还是大量贩毒，其被查获的毒品数量均应认定为其犯罪的数量。需要说明的是，鉴于“以贩养吸”这一概念在实践中存在一定的歧义，《全国法院毒品犯罪审判工作座谈会纪要（2015）》（以下简称《武汉会议纪要》）已将“以贩养吸的被告人”修改为“有吸毒情节的贩毒人员”，并规定“一般应当按照其购买的毒品数量认定其贩卖毒品的数量，……确有证据证明其购买的部分毒品并非用于贩卖的，不应计入其贩毒数量”。

至于从证据角度如何看待“虽有先前的贩毒行为，被查获的毒品亦不一定用于贩卖”的问题，一般而言，被查获的毒品是否以贩卖为目的，几乎属于行为人的主观意图范畴。在行为人不如实供认的情况下，的确难以运用有效证据予以证明。为了解决这一难题，有效打击毒品犯罪，在法律上便有创设推定的必要，即在已知事实的基础上，根据经验法则及逻辑演绎，从而得出行为人对被查获的毒品是否有贩卖目的的结论。我们认为，如果行为人在合理的期限内存在贩毒行为，可以推定行为人对从其身上、住所、车辆等处查获的同种类毒品存在贩卖目的。对于这个问题，《武汉会议纪要》已作了明确具体的规定："贩毒人员被抓获后，对于从其住所、车辆等处查获的毒品，一般均应认定为其贩卖的毒品。确有证据证明查获的毒品并非贩毒人员用于贩卖，其行为另构成非法持有毒品罪、窝藏毒品罪等其他犯罪的，依法定罪处罚。"

因此，在本案中，被告人在被抓获前的较短时间内有四次贩卖冰毒的行为，其被抓获时从其身上查获的冰毒，应当认定为其贩卖的毒品。

编写人　浙江省高级人民法院　邱传忠

013　陈永运输毒品案

——吸毒者在运输毒品过程中被查获时的罪名认定

▶裁判要旨

吸毒者在运输毒品过程中被查获，没有证据证明其是为了实施贩卖毒品等其他犯罪，毒品数量未达到较大标准的，不作为犯罪处理；毒品数量达到较大以上的，以运输毒品罪定罪处罚。

▶案例索引

一审：浙江省嘉善县人民法院（2016）浙0421刑初450号刑事判决（2016年8月29日）；

二审：浙江省嘉兴市中级人民法院（2016）浙04刑终392号刑事裁定（2016年10月18日）。

▶案情

公诉机关：浙江省嘉善县人民检察院。

被告人陈永，男，因本案于2015年11月11日被逮捕。

浙江省嘉善县人民法院经审理查明：2015年10月27日晚，被告人陈永乘坐金建国驾驶的商务车从嘉兴市赶到嘉善县。次日凌晨，被告人陈永乘坐该车欲从嘉善县返回嘉兴市，后途经嘉善县罗星街道城西卡点时，被公安机关查获，并在其随身携带的包内当场查获毒品甲基苯丙胺（冰毒）7包，共净重40.3克。

▶审判

浙江省嘉善县人民法院经审理认为，被告人陈永违反毒品管理法规，明知甲基苯丙胺是毒品而进行运输，数量共计40.3克，其行为已构成运输毒品罪，公诉机关指控的罪名成立，依法予以支持。被告人陈永在被判处有期徒刑刑罚执行完毕后五年内再犯，应当判处有期徒刑以上刑罚之罪，系累犯；被告人陈永因贩卖毒品罪被判过刑后又犯运输毒品罪，系毒品再犯，依法从重处罚。被告人陈永有坦白情节，依法从轻处罚。辩护人所提合理辩护意见予以采纳。据此，依照《中华人民共和国刑法》第三百四十七条第一款和第三款、第六十五条第一款、第三百五十六条、第六十七条第三款、第六十四条之规定，判决如下：

一、被告人陈永犯运输毒品罪，判处有期徒刑九年，并处罚金人民币5000元（刑期从判决执行之日起计算，判决执行以前先行羁押的，羁押一日折抵刑期一日，即自2015年10月28日起至2024年10月27日止，罚金限判决生效后十日内缴纳）。

二、扣押在案的冰壶1个依法予以没收；手机2部由扣押机关依法处理。

宣判后，被告人陈永不服，向浙江省嘉兴市中级人民法院提起上诉。二审法院经审理认为，原判定罪和适用法律正确，量刑适当。审判程序合法。

上诉人陈永请求二审改判的理由不能成立，不予采纳。依照《中华人民共和国刑事诉讼法》第二百二十五条第（一）项之规定，裁定如下：

驳回上诉，维持原判。

▶评析

一、吸毒者实施毒品犯罪的司法沿革

本案被告人陈永系吸毒人员，对吸毒者在运输毒品过程中被查获，毒品数量达到较大以上的，是认定非法持有毒品罪，还是运输毒品罪，在以往的司法实务中存在不同做法。关于吸毒者购买、运输、存储毒品行为的定性问题，2000 年的《全国法院审理毒品犯罪案件工作座谈会纪要》（以下简称《南宁会议纪要》）明确规定：“吸毒者在购买、运输、存储毒品过程中被抓获的，如没有证据证明被告人实施了其他毒品犯罪行为的，一般不应定罪处罚。但查获的毒品数量大的，应当以非法持有毒品罪定罪。”因而，在此后的刑事审判中对此类行为一律按照非法持有毒品罪认定。但鉴于实践中吸毒者携带运输数量大的毒品往往是出于贩卖的目的，如果一律定非法持有毒品罪，不利于打击毒品犯罪。故 2008 年《全国部分法院审理毒品犯罪案件工作座谈会纪要》（以下简称《大连会议纪要》）对此作出修改，《大连会议纪要》规定：“吸毒者在购买、运输、存储毒品过程中被查获的，如没有证据证明其是为了实施贩卖等其他毒品犯罪行为，毒品数量未超过刑法第三百四十八条规定的最低数量标准的，一般不定罪处罚；查获毒品数量达到较大以上的，应以其实际实施的毒品犯罪行为定罪处罚。”同时《大连会议纪要》的起草者在对纪要的理解与适用中明确：“如果吸毒者被查获毒品数量较大，达到刑法第三百四十八条规定的最低数量标准的，应当以非法持有毒品罪定罪处罚；如果其在运输毒品过程中被当场查获，毒品数量大，明显超出其个人正常吸食量的，可以运输毒品罪定罪处罚。”据此提出了“个人正常吸食量”的概念，但同时又没有明确该正常合理的吸食量究竟是多少，因此导致审判实务中对何为“毒品数量较大”、具体多少数量的毒品属于“个人正常吸食量”

存在争议，在裁判中出现了各种不同的做法。例如，有些法院在认定罪名时就根据毒品数量是否超过吸毒者的合理吸食量进行区分，对吸毒者运输毒品数量达到较大以上但未超过合理吸食量的，认定为非法持有毒品罪；超过合理吸食量的，认定为运输毒品罪。而对“合理吸食量”则自行掌握为50克、100克、200克等不同数量；有些法院则对吸毒者在运输毒品过程中被查获的，不加区分地一律认定运输毒品罪；更有些法院则仍然一律认定为非法持有毒品罪。针对实务中的乱象，2015年《全国法院毒品犯罪审判工作座谈会纪要》（以下简称《武汉会议纪要》）作出明确规定：“吸毒者在购买、存储毒品过程中被查获，没有证据证明其是为了实施贩卖毒品等其他犯罪，毒品数量达到刑法第三百四十八条规定的最低数量标准的，以非法持有毒品罪定罪处罚。吸毒者在运输毒品过程中被查获，没有证据证明其是为了实施贩卖毒品等其他犯罪，毒品数量达到较大以上的，以运输毒品罪定罪处罚。”该规定与《大连会议纪要》相比，虽然均使用了“毒品数量达到较大以上的”一词，但是，鉴于同一款的前一段话规定“吸毒者在购买、存储过程中被查获，没有证据证明其是为了实施贩卖毒品等其他犯罪，毒品数量达到刑法第三百四十八条规定的最低数量标准的，以非法持有毒品罪定罪处罚”，故这里的“毒品数量较大”，应该理解为《刑法》第三百四十八条规定的最低数量标准。

本案被告人陈永系吸毒人员，其携带毒品并使用交通工具在从嘉善至嘉兴的途中被公安机关查获，公安机关从其随身携带的包内当场查扣7包净重40.3克甲基苯丙胺（冰毒）。在案尚无证据证明其是为了实施贩卖毒品等其他犯罪，查获毒品数量也超过了《中华人民共和国刑法》第三百四十八条规定的甲基苯丙胺（冰毒）10克的最低数量标准。据此，原判决、裁定依据《武汉会议纪要》的有关规定对被告人依法认定为运输毒品罪的定性是正确的。

二、对吸毒者认定运输毒品罪的具体要件

根据《武汉会议纪要》的规定，吸毒者在运输毒品过程中被查获，没有

证据证明其是为了实施贩卖毒品等其他犯罪，毒品数量达到较大以上的，以运输毒品罪定罪处罚。从《武汉会议纪要》的字面规定结合司法实务，我们认为，认定吸毒者构成运输毒品罪需要注意以下几个要件：

（一）行为的主体是没有证据证明其为贩毒人员的吸毒者

在毒品犯罪实务中，贩毒人员包括吸毒的和不吸毒的。因而“吸毒者”中就包括贩毒的吸毒者和不贩毒的吸毒者。虽然贩毒人员中的吸毒者也属于吸毒者，但是这类吸毒者在《武汉会议纪要》中应当归类为贩毒人员。如果贩毒人员中的吸毒者在购买、存储毒品过程中被抓获的，或者其他原因被抓获的，查获的毒品应认定为贩卖的毒品。据此，《武汉会议纪要》中规定的吸毒者，是指没有证据证明其为贩毒人员的吸毒者。所谓没有证据证明其为贩毒人员，是指吸毒者被抓获以后经查其之前没有贩毒的事实，或者被抓获时不是正在贩卖毒品。

（二）吸毒者的主观目的不影响运输毒品罪的认定

我国传统刑法理论要求运输毒品罪具有特殊的主观故意，否则就只能认定为非法持有毒品罪。主流观点认为，如果行为人在运输毒品过程中没有证据证明其上家或者下家犯罪中有走私、制造、贩卖等其他目的的，就不能认定为运输行为。也就是说，运输毒品罪主观上要求行为人明知所运输的毒品用于走私、贩卖、制造等目的。有的学者也认为，因为运输毒品的行为同时也表现为非法持有毒品，不能将毒品转移的行为都认定为运输毒品罪，只有与走私、贩卖、制造有关联的行为，才宜认定为运输毒品罪。如果是为了吸食，数量大的，可认定为非法持有毒品罪；如果是为了贩卖，则应认定为贩卖、运输毒品罪。《南宁会议纪要》也持同样的立场，该纪要规定运输毒品如果“没有证据证明被告人实施了其他毒品犯罪行为的”，定非法持有毒品罪，反过来解读就是，只有被告人实施了贩卖毒品等行为时，才能定运输毒品罪，这体现了运输毒品罪的上述主观目的。由于运输毒品罪的客观方面必然也同时表现为非法持有毒品，因此运输毒品时的特殊主观故意也成为区分非法持有毒品罪和运输毒品罪的主要标准。

但是这里需要特别指出的是，《武汉会议纪要》在规定吸毒者是否构成运输毒品罪时摒弃了前述传统的认定标准。根据《武汉会议纪要》的规定，吸毒者运输的毒品超过《中华人民共和国刑法》第三百四十八条规定的最低标准的，不再要求证明行为人主观上有什么目的，即推定行为人不是自吸，而是具有其他毒品犯罪目的。这样的推定主要是考虑到刑法在设置非法持有毒品罪的定罪标准时，实际已经考虑了吸毒者合理吸食量的因素，故可以把数量较大视为合理吸食量的界限，超过数量较大标准的应视为超出了合理吸食量。吸毒者在运输毒品过程中被当场查获，毒品数量达到较大以上的，表明其并非单纯以吸食为目的运输毒品，如没有证据证明其是为了实施贩卖毒品等其他犯罪，根据其客观行为状态认定为运输毒品罪具有正当性。我们知道，吸毒本身不构成犯罪，因此吸毒者持有的毒品如果确实用于自吸的话就不构成犯罪。但是，行为人的主观目的本身是很难加以证明的东西，任何一个吸毒者都可以以自吸为由进行辩解。因此《中华人民共和国刑法》第三百四十八条设置了一个最低数额标准，如果超过这个标准的，即表明不是用于自吸，要予以定罪处罚。但同时由于认定行为人贩卖可能缺乏相应证据，所以可以按照《中华人民共和国刑法》第三百四十八条认定非法持有毒品罪。同样的道理，吸毒者在运输过程中持有的毒品数量超过这个数量标准的，就要定运输毒品罪。这也是《武汉会议纪要》确立的一个宗旨。因此，不论吸毒者的主观目的如何，只要其运输的毒品数量超过《中华人民共和国刑法》第三百四十八条规定的最低数量标准的，就可以考虑以运输毒品罪定罪处罚。例如，某甲携带甲基苯丙胺50克开车从城市A小区运送到B小区，两小区相距200米，途中被查获的，某甲主观上具有将毒品从此地搬运到其他地方的故意，客观上也实施了运输毒品的行为，就认定为运输毒品，应以运输毒品罪论处。

（三）吸毒者应当是在运输毒品过程中被查获

当吸毒者的主观目的不影响运输毒品罪的认定时，吸毒者具体的行为状态就成为区分构成非法持有毒品罪还是运输毒品罪的主要标准。对毒品数量达到较大以上的，处于购买、存储状态的认定为非法持有毒品罪，处于运输状态的认定为运输毒品罪。因此，如何界定“运输”则成为认定罪名的关键，但同时运输行为本身又是一个很难界定的概念。对于运输的字面含义一般很容易理解，《现代汉语词典》将“运输”界定为：用交通工具把人员或物资从一个地方运到另一个地方。实务中一般认为，运输毒品罪的客观方面表现为明知是毒品而自身或者利用他人携带，或者利用交通工具、邮政运输及其他方法将毒品从甲地携带、运送、转移或托运、邮寄至乙地的行为。但对于运输毒品犯罪中的“运输”是否对距离或者空间位移的程度有所要求，实践中存在不同的认识。有观点认为，为防止不当扩大打击面，认定为运输毒品罪还应当适当考虑运输距离和目的。构成运输毒品罪，客观要件方面包括起运地和实际到达地之间有一定的空间距离。对于在不同城市之间运送毒品的，一般可以认定为运输毒品罪。但对于同城内的运送，因空间距离较短，通常不宜认定为运输毒品罪。即使特殊情况可以认定，也应当考虑被告人是否存在通过运送毒品获得运输报酬的目的。我们在考察理论界对于运输毒品的各种定义时又可以发现，虽然观点各不相同，但都强调运输的距离不影响运输毒品罪的成立。从法律本身更无法看出运输毒品罪的运输有距离上的要求。

我们认为，尽管运输行为是一个难以界定的概念，但至少可以明确的是，运输毒品罪中的运输不应对运输的距离有所要求，距离的长短不是运输毒品罪的构成要件。距离只是一个相对的概念，不能因为地点相邻，就认为距离过近从而否定运输的性质。主张运输应当有距离，认为不同城市之间运送毒品是运输，同城内的运送不属于运输的观点并不符合实际。例如，从北京这样的特大型城市的城东到城西有几十公里的距离，而有的地方两个城市之间只有十来公里的距离，难道行为人在距离较短的两个城市之间运输毒品可以认定为运输，反而从北京的城东运送毒品到城西就不能认定为运输？这显然是不符合实际的简单判断。对于运输毒品罪中的运输重点还是要考察行为人客观上是否具有改变毒品位置的具体行为，是否使得毒品处于运输的状态中，是否有运输毒品的主观故意。事实上，只要行为人主观上有将毒品从甲地运送到乙地的故意，且不是出于窝藏、转移、隐瞒毒品的，即使距离很短，也有可能构成运输毒品罪。例如，甲出于逃避检查的目的，将毒品从收费站的一端拿到100米外的另一端，就可以考虑认定为运输毒品罪。

（四）没有证据证明查获的毒品用于贩卖

《武汉会议纪要》的规定实际是从反面强调了前述的吸毒者构成运输毒品罪的要件。吸毒者购买、运输、存储毒品过程中被查获，无论是构成非法持有毒品罪还是运输毒品罪，其前提都是没有证据证明所查获的毒品是用于贩卖等其他犯罪。如果有证据证明所查获的毒品用于贩卖的，则行为人可以认定为贩毒人员，而非《武汉会议纪要》所界定的吸毒者，对其也应直接以贩卖、运输毒品罪论处。

（五）毒品数量达到较大以上

《武汉会议纪要》对吸毒者在购买、存储毒品过程中的毒品数量作了明确规定，即“毒品数量达到刑法第三百四十八条规定的最低数量标准的”，而对运输毒品则使用了“数量达到较大以上的”，两者所用词语并不一致，因而容易导致实务中理解上的歧义。根据《武汉会议纪要》起草者的解读：“在没有证据证明吸毒者是为了实施贩卖毒品等其他犯罪的情况下，对其购买、运输、存储毒品的行为，直接以数量较大作为区分罪与非罪的标准；同时，对吸毒者运输毒品的行为，直接以数量较大标准作为区分非法持有毒品罪与运输毒品罪的界限，而不再另行设置更高的合理吸食量标准。据此，吸毒者在购买、运输、存储毒品过程中被查获，没有证据证明其是为了实施贩卖毒品等其他犯罪，毒品数量未达到较大标准的，不作为犯罪处理；毒品数量达到较大以上的，根据其具体的行为状态定罪，处于购买、存储状态的认定为非法持有毒品罪，处于运输状态的认定为运输毒品罪。”根据该解读可以明确，毒品数量达到较大以上，就是指毒品数量达到《中华人民共和国刑法》第三百四十八条规定的最低数量标准。以甲基苯丙胺为例，达到10克以上的，属于数量达到“较大以上”。这样规定，是基于在设置非法持有毒品罪数量标准时已充分考虑了吸毒者合理吸食量的因素，同时从加大对吸毒者实施毒品犯罪的打击力度出发，不再另行设定更高的吸食量标准，以免放纵犯罪，同时也统一了执法尺度，更便于司法实践的操作。

本案被告人陈永经现场检测确认为吸毒人员，其在携带毒品并使用交通工具从嘉善至嘉兴运输毒品的过程中被查获，所查获的甲基苯丙胺数量达到40 余克，已经超过《中华人民共和国刑法》第三百四十八条规定的 10 克的最低数量标准，毒品数量已经达到较大以上，在案也无证据证实查获的毒品是用于贩卖，对其应当以运输毒品罪定罪处罚。值得指出的是，随着近年来毒品犯罪所呈现的新形势、新特点，现有关于运输毒品罪和非法持有毒品罪的相关规定已经不能完全满足司法实践的需要。最高人民法院副院长李少平在《人民法院报》刊发的《关于进一步加强人民法院禁毒工作的几点思考》的文章中就提出，将运输毒品与走私、贩卖、制造毒品分别规定，设置不同的法定刑标准，可以更好地体现罪责刑相适应的刑法基本原则；同时建议对非法持有毒品罪划定数量上限，对超过该数量上限的即可推定用于贩卖，以加大对毒品犯罪的打击力度。当然，不论未来立法如何发展，目前对于吸毒者在运输毒品过程中的罪名认定，仍然应当根据前述内容，在正确理解《武汉会议纪要》有关规定的基础上予以准确把握，本案的裁判在该问题上具有较高的指导和示范意义。

编写人　浙江省高级人民法院　朱冠琳　高鹏

▶贪污贿赂类犯罪

014　刘建军贪污、挪用公款、串通投标案

——国有公司租赁人员身份认定及其使用公共财产的行为评价

▶裁判要旨

一、采用定额租赁的方式经营国有公司，租赁人虽然在形式上被任命为相应的职务，但由于该职务来源于平等民事主体之间的合同约定，目的是便于经营，并未派生出任何与公共事务相联系的职权内容，并在盈亏自负的风险规则指引之下以国有公司的名义对外从事经营活动，不属于从事公务的国家工作人员，而是一种劳务活动。

二、在租赁经营过程中，国家机关为了私设“小金库”而将本应上缴的国有资产移交给租赁人保管，由于这种保管缺乏公共管理性质的支配权和处分权，双方所形成的法律关系是民法意义上的委托保管合同。因此，作为保管人的租赁者仅负有如数返还的合同义务，在保管期间使用资金的行为不构成挪用型犯罪。

▶案例索引

浙江省常山县人民法院（2015）衢常刑初字第147号刑事判决（2016年5月16日）。

▶案情

公诉机关：浙江省常山县人民检察院。

被告人：刘建军。

法院经审理查明：常山县水利水电公司（以下简称水电公司）系县水利局独资设立的国有公司，因经营状况不佳，水利局于2010年5月决定采用租赁经营模式进行招投标，并就现有资产负债情况进行审计，审计出水电公司名下共有65万元的存款，其中农民工保证金35万元（浙江千园公司10万元和叶晓敏25万元）、剩余资产30.313293万元。同年8月18日，水利局的工勤人员（驾驶员）刘建军以35.2896万元/年的报价中标水电公司的租赁经营权，并与水利局签订了租赁经营合同和办公财产统计清单。合同约定：（1）租赁期间为五年，租赁期满（2015年8月19日）应当以审计报告为依据进行清算；（2）水利局在合同生效后任命刘建军为总经理；（3）刘建军在租赁期间的工资待遇实行“停薪保编”；（4）经营风险实行自负盈亏，未完工的工程管理费由县水利局与刘建军按4:6进行分配；（5）债权债务由刘建军协助处理。在签订合同以前，县水利局决定将本应收回的剩余资金30.313293万元作为“小金库”用于报销餐费等开支，并为了使用方便就继续留存在水电公司账户由刘建军保管，所以移交时在《办公财产统计清单》背面注明“2010年8月18日，公司账户现金303132.93元”的字样。合同签订后，被告人刘建军即以水电公司的名义对外从事经营业务，并且每年按约定向水利局支付租金。自2010年8月18日至12月6日（刘建军第一笔经营性收入进账时间），刘建军从水电公司的账户先后累计支取154.38万元用于交纳投标保证金。2014年4月1日又将浙江千园公司的10万元保证金采用代领的方式取出并用于公司经营，同年11月6日，刘建军将该款项退还给浙江千园公司。

另查明：被告人刘建军在租赁以前担任水电公司的总经理。县水利局于2010年8月在水电公司报销杂费6万余元，8月31日又以借款名义从水电公司支取30万元。

串通投标的犯罪事实（略）。

被告人刘建军及其辩护人对公诉机关指控的事实无异议，但认为刘建军在租赁期间不具有国家工作人员的身份，经营管理行为不属于从事公务，只要在租赁期限届满时按租赁合同的约定足额返还款项即可。建议法院以串通投标罪对被告人刘建军判处刑罚，并宣告缓刑。

▶审判

浙江省衢州市常山县人民法院经审理认为：被告人刘建军在投标过程中采取串通的方式影响标价，从而损害招标人的利益，严重破坏了公平竞争的市场经济秩序，情节恶劣，其行为已构成串通投标罪。公诉机关指控的该项罪名成立，予以支持。但对于公诉机关指控被告人刘建军犯贪污和挪用公款罪不成立，不予支持。依照《中华人民共和国刑法》第二百二十三条，第二十五条第一款，第六十四条，第六十七条第三款，第七十二条第一款、第三款之规定，作出如下判决：被告人刘建军犯串通投标罪，判处有期徒刑二年，缓刑二年六个月，并处罚金50万元。

一审宣判后，被告人刘建军未提出上诉，公诉机关未提出抗诉，现一审判决已生效。

▶评析

本案中，被告人刘建军犯串通投标罪无太大争议，案件争议焦点在于被告人在租赁国有公司期间使用其所保管的公共财产的行为是否构成贪污罪和挪用公款罪。就此争议焦点，主要有两种不同观点：第一种观点认为被告人刘建军构成贪污罪和挪用公款罪，主要理由是：刘建军被任命为总经理属于国家工作人员，在租赁水电公司期间采取代领的方式将国有公司管理下的私人财产10万元取出并用于个人经营，说明其主观上具有非法占有的目的，因此构成贪污罪；同时，刘建军在租赁以后对余留资金只有保管的义务，而没有使用的权利，但其租赁以后在没有往水电公司账户注入资金的情况下，循环使用结余款项，属于挪用公款进行营利活动，因此构成挪用公款罪。第二种观点认为被告人刘建军不构成贪污罪和挪用公款罪，主要理由有：被告人刘建军基于租赁事实对公共财产进行保管，既不是国家工作人员从事公务，也不是受委托管理经营国有财产，而是根据合同的约定单纯进行保管，双方所形成的法律关系是民法意义上的委托保管合同，而不是刑法意义上的委托管理、经营国有财产；再加上货币这一特殊的种类物具有“占有所有合一”的法律特征，只要被告人在结算时按照“多退少补”的原则如数返还即可，保管期间有权使用。下面具体分析：

一、被告人刘建军是否属于国家工作人员

1. 职务的来源依据。尽管刘建军在租赁前后都担任水电公司的总经理，但同一职务来源的基础事实和法律性质发生了变化。刘建军原系水利局的工勤人员，租赁以前的任命实际上是基于行政授权的委派；但租赁以后基于合同的约定，“谁中标就任命谁为总经理”。前者具有单方性、强制性、隶属性，后者具有双方性、合意性、平等性。任命中标者为总经理，其实是由于业务性质决定的，因为水电工程的承建必须有一个招投标环节，根据《中华人民共和国招标投标法》第二十五条、第二十六条的规定，水电工程的招投标只能以单位的名义进行。实际上这里涉及的关键就是资质问题，而刘建军的租赁对象也就是一个市场准入与参与竞争的企业资质。而单位的意志需要通过法定代表人或相关负责人来具体实施，为了工作便利，谁中标任命谁是一条捷径。

2. 是否从事公务。从事公务是评判国家工作人员的核心标准。何谓从事公务，最高人民法院2003年11月13日印发的《全国法院审理经济犯罪案件工作座谈会纪要》（以下简称《纪要》）中提到：“从事公务，是指代表国家机关、国有公司、企业、事业单位、人民团体等履行组织、领导、监督、管理等职责。公务主要表现为与职权相联系的公共事务以及监督、管理国有财产的职务活动。”农民工保证金本身就是对外的债务，所以约定由刘建军协助处理。从合同相对性及本案中所使用“协助”二字可以看出，返还义务并非刘建军的法定职责，这种协助处理应理解为“代劳”性质，所产生的法律后果应该是私法意义上的委托代理关系并引起债的消灭。反过来讲，如果刘建军不协助，并不会因此而产生任何不利的法律后果。因此，协助退还保证金的行为并没有表现出与职权内容相联系的公共事务的属性。如后所述，保管30万余元的结余资金的性质与此如出一辙。

3. 利益的代表归属。公共性直接决定了行为人所代表的利益主体只能是国家，由此产生的法律后果也应由国家一方来承担。一方面，被告人本是水利局的工勤人员，但在租赁以后因采取“停薪保编”的约定使刘建军无法享受到公职人员应有的待遇，自然也就失去了承担公共事务的前提基础；另一方面是“自负盈亏”风险规则，刘建军每年只要按约定交纳35万元的租赁费以后即可自主经营，所产生的盈利和亏损均由其个人享有和承担，与水利局不存在任何关联。涉及其中的分成，刘建军之所以能够对未完工的工程管理费享有60%的分成，是因为在建的未完工工程需要刘建军后续投入人力、物力和财力等经营成本，这是典型的按劳分配所得的劳务报酬。因此，刘建军行为背后所代表的利益主体仅是其个人而已，丧失了公共事务的“国家代表性”。

二、租赁经营是否属于受委托管理、经营国有财产

《中华人民共和国刑法》第三百八十二条第二款规定了委托型贪污，但因本案缺乏委托监管的意思和对象不匹配而不符合委托型贪污的要件。

1. 缺乏委托监管的意思。《纪要》规定“受委托管理、经营国有财产”，是指因租赁、临时聘用等管理国有财产。从表面上看本案的租赁似乎符合受委托管理经营的情形，实则不然。因为“受委托”必须要求受托人行使了管理、经营国有资产的职责。这里的“管理、经营国有资产”，是一种具有公共事务性质的活动，不仅意味着对国有资产进行保管，通常还意味着受托人对国有财产具有一定的处分权。但本案中水利局委托被告人刘建军管理国有资产303132.93元是为了满足日后使用资金的方便，即俗称“小金库”，在租赁初期的第一个月即以“借款”“报销”的名义陆续支取36万余元的行为。随时支取说明管理期限不确定，超额支取说明管理数额不确定，由此可以得出水利局根本就没有将国有资产交给刘建军进行公务性质加以管理的意思表示，该笔款项的调拨使用也不可能接受刘建军的监督和管理。换言之，刘建军对这些财产并没有因为“总经理”的职务任命而对其享有相应的支配权或处分权，与上述35万元保证金一样，仅仅是一种事实上的保管并随时配合返还。这种保管只是一种民法意义上的委托保管关系，而不是从事与职权相联系的公共管理事务。

2. 犯罪对象不匹配。比较《中华人民共和国刑法》第三百八十二条的犯罪构成要件可以得知，前后两款的犯罪客体（对象）明显不同，前者是公共财产，而后者是国有财产。从《中华人民共和国刑法》第九十一条的规定可知公共财产与国有财产其实是外延、内涵不同的法律概念，两个概念之间是一种包含关系或属种关系，国有财产当然属于公共财产，但公共财产不一定是国有财产。而委托型贪污的立法目的在于更加有效地保护国有财产，即使本案符合受委托管理、经营国有财产的情形，由于犯罪对象不符合“国有财产”这一客体要件被排除适用《中华人民共和国刑法》第三百八十二条第二款。

三、租赁人对被保管的公共财产是否有权使用

因犯罪主体和犯罪客体不符将刘建军的行为排除在贪污罪和挪用公款的犯罪圈之外，但被告人刘建军在未新增资金的情况下，通过水电公司的账户资金对外从事经营活动是客观事实，如何评价这一使用行为成为本案的另一焦点。一种观点认为构成挪用资金罪，主要依据就是2000年2月16日《最高人民法院关于受委托管理、经营国有财产人员挪用国有资金行为如何定性的批复》，该批复指出，对于受国家机关、国有公司、企业、事业单位、人民团体委托，管理、经营国有财产的非国家工作人员，利用职务上的便利，挪用国有资金归个人使用的，应当依照《中华人民共和国刑法》第二百七十二条第一款的规定定罪处罚。另一种观点认为被告人的使用行为不构成犯罪。

该种观点明显不妥，不再赘述。我们赞同第二种观点，主要理由是刘建军有权使用被保管物。

1. 特殊动产的法律属性。租赁经营以后，有大量未完工的工程款、管理费流入水电公司的账户，形成一个庞大的资金池并处于刘建军的占有之下，虽然其中只有管理费中的60%归属于刘建军，但由于该种占有的对象是货币。流通性决定了货币是集占有权与所有权高度统一的物殊动产，根据《中华人民共和国合同法》第三百七十八条的规定，作为保管人的刘建军仅返还相同种类、数量的货币即可。

2. 多退少补的结算规则。水利局在租赁经营的第一个月就提取了36万余元的款项，说明在这个巨大的资金池中，刘建军与水利局所占的比例份额会随着收支不同而呈现出此消彼长的动态变化，正是因为这种动态变化，决定了双方只能采取“多退少补”的结算规则，这正是水利局在移交财产的当天备注结余资金数额的要义所在，租赁协议也明确约定了租赁期满以审计报告为依据进行结算，审计的目的在于确立债务基数，而不是禁止刘建军使用。

综上，被告人刘建军的行为不符合贪污罪和挪用公款罪，由于其有串通投标的犯罪事实，本案只能以串通投标罪定罪处罚。

编写人　浙江省常山县人民法院　李强

民 事 篇

▶合同纠纷

001　张文庆诉郎小英、李永儿民间借贷纠纷案

——仅依据金融机构转账凭证提起民间借贷诉讼情形下的举证证明责任

▶裁判要旨

原告仅依据金融机构的转账凭证提起民间借贷诉讼，被告抗辩转账系基于其他法律关系时，被告应当对其主张提供证据证明。查明债务属其他法律关系引起的，法院可向当事人释明，由债权人变更诉讼请求和理由后，按其他法律关系审理；债权人坚持不予变更的，判决驳回诉讼请求。

▶案例索引

一审：浙江省绍兴市越城区人民法院（2015）绍越商初字第304号（2015年6月22日）；

二审：浙江省绍兴市中级人民法院（2015）浙绍商终字第1004号（2015年10月15日）。

▶案情

原告（上诉人）：张文庆。

被告（被上诉人）：郎小英。

被告（被上诉人）：李永儿。

绍兴市越城区人民法院经审理查明：原告张文庆系绍兴市庆亚纺织服饰有限公司（以下简称庆亚公司）法定代表人，杜利法系浙江华夏纺织塑胶有限公司（以下简称华夏公司）法定代表人。庆亚公司与华夏公司存在银行贷款相互提供担保的关系。2014年1月6日，案外人华夏公司与平安银行股份有限公司杭州萧东支行（以下简称平安银行萧东支行）签订《贷款合同》（合同编号为平银杭萧东贷字20140103第001号）一份，约定华夏公司向平安银行萧东支行借款1000万元，借款期限自2014年1月6日至2014年4月6日。双方还对其他事项进行了约定。同日，庆亚公司与平安银行萧东支行签订《保证担保合同》一份，约定为华夏公司与平安银行萧东支行签订的合同编号为平银杭萧东贷字20140103第001号贷款合同项下的全部债务在最高债权本金1000万元范围内承担保证责任。保证期限为从本合同生效起直至对应业务合同到期。

2014年4月10日和4月11日，原告张文庆分别汇入被告郎小英银行卡内150万元和15万元，款项用途均注明为“郎小英个人借款”。

2014年4月10日，郎小英银行卡内的150万元转入李建芳的绍兴银行股份有限公司新兴产业支行的银行卡内；同日，李建芳上述银行卡内的158万元转入华夏公司新兴产业支行账户内，后又转入华夏公司在上海浦东发展银行股份有限公司绍兴分行的账户内，再转入华夏公司在平安银行萧东支行的账户内。

2014年4月11日，郎小英银行卡内的252000元转入其在平安银行萧东支行银行卡内，同日上述252000元又转入华夏公司在平安银行萧东支行的账户内；郎小英上述银行卡内的30万元于2014年4月11日转入李建芳的绍兴银行股份有限公司新兴产业支行的银行卡内。

2014年4月10日，绍兴联轩纺织有限公司为华夏公司与平安银行萧东支行签订的合同编号为平银杭萧东贷字20140410第001号综合授信额度项下的债务在最高本金余额800万元范围内提供最高额保证担保。上述800万元系从合同编号为平银杭萧东贷字20140103第001号的贷款合同中的1000万元转变而来。

被告李永儿与郎小英系夫妻关系。被告郎小英曾系华夏公司会计，其名下的银行卡日账务进出频繁，且数额较大。

张文庆于2014年12月31日向绍兴市越城区人民法院起诉，请求判令：二被告立即归还借款165万元，并支付自起诉之日起至判决确定履行之日止按银行同期同类贷款利率计算的利息。

▶审判

浙江省绍兴市越城区人民法院经审理认为：本案争议焦点在于张文庆分次汇入郎小英银行卡内165万元的款项性质问题。张文庆主张165万元款项系双方之间的借款。郎小英、李永儿辩称该款项系张文庆名下公司为免除其为华夏公司的1000万元担保责任而出借给华夏公司。我国《合同法》规定，借款合同是借款人向贷款人借款，到期返还借款并支付利息的合同。借款合同采用书面形式，但自然人之间借款另有约定的除外。借款合同的内容包括借款种类、币种、用途、数额、利率、期限和还款方式等条款。本案中，张文庆主张郎小英向其借款，但并未提供借款协议以及提供证据证明双方就借贷事实另有约定，亦未提供证据证明双方就借款用途、利率、期限等作过约定。同时，因张文庆无法准确陈述郎小英向其借款的时间、用途以及在款项汇出后何时要求郎小英出具借条等事实；而郎小英对借贷事实不予认可。故，法院认为在双方对借贷关系存在争议的情况下，应由债权人（本案原告）就双方存在借贷合意等进一步提供证据证明。本案中，张文庆提供的证明双方存在借贷合意的证据仅为记载其自行填写的“郎小英个人借款”字样的银行交易凭证，在张文庆未提供其他证据的情况下，尚无法达到其欲证明的郎小英向其借款165万元的事实。而郎小英提供的证据可以证明张文庆汇入郎小英卡中的款项及时转入了华夏公司在平安银行萧东支行的账户内用于归还200万元贷款本息，结合郎小英系华夏公司员工、证人陈建芳陈述的郎小英银行卡由其持有，以及华夏公司在平安银行萧东支行的1000万元贷款额度降低为800万元，保证人由庆亚公司变更为联轩公司等实际情况，法院认为郎小英的抗辩主张可信度更高。因本案经释明后，张文庆仍坚持其诉讼请求，故对张文庆要求郎小英及李永儿向其归还借款165万元的诉请不予支持。综上，依照《中华人民共和国合同法》第一百九十六条、第一百九十七条，《中华人民共和国民事诉讼法》第六十四条和《最高人民法院关于民事诉讼证据的若干规定》第二条之规定，判决如下：驳回原告张文庆的诉讼请求。

宣判后，张文庆不服一审判决，提起上诉。

绍兴市中级人民法院经审理认为：民间借贷合同成立并生效需具备两个要件，一是双方之间存在借贷合意；二是款项实际交付。本案中，郎小英对收到款项无异议，但否认双方存在借贷关系，则张文庆应进一步举证证明双方之间存在借贷合意。张文庆提供的转账交易成功单，可以证明款项交付的事实，但无法证明双方之间存在借贷合意的事实。虽然张文庆上诉称，在转账交易成功单上明确载明用途系郎小英个人借款，但该内容仅是张文庆在汇款时的单方意思表示，在张文庆未能提供其他证据予以印证的情况下，尚无法证明双方之间存在借贷合意的主张。虽然张文庆在汇款之后，郎小英并未对转账交易成功单上的用途提出异议，但沉默或不作为的方式不代表郎小英已接受张文庆的意思表示。另，郎小英也陈述了当时接受款项的银行卡系华夏公司出纳李建芳保管并实际由华夏公司使用，该陈述与华夏公司出具的情况说明、证人李建芳证言及银行卡交易明细中款项进出频繁的事实相印证，侧面证实了张文庆与郎小英之间不存在借贷合意的事实。综上，郎小英对张文庆的主张已进行了抗辩，且该抗辩具有合理性，至此，举证责任又转移至张文庆，张文庆未能就双方存在借贷合意提供进一步的证据证明，应承担举证不能的不利后果。依照《中华人民共和国民事诉讼法》第一百七十条第一款之规定，于2015年10月15日判决：驳回上诉，维持原判。

▶评析

在民事诉讼中，举证责任也称证明责任，是指应当由当事人对其主张的事实提供证据并予以证明，若诉讼终结时根据全案证据仍不能判明当事人主张的事实真伪，则由该当事人承担不利的诉讼后果。①

一、民间借贷案件中举证责任分配的一般规则

关于举证责任，民事诉讼法、民事诉讼法司法解释和证据规定均作了规定，其中《最高人民法院关于民事诉讼证据的若干规定》第五条第一款、第二款规定，在合同纠纷中，主张合同关系成立并生效的一方当事人对合同订立和生效的事实承担举证责任；主张合同关系变更、解除、终止、撤销的一方当事人对引起合同关系变动的事实承担举证责任。对合同是否履行发生争议的，由负有履行义务的当事人承担举证责任。《最高人民法院关于适用〈中华人民共和国民事诉讼法〉的解释》第九十一条规定，人民法院应当依照下列原则确定举证证明责任的承担，但法律另有规定的除外：（一）主张法律关系存在的当事人，应当对产生该法律关系的基本事实承担举证证明责任；（二）主张法律关系变更、消灭或者权利受到妨害的当事人，应当对该法律关系变更、消灭或者权利受到妨害的基本事实承担举证证明责任。以上规定确立了民事诉讼中举证责任分配的一般规则。

理论上，举证责任本身具有双重含义，即行为意义上的举证责任和结果意义上的举证责任。行为意义上的举证责任是指当事人在具体民事诉讼中，为避免败诉风险而向法院提出证据证明其主张的一种行为责任。结果意义的举证责任是指待证事实的存在与否不能确定、真伪不明时，由哪一方当事人对不利后果进行负担的责任和风险。② 司法实践中，由于客观事实难以完全恢复展现，因而在诉讼中存在事实难以查证认定，以及由此产生的不利后果分配问题，即举证责任问题。具体到民间借贷纠纷案件中，因借贷形式上的简单随意，使得人民法院在查明案件事实时存在很大困难。根据前述法律规定，结合民间借贷纠纷案件审理的实际情况，通常的举证责任分配原则为：对存

① 张永泉：《民事诉讼证据原理研究》，厦门大学出版社 2005 年版，第 160 页。

② 杜万华主编，最高人民法院民事审判第一庭编著：《最高人民法院民间借贷司法解释理解与适用》，人民法院出版社 2015 年版，第 309 页。

在借贷关系及借贷内容等事实，出借人应当承担举证责任；对已经归还借款或者存在其他导致债权人权利妨碍或消灭的事实，借款人应当承担举证责任。但在原告不能提供借款合同、借据、收据、欠条等债权凭证等书面证据时，仅提供金融机构的转账凭证，是否可以认为尽到了举证责任的问题，司法实践中存在不同观点。

二、仅依据金融机构的转账凭证提起民间借贷诉讼情形下的举证责任分配的两种观点

对于仅依据金融机构的转账凭证提起民间借贷诉讼，是否可以认为尽到了举证责任的问题，一种观点认为：借据、收据、欠条等债权凭证是双方当事人之间存在借贷法律关系的直接证据，在这些证据真实性可以确认的情况下，可以据此直接认定借贷关系真实存在。金融机构的转账凭证是出借人已经将借款支付给借款人的证据，原告向法院提交该证据，可以证明其与被告之间的借款关系和其已经实际履行了出借义务，因而应当认为尽到了作为出借人的举证责任。[①]

另有观点认为：借贷关系的成立存在两方面的基本事实，一是当事人之间的借贷合意，二是款项的实际交付。金融机构的转账凭证仅能证明款项的实际交付，尚不足以证明双方之间存在借款合意，除被告认可双方借贷关系的情形外，被告提出双方不存在借贷关系或者其他关系抗辩的，原告需进一步举证证明双方之间存在借贷合意。《浙江省高级人民法院关于审理民间借贷纠纷案件若干问题的指导意见》（浙高法〔2009〕297 号）第十五条即明确：债权人仅提供款项交付凭证，未提供借贷合意凭证，债务人提出双方不存在借贷关系或者其他关系抗辩的，债权人应当就双方存在借贷合意提供进一步证据。

具体到本案，根据上述第一种观点，原告提供的银行汇款凭证属于债权凭证的一种，在被告认可收到原告汇付款项的情况下，应当认定双方借贷关

---

① 杜万华主编，最高人民法院民事审判第一庭编著：《最高人民法院民间借贷司法解释理解与适用》，人民法院出版社 2015 年版，第 303 页。

系真实存在，原告诉请要求被告返还款项应予支持。而根据第二种观点，原告虽提供了银行汇款凭证，但其只完成了款项交付的举证责任，在被告对双方存在借贷关系提出抗辩并提供了相应证据证明其主张的情况下，应由原告进一步举证证明双方存在借款合意，在原告举证不能的情况下，应由原告承担举证不能的不利后果。

三、原告仅依据金融机构转账凭证提起民间借贷诉讼情形下举证责任的转换规则

随着民间借贷市场的不断发展壮大，各类违法犯罪行为不断滋生。同时，由于民间借贷主体法律意识淡薄，交易手续不完备，虚假诉讼也呈高发态势，故在民间借贷纠纷案件审理中应综合考虑案件的实际情况、双方争议焦点和各方提交的证据，并结合金额大小、交付方式、支付能力、当事人关系以及交易细节等综合判断、认定案件事实。具体到本案中，在原告提供银行汇款欲证明原、被告之间存在借贷关系时，因该汇款凭证足以证明款项实际交付，故可认定原告完成了民间借贷关系的初步举证责任。在被告抗辩非双方借贷而系案外人之间的其他法律关系时，就被告的抗辩内容来看，是主张案涉款项涉及一个新的权利义务关系。根据法律关于“主张法律关系存在的当事人应当对产生该法律关系的基本事实承担举证证明责任”之规定，被告对其所主张的另外权利义务关系应当承担举证责任。如被告仅口头抗辩，未有证据证明，则可认定抗辩不成立；如被告不仅抗辩，还提供了一系列的证据，并达到了民事诉讼高度盖然性的证明标准证明其抗辩主张，则可认定其抗辩成立，在此情况下，原告仍需进一步举证证明借贷关系的成立。本案中，被告在抗辩的同时，还提供了案外人的书面说明、银行汇款记录和证人证言等，该些证据可以证明原告名下公司与案外人之间的法律关系真实存在，在原告不能进一步举证证明双方存在借款合意的情况下，应当认定其主张不成立，故法院判决驳回原告的诉请是正确的。

编写人　浙江省绍兴市越城区人民法院　张爱萍

002 白华平诉黄佩纯网络购物合同纠纷案

——认定经营者责任应区分行为意义上的欺诈与效果意义上的欺诈

▶裁判要旨

经营者实施的欺诈行为与消费者对产品的错误认识之间的因果关系是能否认定构成消费者权益保护法意义上的欺诈的难点，应结合常识标准和谨慎义务标准对经营者的欺诈程度进行审查，同时在个案中对消费者特征进行考量。如认定经营者的欺诈行为不足以使消费者对产品或服务产生错误认识的，不应认定其行为构成欺诈。

▶案例索引

一审：浙江省慈溪市人民法院（2015）甬慈逍民初字第454号（2015年8月24日）；

二审：浙江省宁波市中级人民法院（2015）浙甬民二终字第707号（2015年11月9日）。

▶案情

原告（上诉人）：白华平。

被告（被上诉人）：黄佩纯。

2015年5月15日，原告白华平在淘宝网上向被告黄佩纯注册的淘宝店购买版本类型为港澳台的索尼手机，第一份订单交易商品为索尼手机1部，交易金额为2480元，第二份订单交易商品为索尼手机13部，单价为2480元，总价为32240元，两份订单共计手机14部，总金额为34720元。第一份订单下的商品于2015年5月15日20时发货，第二份订单下的商品于2015年5月17日2时18分发货。2015年5月17日，原告白华平收到第一份订单下的商品。2015年5月18日，白华平向被告黄佩纯发起了两个订单项下的商品退货退款申请，退货原因为：因第一份订单项下的700元礼包的商品没有中文厂名厂址，手机外包装没有中文厂名厂址，不放心商品的质量不敢用。后原告白华平已将两个订单项下的商品退给被告黄佩纯，被告黄佩纯亦将两个订单项下的商品货款合计34720元退还给原告白华平。另查明，被告黄佩纯淘宝网店展示页面上存在“全网最低价”“销量冠军”“大量现货23时前付款当天发”“索尼Z3钢化膜仅限今天拍下即送”等宣传信息。

原告白华平诉称，基于被告淘宝网店展示页面关于“全网最低价”“销量冠军”“大量现货23时前付款当天发”“索尼Z3钢化膜仅限今天拍下即送”等虚假宣传，原告在被告淘宝网店购买了两个批次共14部手机，价款共计34720元。虽然之后原告已退货、被告已退货款，但被告的虚假宣传对消费者构成了欺诈，应当根据消费者权益保护法的相关规定按照消费者购买商品的价款三倍进行赔偿。故诉请：1. 判令被告赔偿原告购买商品的价款三倍计人民币104160元；2. 判令被告赔偿原告因维权的误工费、车旅费、邮寄费、复印费等损失共计1000元。

▶审判

浙江省慈溪市人民法院以被告的行为不属于虚假宣传、不能认定为欺诈为由，判决驳回原告白华平的诉讼请求。

宣判后，原告白华平向浙江省宁波市中级人民法院提出上诉。宁波市中级人民法院经审理认为，被上诉人黄佩纯的淘宝网店在涉案商品展示页面宣称“全网最低价”“销量冠军”“大量现货23时前付款当天发”“索尼Z3钢化膜仅限今天拍下即送”等信息，虽存在一定虚假，但作为买家的上诉人白华平在淘宝网上进行购物，应当知道被上诉人黄佩纯在淘宝网店发布的上述信息只是一种促销的宣传手段和广告语，且上诉人白华平在淘宝网完全能够根据网页上显示的“综合”“价格”“人气”等排名来进行相应的判断，因此，被上诉人黄佩纯在淘宝网店发布的上述信息客观上对上诉人白华平是否购买涉案商品的确定影响不大，故原判未认定被上诉人黄佩纯的行为为欺诈，理由充分，并无不当。至于上诉人白华平提出黄佩纯未按约及时发货，与是否构成欺诈没有关联，对此也难以采信。故判决驳回上诉，维持原判。

▶评析

本案涉及网络购物中经营者欺诈的认定问题。我国现行《消费者权益保护法》第五十五条第一款规定，“经营者提供商品或者服务有欺诈行为的，应当按照消费者的要求增加赔偿其受到的损失，增加赔偿的金额为消费者购买商品的价款或者接受服务的费用的三倍；增加赔偿的金额不足五百元的，为五百元”。该规定确定了消费领域经营者欺诈的效果，但未对经营者欺诈的概念和构成要件进行规定。实践中，经营者在网络购物平台上对商品的不实描述广泛存在，且由于该“退一赔三”的惩罚性赔偿规定存在牟利空间，类似的诉讼案件日益增加，如何界定经营者“欺诈”已经成为消费维权纠纷审判的热点和难点问题。

一、经营者欺诈的构成要件问题

虽然我国《消费者权益保护法》未对经营者欺诈的概念和构成要件作出规定，但《最高人民法院关于贯彻执行〈中华人民共和国民法通则〉若干问题的意见（试行）》（以下简称《民通意见》）对民法上的欺诈进行了界定，应可适用。《民通意见》第 68 条规定：“一方当事人故意告知对方虚假情况，或者故意隐瞒真实情况，诱使对方当事人作出错误意思表示的，可以认定为欺诈行为。”该规定确立了欺诈构成的四要件说，即经营者欺诈的构成要件为故意要件、行为要件、因果关系要件和基于错误作出意思表示要件。

故意要件即欺诈故意，是指欺诈方主观上明知自己告知对方的情况是虚假的并且会使对方陷入错误认识，而希望或者放任这种结果发生的主观故意。

欺诈的行为要件即欺诈行为，通常表现为欺诈方故意告知对方虚假情况，或者故意隐瞒真实情况诱使对方作出错误表示。因果关系要件即被欺诈方的错误认识与欺诈行为之间有因果关系，受欺诈方因为欺诈而陷入了错误认识，作出了错误的判断。错误意思表示要件是指被欺诈方因错误判断而作出意思表示。

二、行为意义上的欺诈与效果意义上的欺诈之区分

行为意义上的欺诈即欺诈行为，包括作为和不作为，《民通意见》第68条规定的“告知对方虚假情况”和“隐瞒真实情况”是欺诈行为的两个方面。欺诈行为在法律上作否定性评价是因为其违反了向消费者如实陈述商品真实信息的法定义务，因此，无论虚假告知或隐瞒真实情况的程度如何，只要对商品或服务的描述与实际交付的商品或服务不符，就应认定经营者实施了欺诈行为。实践中，有的经营者实施了假冒品牌、假冒材质等典型的欺诈行为，有的经营者仅实施了夸大宣传等欺诈行为，虽欺诈的程度有轻重之分，但并不影响欺诈行为的成立。

然而，经营者故意实施了欺诈行为并不等同于经营者必然承担欺诈的后果，从经营者欺诈的构成要件来看，经营者承担欺诈的后果还应以消费者基于其欺诈行为导致的错误认识而作出购买的意思表示为前提。据此，阻断经营者因故意实施欺诈行为而承担法律责任的因素有两点：一是消费者并未因其实施的欺诈行为而对商品产生错误认识。经营者虽然实施了欺诈行为，意图诱使消费者购买其产品，但或者是由于其欺诈程度较低，或者是由于消费者本人的专业知识较丰富，对产品的前期调查较为充分，消费者并未对产品产生错误的认识。例如，近年来备受争议的职业打假人，其购买产品或服务就是为了通过惩罚性赔偿营利，因而特意寻找市场上存在欺诈行为的经营者。事实上，职业打假人能够分辨出经营者是否实施了欺诈行为，主要是基于其对产品本身的充分且正确的认识，其购买产品并非因为经营者欺诈行为的引诱，自然也就不能够要求经营者承担支付惩罚性赔偿价款的责任。二是消费者虽产生了错误认识，但并未作出购买的意思表示。《消费者权益保护法》

规定，惩罚性赔偿的根本目的在于保护消费者的合法权益。所谓消费者，首先，应当是购买了产品或者服务的人。即使经营者实施了非常巧妙的欺诈行为，使大众对其产品产生了严重的错误认识，但只要没有作出购买的意思表示，普通的受欺诈方并不能有效转化为消费者，也就不能依据《消费者权益保护法》的规定要求经营者承担惩罚性赔偿。

三、因果关系的司法审查

如前所述，经营者实施欺诈行为的程度有轻重，消费者的消费经验有多寡，产品类目繁杂，司法实践中，在个案中认定经营者的欺诈行为与消费者的错误认识之间有无因果关系是对经营者欺诈进行司法审查的难点。

我们认为，法院在审查经营者实施的欺诈行为是否足以使消费者作出错误认识与判断时，首先应当结合常识标准和谨慎义务标准对经营者欺诈的程度进行普遍性审查。常识标准是指，经营者的欺诈行为是否足以使一个理性的普通人在施以平常的注意力的情况下产生误判。一般情况下，如某种宣传行为足以令正常认知能力的普通消费者作出错误购买的意思表示，即应认定为存在因果关系。特殊情形下，除了常识要求之外，还应基于对合同双方义务平衡性的考虑对消费者课以谨慎义务。比如对于大件商品、特定商品、数额巨大或关乎自身关键利益的商品，即使经营者的宣传方式可能给消费者带来一定误解，但消费者在此类消费过程中，按照交易习惯均会仔细考量、认真比较，确认无误后才最终作出决策，而不可能仅根据销售者的盖然陈述就贸然作出购买的意思表示。在此种情形下，经营者的欺诈行为与消费者的必然购买后果之间被消费者本身负有的谨慎义务所阻断。

其次，对因果关系的司法审查还应对消费者特征进行个案审查。同等程度的欺诈行为对具备不同购物经验和专业知识的消费者能够产生完全不同的效果，对一个消费经验极度缺乏的消费者而言，即使是轻微的欺诈行为也能够导致对产品的错误认识，反之，对一个消费经验非常丰富且具备一定程度专业知识的人来说，经营者的欺诈行为很难达到使其产生错误认识的目的。司法实践中，应当结合个案消费者的消费历史、专业背景对消费者特征进行审查，如消费者能够举证证明其存在消费判断力低于普通消费者的因素或经营者能够举证证明消费者存在消费判断力高于普通消费者的因素的，人民法院均应予以考量。

具体到本案，被告黄佩纯淘宝网店有关“全网最低价”“销量冠军”等宣传语采用了绝对化表述，属于虚假宣传，实施了欺诈行为，但该行为并不足以诱使原告白华平作出错误购买的意思表示。一方面，由于淘宝网购的特殊性，利用淘宝网提供的商品“综合”“价格”“人气”等排序选项，普通消费者能够轻易鉴别上述表述的真实性，其欺诈程度轻微，不足以使原告白华平因其绝对化表述而对产品的价格、销量产生错误认识；另一方面，涉案商品系手机，其核心价值在于手机质量、版本、性能等，仅对该手机价格、销量进行绝对化表述难以影响普通消费者的独立判断和选择能力。综上，被告黄佩纯在淘宝网店发布的上述信息客观上不足以使原告形成对涉案手机的错误认识，因此不应将被告黄佩纯对其产品进行绝对化表述的欺诈行为认定为欺诈。

四、区分欺诈行为与欺诈后果的实践意义

在消费者权益诉讼案件中，存在大量“职业打假人”提起诉讼的情况，他们寻机购买瑕疵商品，通过诉讼取得赔偿并营利。网络购物则成为他们牟利的重灾区。不可否认，职业打假行为能在一定程度上督促商家提高商品质量，提升消费安全。然而实践中发现，当前专业打假出现畸化发展趋势，比起公众利益，他们更关注自身的经济利益。比如，他们买到假货后往往不会向工商、消保委等部门反映，或诉诸法律，而是向商家勒索，要其花钱买平安；有的多次购买同一问题商品并分次提起诉讼，企图获得多份惩罚性赔偿；有的甚至通过不当手段获利，如先到超市踩点，把临近保质期的商品藏在角落，不让超市工作人员及时发现，一到保质期届满就马上把藏起来的过期商品买来向商家索赔；还有的打假人联合起来向法院施压，企图影响法院裁判。这些行为都可能影响正常的商业秩序，引起商品或服务提供者的严重不满，引发新的社会矛盾。因此，有必要对职业打假人不正当的牟利手段进行一定的制约。最新公布的国家工商总局起草的《中华人民共和国消费者权益保护法实施条例（征求意见稿）》，也有意将以牟利为目的的购物者排除在消费者之外。故依据民法原理，区分行为意义上的欺诈和效果意义上的欺诈，在一定程度上也有助于抑制职业打假人不正当的牟利行为。

编写人　浙江省高级人民法院　金晓飞
浙江省慈溪市人民法院　钟志平

003　张国祥诉嵊州市分贝电器有限公司网络购物合同纠纷案

——网络购物平台管理规则可转化为合同内容予以适用

▶裁判要旨

网络购物合同中，如交易双方未另行磋商达成合意，则商品销售页面的信息内容即为网络购物合同的内容，且网络平台管理规则在不违反强制性法律法规的基础上经在商品销售页面标识可转化成为网络购物合同的内容。消费者要求销售者按照该规则承担相应责任的，人民法院应予支持。

▶案例索引

一审：浙江省玉环县人民法院（2015）台玉商初字第 1613 号（2015 年 11 月 24 日）；

二审：浙江省台州市中级人民法院（2015）浙台商终字第 1165 号（2016 年 1 月 20 日）。

▶案情

原告（上诉人）：张国祥。

被告（被上诉人）：嵊州市分贝电器有限公司（以下简称分贝公司）。

玉环县人民法院经审理查明，2014 年 1 月 4 日，原告张国祥在淘宝网（www. taobao. com）注册成为会员。2014 年 2 月 21 日 11 点 03 分左右，张国祥使用淘宝账户在天猫网上的“分贝旗舰店”店铺购买“分贝 F 级 F－Class 全铜蒸箱无烟灶全球领先技术整机全铜处理集成灶具”一台，支付价款 22088 元，订单编号为 542303631673059。同日 11 点 54 分左右，张国祥使用淘宝账户在天猫网上的“分贝旗舰店”店铺购买“分贝 E 级 E－Class 全铜消毒柜无烟灶全球领先技术全铜处理集成灶具”一台，支付价款 19788 元，订单编号为 542558025733059。以上两台集成灶具价款共计人民币 41876 元。2014 年 4 月 1 日下午 16 时 10 分许，原告张国祥的委托代理人吕震对德邦物流送给张国祥的两台集成灶予以签收，运单编号为 181769008001，托运人为过钱波，其中两台集成灶外包装上标注的厂家均为“浙江分贝电器有限公司”，厂址均为“浙江省嵊州市城东经济开发区分贝路 108 号”。浙江省玉环县公证处对张国祥第一次购买的过程及吕震签收货物的过程进行了公证并对签收物品进行加封铝封标记，铝封号为 20140401038801，并于 2014 年 4 月 21 日出具了（2014）浙玉证字第 388 号公证书一份。2014 年 4 月 8 日，张国祥以收到假货为由就订单编号为 542558025733059 的订单向天猫网站申请退款未果。2014 年 5 月，原告张国祥以被告生产、销售伪劣产品向玉环县公安局报案。2015 年 4 月 27 日，玉环县公安局以不应当对犯罪嫌疑人追究刑事责任为由作出撤销案件决定书。

另查明，分贝公司于 2012 年 5 月 29 日登记设立，登记注册地址为嵊州市长乐镇沃基村百步路 12 号一楼，原法定代表人过钱波，2014 年 6 月 9 日变更为钱宝玉。2012 年 8 月 10 日，分贝公司入驻天猫网开设了天猫店铺“分贝旗舰店”。天猫系浙江天猫网络有限公司提供的网络交易平台。浙江天猫网络有限公司要求天猫的商家承诺出售的商品均为正品，并承诺提供“正品保障”服务。天猫平台的“正品保障”规则规定：买家收到货物后，如认为该商品为假冒（包括盗版）商品或非原厂正品等（其中假冒商品等的定义以天猫规则为准），有权要求退回实际支付的商品价款，并索赔四倍价款的赔偿金额等。

又查明，浙江省工商行政管理局企业注册处出具证明一份，经查询全省企业数据库和省企业名称查重系统，均无“浙江分贝电器有限公司”的企业登记信息。另外，嵊州市也没有“分贝路108号”的地名。

再查明，原告张国祥因本案支出公证费1696元，为维权赴杭州余杭工商局投诉而支出差旅费1000元。

原告张国祥诉称：被告销售不合格产品之行为违反《中华人民共和国合同法》《中华人民共和国产品质量法》《中华人民共和国消费者权益保护法》，请求法院：一、判令被告退回货款41876元，履行“正品保障”承诺赔偿原告167504元；二、判令被告赔偿原告托运费用和差旅费4878元，证据保全费用1696元；三、判令被告赔偿原告集成灶质量鉴定费用33300元。

被告分贝公司未作答辩。

▶审判

浙江省玉环县人民法院经审理认为，原、被告之间订立的网络购物合同因合意而成立。缔约当事人主体适格，意思表示真实，并无违反法律、行政法规强制性规定，故合同应为有效。被告分贝公司作为经营者，应对商品的信息负有真实全面的告知和标注义务。被告在履行交付标的物义务时在商品包装上虚假标注了厂名厂址，误导消费者，系属欺诈行为。故原告有权根据《消费者权益保护法》的规定要求被告承担惩罚性赔偿责任。由于本案买卖合同成立于2013年2月21日，故应适用修改前的《消费者权益保护法》（2009年修正），即被告应当承担退一赔一的民事责任。因此，原告主张由被告退还无烟灶价款41876元并赔偿一倍价款的损失之诉讼请求于法有据，法院予以支持。至于原告主张被告应当基于“正品保障”的承诺，承担四倍价款的赔偿之诉讼请求，因讼争产品确系被告所生产，标注的也系被告之商标，尚属天猫网站所称的正品范围，故相应诉请本院不予支持。原告主张的检测费用33300元之诉讼请求，因非属维权费用范围，法院不予支持。原告主张证据保全公证费用1696元的诉讼请求，尚属合理，本院予以支持。原告主张托运费和差旅费4878元的诉讼请求，涉及赴杭州工商部门投诉的差旅费用1000元尚属合理，法院予以支持；涉及检测的托运费和差旅费系公安刑事侦查过程中所生，非属原告维权费用范围，故相关请求法院不予支持。据此判决：一、限被告嵊州市分贝电器有限公司于本判决生效后十日内退还原告张国祥集成灶货款41876元；二、限被告嵊州市分贝电器有限公司于本判决生效后十日内向原告张国祥支付赔偿金41876元；三、限被告嵊州市分贝电器有限公司于本判决生效后十日内赔偿原告张国祥为维权而支出的费用（包括公证费、差旅费）2696元；四、驳回原告张国祥的其余诉讼请求。

一审判决后，原告不服，上诉至台州市中级人民法院。

台州市中级人民法院经审理查明，2014年4月1日上诉人张国祥收到被上诉人分贝公司委托物流公司送达的集成灶后，上诉人依据“正品保障服务规则”，在收货后15天内向天猫售后维权平台申请正品保障服务，要求被上诉人根据合同约定履行正品保障义务，并向天猫售后维权平台提交了相关依据。因此，上诉人在正品保障服务规定的时间内向指定的渠道和程序提出申请，符合正品保障服务规则要求。上诉人在一审庭审中，举证了本案涉案集成灶外包装、保修卡、说明书、产品铭牌、合格证及产品样本彩页，上面均标注企业名称浙江分贝电器公司，地址为嵊州市分贝路108号。被上诉人的上述行为违反了《中华人民共和国产品质量法》（以下简称《产品质量法》）的规定，该商品属假冒商品。另外，被上诉人无工厂、无生产设备、无工人、无燃气灶生产许可证，本案集成灶系被上诉人委托其他无证企业生产，符合正品保障服务规则中所指的“非原厂正品”。被上诉人在天猫“分贝旗舰店”上标称的商品名称是分贝“全铜”蒸箱无烟灶侧吸钢琴式优美大方一体环保集成灶具，与上诉人举证的交易记录中的商品名称一致，双方合同约定为全铜材质，但经鉴定含铜量为0.85%，系假冒材料成分商品。何况被上诉人将无生产许可证企业生产的不合格燃气集成灶挂上浙江分贝电器有限公司的合格证，冒充合格产品销售给上诉人，明显违反《产品质量法》第五条的强制性规定，属于违约行为，依法应承担相应的违约责任。

台州市中级人民法院经审理认为，被上诉人作为天猫网上“分贝旗舰店”的签约商家，承诺提供“正品保障”服务，若被上诉人提供的商品存在经判定为假冒或非原厂正品等违反该约定的情形，买家有权要求“退一赔四”。本案上诉人通过天猫网购平台向被上诉人购买了质量不合格且标注生产厂家及地址与实际生产厂家名称及地址不相符的商品，应认定为假冒商品。被上诉人这一行为明显违反了“正品保障义务”，属违约行为，应依照天猫平台的“正品保障”规则的约定，承担“退一赔四”的违约责任。原审判决对此认定事实错误，判决不当，本院依法应予纠正。判决：一、维持浙江省玉环县人民法院（2015）台玉商初字第1613号民事判决第一项、第三项、第四项，即限被上诉人嵊州市分贝电器有限公司于本判决生效后十日内退还上诉人张国祥集成灶货款41876元；限被上诉人嵊州市分贝电器有限公司于本判决生效后十日内赔偿上诉人张国祥为维权而支出的费用（包括公证费、差旅费）2696元；驳回上诉人张国祥的其余诉讼请求。二、变更浙江省玉环县人民法院（2015）台玉商初字第1613号民事判决第二项为：限被上诉人嵊州市分贝电器有限公司于本判决生效后十日内向支付上诉人张国祥赔偿金167504元。

▶评析

本案涉及在网络消费领域消费者维权纠纷审判的依据选择问题。就本案被告分贝公司向原告张国祥提供假冒伪劣产品的同一事实，本案一审法院根据《消费者权益保护法（2009年修正）》判令分贝公司退一赔一，二审法院根据合同违约判令分贝公司退一赔四。本案的特殊之处在于，二审判决依据的“正品保障”规则并非由销售者与消费者直接磋商达成的合意，而是通过商品销售页面上的“正品保障”（现已变更为“正品保证”）标识体现。此案是适用网络购物平台管理规则中的“正品保障”规则，还是应仅依《消费者权益保护法（2009年修正）》的有关规定，一、二审判决做出了不同的选择。

一、网络购物合同内容的确定

网络购物合同中，销售者在网络购物平台上开设店铺，并在商品销售页面上详细标注产品的品牌、规格、成分、功能、图示、价格等产品信息，该信息虽面向不特定对象发布，但因消费者在网络购物平台上仅经浏览页面信息即可实现自助购物，除非经网络购物平台或交易各方明示否认，宜将销售者发布商品销售页面的行为视为要约，消费者提交订单的行为即为承诺。因此，在网络购物中，如销售者与消费者未另行磋商达成一致合意，销售者发布的商品销售页面信息即为网络购物合同内容。

具体到本案中，分贝公司作为销售者入驻天猫购物平台须与天猫签订“正品保障”协议，承诺如提供的商品为非正品，则向消费者“退一赔四”，相应地，其商品销售页面上会显示天猫统一的“正品保障”标识，成为商品销售页面信息中不可分割的一部分。张国祥作为消费者注册成为天猫会员时，须与天猫签订服务协议，了解平台规则，并承诺依平台规则规定的程序进行维权。因此，张国祥对“正品保障”标识的内涵有充分了解。由于天猫平台规则所指的“正品保障”规则是同一的，双方对商品销售页面上的“正品保障”标识的内涵的理解也应是一致的，一旦双方实际订立交易合同，该规则就成为网络购物合同内容的一部分。

二、适用“正品保障”规则的法理依据

《产品质量法》第五条规定：“禁止伪造或者冒用认证标志等质量标志；禁止伪造产品的产地，伪造或者冒用他人的厂名、厂址；禁止在生产、销售的产品中掺杂、掺假，以假充真，以次充好。”天猫“正品保障”规则所指的“正品”，是指非假冒（包括盗版）品牌的商品、非未经报关的进口商品、非假冒材质成分的商品，其对“正品”的定义不违反《产品质量法》第五条的强制性规定。也就是说，“正品保障”规则内化成为买卖双方交易合同中的“正品保障”条款不违反法律的强制性规定，可以直接适用。

本案中，首先，被告分贝公司交付给原告张国祥的产品上标注的厂名、厂址均不存在，明显违反《产品质量法》第五条的规定，属于产品质量不合格的情况。且被告分贝公司在商品销售页面描述的是“全铜”灶具，即其与原告张国祥的交易合同约定交付的是“全铜”灶具，而检测后发现灶具含铜量仅为 0.85%，与约定产品出入极大，可以认定为假冒材料成分商品，符合适用“正品保障”规则的实体条件。其次，原告张国祥依据天猫维权规则，在收货后 15 天内向天猫售后维权平台申请“正品保障”服务，并依约向天猫售后维权平台提交了相关依据，适用“正品保障”规则的程序条件亦已成就。据此，我们认为原告诉被告合同违约，并要求其履行合同中的“正品保障”责任条款是有法理依据的。

三、司法的价值导向：以司法促诚信

随着互联网技术的发展，网络购物日益普及，但网络购物平台上的商家品质良莠不齐，现有的网络规范制度不够健全，网络购物存在的安全隐患数不胜数，其中假冒商品问题尤为突出。消费者在网购中属于弱势群体，由于大多假货都是小额假货，消费者维权需要花费的时间、精力和金钱成本可能超出实际遭受的损失，因而司法实务中可以适当考虑保护弱势群体，树立司法权威，帮助营造社会公平正义的和谐氛围。本案中，买卖双方的交易合同内含退一赔四的“正品保障”条款，同时《消费者权益保护法（2009 年修正）》中关于相关情况规定为退一赔一，在两者均可以适用的情况下，人民法院可以就保护弱势群体、社会影响等因素多方面考虑，对提供假冒商品的销售者适用更严格的赔偿条款，增加销售者的违约成本，以震慑其他不法商家，促进网络交易秩序的良性发展，构建诚实互信的网络交易市场。

编写人　浙江省高级人民法院　金晓飞

浙江省玉环县人民法院　曾京阳　孔庆周

004　何玲红诉中华联合财产保险公司舟山中心支公司、中国银行股份有限公司舟山定海支行保证保险合同纠纷案

——还贷保证保险中借款人被宣告死亡情形下“出险”时间的界定

▶裁判要旨

一、还贷保证保险的目的在于保障借款合同的履行，保险利益是被保险人的偿债能力，而非保险事故本身，被保险人因下落不明被宣告死亡的事故可以认定为因意外伤害所致死亡的保险事故，属于保险人的保险责任范围。

二、还贷保证保险合同中，保险人开始承担责任的时间应为被保险人丧失还贷能力时，故在被保险人因下落不明被宣告死亡的情形下，出险时间应界定为意外事故发生或被保险人下落不明之日，而非宣告死亡之判决作出之日。

▶案例索引

一审：浙江省舟山市定海区人民法院（2014）舟定商初字第1350号（2015年1月8日）；

二审：浙江省舟山市中级人民法院（2015）浙舟商终字第74号（2015年7月20日）。

▶案情

原告（被上诉人）：何玲红。

被告（上诉人）：中华联合财产保险公司舟山中心支公司。

第三人：中国银行股份有限公司舟山定海支行。

何玲红诉称：2007年3月12日，何玲红及其丈夫陈健（已于2014年5月13日宣告死亡）与中国银行股份有限公司舟山定海支行（以下简称中国银行定海支行）签订购房借款合同，约定：贷款金额15万元，贷款期限180个月，采用等额本息还款法等内容。同日，陈健向中华联合财产保险公司舟山中心支公司（以下简称联合财产保险公司）投保个人住房抵押贷款综合保险，购买了还贷保证保险，并交纳保险费。联合财产保险公司向陈健签发了个人住房抵押贷款综合保险单（以下简称住房抵押贷款保险单），约定：保险金额15万元，保险期限180个月，还贷保证保险的赔款，按贷款银行提供的借款人出险时拖欠的贷款本金余额计算，并按出险人数与借款人数的比例计算赔偿，第一受益人为中国银行定海支行。

2009年4月5日凌晨，陈健在开出租车营业时遇害。经何玲红申请，舟山市定海区法院于2014年5月13日宣告陈健死亡。2014年5月13日，舟山市定海区法院宣告陈健死亡后，何玲红向联合财产保险公司申请索赔。2014年10月17日，联合财产保险公司出具拒赔通知书，以无法证明陈健宣告死亡原因是否属于意外事故为由拒赔。

▶审判

浙江省舟山市定海区法院审理后认为，何玲红主张，应以陈健“出险”时即2009年4月5日作为保险人承担保险责任范围的时间节点。联合财产保险公司辩称，应以法院宣告陈健死亡的民事判决生效后，何玲红向联合财产保险公司提出索赔时购房借款合同项下的贷款本金余额为限。根据住房抵押贷款保险条款规定，结合《中华人民共和国保险法》的规定，保险事故应当是指被保险人因意外伤害事故所致伤残而丧失还贷能力。陈健系遭抢劫而下落不明，下落不明的原因指向明确，且陈健的出租车上留有血迹、财物被劫，公安机关以陈健被抢劫立案，虽案件至今未侦破，但从日常生活经验法则，可以推断出陈健已经遇害，事故发生时即为“出险”时间。在陈健死亡情况下，其履行债务的行为能力已经终止，应认定其已丧失还贷能力。联合财产保险公司承担保证保险责任的时间节点应认定为2009年4月5日。

据此，依照《中华人民共和国合同法》第四十一条、第一百零七条，《中华人民共和国保险法》第二条和《中华人民共和国民事诉讼法》第一百一十九条之规定，判决联合财产保险公司于判决生效之日履行还贷保证保险责任，将被保险人陈健个人住房抵押借款合同项下的借款余额68365.35元交付中国银行定海支行。案件受理费1509元，减半收取754.50元，由联合财产保险公司负担。

宣判后，上诉人联合财产保险公司不服原审判决，向舟山市中级人民法院提起上诉称：2009年舟山市定海区公安分局对陈健失踪以抢劫罪立案，但未发现陈健的尸体，现案件至今未破，不能在事实上确认陈健因抢劫被害。保证保险的目的不是转移被保险人的风险，而是保证主合同债的履行，保险人承担责任的触发条件为借款人履行能力的丧失，而不是单纯的被保险人死亡或伤残，如果被保险人意外伤害遇害或达到伤残等级，该贷款的借款人仍具备偿债能力，保险人亦无须承担责任。本案中，何玲红在2009年仍具备偿债能力，赔偿金额应按照2014年12月3日止贷款欠额计算。综上，请求二审法院依法撤销原审判决，驳回何玲红原审诉讼请求。

舟山市中级人民法院审理后认为，关于涉案事故的定性问题。本案中，法院虽然按照法定程序宣告陈健死亡，但宣告死亡只是从法律效果上推断陈健已经死亡，其主要解决的是陈健民事法律关系的状态问题。因案件尚未侦破也未发现陈健尸体，不能必然得出陈健已经自然死亡的事实，原审法院根据日常生活经验推断陈健遭遇抢劫死亡不妥，应予以纠正。对涉案事故是否属于合同约定保险事故，应从涉案事故即陈健因抢劫下落不明并被法院宣告死亡的内涵和外延来判断。首先，从合同约定的内容来看，住房抵押贷款保险条款中未载明宣告死亡的情形保险公司可不予赔付的内容，对保险人不承担保险责任进行了详细列明，也未列明宣告死亡属于免赔的情形。其次，从事故的发生原因来看，事故发生后公安机关经现场勘查和调查，发现陈健的出租车上留有血迹、财物被劫，事故发生的原因是难以预料的、非出于陈健本人意愿，可以认定为住房抵押贷款保险条款约定的意外事故；最后，从事故发生的结果来看，经公安机关侦查和法院公告仍未发现陈健下落，法院通过法定程序宣告陈健死亡，达到保险合同约定的因保险事故发生导致死亡应承担还贷责任的赔付标准。综上，陈健因抢劫下落不明并被法院宣告死亡的事故可以认定为保险合同约定的因意外伤害事故所致死亡保险事故，属于联合财产保险公司的保险责任范围。

关于保险公司承担赔付责任的时间节点问题。首先，从合同约定内容来看，按保险单约定，保险公司承担赔付责任的时间节点应为“出险时”，即保险事故发生的时间。本案中，2014 年 5 月 13 日为陈健被宣告死亡的时间，保险事故发生的时间为陈健因抢劫下落不明的时间，即 2009 年 4 月 5 日。其次，从发生赔付的条件来看，还贷保证保险中保险公司承担赔付的条件是投保人丧失偿债能力。本案中，2009 年 4 月 5 日陈健因发生抢劫事件下落不明，虽然不能认定当时陈健已经遇害，但结合公安侦查的财物被劫、现场留下血迹及经公安多方侦查和法院公告寻找仍不能确定陈健下落等因素考量，客观上可以认定陈健当时已经丧失偿债能力。最后，从合同的目的来看，陈健投保是为了在其丧失偿债能力的情况下，由保险公司代其偿还银行贷款。如果认定保险公司赔付时间节点为法院宣告死亡时间，那么就会出现在丧失偿债能力后到宣告死亡之前期间的贷款仍由陈健偿还的情况，既不符合情理也难显公正。综上，原审法院将陈健出险时间即 2009 年 4 月 5 日作为赔付时间节点并无不当，本院依法予以支持。

综上，联合财产保险公司的上诉请求缺乏相应的事实根据和法律依据，应依法予以驳回。据此，依照《中华人民共和国民事诉讼法》第一百七十条第一款第（一）项之规定，判决驳回上诉，维持原判。本案二审案件受理费 1509 元，由联合财产保险公司负担。

▶评析

还贷保证保险是指借款人在保险期限内因意外伤害事故所致死亡或伤残，而丧失全部或部分还贷能力，造成连续三个月未履行或未完全履行借款合同时，由保险人承担还贷责任。“出险”是保险合同中的专业术语，是指在保险合同上约定的赔偿或给付的条件出现时，保险公司就要承担相应的赔付责任。还贷保证保险中，保险公司是根据保险事故发生后即“出险”时的贷款余额为限承担赔付责任，“出险”时间节点认定得早晚直接影响赔款数额的多少，与借款人利益关系甚大。

一、宣告死亡作为一种法律拟制，宣告死亡的时间不宜认定为“出险时间”

现行法律规定被宣告人死亡时间为宣告死亡判决作出时间，但该时间为被宣告人“法律上的死亡日”，是法律为解决被宣告人民事法律关系状态问题而设。宣告死亡制度系法律拟制，而非事实判断，判决作出时间不宜作为出险时间。保险合同“出险”时间具有特定性和唯一性，宣告死亡判决的作出需满足特定的时间条件并经过法定的公告程序，受到申请人的申请行为及裁判的影响，存在迟延性和不确定性，以此认定“出险”时间存在一定不合理性。同时，宣告死亡判决的作出需符合法定时间条件和公告程序，待宣告死亡判决作出可能已经超过合同约定保险期间，借款人可能得不到赔偿。

因无法辨明当事人下落不明后死亡真伪情况，表面上看，保险公司主张“出险”时间从宣告死亡判决作出之日计算是遵循法律规定和合同约定，但实质上其是试图通过宣告死亡这一法律程序来对恶意宣告死亡的道德风险作出规避。本案中，公安机关现场勘查和调查，已经从侦查角度认定陈健遭受了外力原因的侵害。经公安机关侦查、陈健家属多方寻找，仍无法找到陈健的下落，已经排除了陈健、何玲红恶意申请宣告死亡骗保的可能性。宣告死亡判决在保险合同中解决的是保险事故的定性和确认问题，其仅是对事故性质的判断和确认，解决的是赔偿标准问题，对于何时发生保险事故未作评判，不能用于界定“出险”时间，宣告死亡的判决书在保险合同赔付中的作用等同于鉴定结果、评估报告。对于事故发生时间的认定，应当以其实际发生的时间来认定，而并非以评估报告、鉴定结果等评判性结论作出的时间来认定。

二、还贷保证保险中保险公司赔付时间应界定为意外事故发生或借款人下落不明之日

还贷保证保险是一类新型险种，属于财产保险中的保证保险，目的是保证主合同债的履行，通过风险转移和分摊机制，将债权人债权不能清偿的风险转嫁给保险公司，以增强债权的安全性。还贷保证保险的保险标的为借款人的还贷能力，其承担的风险是借款人的还贷能力的变化，这种风险并非指借款人因意外伤害事故所致死亡或伤亡本身，而是指因事故的发生导致借款人丧失全部或部分还贷能力的风险。

从发生赔付的条件来看，保险人承担责任的触发条件为借款人履行能力的丧失，而不是单纯的被保险人死亡或伤残，如果被保险人意外伤害遇害或达到伤残等级，该贷款的借款人仍具备偿债能力，保险人亦无须承担责任。从合同目的来考量，还贷保证保险承担的风险并不是死亡或伤残，而是死亡或伤残后导致偿债能力下降，其保险利益为借款人履行债务的能力，保险公司应当承担的保险责任是代借款人偿还剩余的贷款余额。故，保险公司开始承担保险责任时间应是从借款人丧失还贷能力时，而不能机械地理解为被宣告人法律推定死亡时间。

本案中，陈健因发生抢劫事件下落不明，虽然不能认定当时陈健已经遇害，但客观上可以认定陈健当时已经丧失偿债能力，应从此时计算“出险”时间。否则就会出现在借款人下落不明或意外事故发生之日后至法院宣告死亡判决之前这段期间的贷款仍由被宣告死亡人亲属负担的情况，损害了被宣告死亡人家属的利益，不符合宣告死亡制度设立的宗旨。

三、本案系在《最高人民法院关于适用〈中华人民共和国保险法〉若干问题的解释（三）》出台之前的有益实践探索

由于现行法对宣告死亡情形下死亡日期认定的规范模式存在重大缺陷，

为了解决司法实践中的现实问题，通过司法实践和国家立法寻找变通方法。2015 年 7 月 20 日，本案中司法裁判将“出险”时间节点认定为意外事故发生或借款人下落不明之日，间接确认借款人的死亡时间早于宣告死亡判决作出日期，将保险公司承担责任的时间节点提前，解决了司法实践中保险理赔难题，保护了相关当事人合法权益。2015 年 12 月 1 日，为解决《中华人民共和国民法通则》实施以来，机械地将宣告死亡的日期与死亡宣告判决作出的日期二者等同起来所导致的弊端，[①] 最高人民法院出台《最高人民法院关于适用〈中华人民共和国保险法〉若干问题的解释（三）》，其中第二十四条规定“被保险人被宣告死亡之日在保险责任期间之外，但有证据证明下落不明之日在保险责任期间之内，当事人要求保险人按照合同约定给付保险金的，人民法院应予以支持”，明确了宣告死亡情形下的死亡险保险金赔付规则，突破了《中华人民共和国民法通则》关于宣告死亡判决作出日为被宣告人死亡日的规定，允许“事实上的死亡日”优先于“法律上的死亡日”适用。虽然《最高人民法院关于适用〈中华人民共和国保险法〉若干问题的解释（三）》是对人身保险合同部分的解释，相关条文仅适用于人身保险合同，但宣告死亡导致保险理赔困境在财产保险中同样存在。本案裁判文书对争议出险时间的认定及体现出的裁判导向符合随后出台的相关司法解释的精神。

编写人　浙江省舟山市中级人民法院　冷海波

① 薛军：“论被宣告死亡者死亡日期的确定——以中国民法典编纂为背景论述”，载《政治与法律》2016 年第 6 期。

005 温州焜伟建设有限公司诉乐清市公共资源交易中心、乐清市虹桥镇第一中学不当得利纠纷案

——招标文件中投标保证金条款的法律定性

▶裁判要旨

招标文件载明如投标人存在串通投标、隐瞒不良行为记录、隐瞒拟派项目负责人有在建工程、提供虚假业绩证明等行为的，投标保证金不予退还。投标人按照投标文件要求交纳投标保证金的，表明招投标双方已就投标保证金的处理进行了约定。投标人存在招标文件规定的投标保证金不予退还的情形，投标人起诉要求返还投标保证金的，不予支持。

▶案例索引

一审：浙江省乐清市人民法院（2014）温乐民初字第1159号（2015年2月13日）；

二审：浙江省温州市中级人民法院（2015）浙温民终字第1508号（2015年5月27日）。

▶案情

原告（上诉人）：温州焜伟建设有限公司。

被告（被上诉人）：乐清市公共资源交易中心、乐清市虹桥镇第一中学。

浙江省乐清市人民法院经审理查明：2013 年 9 月 2 日，被告乐清市虹桥镇第一中学委托乐清市公共资源交易中心就其体育馆施工进行招标，并发布了《招标公告》《招标文件》。《招标文件》的投标保证金条款规定："如投标人发生下列情况之一，投标保证金将不予退还：1. 投标人在招标文件规定的投标有效期内撤回其投标文件；2. 中标通知书发出后，中标人无正当理由不与招标人签订合同或者不提交履约保证金；3. 投标人串通投标；4. 投标人经专家评审或经市建设行政主管部门认定有隐瞒不良行为记录、隐瞒拟派项目负责人有在建工程、提供虚假业绩证明等弄虚作假行为的，市公共资源交易中心不予退还其投标保证金，并在乐清市公共资源交易网予以公示。"《招标文件》中"五、投标人的资格审查"记载，"投标人的资格审查由评标委员会成员对进入评审区间的有效投标人的资格后审申请书同意评审。投标人必须满足下列资格审查的必要条件，凡不能满足下列必要条件之一，其投标文件应当作为废标处理，不进入下一轮评审：……（7）项目技术负责人具有工程师以上职称，应提供相应证书"。2013 年 9 月 26 日，原告参与了乐清市虹桥镇第一中学体育馆工程的招标投标项目，同时向乐清市公共资源交易中心交纳了投标保证金 28 万元。原告提交的资格后审申请书的附表中，原告出具了《诚信投标承诺书》，原告承诺："不以其他人名义投标或者以其他方式弄虚作假，骗取中标，如有违反承诺内容的行为，愿意承担法律责任，包括：愿意接受相关行政主管部门作出的处罚；愿意接受投标保证金由市公共资源交易中心不予退还的处理……"

2014 年 9 月 27 日，评标委员会作出了评标决议（一），决议内容：在资格标评审阶段发现温州焜伟建设有限公司王育忠工程师证书造假嫌疑。经专家集体讨论，决定对温州焜伟有限公司的投标文件做废标处理，不再进行后续评审。2013 年 10 月 9 日，乐清市虹桥镇第一中学在网上发布《中标候选人公示》，公示了中标候选人名单，同时公示了废标公司的废标原因及依据，原告公司的废标原因及废标依据均已在表格中注明。同日，乐清市公共资源交易中心在网上发布《保证金不予退还公告》，告知原告其投标保证金 28 万元，经评标委员会评审认定王育忠工程师证书造假，根据招标文件规定，投标保证金不予退还。

原告温州焜伟建设有限公司起诉称：原告认为上述保证金是被告强行向原告收取，没有法律依据，而且在事后招投标结束原告未中标的前提下，被告以单方认定原告工程师证书造假为由强行扣留保证金，其行为构成不当得利。原告遂提起诉讼，请求判令被告乐清市公共资源交易中心返还扣留的投标保证金 280000 元，并按照同期银行贷款利率支付保证金占用期间的利息（自 2013 年 10 月 8 日起算至返还之日止）。在审理过程中，原告请求追加乐清市虹桥镇第一中学为被告参加诉讼，并要求其与乐清市公共资源交易中心共同承担偿还责任。

被告乐清市公共资源交易中心答辩称：一、交易中心接受乐清市虹桥第一中学的委托进行乐清市虹桥第一中学体育馆项目的工程建设的招标，发布招标公告，代收投标保证金，并非原告所诉依照被告垄断地位，强行收取的保证金。二、原告的资格标经过专家的评审，认定原告的工程师证书存在造假，因此废标。三、2013 年 10 月 8 日，乐清市虹桥中学公布中标人，列明因原告工程师证书造假导致原告废标的事实，并规定了异议期。在异议期内原告没有向有关的行政部门提出异议，原告无权起诉要求退还保证金。四、被告不予退还原告的依据为招标文件中明确作出关于投标保证金的规定。

被告乐清市虹桥镇第一中学答辩称：一、同意被告乐清市公共资源交易中心的答辩意见。二、原告在诉状中有几处错误说法。1. 诉争的28 万元投标保证金是基于招标文件的要求，由原告自愿汇入交易中心的专用账户内，并非强行收取，且收取投标保证金符合《中华人民共和国招标投标法》的相关规定；2. 因原告的王育忠工程师证书造假，专家委员会对原告作出废标处理，原告认为是招投标中心对其废标处理，与事实不符；3. 根据客观中立的第三方评标委员会的决议，以及招标文件的相关规定，不予退还投标保证金合约合法；4. 原告诉称在申请人未能中标的情况下，任何相对人不得扣留相关的保证金，拒绝退还的构成不当得利，但是事实上原告并非未能中标，原告的投标行为是被作废标处理。综上，请求法院依法驳回原告的诉讼请求。

▶审判

浙江省乐清市人民法院经审理认为，原告与被告乐清市虹桥镇第一中学因体育馆工程而产生招标投标法律关系。首先，招标文件系向不特定的大众发布，目的在于希望或者诱使他人向自己发出要约的意思表示，以便在其中选择最佳的缔约当事人。因此，就招标文件整体而言，其法律性质属于要约邀请。但是，招标文件中关于投标保证金罚则条款，其法律性质更符合要约而非要约邀请：其一，该条款是针对特定的相对人进行，即已经参与投标的投标人；其二，该条款具体明确，对所有参与投标的投标人都具有效力；其三，该条款是以形成“合意”为直接目的，本案中原告签署的诚信承诺书即是对上述条款的回应，在法律上也产生了承诺的法律效力，双方即就投标保证金的处理和处罚达成了一种合意。其次，原告的行为属于弄虚作假的范畴。根据招标文件规定，投标人的项目技术负责人必须具有工程师以上职称，应提供相应证书。原告提供的王育忠属于项目技术负责人，其证书造假问题已有评标委员会的认定，该行为应属于以提供虚假证书的方式弄虚作假的范畴。综上，被告不予退还投标保证金有合法的依据，不属于不当得利。招标文件规定，投标人在投标过程中弄虚作假的，将不予退还保证金，原、被告已经就投标保证金罚则达成一致意见，原告的诚信承诺书与招标文件的投标保证金罚则条款，相辅相成，是原、被告双方对于“投标保证金是否退还”具体处理和处罚的合意。原告关于“该28万元系缔约保证金，其应当承担缔约过失责任，即对被告造成的损失承担责任，然被告未有损失，故上述保证金应予退还”的理由，不能成立，因双方已就缔约过失的责任作出了约定。综上，原告的诉讼请求缺乏事实与法律依据，故不予支持。遂判决驳回原告温州焜伟建设有限公司的诉讼请求。

一审宣判后，原告不服，提出上诉。

温州市中级人民法院经审理认为，招标公告与招标文件中保证金条款不同，招标公告系面向不特定的人群发出的投标邀请，对象不特定，属于要约邀请；而招标文件中的投标保证金条款是针对具体的投标人，属于要约。本案中上诉人依据被上诉人发布的招标文件，按文件规定的方式交纳了投标保证金，并且出具了诚信投标承诺书，在该承诺书中上诉人承诺“本公司若有违反本承诺内容的行为，愿意承担法律责任，包括：愿意接受相关行政主管部门作出的处罚；愿意接受投标保证金由市公共资源交易中心不予退还的处理等”，因此，双方已就投标支付保证金，并且若违反投标约定后不予退还保证金的事宜达成一致意见，双方均应该按照约定履行各自的义务。关于被上诉人是否存在弄虚作假的行为。上诉人虽主张公司对王育忠证书虚假的事实并不知情，但是由于王育忠系其公司员工，且作为主要项目负责人参与投标，其职务不同于一般人员，公司在招聘王育忠时应该进行必要的资质审查和简历审核，并且应对其提供的材料的真实性应进行必要的检查核实，但本案中上诉人对其已经尽到相应的责任未提供证据支持，应当承担举证不能的法律后果。上诉人提供的投标材料中主要项目负责人王育忠的资格证书系虚假证书，且系经专家集体讨论认定，根据《中华人民共和国招标投标法实施条例》第四十二条第二款的规定：“投标人有下列情形之一的，属于招标投标法第三十三条规定的以其他方式弄虚作假的行为：……（三）提供虚假的项目负责人或者主要技术人员简历、劳动关系证明……”本案中上诉人的行为依法属于该情形。因此，被上诉人不予退还其投标保证金符合法律及双方约定，被上诉人不构成不当得利。综上，上诉人的上诉理由不成立，遂判决驳回上诉，维持原判。

▶评析

投标保证金是指在招标投标活动中，投标人根据招标文件要求向招标人交纳的保证金。为约束投标人的投标行为，维护招投标活动的严肃性，招标文件中通常载明如投标人存在串通投标、隐瞒不良行为记录、提供虚假业绩证明等行为，投标保证金不予退还。一旦投标人出现前述招标文件规定的情形，招投标双方容易对投标保证金的处理发生争议。对此，主要涉及投标保证金以及招标文件中投标保证金条款的法律性质问题。

一、投标保证金的法律性质

投标保证金具有投标责任担保作用，但其法律性质并不明确，值得深入探讨。我国法律规定的五种法定担保方式分别为抵押、定金、保证、质押和留置。投标保证金虽有“保证”二字，但并非保证。从其相关权利义务来看，投标保证金与定金最为接近，但又有差异。

首先，投标保证金具有立约定金的属性。立约定金是指为了担保合同的订立而支付的金钱。《中华人民共和国招标投标法实施条例》第三十五条规定，“投标截止后投标人撤销投标文件的，招标人可以不退还投标保证金”，从该规定可以看出，投标保证金具有担保合同订立的作用，对于投标截止后投标人撤销投标文件的，投标保证金可不予退还。除前述条例规定外，招标文件往往还载明投标人存在串通投标、隐瞒不良行为记录、提供虚假业绩证明等行为的，投标保证金不予退还。由此可知，投标保证金不予退还，系招投标双方对缔约过失责任进行的约定，作为合同订立的担保方式，以体现对招标人负担主要招投标费用的补偿和对投标人失信行为的惩罚。

其次，投标保证金具有违约定金的属性。《中华人民共和国招标投标法实施条例》第七十四条规定：“中标人无正当理由不与招标人订立合同，在签订合同时向招标人提出附加条件，或者不按照招标文件要求提交履约保证金的，取消其中标资格，投标保证金不予退还……”中标通知书发出后，合同即告成立，投标人未依约履行义务即构成违约，对于投标人已递交的投标保证金，招标人可以不予返还，作为投标人违约的赔偿。

最后，投标保证金不适用双倍返还的定金罚则，具有单向性。定金罚则是指给付定金一方不履行义务，无权要求返还定金，而收受定金一方不履行义务的，应当双倍返还定金，体现了双方当事人的权利义务对等。而投标保证金虽具有立约定金和违约定金的双重属性，但其担保作用是单向的。《中华人民共和国招标投标法实施条例》第三十一条规定，招标人终止招标的，招标人应当及时退还所收取的投标保证金及银行同期存款利息，即招标人对其单方终止招标的行为，无须双倍返还投标保证金。此外，《中华人民共和国招标投标法实施条例》对招标人无正当理由不与投标人订立合同或在签订合同时提出附加条件等情况时，投标保证金的处理亦未作规定。

二、招标文件中投标保证金条款的法律性质

有观点认为，招标公告、招标文件是招标人向数个相对人或者不特定的相对人公布订立合同的意思表示，其法律性质为要约邀请。因此，招标文件中的投标保证金条款为要约邀请。取得中标资格的投标人，因其投标的要约得到招标人的承诺，而与招标人建立了合同关系，此时招标文件中的投标保证金条款，对其发生法律效力，即投标保证金条款仅对中标的投标人发生法律效力。

有观点则认为，招标公告、招标文件系向不特定的大众发布，目的在于希望或者诱使他人向自己发出要约的意思表示，以便在其中选择最佳的缔约当事人。就招标文件整体而言，其法律性质属于要约邀请。但是，招标文件中投标保证金条款，其法律性质更符合要约而非要约邀请：其一，该条款是针对特定的相对人，即已经参与投标的投标人；其二，该条款具体明确，对所有参与投标的投标人都具有效力；其三，该条款是以形成“合意”为直接目的，投标人交纳投标保证金的行为，表明其已对投标保证金条款予以承诺，应视为双方已就投标保证金的处理达成合意，产生法律约束力。

我们认同第二种观点，理由如下：首先，虽然《中华人民共和国合同法》第十五条规定招标公告为要约邀请，法学界通行观点亦认为招标公告的法律性质属于要约邀请，投标行为的法律性质为要约，确定中标人行为的法律性质为承诺，但是，笼统地认为招标文件属于招标行为进而属于要约邀请，没有法律约束力，过于片面。招标公告和招标文件在内容上有所不同，招标文件远比招标公告详尽。招标人发布招标文件的目的是希望他人向其投标，其内容大多具有不确定性，因此就其整体而言，作为要约邀请，应为恰当。但是招标文件中投标保证金条款是针对具体的投标人，内容具体确定，定性为要约更为合适。该条款一旦得到投标人承诺，对招投标双方当事人均具有法律约束力，如若违反，应承担相应民事责任。投标人的承诺可以书面形式作出，也可以交纳保证金的行为作出。其次，如前所述，投标保证金具有单向性立约定金和违约定金属性，对投标人的投标行为起到担保作用。如投标人在缔约过程存在过失，或者在合同成立后出现违约，不予退还投标保证金，即为投标人为其失信行为支付的经济对价。本案中，原告温州焜伟建设有限公司不仅交纳了投标保证金，而且签署了诚信承诺书，承诺“若有违反本承诺内容的行为，愿意承担法律责任，包括愿意接受投标保证金由市公共资源交易中心不予退还的处理等”，表明招投标双方已就投标保证金的支付以及违反投标约定后不予退还的事宜达成一致意见，对双方均有法律拘束力。

综上，投标保证金的立法本意在于通过发挥投标保证金的担保作用，规范、约束投标人的行为，督促投标人依法参与投标，按约履行义务。招标文件中的投标保证金条款，一经投标人承诺，则对于招投标双方具有法律约束力，如若违反，应承担相应民事责任。

编写人　浙江省高级人民法院　江宇奇

006　宁波银行股份有限公司江北支行诉宁波市鄞州托米海伦服饰有限公司、宁波东平齿轮制造有限公司等金融借款合同纠纷案

——实际控制人利用公司逃避债务，由新设立公司对原公司债务承担连带责任

▶裁判要旨

公司因经营不善导致严重亏损或对外负担巨额债务时，股东或实际控制

人为了逃避合同之债，设立新公司，将具有经营价值的财产转移到新设立的公司，但对原公司既不主动清算，也不申请注销。对于这一股东或实际控制人滥用公司独立人格，损害债权人利益的行为，应由新设立的公司对原公司债务承担连带责任。

▶案例索引

一审：浙江省宁波市江北区人民法院（2015）甬北商初字第293号（2015年12月3日）；

二审：浙江省宁波市中级人民法院（2016）浙02民终322号（2016年5月3日）。

▶案情

原告：宁波银行股份有限公司江北支行（以下简称宁波银行江北支行）。

被告：宁波市鄞州托米海伦服饰有限公司（以下简称托米海伦公司）。

被告：宁波东平齿轮制造有限公司（以下简称东平齿轮公司）、陈慈怀、陈国栋、边赛珍、鲍碧华、陈曙、陈蔚泉、宁波金刚机器人有限公司（以下简称金刚机器人公司）。

原告宁波银行江北支行诉称：因托米海伦公司在宁波银行江北支行处的另一笔贷款逾期未还，已构成违约。宁波银行江北支行宣布该借款合同提前到期，要求托米海伦公司偿还借款本金及利息，担保人承担连带保证责任。金刚机器人公司与东平齿轮公司在同一地点从事生产经营，经营范围相同，陈国栋系东平齿轮公司和金刚机器人公司实际控制人。在贷款出现风险后，东平齿轮公司无意还款，却转由金刚机器人公司生产，实为转移资产、逃避债务。诉请判令：1. 托米海伦公司立即偿还贷款本金124万元及相应利息；2. 东平齿轮公司、陈国栋、边赛珍、陈慈怀、鲍碧华、陈曙、陈蔚泉对托米海伦公司的上述债务承担连带保证责任；3. 金刚机器人公司对东平齿轮公司的连带保证责任承担连带清偿责任。

被告东平齿轮公司、陈国栋辩称：东平齿轮公司因担保问题出现经营危机，但在业务上仍有一定竞争力。金刚机器人公司愿意为其解决员工和拖欠的工资款、补偿金，故其将公司的优质资源给了金刚机器人公司，两家公司不存在人格混同。

被告金刚机器人公司辩称：其与东平齿轮公司系独立法人。公司设立之初的经营方向是工业机器人生产，但成立后不久，由于东平齿轮公司陷入担保危机，金刚机器人公司在政府协调下同意接收东平齿轮公司的员工、租赁其设备，为其代偿欠付工资。金刚机器人公司并非东平齿轮公司股东，东平齿轮公司股东也未在金刚机器人公司参股，由其承担连带清偿责任无法律依据。

一审法院审理查明：2013年5月21日，宁波银行江北支行与东平齿轮公司签订《最高额保证合同》一份，约定东平齿轮公司为托米海伦公司在宁波银行江北支行处自2013年5月21日至2020年12月31日和债权本金不超过250万元限额内形成的债务提供连带保证责任。陈慈怀、陈国栋、边赛珍、鲍碧华、陈曙、陈蔚泉也与宁波银行江北支行签订《最高额保证合同》，为托米海伦公司的债务提供担保。2014年8月26日，宁波银行江北支行与托米海伦公司签订《流动资金贷款合同》，贷款期限为2014年8月29日至2014年12月22日，贷款金额124万元，双方就利率、罚息、复利等计算方式作了约定。

2014年6月20日，金刚机器人公司成立，注册资金100万元，经营范围为工业机器人及其零部件，齿轮加工设备及齿轮、齿轮箱、机械零部件的制作、加工，登记的股东为宁波东湖液压传动有限公司会计李琪及原东平齿轮公司员工屠世明。其经营场地与东平齿轮公司相同，并使用东平齿轮公司的机器设备进行生产，接收了东平齿轮公司的大部分员工，并与其70%的客户保持了业务关系。东平齿轮公司的经营范围为齿轮、机械设备及零部件、汽车零部件的制造、加工及齿轮的热处理和加工。金刚机器人公司的经营范围为工业机器人及其零部件，齿轮加工设备及齿轮、齿轮箱、机械零部件的制造、加工。目前，金刚机器人公司未开展工业机器人及零部件的生产经营。因托米海伦公司在宁波银行江北支行另一笔贷款逾期未还，构成违约，尚欠本金124万元及截至2015年11月24日的利息、罚息、复利共计113958.74元。

▶审判

浙江省宁波市江北区人民法院经审理认为：托米海伦公司未按约支付本息，构成违约，宁波银行江北支行有权要求其偿还，东平齿轮公司及陈慈怀、陈国栋、边赛珍、鲍碧华、陈曙、陈蔚泉六人对上述债务承担连带保证责任。本案的争议焦点是，金刚机器人公司是否应对东平齿轮公司的连带保证责任承担连带清偿责任？首先，东平齿轮公司员工从2014年7月开始陆续到金刚机器人公司工作，但并未与金刚机器人公司签约。2015年3月，绝大部分原东平齿轮公司员工的工资已由金刚机器人公司支付，但与东平齿轮公司的工资、经济补偿金仍未结清。因此，金刚机器人公司无法说明其具体接收东平齿轮公司员工的原委、过程，两家公司对员工及员工究竟与哪家公司建立劳动关系并不明确，与通常的独立人格的企业聘用员工的行为不符。其次，金刚机器人公司的股东虽为李琪和屠世明，但李琪未领取工资，屠世明也仅领取普通员工的工资，并非高管的工资水平。金刚机器人公司年营业额2000万元，但注册资本仅100万元，金刚机器人公司解释是李琪个人借款，但其无法提交借款账户的流水。为查明李琪和屠世明是否是金刚机器人公司真实股东，法院多次要求二人到庭陈述，但二人无正当理由拒不到庭接受质询。故难以认定李琪、屠世明系金刚机器人公司实际股东。再次，金刚机器人公司使用东平齿轮公司的场地经营，二者虽有租赁合同，但金刚机器人公司于2014年10月14日、11月26日分两次将8年的租金48万元支付给东平齿轮公司，对一家仅有100万元注册资本的公司而言，该行为不符合理性商事主体的行为模式。金刚机器人公司使用东平齿轮公司机器设备进行生产，二者签订了抵押设备租用及代偿债务协议书，但租金明显偏低。此外，协议签订于2015年11月，金刚机器人公司陈述其在协议签订后才开始使用东平齿轮公司的设备，之前一直使用自己购买的机器设备。但金刚机器人公司成立后就开始生产，且无法提供购买设备的凭证。因此，金刚机器人公司与东平齿轮公司并非正常的租赁关系。最后，金刚机器人公司在极短的时间内，与东平齿轮公司大部分客户建立了客户关系，不符合一家新设立公司的业务能力水平。公司财产独立是公司人格独立的一个侧面，当公司财产不具有独立性时，也就否认了公司的人格具有独立性，进而导致公司承担独立责任的基础丧失。东平齿轮公司将其优质资源转由金刚机器人公司继受，与金刚机器人公司存在公司平移、人格混同、利益转移，东平齿轮公司盈利能力随之丧失，减弱了承担最高额保证的能力，对宁波银行江北支行利益造成损害，故参照《中华人民共和国公司法》第二十条第三款之规定，应由金刚机器人公司对东平齿轮公司的担保债务承担连带责任。综上，依照《中华人民共和国合同法》第一百九十六条、第二百零五条、第二百零六条、第二百零七条，《中华人民共和国担保法》第十八条、第三十一条，《中华人民共和国公司法》第三条第一款规定，判决：一、托米海伦公司于判决生效后十日内偿还宁波银行江北支行借款本金124万元，并支付至2015年11月24日止之利息、罚息、复息共计113958.74元及自2015年11月25日起至实际履行日止按编号04001LK20148183《流动资金贷款合同》约定计算的复息、罚息；二、东平齿轮公司、陈国栋、边赛珍、陈慈怀、鲍碧华、陈曙、陈蔚泉对托米海伦公司上述债务承担连带清偿责任，其承担保证责任后，有权向托米海伦公司追偿；三、金刚机器人公司对东平齿轮公司的上述连带清偿责任承担连带责任。

金刚机器人公司不服一审判决，提起上诉称：金刚机器人公司使用东平齿轮公司的场地、机器设备生产经营，但双方签订了租赁协议，且支付了报酬。其接收东平齿轮公司的员工，是员工自愿选择的结果，虽未及时签约，但已形成事实劳动关系，并由金刚机器人公司独立支付报酬。金刚机器人公司的业务虽与东平齿轮公司有交叉，但开具独立的发票和送货单。因此，金刚机器人公司与东平齿轮公司在人员、财产、业务上均无混同。宁波银行江北支行的债权相对于除东平齿轮公司之外其他担保人累计1000万元的担保能力而言，完全有实现的可能，即使金刚机器人公司与东平齿轮公司存在人格混同，也不必然损害宁波银行江北支行的债权。故请求二审法院撤销原判第三项。

宁波银行江北支行答辩称：金刚机器人公司的经营范围虽有工业机器人生产，但从未进行相关生产销售，在成立之后其经营范围便与东平齿轮公司几近相同，二者在业务上存在混同。故请求维持原判。

东平齿轮公司、陈国栋答辩称：金刚机器人公司和东平齿轮公司在人员、财产、业务上均无混同。

宁波市中级人民法院经审理认为，金刚机器人公司与东平齿轮公司在员工流动、配置、场地和设备的使用、经营业务的重合度上均不符合一般理性商事主体的行为模式，故在人员、财产、业务上存在混同，同时根据《最高人民法院关于民事诉讼证据的若干规定》第七十五条的规定，有证据证明一方当事人持有证据无正当理由拒不提供，如果对方当事人主张该证据的内容不利于证据持有人，可以推定该主张成立。宁波银行江北支行主张会计凭证、财务账簿能够证明两家公司财产混同，但金刚机器人公司和东平齿轮公司经法院要求无正当理由拒不提供两家公司的会计凭证和财务账簿。因此，金刚机器人公司和东平齿轮公司存在宁波银行江北支行所主张的公司平移、人格混同、利益转移，滥用公司法人独立地位的现象。东平齿轮公司将优质资源转至金刚机器人公司，致使东平齿轮公司盈利能力大幅下降，造成宁波银行江北支行利益受损。据此，依据《中华人民共和国民事诉讼法》第一百七十条第一款第（一）项之规定，判决：驳回上诉，维持原判。

▶评析

通常而言，理论和实务界对于滥用公司法人人格和股东有限责任制度的表现形式主要归纳为以下四种：1. 设立空壳公司。公司股东虚假出资或抽逃出资，令公司无真实资本或注册资金实际为零，公司股东不承担或者承担与其收益完全不相匹配的风险，将经营风险直接转嫁给公司债权人。2. 公司形骸化。公司不设或虚设董事会、股东会，由控制股东直接控制。又如，公司股东名册中的股东是挂名股东或名义股东，受真正股东控制，其利用形骸化的公司牟取自身利益。3. 公司资本严重不足。公司注册资本不能支撑公司日常经营对资本金的需求，也无法抵御公司经营风险。4. 股东与公司或者姐妹公司之间人格混同，如人事交叉、交叉持股、业务混同、经营场所、银行账户、电话号码相同、会计账簿混同等，外界难以区分股东与公司或者姐妹公司的不同。

以往的司法实践中，公司因经营不善导致严重亏损或者对外负担巨额债务时，股东将具有经营价值的资产转移到另一家新设立的公司。股东对原公司既不主动清算，也不申请注销，原班人马和财产在新公司“另起炉灶”，将全部债务留在原公司的这类情形归入上述第 4 种表现形式。然而，近年来随着恶意逃废金融债务已然成为一种影响力巨大的“社会现象”，股东或实际控制人滥用公司人格，欺诈转移公司资产，逃废银行债务，不仅造成银行不良资产大幅上升，危害金融安全，还在一定程度上破坏了经济社会的正常运行。同时，由于这类滥用公司法人人格的情形与上述第 4 种表现形式在表征上仍有所区别，如新设立公司与原公司的经营地址、电话号码、银行账户等并不相同，在表面上尽量与原公司撇清关系，因此，为了规制这种行为，有必要将这类利用公司逃避债务型单独归为一类，并将滥用公司法人人格的主体扩大为股东或实际控制人。

对于这类股东或实际控制人利用公司逃避债务，滥用公司法人人格的行为，可以通过法人人格否认制度加以破解。本案即属于股东为了逃避担保责任，将原公司优质资产转移至新设立公司，恶意损害债权人利益的典型案例。

一、利用公司逃避债务的构成要件

对于股东或实际控制人转移公司具有经营价值的资产，导致新、原公司人格混同，主要从组织机构、财产、业务三方面进行审查：

第一，组织机构的转移。公司是社会团体，其运行基础是人的组合，一旦组织机构转移，公司意思随之转移，极易导致财产、利益的转移和混同。组织机构的转移表现在新、原公司股东、高级管理人员混同，以及工作人员，尤其是生产型企业一线工人劳动关系的非正常解除、建立。本案中，从两家公司的股东及管理人员看，金刚机器人公司的股东和管理人员与东平齿轮公司从形式上看毫无关系，但金刚机器人公司的两名股东中一名是原东平齿轮公司员工，另一名是东平齿轮公司的股东、法定代表人陈国栋侄子所开设公司的会计，二人并不参与公司管理。而金刚机器人公司的员工一直以为陈国栋仍是老板，有什么困难也找陈国栋解决。因此，本质上东平齿轮公司股东陈国栋同时也是金刚机器人公司的实际控制人。从两家公司一般工作人员的转移变化分析，除了原东平齿轮公司的员工，金刚机器人公司自行聘用的员工不足 5%，其对外招聘也是以东平齿轮公司的名义。东平齿轮公司有将近 70% 的员工转移至金刚机器人公司工作，但东平齿轮公司的员工在转移到金刚机器人公司工作前，未与东平齿轮公司解除劳动合同关系，到金刚机器人公司工作后，也未及时签订劳动合同，这种员工转移的方式并不符合两家独立公司的雇佣惯例。并且，东平齿轮公司作为一家生产型公司，生产员工尤其是熟练工对其来说是优质资源，70% 以上的员工转移至金刚机器人公司，已使公司丧失生产经营能力，严重损害了宁波银行江北支行担保债权的实现。

第二，财产转移。公司拥有独立的财产，是其对外承担责任的基础，股东或实际控制人转移公司生产资料、专利技术、资金等财产，将导致公司丧失对外承担责任的能力。但通常情况下，新公司为了避免债权人撤销权的追索，并不会从表面上无偿或以不合理低价受让原公司财产，往往通过租赁、融资租赁等看似合法的方式获得原公司资产的使用权，以至于原公司和新公司的财产混同。此外，若新设立公司的自有资本与生产经营规模完全不相匹配，该新公司用于经营的资本也极有可能来源于原公司。本案中，金刚机器人公司的注册资本只有 100 万元，其年营业额却高达 2000 万元，金刚机器人公司对此未作出合理解释，也未提供证据证明有外借资金，事实上，金刚机器人公司正是利用了东平齿轮公司的资产开展生产经营。同时，东平齿轮公司使用金刚机器人公司的场地、机器设备生产经营，两公司存在财产混同。金刚机器人公司虽与东平齿轮公司签订了场地租赁协议，但金刚机器人公司支付的租金相对偏低。并且，金刚机器人公司在协议订立半年内，支付了8年租金帮助东平齿轮公司偿还欠付的员工工资。金刚机器人公司使用东平齿轮公司的机器设备进行生产，由于该设备已对外抵押，金刚机器人公司同意帮助东平齿轮公司偿还贷款，以取得设备的使用权。两家公司通过租赁的方式使厂房和机器在使用权上从东平齿轮公司转移至金刚机器人公司，尽管所有权并未转移，但足以隔离法院对财产的强制执行，客观上对债权人利益造成了损害。

第三，业务转移，主要表现在公司之间经营范围相同或高度雷同，上下游客户重合度高。本案中，东平齿轮公司和金刚机器人公司在经营范围上几乎相同，金刚机器人公司虽然在经营范围上还有机器人生产制造等，但其并未开展此项业务。金刚机器人公司在极短的时间内承接了东平齿轮公司70%的客户资源，东平齿轮公司已几近停产，其盈利能力的丧失严重影响宁波银行江北支行债权的实现。

二、利用公司逃避债务承担的连带责任依据

（一）公司法上的依据

公司法人制度是将公司资产与股东资产相分离，把股东的责任限定在出资范围内，避免过大的公司经营风险对股东利益的损伤。此后，由于股东利用公司独立人格损害债权人和社会公共利益，法人人格否认制度又称“刺破公司面纱”应运而生，该制度否认了公司与其背后的股东各自独立的人格及股东有限责任，责令公司股东对公司债权人或公共利益负责。随着社会经济和公司制度的发展，“刺破公司面纱”又发展出了“三角刺破”和“反向刺破”理论。“三角刺破”理论适用于关联公司人格混同的情形，当公司股东滥用其对若干公司的支配权，为规避法定义务或者合同义务，利用多个关联公司之间的关联性转移利益，损害其中一个或者若干公司的利益，实现其作为控制股东在公司集团的利益最大化，应其中某个公司债权人的请求，否认

关联公司之间的各自独立地位，共同对发生的债务承担责任。传统的“三角刺破”需要形成一个三角关系，各个关联公司之间有一个共同的连接点，即在各个关联公司转移利益的控制股东。若关联公司之间没有控股股东相连接，如本案中东平齿轮公司和金刚机器人公司之间并无共同的控制股东，陈国栋是东平齿轮公司的股东，但非金刚机器人公司的股东，只是金刚机器人公司的实际控制人；或者利用公司逃避债务的主体是公司的实际控制人，“三角刺破”理论能否适用？笔者认为，“三角刺破”此种情形仍可适用。

首先，在公司制度设立之初，立法者主要对公司的股东和董事进行规制，因此公司法人人格否认制度规制的主体是公司股东。但随着公司控制结构不断复杂化，公司治理的实践和公司法律制度设计者的治理设想发生了偏离，商人通过投资关系、控制协议等各种安排与公司发生控制关系。在某些情况下，实际控制人已经超越了公司股东会和董事会，其通过控制公司意思和行为，谋取自身利益。因此，利用实际控制人身份滥用公司法人人格侵害债权人利益，已经成为现代商人应对公司法人人格否认制度的一种新工具，其实质与股东滥用公司法人人格并无二致，传统“三角刺破”中控制股东的主体要件也应随形势扩大为实际控制人。本案中，东平齿轮公司的股东陈国栋将公司人员、财产、业务转移至金刚机器人公司，令东平齿轮公司名存实亡，宁波银行江北支行的担保债权已实际落空，而其作为金刚机器人公司的实际控制人经营新的公司，继续为己牟利。根据“三角刺破”理论，东平齿轮公司应承担的担保责任先流转至陈国栋，再由陈国栋流转由金刚机器人公司承担。

其次，最高人民法院指导案例15号已对“三角刺破”模式作了进一步突破。在法院认定的三个关联公司中，两家关联公司成都川交工贸有限责任公司和成都川交工程机械有限责任公司的股东均为倪刚和王永礼，而另一家关联公司四川瑞路建设工程有限公司的股东是张家蓉和吴帆，四川瑞路建设工程有限公司与成都川交工贸有限责任公司和川交工程机械有限责任公司虽无共同的控制股东，但王永礼和张家蓉系夫妻关系，法院经对三家公司人员、业务、财务等分析，认定三公司在经营活动、对外宣传上相互混同，最终认定三家公司共同承担连带责任。可见，对于以往理论中只能是股东滥用公司法人人格这一主体要件，已在司法实践中被逐步突破，实际控制人滥用法人人格也可由法人人格否认制度加以规制。随着商事活动的发展，审理法人人格否认案件将更加注重对特征要件的分析，这也是英美等判例法国家在法人人格否认案件中所使用的裁判方法。就本案而言，对于金刚机器人公司应否对东平齿轮公司的担保责任承担连带责任，可以适用《中华人民共和国公司法》第二十条第一款，公司股东应当遵守法律、行政法规和公司章程，依法行使股东权利，不得滥用公司法人独立地位和股东有限责任损害公司债权人的利益这一原则性规定，同时参照《中华人民共和国公司法》第二十条第三款，公司股东滥用公司法人独立地位和股东有限责任，逃避债务，严重损害公司债权人利益的，应当对公司债务承担连带责任的规定进行裁判。

（二）民法领域的依据

《中华人民共和国民法通则》第三十七条规定：“法人应当具备下列条件：（一）依法成立；（二）有必要的财产或者经费；（三）有自己的名称、组织机构和场所；（四）能够独立承担民事责任。”法人作为法律拟制出来的权利义务的享有者和承担者，必须具备以上条件，然而一旦公司优质资产被转移，其便丧失了独立对外承担责任的能力，资产转出公司和转入公司成为对外承担责任的共同体，以其共同资产对债权人负责。此外，根据民商法上的诚实信用原则、公平原则、权利不得滥用、交易安全等原则，公司在民商事活动中应讲求诚信，依法行使权利，追求商业利益，不得行使欺诈之行为，损害他人利益和社会公益，否则应承担相应的法律责任，这是民商法确立的基本原则，也是民商事主体应遵循的行为规范。最高人民法院在2008年“中国信达资产管理公司成都办事处与四川泰来装饰工程有限公司、四川泰来房屋开发有限公司、四川泰来娱乐有限公司借款担保合同纠纷”一案中适用了法人人格否认的法理，认为各公司之间构成人格混同，违背了法人制度设立的宗旨，有违公平和诚实信用原则，因而在条文引用上援引了《中华人民共和国民法通则》第四条关于民事活动应当遵循公平、诚实信用的原则这一原则性规定。就本案而言，从传统民法角度，东平齿轮公司的股东陈国栋为了逃避债务，转移公司优质资产给金刚机器人公司，使东平齿轮公司几近停产，丧失盈利能力，对宁波银行江北支行的债权造成损害，违反了诚实信用原则和公平原则，应承担相应法律责任。

编写人　浙江省宁波市中级人民法院　张颖璐

007　中国信达资产管理股份有限公司浙江省分公司诉海太阳集团有限公司、孙顺海等金融借款合同纠纷案

——最高额抵押权转让的司法处理

▶裁判要旨

最高额抵押权所担保的是一定期间内连续发生的不特定债权，其不从属于某一具体债权，在当事人没有相反约定的情况下，最高额抵押权不随被担保的具体债权的转让而转让。但最高额抵押权所担保的债权特定化后，最高额抵押权转化成了普通抵押权，最高额抵押权人由此按照普通抵押权行使抵押权，根据普通抵押权的从属性，主合同债权转让的，抵押权原则上也随之转让。

▶案例索引

一审：浙江省温州市中级人民法院（2015）浙温商初字第5号（2015年

7月28日)；

二审：浙江省高级人民法院（2015）浙商终字第152号（2015年12月30日）。

▶案情

原告（被上诉人）：中国信达资产管理股份有限公司浙江省分公司（以下简称信达资产浙江分公司）。

被告（上诉人）：海太阳集团有限公司（以下简称海太阳公司）。

被告：孙顺海、何爱弟、浙江华联制药机械股份有限公司（以下简称华联公司）、江苏海清生物科技有限公司（以下简称海清公司）、温州市鑫瓯电子有限公司（以下简称鑫瓯公司）。

浙江省温州市中级人民法院经审理查明：2013年3月28日，上海浦东发展银行股份有限公司温州瑞安支行（以下简称浦发银行瑞安支行）与海太阳公司分别签订了两份合同编号为90092013280207和90092013280209的《流动资金借款合同》，合同约定的借款金额分别为16627756元和51654578.01元，该两份合同均约定：借款期限自2013年3月28日至2014年3月28日；借款年利率为6%；每季末月的20日为结息日；借款人未按期还款的，逾期罚息利率为贷款利率加收50%；对未按时支付的利息，自逾期之日起，按本合同约定的逾期罚息利率计收复利。2011年2月16日，海太阳公司与浦发银行瑞安支行签订了合同编号为ZD9009201100000030的《最高额抵押合同》，海太阳公司自愿将坐落于上海市青浦区赵巷镇业辉路的房地产为其在2011年2月16日到2014年2月16日发生的债务提供最高额为2700万元的抵押担保。2011年2月18日，孙顺海与浦发银行瑞安支行签订了合同编号为ZD9009201100000033的《最高额抵押合同》，孙顺海自愿将其所有的坐落于浙江省瑞安市安阳街道的房产为海太阳公司在2011年2月18日到2014年2月18日发生的债务提供最高额为825万元的抵押担保。2011年4月13日，何爱弟与浦发银行瑞安支行签订了编号为ZD9009201100000080的《最高额抵押合同》，何爱弟自愿将其所有的坐落于瑞安市安阳街道的房产为海太阳公司在2011年4月13日到2016年4月13日发生的债务提供最高额为435万元的抵押担保。上述最高额抵押合同均已办理抵押登记手续。后浦发银行瑞安支行又与华联公司、海清公司、鑫瓯公司、孙顺海分别签订了编号为ZB90092012-00000139、ZB9009201300000060、ZB9009201300000062、ZB9009201300000061的《最高额保证合同》，上述公司及个人自愿为海太阳公司与浦发银行瑞安支行在一定时间段内发生的债务提供最高额分别为3000万元、1亿元、4000万元、9900万元的连带责任担保，而本案两笔借款亦在该四份最高额保证合同约定的时间范围内。合同签订后，浦发银行瑞安支行按照约定发放了贷款，而海太阳公司借款后分文未还、孙顺海、何爱弟、华联公司、海清公司、鑫瓯公司也未按约定履行自己的义务。另查明，2013年9月10日，上海浦东发展银行股份有限公司温州分行（以下简称浦发银行温州分行）与信达资产浙江分公司签订《单户债权转让协议》约定，浦发银行温州分行对借款人海太阳公司的编号为90092013280207、90092013280209即涉案两笔借款合同及另案编号为90092012280557合同项下的3笔债权及相关权利、权益、利益、收益转让给信达资产浙江分公司。2013年10月8日，浙江法制报刊登债权转让公告，注明浦发银行温州分行将其对公告清单所列借款人及其担保人享有的主债权及担保合同项下的全部权利，打包转让给信达资产浙江分公司，并要求公告清单中所列借款人及其担保人或借款人及担保人的继承人，从公告之日起向信达资产浙江分公司承担相应的义务。上述《单户债权转让协议》所附的《分户转让债权清单》及债权转让公告中均明确列明编号为90092013280207《流动资金借款合同》所对应的担保合同的编号为ZB9009201200000139、ZB-9009201300000060、ZB9009201300000062、ZB9009201300000061；编号为90092013-280209《流动资金借款合同》所对应的担保合同的编号为ZB900920120000-0139、ZB9009201300000060、ZB9009-201300000062、ZB9009201300000061、ZD9009201100000030、ZD90092011-00000080。合同编号为ZD900920110000-0033的担保合同与另案编号为9009-2012280557合同相对应。

信达资产浙江分公司于2014年12月25日向浙江省温州市中级人民法院提起诉讼，请求判令：1. 海太阳公司偿还信达资产浙江分公司借款本金68282334.01元及利息（期内利息4165222.37元；逾期利息从2014年3月29日开始按年利率9%计算至实际履行之日止；复利从2013年6月21日开始按年利率9%计算至实际履行之日止）。2. 如海太阳公司未履行上述债务，信达资产浙江分公司有权以折价或拍卖、变卖登记在海太阳公司名下的坐落于上海市青浦区赵巷镇业辉路房产的所得价款在2700万元范围内优先受偿。3. 如海太阳公司未履行上述债务，信达资产浙江分公司有权以折价或拍卖、变卖登记在孙顺海名下的坐落于浙江省瑞安市安阳街道房产的所得价款在825万元范围内优先受偿。4. 如海太阳公司未履行上述债务，信达资产浙江分公司有权以折价或拍卖、变卖登记在何爱弟名下的坐落于浙江省瑞安市安阳街道房产的所得价款在435万元范围内优先受偿。5. 孙顺海、华联公司、海清公司、鑫瓯公司分别对海太阳公司的上述债务在9900万元、3000万元、1亿元、4000万元的范围内承担连带责任。

海太阳公司答辩称：根据《分户转让债权清单》及债权转让公告，其中海太阳公司名下的坐落于上海市青浦区赵巷镇业辉路的房产及何爱弟名下的坐落于浙江省瑞安市安阳街道的房产均仅为51654578.01元借款提供抵押担保，没有为16627756元借款提供担保。孙顺海名下的坐落于瑞安市安阳街道的房产没有为本案两笔借款提供担保。复利不应予以支持，与逾期罚息存在重复计算的问题。孙顺海、何爱弟、华联公司、海清公司、鑫瓯公司未作答辩。

▶审判

浙江省温州市中级人民法院经审理认为：涉案的《流动资金借款合同》《最高额保证合同》《最高额抵押合同》《单户债权转让协议》均合法有效，各方当事人应当按照合同的约定履行各自的义务。现借款已到期，信达资产浙江分公司诉请海太阳公司偿还借款本金及期内利息、期内利息复利及逾期利息，于法有据，予以支持，对于逾期利息计收复利的主张，不予支持。关于最高额抵押的问题，虽然涉案《流动资金借款合同》中注明为本合同项下债务提供担保的担保人及担保合同包括但不限于其在主合同中列明的担保人及担保合同。但浦发银行温州分行与信达资产浙江分公司签订的《分户转让债权清单》及债权转让公告中，担保合同与主合同在债权转让时一一对应，应视为最高额抵押权的分户决算，且该分户决算不影响信达资产浙江分公司对其享有的抵押债权的主张，故在分户债权未作对应的担保合同在本案中不作认定，因此，涉案两笔借款不在编号为 ZD9009201100000033《最高额抵押合同》的担保范围内，编号为 ZD9009201100000030、ZD9009201100000080《最高额抵押合同》的担保范围不包括编号为 90092013280207《流动资金借款合同》项下贷款，编号为 ZD9009201100000030、ZD9009201100000080《最高额抵押合同》在《分户转让债权清单》及债权转让公告中与编号为 90092013280209《流动资金贷款合同》一一对应，且相关抵押已办理抵押登记手续，故信达资产浙江分公司在海太阳公司不履行 90092013280209《流动资金借款合同》项下到期债务时，有权就海太阳公司及何爱弟各自提供的分别坐落于上海市青浦区赵巷镇业辉路的房地产及瑞安市安阳街道的房产在其各自承诺的最高债权额限度内优先受偿。孙顺海、华联公司、海清公司、鑫瓯公司分别为涉案两份《流动资金借款合同》项下贷款提供最高额保证担保，各担保人均应按照各自签订的担保合同承担相应的连带保证责任。孙顺海、何爱弟、华联公司、海清公司、鑫瓯公司承担抵押或保证责任后，均有权向海太阳公司追偿。综上，依据《中华人民共和国合同法》第八条，《中华人民共和国担保法》第十二条、第十四条、第十八条第二款、第二十一条、第三十一条、第四十六条，《中华人民共和国物权法》第一百七十六条、第一百七十九条、第一百八十七条、第二百零四条，《最高人民法院关于适用〈中华人民共和国担保法〉若干问题的解释》第四十二条第一款，《中华人民共和国民事诉讼法》第一百四十四条之规定，于 2015 年 7 月 28 日判决：一、海太阳公司于本判决生效之日起十日内偿还信达资产浙江分公司借款本金16627756元、期内利息、期内利息复利及逾期利息（期内利息按年利率6%从2013年3月28日计算至2014年3月28日；期内利息复利从2013年6月21日开始以每季结欠利息额为基数，逾期利息从2014年3月29日开始以16627756元为基数，均按年利率9%计算至本判决确定的履行之日止）。二、海太阳公司于本判决生效之日起十日内偿还信达资产浙江分公司借款本金51654578.01元、期内利息、期内利息复利及逾期利息（期内利息按年利率6%从2013年3月28日计算至2014年3月28日；期内利息复利从2013年6月21日开始以每季结欠利息额为基数，逾期利息从2014年3月29日开始以51654578.01元为基数，均按年利率9%计算至本判决确定的履行之日止）。三、如海太阳公司未在上述第二项确定的期限履行该项还款义务，信达资产浙江分公司有权以拍卖、变卖海太阳公司提供抵押的坐落于上海市青浦区赵巷镇业辉路的房地产的所得价款优先受偿，但对包括上述债务在内的ZD9009201100000030号《最高额抵押合同》项下所有主债务的优先受偿总额以最高抵押担保金额2700万元为限。四、如海太阳公司未在上述第二项确定的期限履行该项还款义务，信达资产浙江分公司有权以拍卖、变卖被告何爱弟提供抵押的坐落于瑞安市安阳街道的房产的所得价款优先受偿，但对包括上述债务在内的ZD9009201100000080号《最高额抵押合同》项下所有主债务的优先受偿总额以最高抵押担保金额435万元为限。五、孙顺海对海太阳公司的上述第一、第二项债务承担连带偿还责任，但对包括上述债务在内的ZB9009201300000061号《最高额保证合同》项下所有主债务承担连带偿还责任的总额以最高保证金额9900万元为限。六、华联公司对海太阳公司的上述第一、第二项债务承担连带偿还责任，但对包括上述债务在内的ZB9009-201200000139号《最高额保证合同》项下所有主债务承担连带偿还责任的总额以最高保证金额3000万元为限。七、海清公司对海太阳公司的上述第一、第二项债务承担连带偿还责任，但对包括上述债务在内的ZB90092013-00000060号《最高额保证合同》项下所有主债务承担连带偿还责任的总额以最高保证金额1亿元为限。八、鑫瓯公司对海太阳公司的上述第一、第二项债务承担连带偿还责任，但对包括上述债务在内的ZB9009201300000062号《最高额保证合同》项下所有主债务承担连带偿还责任的总额以最高保证金额4000万元为限。九、孙顺海、何爱弟、华联公司、海清公司、鑫瓯公司在承担担保责任后，有权向海太阳公司追偿。十、驳回信达资产浙江分公司的其他诉讼请求。

宣判后，海太阳公司提起上诉，后因未履行预交上诉案件受理费的诉讼义务，浙江省高级人民法院于2015年12月30日作出（2015）浙商终字第152号民事裁定：本案按海太阳公司自动撤回上诉处理，温州市中级人民法院（2015）浙温商初字第5号民事判决自本裁定送达之日起发生法律效力。

▶评析

关于最高额抵押权的转让，先后有《中华人民共和国担保法》（以下简称《担保法》）第六十一条、《中华人民共和国物权法》（以下简称《物权法》）第二百零四条作出规定。《担保法》第六十一条规定最高额抵押的主合同不得转让，这是对最高额抵押债权转让的禁止性规定，立法用意在于维护最高额抵押权的完整性。因为若允许最高额抵押担保的主合同债权转让，将发生最高额抵押权是否可以转让、如何转让、如果几个债权分别转让于不同的权利主体时最高额抵押权由谁行使、如何行使等一系列复杂问题。在当时我国市场机制尚未完善的情况下，禁止最高额抵押的主合同转让，有利于防止经济生活出现混乱，对保障信贷和交易安全具有一定的现实意义。但随着商品交易关系的不断发展，限制最高额抵押主合同债权的转让已没有必要，同时也与《中华人民共和国合同法》（以下简称《合同法》）关于债的自由转让的规定相左，不利于债的自由流通。《物权法》第二百零四条正本清源，规定最高额抵押担保的债权确定前，债权人可转让部分债权，只不过在当事人没有相反约定的情况下，最高额抵押权不随该部分债权的转让而转让。该规定既兼顾了债的自由转让原则，也正视了最高额抵押的法律特征，一方面，最高额抵押本不从属于具体的被担保债权，在最高额抵押确定之前，具体债权可以进进出出、生生不息，而债权转让正是具体债权外流的典型表现，当然不应对最高额抵押造成影响；另一方面，由于最高额抵押权所担保的债权经常处于变化之中，如果在决算之前，最高额抵押随债权之移转而一并转移，也将使法律关系复杂化，为回避此种复杂化，也应割断最高额抵押权与具体债权之间的依附性。最高额保证及最高额质押的主债权以及从权利是否可以转让，法律没有明文规定，但根据债的自由转让原理及作为最高额担保方式也具有的被担保债权特定性之突破及从属性之缓和的特征，处理原则上应与最高额抵押相同。关于最高额抵押权转让的情况，应区分如下情况处理：

一、最高额抵押担保的债权特定化后的转让

相对于普通抵押权而言，最高额抵押权的特征集中表现为抵押权特定性的突破和从属性的缓和。最高额抵押权担保的是一定期间内连续发生的不特定债权，在最高额抵押权决算之前，被担保的债权增减不息，具有流动性，除明确了被担保的债权人和债务人外，被抵押担保的到底是该债权人和债务人之间的哪一笔债权，什么时间发生的债权，金额为多少的债权并不确定，最高额抵押权与个别债权之间也没有直接的关联性，其不从属于个别的具体债权。但最高额抵押担保的债权并非一直处于不特定的状态，其会因特定事由的发生而归于具体、特定，最高额抵押所担保的债权由不特定变为特定，导致最高额抵押权的性质发生了变更，最高额抵押权由此转化成了普通抵押权，从而具有普通抵押权的一般特性，根据普通抵押权的从属性，最高额抵押权此时可随主合同债权一并转移。审判实践中应注意的是，在当前金融不良贷款转让中主合同债权使用最高额担保的形式比较普遍，且不良债权一般均为逾期贷款，即使最高额抵押未届满决算期，但新的债权已不可能发生，该最高额抵押担保的债权已经基于《物权法》第二百零六条第（三）项规定的情形而归于确定，此时，最高额抵押担保的权利应允许与主债权一并转让，但自转让之日起，原债权人不得再增加抵押担保债务的负担。本案中，债权转让公告已注明原债权人将其对公告清单所列借款人及其担保人享有的全部权利打包转让给了资产管理公司，并要求相关主体从公告之日起向资产管理公司承担相应的义务，且相关的最高额抵押担保合同与主合同在债权转让时一一分别对应，应视为最高额抵押担保的分户决算，抵押担保的债权归于确定，最高额抵押权转化成为普通抵押权分户于相应的债权中转让，分户债权中未对应列明的最高额抵押合同不再为该分户债权提供抵押担保。

二、最高额抵押担保的债权特定化前的转让

一是整个基础合同关系的转让。最高额抵押权不从属于具体债权，不能随被担保的具体债权的转让而转让，但最高额抵押权毕竟从属于基础关系，自然可随着基础关系的移转（这里指第三人承担债权人的合同地位）而转移，因为作为基础关系的整体转移，并不妨碍抵押关系之完整，不会导致抵押权分散之后多人行使抵押权的混乱局面。因此，在第三人承受债权人合同地位时，在没有相反约定的情况下，最高额抵押权应随同基础关系移转于第三人，但当事人应对原最高额抵押合同作出变更或重新订立最高额抵押合同。二是单个具体债权的转让。最高额抵押担保的债权确定前，单个具体债权可依据《合同法》规定自由转让，但由于最高额抵押权具有相对独立性，在债权确定之前，最高额抵押权并不从属于特定的债权，并不具有让与的从属性，单个债权转让后即脱离整个最高额抵押合同关系，受让债权人不再对抵押财产享有优先受偿权，但最高额抵押人对已经发生但没有转让的债权和将来可能发生的债权仍提供抵押担保。《物权法》第二百零四条对最高额抵押担保债权确定前部分债权转让后最高额抵押权的从属性设置了但书条款，允许当事人作出最高额抵押权一并转让的约定，这种约定主要有以下两种情形：（1）部分债权转让的，抵押权也部分转让，原最高额抵押所担保的债权额随之相应减少。在这种情况下，转让的抵押权需要重新做抵押登记，原最高额抵押权需要作变更登记；（2）部分债权转让的，全部抵押权随之转让，未转让的部分债权成为无担保债权。[①] 上述允许最高额抵押权一并转让的特别约定，由于情况特殊，利益影响较大，因此这类特殊约定均应经得各方当事人协商一致。实践中，这种最高额抵押担保的债权确定前单个具体债权的转让，当事人往往没有约定抵押权是否转让，对此应认定最高额抵押权不随之转让，

---

① 胡康生主编：《中华人民共和国物权法释义》，法律出版社 2007 年版，第 445 页。

新债权人不再对抵押财产享有优先受偿权。另外，与我国法律禁止普通抵押权单独转让的精神相同，我国并不承认最高额抵押权的单独转让。

三、债务承担对最高额抵押权的影响

最高额抵押担保项下具体债的变动，不仅为债权的转移，还包括债务的承担，我国民法对最高额抵押项下债务承担的效力是否及于从担保权利并未涉及。我国台湾地区“民法典”物权编修正第八百八十一条之六第二款规定：“最高额抵押权所担保之债权，于原债权确定前经第三人承担其债务，而债务人免其责任者，抵押权人就该承担之部分，不得行使最高限额抵押权。”此外，就并存的债务承担而言，在债务人免责的范围内，抵押权人就该承担的部分，不得行使最高额抵押权。[①] 笔者认为该规定值得借鉴，因为无论是免责的债务承担或并存的债务承担，在债权确定前，其作为具体债权外流的典型表现，被承担的那部分债务也将脱离最高额抵押担保范围，不再受最高额抵押担保，原理与最高额抵押权不随被担保的具体债权的转让而转让是一致的。基础关系的移转除第三人承担债权人的合同地位外还包括由第三人承受债务人的合同地位，但无论第三人承受的是债务人或是债权人的合同地位，都应当取得对方的同意，或由基础关系之承担人与原基础关系当事人共同为之，[②] 且基础关系的移转均应办理登记，否则不发生移转之效力。不同的是，在第三人承受债务人合同地位时，由于被担保的主债务人发生了变化，而不同债务人承担债务的能力并不相同，为确保物上保证人的利益不因此而受损，应取得物上保证人同意，否则最高额抵押权将因第三人承受债务人的合同地位而消灭。[③] 同理，债权确定后债务人转移债务的，也应取得债权人及物上保证人的同意。

编写人　浙江省温州市中级人民法院　李劼

---

① 高圣平：《物权担保新制度新问题理解与适用》，人民法院出版社 2013 年版，第 253 页。

② 谢在全：《民法物权论》（下），中国政法大学出版社 1999 年版，第 727 页。

③ 孙鹏、王勤劳、范雪飞：《担保物权法原理》，中国人民大学出版社 2009 年版，第 223 页。

▶商事纠纷

008 陈建潮诉浙江鑫隆远洋渔业有限公司等公司决议效力确认纠纷案

——滥用资本多数决规则损害小股东利益的决议无效

▶裁判要旨

资本多数决是股东会的一项重要议事规则，公司增资决议等公司重大事项应适用该项规则。但是按照出资比例认缴新增资本系股东权利而非义务，大股东不应利用其资本优势地位强行要求小股东认缴增资，否则将构成对资本多数决规则的滥用。在公司章程未作特别规定的情况下，对未经股东同意要求股东认缴新增资本的决议，股东请求确认无效的，人民法院应予支持。

▶案例索引

浙江省绍兴市越城区人民法院（2015）绍越商初字第3030号（2016年5月9日）。

▶案情

原告：陈建潮。

被告：浙江鑫隆远洋渔业有限公司。

被告：绍兴偏门毛纺织有限公司。

绍兴市越城区人民法院经审理查明：2015年，浙江鑫隆远洋渔业有限公司（以下简称鑫隆公司）向陈建潮发出股东会会议通知，内容为：根据《农业办公厅关于进一步加强远洋渔业企业管理的通知》及浙海渔外函〔2014〕57号《转发农业部办公厅关于开展2014年度远洋渔业企业资格和远洋渔业项目年度审查工作的通知》等文件要求，截至2015年3月31日，远洋渔业企业注册资本须增至3000万元人民币以上，经绍兴偏门毛纺织有限公司（以下简称偏门公司）提议、执行董事召集，定于2015年3月29日在偏门公司召开临时股东会，内容包括：1. 拟对公司章程作如下修改：增加一条作为第十二条，即公司增加注册资本时，股东有权优先按照实缴的出资比例认缴出资。股东放弃优先认购权的，其他股东有权就该股东放弃部分按照实缴出资比例优先认缴。股东未参加股东会也未书面委托他人参加股东会的，视为放弃优先认购权。股东未在规定时间内履行出资义务的（包括增加注册资本的出资），视为其放弃认购权，其他股东有权就该股东放弃部分按照实缴出资比例优先认缴。2. 将公司注册资本由1000万元增加到3000万元，新增的2000万元根据股权比例应由偏门公司缴1400万元、陈建潮缴400万元、另一股东杨国强缴200万元，需增加的出资各方应在2015年3月30日前到位，以满足上述文件的规定。3. 根据上述第2项决议结果及实际履行情况，对公司章程作相应修改。4. 向公司登记机关办理变更登记。

2015年3月29日，鑫隆公司召开股东会并作了会议记录，会议记录显示，参加人员为鑫隆公司和偏门公司的法定代表人宋晓波、股东陈建潮、杨国强、案外人余高明、卓广平、许佩军，议题为鑫隆公司增加资本。宋晓波主持了会议并提出注册资本由1000万元增加到3000万元，并由各股东按照原股权比例认缴增资，且在限定时间内到位。陈建潮及杨国强对上述提议提出异议，要求对公司账目进行审计。宋晓波代表偏门公司表示同意上述提议，并在会议中宣布偏门公司系持鑫隆公司70%股权的股东，根据公司章程的规定，通过上述决议，具体内容为：1. 将鑫隆公司注册资本金增加至3000万元。2. 偏门公司认缴出资2100万元，持有公司70%的股权；已经出资到位700万元，在2018年3月29日之前再出资到位700万元，2025年3月29日之前再出资到位700万元。3. 陈建潮认缴出资600万元，持有公司20%的股权；已经出资到位200万元，在2018年3月29日之前再出资到位200万元，2025年3月29日之前再出资到位200万元。4. 杨国强认缴出资300万元，持有公司10%的股权；已经出资到位100万元，在2018年3月29日之前再出资到位100万元，2025年3月29日之前再出资到位100万元。公司章程相应调整。被告偏门公司在"同意股东会决议的股东盖章（签字）"处盖章，其法定代表人宋晓波在印章旁签字。原告及案外人杨国强在"不同意股东会决议的股东盖章（签字）"处签字。

同时查明，案涉股东会召开之前鑫隆公司所制定的公司章程第十二条规定："公司股东由全体股东组成，股东会是公司的权力机构，依法行使下列职权：（一）决定公司的经营方针和投资计划；……（七）对公司增加或者减少注册资本作出决议；对欠款所列事项股东以书面形式一致表示同意的，可以不召开股东会议，直接作出决定，并由全体股东在决定文件上签名、盖章。"第十四条第（三）项会议表决规定："股东会会议由股东按出资比例行使表决权，股东会每项决议需代表多少表决权的股东通过规定如下：（1）股东会对公司增加或减少注册资本、分立、合并、解散或变更公司形式作出决议，必须经代表三分之二以上表决权的股东通过。"公司章程第五条规定："公司为有限责任公司。实行独立核算、自主经营、自负盈亏。股东以其认缴的出资额为限对公司承担责任，公司以其全部资产对公司的债务承担责任。"该章程并未特别规定若公司增加注册资本，股东有按出资比例对公司增资部分进行认缴的义务。

原告诉称，其系鑫隆公司股东。鑫隆公司另一股东偏门公司于2015年3月发出召开股东会会议公告，陈建潮与鑫隆公司另一股东杨国强于2015年3月29日共同参与了股东会会议。股东会决议事项包括将鑫隆公司的注册资本从1000万元增资到3000万元及要求各股东对公司新增资本部分按照原先出资比例认缴出资。陈建潮与杨国强不同意决议内容，后偏门公司利用其股份优势强行通过股东会决议。原告认为公司强行要求其对增资部分的资本认缴无端增加了其义务，请求确认决议无效。

被告鑫隆公司、偏门公司辩称，案涉股东会的召开、表决程序均符合法律规定，且内容合法，不存在无效情形。

▶审判

浙江省绍兴市越城区人民法院经审理认为，案涉决议包含两部分内容，其中关于增资决议系被告鑫隆公司通过召集股东会按照法律规定及资本多数决作出，同时被告鑫隆公司已对增资决策作出了合理解释并提交了农业部办公厅的政策性文件作为印证，故被告鑫隆公司召开股东会作出增资的决议，未违反法律、行政法规及公司章程的规定，应认定为合法有效。案件的争议焦点为未经股东同意要求股东按照出资比例认缴新增资本的决议是否有效。法院认为，第一，综合整个股东会会议记录，陈建潮在表决过程中已就全部决议内容作出反对，包括要求其按照原先的出资比例就新增资本认缴400万元，故陈建潮不同意按照出资比例认缴新增资本的事实已可确定。第二，根据《中华人民共和国公司法》第三十四条“公司新增资本时，股东有权优先按照实缴的出资比例认缴出资”的规定可知，公司新增资本时，股东认缴出资系其权利而非义务，且鑫隆公司案涉决议作出之前的章程亦未特别规定股东有按照出资比例认缴新增资本的义务。鑫隆公司股东会未经陈建潮同意按照资本多数决通过的该项决议内容是否有效，取决于该项权利是否属于资本多数决的处分范围。虽资本多数决是股东会的一项重要议事规则，公司章程亦对此作出了规定，但并非公司的所有事项都属于资本多数决处分的范围，对于股东固有的、非经股东自身同意不可剥夺的权利，仍应当尊重股东的意志，对其予以保护。而作为股东认缴新增资本出资的权利更是股东拥有的较为重要的、关键的权利，是实现股东投资目的的核心、根本性权利，同时此类权利完全只涉及股东单方的利益，不涉及其他股东、公司、公司债权人、公共利益。股东对此类权利可以自愿放弃或接受限制，但不能通过资本多数决改变。第三，根据《中华人民共和国公司法》第三条“有限责任公司的股东以其认缴的出资额为限对公司承担责任”的规定，股东认缴的出资额关系其将来对公司债务承担责任的大小，公司违背股东意志强行要求其认缴新增资本可能加重其将来承担更多义务的风险。故在法律及章程未作规定的情形下，是否对新增资本认缴出资是股东的权利，不属于资本多数决处分的范围，上述决议内容（决议第三条）损害陈建潮自行选择的合法权利，违背陈建潮的意思自治，应认定无效。依照《中华人民共和国民法通则》第四条，《中华人民共和国公司法》第二十二条、第三十四条之规定，判决：一、确认被告浙江鑫隆远洋渔业有限公司股东会于 2015 年 3 月 29 日作出的股东会决议第三项决议内容无效；二、驳回原告陈建潮的其他诉讼请求。

一审宣判后，双方当事人均未上诉，一审判决已发生法律效力。

▶评析

本案涉及公司治理中滥用资本多数决形成的公司决议效力判定问题，审理中面临的最大困惑是：如何判断公司决议是正常的商业决策，还是大股东滥用其控制地位损害小股东利益的行为？

一、资本多数决与股东意思自治存在冲突

资本多数决是少数股权服从多数股权的规则，而股东意思自治是指股东享有自由决定其行为、不受他人非法干预的权利。资本多数决这种以资本的大小进行表决的方式内在地蕴含着大股东权力扩张的逻辑，导致股份平等内含的“资本多数决”与股东平等蕴含的“股东意思自治”存在着天然的冲突。当两者发生冲突时，资本多数决是否可以超越股东意思自治？大股东利用其资本优势地位支配、控制公司，强迫小股东接受决议内容是否构成多数决的滥用？笔者认为，公司具有独立的法人人格，大股东通过资本多数决作出的决议仅能决定公司的走向和命运，而不能决定小股东个人的命运。本案中，被告鑫隆公司于 2015 年 3 月 29 日作出的股东会决议主要内容为：1. 公

司增资；2. 各股东按出资比例认缴增资。其中有关公司增资的股东会决议内容，体现了大股东及管理层对公司未来的经营规划和运营策略，属于公司的商业决策和公司自治的范畴，只要不存在大股东恶意增资扩股、转投资或关联交易等损害小股东利益的异常情形，公司通过资本多数决作出的增资决议就应视为全体股东合意的结果，对全体股东具有约束力。而对于要求各股东按出资比例认缴增资的决议，根据《中华人民共和国公司法》第三十四条“公司新增资本时，股东有权优先按照实缴的出资比例认缴出资”的规定可知，股东认缴增资系股东的权利而非义务，原告基于资金压力等因素可以选择自愿放弃或接受限制，此时本应由原告认缴的增资被其他股东认缴，即使最终可能导致原告的股份份额因此缩减或被稀释，也不能通过资本多数决强行压制原告的意思自治，否则可能导致决议无效。

二、资本多数决的适用限制

基于实践中大股东利用其控制地位恶意掠夺或压制小股东利益时有发生，有必要对资本多数决的适用进行限制。

（一）正确区分公司决议的类型

如前所述，并非公司的所有事项均属于资本多数决的处分范围，因此有必要正确区分公司决议的类型：1. 明显损害小股东利益的决议。例如，如公司作出的大股东非法占有公司资金、要求公司为其借款提供担保、不公平的关联交易、内幕交易、强制小股东退股等决议，显然属于大股东滥用多数决掠夺或压制小股东利益的行为，在实践中较容易识别，应当排除资本多数决的适用。2. 具有商业风险的决议。例如，公司增资扩股或转投资等，由于大股东较小股东持股更多，在利润分配时可能获取到的预期收益更多，但理论上大股东承担的风险也更大，因此类决议仅仅决定的是公司的命运而非股东个人的命运，因此应当尊重公司自治和市场规律的调节机制。3. 限制或处分股东固有权利的决议。尤其需要注意有时大股东、小股东之间的利益冲突比较隐蔽，难以界定公司作出的决议是否属于大股东滥用资本多数决的行为。例如，本案中鑫隆公司通过增资决议后又作出要求各股东按出资比例认缴增资的决议，因股东认缴增资系股东的权利，鑫隆公司强行作出的要求各股东按出资比例认缴增资的决议已涉及对股东权利的处分，在股东明确反对的情形下，该处分行为应属无效。

（二）尊重小股东的选择权

在公司经营中，大股东基于整体的利益考量有时需要小股东部分或全部让渡出自己的权利，但大股东不应利用其资本优势地位强行掠夺或压制小股东的选择权。本案中，如前所述，认缴增资是股东的一项权利而非义务，股东可以接受限制或自愿放弃该权利，同时根据《中华人民共和国公司法》第三条“有限责任公司的股东以其认缴的出资额为限对公司承担责任”的规定，股东认缴的出资额关系到其将来对公司债务承担责任的大小，公司违背股东意志强行要求其认缴新增资本会加重其将来可能承担的风险。故在章程未作特别规定的情形下，是否认缴增资应由股东自行选择。虽然对于鑫隆公司的增资行为，陈建潮作为小股东表决时所投的反对票已被大股东的赞成票吸收，但其此时尚有选择放弃认缴增资的权利，即使放弃权利后可能导致其股权被稀释，但这是小股东尊重公司根据资本多数决决定公司事务和内部治理的必然逻辑。而被告鑫隆公司未经原告同意通过资本多数决作出的要求股东认缴增资的决议，强行剥夺了原告选择放弃新增出资认缴的权利，明显属于大股东利用其对公司的控制地位、滥用资本多数决损害中小股东权利的情形，该项决议应为无效。

三、寻求资本多数决与股东权利保护的平衡点

对于公司的内部治理，首先应当尊重公司自治，如对于公司作出的增资决议，小股东不同意认缴，其可以与其他股东协商，将应由其认缴的增资权利予以让渡或直接退出公司。但实践中公司通过多数决作出的决议非常复杂，仅仅依靠公司的内部治理和股东的自力救济显然不可能解决因利益冲突带来的各种纠纷，因此，《中华人民共和国公司法》第二十条规定，公司股东应当遵守法律、行政法规和公司章程，依法行使股东权利，不得滥用股东权利损害公司或者其他股东的利益。根据该条规定，如果公司通过多数决作出的决议属于正常的商业决策，应属合法有效。但如果控股股东存在滥用多数决损害小股东利益的可能时，法官需要在资本多数决和小股东权利保护之间寻求妥当的利益平衡点，正确区分股东的何种权利不适用于资本多数决原则，以实现对资本多数决原则的遵守和小股东权利的保护并重。

编写人　浙江省绍兴市越城区人民法院　刘娜　吕琪喆

▶劳动纠纷

009　郑永钊诉宁波吉德家电实业有限公司劳动争议案

——劳动者找他人代签劳动合同的二倍工资责任问题

▶裁判要旨

用人单位已将书面劳动合同文本交付给劳动者要求签订，劳动者以其交回给用人单位的合同文本上的签名非其本人所签为由主张二倍工资的，因该书面劳动合同未签订的原因不可归责于用人单位，故对该主张不予支持。

▶案例索引

一审：浙江省宁波市鄞州区人民法院（2015）甬鄞民初字第1075号（2015年8月10日）；

二审：浙江省宁波市中级人民法院（2015）浙甬民一终字第852号

(2015 年 11 月 16 日)。

▶案情

原告（被上诉人）：郑永钊。

被告（上诉人）：宁波吉德家电实业有限公司（以下简称吉德公司）。

郑永钊于 2014 年 3 月 14 日进入吉德公司，岗位为操作工，双方约定工资计件，次月 25 日前后通过银行转账发放上月工资。2014 年 4 月至 2015 年 1 月，吉德公司为郑永钊缴纳了社会保险。郑永钊对工资单中已发放的工资金额均予以认可。吉德公司尚未支付郑永钊 2015 年 2 月工资 837 元。2015 年 1 月，郑永钊口头向其所在的班组长提出辞职，并在吉德公司最后工作至 2015 年 2 月 10 日。后郑永钊于 2015 年 3 月 12 日向宁波市鄞州区劳动人事争议仲裁委员会申请仲裁，要求吉德公司支付 2014 年 3 月 1 日至 2015 年 2 月 20 日未签订劳动合同双倍工资 52000 元等多项诉请。吉德公司在仲裁时提交的劳动合同文本经杭州明皓司法鉴定所鉴定，落款处“郑永钊”三字非郑永钊本人所签。2015 年 5 月 27 日，宁波市鄞州区劳动人事争议仲裁委员会作出甬鄞劳仲案字（2015）第 344 号仲裁裁决，裁决：吉德公司支付郑永钊 2014 年 4 月 14 日至 2015 年 2 月 10 日未签订劳动合同双倍工资赔偿 22087.27 元、2015 年 1 月加班工资 154.10 元。双方均不服仲裁裁决，诉至原审法院。

郑永钊在原审中起诉兼答辩称：2014 年 3 月，郑永钊到吉德公司上班，任普通操作工。郑永钊进入吉德公司后，要求签订劳动合同，但吉德公司未与其签订，亦未按照法律规定为郑永钊缴纳 2014 年 3 月的社会保险。2015 年 1 月，郑永钊口头申请离职，吉德公司同意，同年 3 月 12 日，经吉德公司同意，郑永钊办理了离职手续。截至 2015 年 4 月 7 日，吉德公司尚未发放郑永钊 2015 年 2 月的工资。请求法院依法判决吉德公司支付郑永钊 2014 年 3 月至 2015 年 2 月的二倍工资差额部分 26622.35 元等。

吉德公司在原审中答辩兼起诉称：郑永钊于 2014 年 3 月进入吉德公司包装组工作，2015 年 2 月离职。吉德公司认为，其要求公司所有员工在入职后一个月左右必须签订劳动合同，系公司通行做法，公司所有员工均按此规定签订了劳动合同，郑永钊亦不例外。吉德公司有充分证据证明已经要求郑永钊签订劳动合同，且吉德公司提供的劳动合同在郑永钊提出仲裁前保存于公司办公室。2015年2月郑永钊办理了申请离职手续，未到财务地方领取2015年2月工资，因该项诉请未经过劳动仲裁，不同意支付。郑永钊离职系其本人提出，不存在经济补偿金。请求法院判令其不需向郑永钊支付未签订劳动合同二倍工资赔偿22087.27元。

▶审判

浙江省宁波市鄞州区人民法院经审理认为，关于吉德公司应否支付郑永钊未签订劳动合同的双倍工资差额部分。郑永钊认为吉德公司未与其签订过劳动合同，吉德公司提供的劳动合同经司法鉴定系伪造，故应当支付郑永钊未签订劳动合同的双倍工资；吉德公司认为其已经将劳动合同文本发给郑永钊签订，故不应支付郑永钊双倍工资。原审法院认为，首先，订立书面劳动合同系用人单位的法定义务，用人单位自用工之日起超过一个月不满一年未与劳动者订立书面劳动合同的，应当向劳动者每月支付二倍的工资。本案中，吉德公司提供的书面劳动合同落款处“郑永钊”的签名经司法鉴定确认非郑永钊本人所签，吉德公司虽提供了证人证言以证明其将劳动合同交给郑永钊签订，但双方均在劳动合同上签字或盖章是完成签订书面劳动合同的应有之义，故双方的书面劳动合同并未完成签订。其次，吉德公司提供了三位证人证言拟证明双方已经签订了劳动合同，但三位证人仅能证明曾将劳动合同发放给郑永钊，并不能证明郑永钊已经签字并将劳动合同文本交回公司，且三位证人均系吉德公司员工，与吉德公司存在重大利害关系，其证明效力低于司法鉴定意见书。最后，本案中吉德公司并未提供充分有效的证据证明双方未签订劳动合同的过错在于郑永钊方。综上，双方未签订书面劳动合同是实，吉德公司违反了用人单位应当自用工之日起一个月内与员工订立书面劳动合同的法定义务，故其应当支付郑永钊自2014年4月14日至2015年2月10日的双倍工资差额部分 22087. 27 元。双方对吉德公司尚未支付郑永钊 2015 年 2 月工资 837 元、对仲裁裁决的吉德公司支付郑永钊 2015 年 1 月加班工资 154. 10 元均无异议，予以确认。据此判决：一、吉德公司支付郑永钊自 2014 年 4 月 14 日至 2015 年 2 月 10 日未签订劳动合同的双倍工资差额部分 22087. 27 元，2015 年 1 月加班工资 154. 10 元，2015 年 2 月工资 837 元，共计 23078. 37 元，限于判决生效之日起五日内履行完毕；二、驳回郑永钊的其他诉讼请求；三、驳回吉德公司的诉讼请求。

宣判后，吉德公司不服，提起上诉。浙江省宁波市中级人民法院经审理认为，《中华人民共和国劳动合同法》第十条规定了用人单位签订书面劳动合同的义务。但书面劳动合同的签订是一种双方行为，需要用人单位与劳动者的意思表示一致，而实践中，导致书面劳动合同未签订的原因既有用人单位一方的，也有劳动者一方的。虽然上述两种情形均属于书面劳动合同未签订的状态，但导致的法律后果承担方式截然却不同。第一种情形下，用人单位应当按照《中华人民共和国劳动合同法》第八十二条之规定承担起向劳动者支付二倍工资差额的责任；而第二种情形下，用人单位无须承担责任。具体到本案，首先，从一、二审查明的事实可知，吉德公司在郑永钊入职之后的第二个月即为郑永钊缴纳了相关社会保险，就该行为而言，吉德公司并无逃避确认双方之间已建立劳动关系的意图。其次，吉德公司在一审中申请了证人出庭作证，虽然几位证人系吉德公司的员工，具有一定的利害关系，但签订劳动合同的双方当事人仅限于用人单位和劳动者，故其他员工作出的关于签订劳动合同过程的证人证言具有一定的客观性。按照几位证人的描述，吉德公司已经提供了劳动合同文本给郑永钊等其他员工签字，但郑永钊并未当场予以签字。就常理而言，吉德公司收回合同文本时对签名的真实性只能依靠肉眼作出大概的判断，若要完全准确地认定该签名是否系郑永钊本人所签就必须通过笔迹鉴定程序。本案中，从吉德公司在与郑永钊发生纠纷后即拿出劳动合同文本配合鉴定的行为表现来看，吉德公司在收回合同文本时应该是确信签名由郑永钊自己所为，故就整个签订过程来看，吉德公司已经履行了签订书面劳动合同的义务。再次，《中华人民共和国劳动合同法》第八十二条规定的用人单位“应当向劳动者每月支付二倍的工资”，是指用人单位违反该法的规定，在法定期限内不与劳动者签订书面劳动合同所承担的惩罚性赔偿责任。签订书面劳动合同是为保护劳动者的合法权益，防止用人单位肆意侵害劳动者的权益而无所约束。但本案的吉德公司在郑永钊入职后已为其缴纳社会保险，双方之间的权利义务已自然纳入法律约束之中，故吉德公司并无理由冒着承担二倍工资赔偿责任的风险而拒绝与郑永钊签订书面劳动合同。最后，郑永钊身为劳动者，其已多次与其他用人单位发生纠纷，而纠纷事由均包括主张双倍工资差额，如之前的（2013）甬镇民初字第749号［二审案号为（2013）浙甬民一终字第907号］、（2013）甬北民初字第145号［二审案号为（2013）浙甬民一终字第911号］。其中（2013）甬北民初字第145号中涉及的未签订书面劳动合同的案情与本案情形非常相似。另外还有余姚市人民法院正在审理中的（2015）甬余民初字第1603号案件（当事人为郑先航，即本案郑永钊的委托代理人，亦为郑永钊的兄弟），此案中涉及的未签订书面劳动合同的案情与本案情形亦非常相似。由此可知，郑永钊对未签订书面劳动合同可以向用人单位主张双倍工资差额这一法律规定熟悉知晓，故郑永钊应当具备知识要求吉德公司在其入职之后签订书面劳动合同，以确定双方之间的劳动关系，这是法律赋予郑永钊的权利。而在本案中，吉德公司已经提供了一份签有郑永钊名字的劳动合同，虽经司法鉴定，该签名并非郑永钊所为，但吉德公司诉称其已将劳动合同交与郑永钊，并由郑永钊拿回家签好之后交回的理由并不违背社会常识及公序良俗，且该陈述与之前的证人证言亦基本相符，故吉德公司已经完成了关于证明其曾主动要求与郑永钊签订书面劳动合同的举证义务。而郑永钊除了反驳意见之外，并未提供相应的反驳证据。本院认为，签订书面劳动合同是吉德公司应尽的义务，那么对于郑永钊而言这就是其权利。若因郑永钊的原因而未签订书面劳动合同，应视为郑永钊对该项权利的放弃，由此其再向吉德公司要求支付二倍工资差额，于法无据。综上认为，法律之所以规定建立劳动关系需签订书面劳动合同，旨在稳定劳资关系，保护劳动者的权益，防止用人单位逃避义务，但如果用人单位履行了自己的义务，便不应再受到惩罚。一审法院以证人系吉德公司员工存在利害关系为由对证言不予采信，而未结合吉德公司已为郑永钊缴纳社会保险以及劳动合同并不一定面签的客观情况，即认定双方之间未订立书面劳动合同的责任在于吉德公司，有失妥当，应依法予以纠正。故，吉德公司关于无须向郑永钊支付二倍工资差额的上诉请求，于法有据，予以支持。因双方对吉德公司应向郑永钊支付 2015 年 1 月加班工资 154. 10 元及 2015 年 2 月工资 837 元之事实均无异议，予以确认。依照《中华人民共和国民事诉讼法》第一百七十条第一款第（二）项之规定，判决：一、撤销宁波市鄞州区人民法院（2015）甬鄞民初字第 1075 号民事判决；二、吉德公司支付郑永钊 2015 年 1 月加班工资 154. 10 元，2015 年 2 月工资 837 元，限于本判决生效之日起十日内履行完毕；三、驳回郑永钊的其他诉讼请求。

▶评析

2008 年 1 月 1 日起施行的《中华人民共和国劳动合同法》首次确立了未签订书面劳动合同的二倍工资制度。根据该法规定，用人单位应当自用工之日起一个月内与劳动者订立书面劳动合同；自用工之日起超过一个月不满一年未与劳动者订立书面劳动合同的，应当向劳动者支付二倍工资。前述二倍工资责任的规定，有效提升了书面劳动合同签订率，有力促进了劳动用工关系的规范化。与此同时，二倍工资属于惩罚性赔偿，存在牟利空间。实践中个别劳动者不签订书面劳动合同以谋求二倍工资的现象日渐凸显，已经成为劳动争议审判实务中的焦点问题。

一、非因用人单位原因未签订书面劳动合同时二倍工资责任应否适用问题

实践中根据不同情形，未签订书面劳动合同的责任可以归于用人单位，或是劳动者，抑或是客观原因。对于二倍工资责任应否根据未签订书面劳动合同的责任归属而区分适用，存在不同观点。有观点认为：《中华人民共和国劳动合同法》规定，用人单位有与劳动者签订书面劳动合同的义务，《中华人民共和国劳动合同法实施条例》规定，劳动者不与用人单位签订书面劳动合同的，用人单位应当予以辞退。因此，用人单位只有两种选择，要么签约，要么辞退。如果因为劳动者的原因导致劳动合同未签订，而用人单位未辞退的，同样是违反了《中华人民共和国劳动合同法》第八十二条的规定，用人单位应当承担双倍工资支付责任。① 有观点则认为：劳动法律、法规关于建立劳动关系应当签订书面劳动合同的规定，对用人单位和劳动者均具有约束力。劳动者明确表示不与用人单位签订书面劳动合同或故意拖延与用人单位签订书面劳动合同的行为，与劳动法律法规精神相悖。故在此情形下，劳动者要求用人单位支付二倍工资，不应予以支持。②

笔者认为，首先，从文义分析，对《中华人民共和国劳动合同法》第八十二条规定的“用人单位自用工之日起超过一个月不满一年未与劳动者订立书面劳动合同的，应当向劳动者每月支付二倍的工资”，长期以来存在两种解读。其一是认为只要客观上不存在经双方签字或盖章的书面劳动合同，用人单位即应支付二倍工资；其二是认为该条针对的是用人单位不与劳动者订立书面合同的情形，不包括劳动者不与用人单位订立书面合同的情形。笔者认为，劳动合同本质属合同，其签订系双方行为，需经用人单位和劳动者双方意思表示一致。《中华人民共和国劳动合同法》第三条也明确规定订立劳动合同应当遵循平等自愿、协商一致等原则。从劳动合同的本质出发，结合前述规定的本意，第二种理解更具合理性，只有由于用人单位原因而未签订书面劳动合同的，其才承担支付二倍工资的法律责任。

其次，从二倍工资制度的立法目的分析，该制度旨在遏制用人单位因故意或者重大过失而逾期未与劳动者订立书面劳动合同的现象，促使劳动用工权利义务经由书面形式固定，维护劳动者权益。若未订立书面劳动合同的责

① 王林清：《劳动争议裁诉标准与规范》，人民法院出版社 2014 年版，第 102 页。

② 龚晓龙：“刍议用人单位与劳动者未签订书面劳动合同二倍工资支付的法律适用”，载《法制与社会》2009 年第 7 期。

任非属用人单位，则即使对用人单位科以罚则，也无益于促进书面劳动合同的订立。并且，签订书面劳动合同有助于稳定劳资关系，用人单位和劳动者均是和谐劳动关系的受益人，属于双赢行为。因此，在该制度适用时，理应对用人单位和劳动者进行过错区分，而非纯粹根据书面劳动合同是否实际签订的事实状态作机械判断。

最后，从二倍工资制度的性质分析，二倍工资中的另一倍工资并非劳动报酬，并未承载劳动力的价值，是以对劳动报酬的重复计算的方式对用人单位科以的惩罚性赔偿。《中华人民共和国劳动合同法》第八十二条关于二倍工资的规定位于该法第七章“法律责任”的体系分布，清楚地揭示了这一性质。作为惩罚性赔偿，从法理上而言应当是行为人具有过错时方能适用。例如，《中华人民共和国消费者权益保护法》第五十五条关于“一赔三”的规定要求经营者在提供商品或者服务时有欺诈行为，《中华人民共和国食品安全法》第一百四十八条关于“一赔十”的规定要求经营者具有生产不符合食品安全标准的食品或者经营明知是不符合食品安全标准的食品的行为，均表明行为的可责性是惩罚性赔偿的适用条件。同理，双倍工资责任适用的前提条件亦应是用人单位在不签订书面劳动合同上具有可责性，如该责任归于劳动者，则二倍工资赔偿并无适用余地。

综上，用人单位已经履行诚信磋商义务，要求订立书面劳动合同，非因用人单位原因造成书面劳动合同未签订的，不应适用二倍工资责任，劳动者要求用人单位支付二倍工资的，不应支持。

二、对他人代劳动者签订劳动合同的审查

劳动者找他人代签劳动合同，此后伺机解除劳动合同并通过司法鉴定确认签名非其本人所为，进而要求用人单位支付未签订书面劳动合同的二倍工资，是近年来劳动争议审判实践中的新现象。劳动者利用用人单位在合同签订管理上未采取面签形式的漏洞，由他人代签劳动合同，造成劳动合同已经签订的假象。由于用人单位在收回合同文本时，对劳动者签名的真实性只能依靠肉眼大致判断，甚至有时出于对劳动者的信任而对签名的真实性未有怀疑而不作审查，因此，此类行为具有相当的隐蔽性和欺骗性。

从形式上看，用人单位持有一份并非劳动者本人所签的书面劳动合同。此时存在两种可能，一是用人单位伪造劳动者签名，二是劳动者伪造自己的签名，即由他人代签。由于该两种可能性的存在，因此在经审查劳动者签名为虚假时，用人单位负有举证证明未签订书面劳动合同的原因在于劳动者之责任，只有在劳动者而非用人单位伪造签名的情况下，才能免除用人单位二倍工资的支付责任。

法院在审查判断时应当从以下方面把握：一是审查用人单位是否已要求与劳动者签订书面劳动合同。对该节事实的查明，除审查当事人的陈述、相关书证外，往往还有证人证言。劳动争议案件中的证人证言具有特殊性，主要为单位员工，其中用人单位申请出庭的证人多为在职员工，受其管理；劳动者申请出庭的证人多为离职员工，有的甚至与用人单位发生过劳动争议；相关证人证言与当事人均可能存在利害关系，必须运用逻辑推理和日常生活经验，综合全案判断证人证言的证明力。本案吉德公司申请出庭的证人均系其员工，但签订劳动合同的主体限于用人单位和劳动者，因此不宜以证人身份特殊而简单否定其证言的效力。相关证人陈述的吉德公司将填好的劳动合同文本发放给员工，部分员工当场签订，部分员工提出要仔细阅读再签字交回的合同签订经过，结合全案证据分析，具有合理性，不违反社会常识，可以认定吉德公司已主动要求与郑永钊签订书面劳动合同。二是审查用人单位对劳动合同的履行情况，如工资支付、社会保险缴纳以及福利保障等情况，以判断用人单位是否存在不签订书面劳动合同以借此侵害劳动者利益的可能。本案中，吉德公司在郑永钊入职后第二个月就为其缴纳了社会保险，并按月支付工资，已履行用人单位相关义务。由此可知吉德公司并无逃避确认双方之间已建立劳动关系的意图。三是审查同期其他劳动者与用人单位订立书面劳动合同情况。如用人单位与同期入职的其他劳动者已签订书面劳动合同，可以表明用人单位具有订立书面劳动合同的惯常做法，并无动机或必要通过伪造个别劳动者的签名来逃避用工责任。四是审查劳动者是否有过类似主张未签订书面劳动合同的二倍工资的仲裁诉讼。如有过先例，表明劳动者对二倍工资责任制度较为熟悉，存在制造书面劳动合同未签订事件以牟利的可能。专业诉讼的劳动者一次主张二倍工资成功后，往往还会制造类似诉讼以继续牟利。例如，本案劳动者郑永钊及其兄弟郑先航已前后多次诉讼，此前均就二倍工资问题胜诉并渔利。

三、二倍工资责任适用时对劳动者道德风险的防范

在劳动关系中，劳资双方实质上具有一定的不平等性，劳动者往往处于弱势，因此法律在制定时就对劳动者施以侧重保护。以书面劳动合同的签订为例，《中华人民共和国劳动合同法》将此作为强制性的法律义务施加给用人单位，并辅以二倍工资、视为订立无固定期限劳动合同等制度作为用人单位违反该义务所承担的责任。但劳资双方的强弱并不绝对，个别劳动者利用劳动法规对劳动者的倾斜保护进行牟利的现象屡有发生，二倍工资责任适用即为典型。在司法实践中，应当注重准确把握尺度，避免机械僵化地仅以书面劳动合同有无签订的事实来适用二倍工资责任，如此既无益于实现公平正义，也不利于构建和谐劳动关系。

对非因用人单位原因未签订书面劳动合同的，劳动者要求用人单位支付二倍工资的，不予支持。具体原因可以分为客观原因和劳动者原因，前者包括工伤职工在停工留薪期内、女职工在产假期内，或女职工在产假满后连续休哺乳假内、职工患病或非因公负伤在规定的医疗期内并休病假，以及因不可抗力、意外情况等客观原因导致用人单位无法及时与劳动者签订劳动合同等；后者包括劳动者以各种理由拖延或者拒绝签订劳动合同、利用主管人事等权力故意不签订劳动合同、由他人代为签订劳动合同等。

综上，书面劳动合同未签订的事实并非适用二倍工资责任的充分条件，同时还需审查合同未签订的原因，明确劳资双方的责任，以防范因劳动者借机渔利的道德风险，从而促进劳资关系健康发展。

编写人　浙江省高级人民法院　江宇奇

浙江省宁波市中级人民法院　梅亚琴

▶侵权纠纷

010 张燕诉温州叶同仁综合门诊部有限公司肖像权纠纷案

——广告内容指向的生产商或服务商，可以推定为广告主

▶裁判要旨

广告内容指向的生产商或服务商，可以推定为广告主，广告主应对广告内容的侵权承担责任，除非有相反的证据予以反驳。

▶案例索引

一审：浙江省温州市鹿城区人民法院（2015）温鹿民初字第2189号（2015年12月15日）；

二审：浙江省温州市中级人民法院（2016）浙03民终01018号（2016年3月9日）。

▶案情

原告（上诉人）：张燕。

被告（被上诉人）：温州叶同仁综合门诊部有限公司。

原告张燕为演员，艺名张馨予。原告在“http：//www. pifu580. com/bdf/

zlcs/2720. html”网页可以看到“温州看白癜风哪里好？——温州叶同仁中医美容门诊”；在“http：//www. pifu580. com/hhb/yfhl/2245. html”网页可以看到“温州斑友正面处理皮肤问题——温州叶同仁中医美容门诊”；在“http：//www. 0577pfk. com/nvxtfby/1146. html”网页可以看到“温州斑友正面处理皮肤问题——温州叶同仁中医美容门诊”；继续点击上述三处网页可以显示原告艺术照片。原告遂于2015年5月2日对浏览网页进行了证据保全的公证。

“www. pifu580. com”网站在工业和信息化部的ICP/IP地址/域名信息备案管理系统中登记的主办人为王素瑜，“www. 0577pfk. com”网站在工业和信息化部的ICP/IP地址/域名信息备案管理系统中登记的主办人为彭晓东。

原告起诉称：被告未经原告许可将其肖像用于商业宣传，涉嫌侵害原告肖像权、名誉权。请求判令被告在全国公开发行的报纸上向原告公开赔礼道歉；被告向原告赔偿经济损失10万元，精神损失抚慰金3万元，维权成本合理开支3000元；由被告承担案件诉讼费。

被告答辩称：该两网站并非由被告开发，该两网站分别属于王素瑜、彭晓东所有，与被告无任何关系；被告也没有授权其他任何人开办涉案网站。请求驳回原告诉请。

▶审判

浙江省温州市鹿城区人民法院经审理认为，当事人对自己提出的诉讼请求所依据的事实或者反驳对方诉讼请求所依据的事实，应当提供证据加以证明，但法律另有规定的除外。在作出判决前，当事人未能提供证据或者证据不足以证明其事实主张的，由负有举证证明责任的当事人承担不利的后果。本案中，原告主张被告在其所属的网站“www. pifu580. com”“www. 0577pfk. com”擅自将原告的照片用于广告宣传，但未能提供充足的证据证明上述网站系被告创办或上述网站中所发布的涉案链接中的广告系被告发布，且根据被告提供的证据，上述网站工业和信息化部的ICP/IP地址/域名信息备案管理系统中登记的主办人分别为王素瑜和彭晓东，并非案件被告，故原告主张被告存在在上述网站中擅自使用原告的照片的侵权行为，依据不足，不予支持；因原告未能证明被告存在侵权行为，故其要求被告在全国公开发行的报纸上公开赔礼道歉及赔偿其经济损失、精神抚慰金、维权成本损失，依据不足，不予支持。法院判决驳回原告的诉讼请求。

宣判后，张燕不服，提出上诉称：一、涉案网站页面明确载明其宣传的主要内容均直接指向本案的被上诉人，均足以证明被告为涉案网站广告的广告主、广告受益人。1. 涉案网站名称显著标注有：温州叶同仁综合门诊部有限公司旗下机构；2. 涉案网站右上角“美丽咨询/预约热线：0577－8887××××、8886××××”，一审庭审中，被上诉人认可该电话的确为“温州叶同仁综合门诊部有限公司”所有；3. 涉案网站左侧广告飘窗上，头像为“李建邦”的医生也是被告的副主任医生；4. 涉案网站左侧广告飘窗上，“微信公众平台二维码”，微信公众认证账号主题为：温州叶同仁综合门诊部有限公司，认证详情：工商执照注册号：33030200009××××，和温州叶同仁综合门诊部有限公司在工商机关登记备案的工商注册号一致；5. 涉案网站“走近叶同仁”，介绍的涉案网站所指向的内容也直接指向温州叶同仁综合门诊部有限公司；6. 涉案网站宣传所涉及的地址：“浙江温州市鹿城区人民路开太百货对面叶同仁内中医美容科”，一审庭审中被上诉人认可该地址的确为被上诉人“温州叶同仁综合门诊部有限公司”所有；7. 涉案网站涉嫌侵权页面的侵权文章中，分别出现了：“编辑：温州叶同仁”“温州叶同仁美容门诊专家李建邦医生指出”“温馨提示：温州叶同仁中医美容门诊……拨打咨询热线0577－8887××××、8886××××”等；8. 涉案网站上所有的涉案侵权文章在一审开庭时均已删除，如涉案网站与被上诉人无关，出现此结果并不符合常理。二、一审判决适用法律错误。《中华人民共和国广告法》第二条第二款规定：“本法所称广告主，是指为推销商品或者服务，自行或者委托他人设计、制作、发布广告的自然人、法人或者其他组织。”上述事实，足以认定二被告为涉案网站的“广告主”。此外，该条第四款还明确：“本法所称广告发布者，是指为广告主或者广告主委托的广告经营者发布广告的自然人、法人或者其他组织。”结合案件事实，不论涉案广告是由被上诉人主动发布，还是委托、授意他人发布，依法也应当认定其为涉案广告的“广告发布者”。一审判决认为：“上诉人未能提供充足的证据证明上述网站系两被上诉人创办或者上诉网站中所发布的涉案链接中的广告系两被告发布……”该说法不正确。首先，是否使用自己的名称来创办涉嫌侵权的网站，并非认定是否为侵权行为人的唯一要件。作为广告主的被上诉人，并不必然用自己的名称创办网站，但这并不能否认其涉案网站广告主的基本事实。其次，是否由自己来发布涉案广告，也并非认定是否为侵权行为人的唯一要件。作为广告主的被上诉人，并不必然亲自发布涉案广告，也完全存在委托、授意他人代为发布广告的行为，但这也不能否认其为涉案网站广告发布者的基本事实。最后，涉案网站上宣传内容均为正面宣传，并不存在对上诉人有任何歪曲、恶意中伤等负面内容，且涉案网站宣传的联系电话、联系地址、主营业务内容均直接指向被上诉人，被上诉人系涉案广告宣传直接且唯一的受益人，被上诉人对涉案侵权行为并无授意、亦不知情的抗辩缺乏逻辑，也不符合客观常理。上诉人认为，关于在“广告中未经同意使用他人名义或者形象”的侵权行为主体的认定，应当通过“广告主、广告经营者、广告发布者”三个主体来确定，涉案网站的ICP登记备案主体为个人，充其量其仅为“广告经营者”。《中华人民共和国广告法》第六十九条“广告主、广告经营者、广告发布者违反本法规定，有下列侵权行为之一的，依法承担民事责任：……（四）在广告中未经同意使用他人名义或者形象的；……”之规定，在广告中侵犯他人肖像权的行为主体包括“广告主、广告经营者、广告发布者”，在广告中构成侵权的，三者之间依法应当承担连带赔偿责任，在确定涉案广告构成侵权的情况下，上诉人有权向“广告主、广告经营者、广告发布者”三方或者三方中的任何一方主张侵权赔偿责任。综上，请求撤销原判，依法改判。

被上诉人温州叶同仁综合门诊部有限公司答辩称：涉案网站并非温州叶同仁综合门诊部有限公司开办、经营，温州叶同仁综合门诊部有限公司也没有授权他人经营和开办网站，虽然涉案网站相关的信息出现温州叶同仁综合门诊部有限公司的名称，但是温州叶同仁综合门诊部有限公司并没有因此从该涉案网站中获益，温州叶同仁综合门诊部有限公司也是因为本案才知道相关的信息被他人冒用，进行违法的行为。涉案网站的开办者是两个人，这两个自然人与温州叶同仁综合门诊部有限公司不存在任何关系，温州叶同仁综合门诊部有限公司没有授权该两人进行开办涉案网站。

二审查明的事实与一审相同。

二审另查明，上诉人在上诉中所述事实，在一审诉讼中均已举证予以证明，该事实予以确认，即涉案网站中的广告内容均直接指向温州叶同仁综合门诊部有限公司。

温州市中级人民法院经审理后认为：一、本案争议焦点为温州叶同仁综合门诊部有限公司是否为广告主。《中华人民共和国广告法》第二条第二款规定，广告主，是指为推销商品或者服务，自行或委托他人设计、制作、发布广告的自然人、法人或者其他组织。二审推定，温州叶同仁综合门诊部有限公司系涉案广告的实际受益人。根据一审查明的事实，涉案网站的广告信息，最终均明确指向温州叶同仁综合门诊部有限公司，如咨询/预约热线、客服电话、李建邦医生、微信公众平台二维码、工商执照注册号以及营业地址等均与温州叶同仁综合门诊部有限公司有关。而且广告内容均系正面宣传温州叶同仁综合门诊部有限公司或推销该公司的医疗服务。被上诉人温州叶同仁综合门诊部有限公司则否认其系广告主，那么唯一的可能性就是第三人恶意冒充温州叶同仁综合门诊部有限公司发布广告，故意侵犯他人合法权益。从日常生活经验法则看，这种可能性极小。作为唯一受益者的温州叶同仁综合门诊部有限公司有责任提供反证，证明系他人恶意冒充其发布广告，不能反证的，应以举证不能论。从高度盖然性角度，二审推定，广告的受益人即系实际广告主。二、广告内容是否侵犯原告的合法权益。《中华人民共和国民法通则》第一百条规定，公民享有肖像权，未经本人同意，不得以营利为目的使用公民的肖像。《最高人民法院关于贯彻执行〈中华人民共和国民法通则〉若干问题的意见（试行）》第一百三十九条规定，以营利为目的，未经公民同意利用其肖像做广告、商标、装饰橱窗等，应当认定为侵犯公民肖像权的行为。根据本案查明的事实，可以认定温州叶同仁综合门诊部有限公司发布的广告侵犯了原告的肖像权。《中华人民共和国广告法》第六十九条规定，广告主、广告经营者、广告发布者在广告中未经同意使用他人名义或者形象的，应依法承担民事责任。根据《中华人民共和国侵权责任法》第十五条之规定，温州叶同仁综合门诊部有限公司应承担停止侵害、赔偿损失、赔礼道歉的侵权责任。鉴于在诉讼时，相关网站已打不开，侵权行为已经停止，则温州叶同仁综合门诊部有限公司只需承担赔偿损失、赔礼道歉的侵权责任。其中的损失根据《中华人民共和国侵权责任法》第二十条之规定，依据温州叶同仁综合门诊部有限公司的过错程度、使用肖像的位置和作用、行为造成的损害结果、张燕的知名度及可能的获利等情况综合酌定 5 万元；同时根据《中华人民共和国侵权责任法》第二十二条之规定，酌情赔偿被侵权人精神损害赔偿费 1 万元，并应当在全国性的媒体上发布赔礼道歉的声明。关于原告主张的维权合理开支，本院在赔偿损失部分已经予以综合考虑，因此不另行予以赔偿。三、广告内容是否侵犯原告名誉权，虽网站内容上使用了原告照片作为配图，但文章中无任何文字对原告的人格予以贬低，不足以降低上诉人的社会声望和评价，不至于损害上诉人的名誉权，故上诉人诉称温州叶同仁综合门诊部有限公司侵犯名誉权，不予支持。

最终，二审法院依法撤销一审判决，改判温州叶同仁综合门诊部有限公司在判决生效后十五日内在温州日报上刊登一次致歉声明，向原告公开赔礼道歉，并赔偿原告经济损失 5 万元、精神损失抚慰金 1 万元。

▶评析

一、侵权责任主体的确定

本案系侵犯肖像权纠纷，原告的诉求能否实现，关键在于如何认定侵权责任主体。根据《中华人民共和国广告法》第六十九条的规定，广告主、广告经营者、广告发布者在广告中未经同意使用他人名义或者形象的应依法承担民事责任。故本案被告的身份界定是认定其侵权责任的关键。一审认为，依据一般举证规则，原告应当对“谁实施侵权行为”依法承担举证责任，不能提供有效证明的，应承担败诉的不利后果。由于被告否认其委托他人发布广告，原告没有直接证据证明被告系网站的广告发布者，即没有证据证明被告实施了侵权行为。一审法院认为证明被告系侵权主体的责任应当在原告，因对被告而言主张未侵权属于消极事实，不应承担相应的举证责任。由于原告不能举证证明被告存在侵权行为，故其诉请不应予以支持；原告应当向工业和信息化部 ICP/IP 地址/域名信息备案管理系统中登记的主办人主张权利。二审法院在侵权责任主体的认定上持完全相反的观点。二审发现广告侵权存在特殊性，依据一般经验法则，应可推定“广告内容所指向的生产商或服务商为广告主，除非有相反证据予以推翻”。

《中华人民共和国广告法》第二条第二款规定：“本法所称广告主，是指为推销商品或者服务，自行或者委托他人设计、制作、发布广告的自然人、法人或者其他组织。”在现实生活中，广告主与生产商或服务商可能并不统一，广告主可能是生产商或服务商的代理人、委托人，也可能是分销商，或者生产商或服务商的加盟商等。这些人作为广告主时，广告内容本身并不会体现其具体身份，一旦广告出现侵权内容，生产商或服务商往往否认自己系广告主以推卸责任，而实际广告主又难以寻觅。在案件审理过程中，二审法院最初认为“广告内容的‘受益者’应推定为广告主，除非有相反证据反驳”。但后来发现，广告内容的“受益者”，除了生产商或服务商，可能还涉及其他许多人，凡是与广告内容有关联性的商业主体，都有可能从广告中受益，即涉及主体范围太广。因此，二审最终认定为如无相反证据，广告欲推广的产品或服务的“生产商或服务商”可推定为广告主。

二、二审法院在裁判中确立该规则的主要考量因素

（一）原告并未怠于举证

首先，原告已经举证证明存在侵权肖像权的事实，即网站未经原告许可，擅自将其照片放置在宣传网页上，侵犯其肖像权，且网站上的这种行为属于广告行为。其次，对于被告是否系广告主的事实，原告亦进行了间接举证。涉案广告内容均正面宣传温州叶同仁综合门诊部有限公司的业务，不存在诋毁和损害公司名誉的负面宣传，其网站内容指向的服务商系“温州叶同仁综合门诊部有限公司”，广告的目的就在于推广温州叶同仁综合门诊部有限公司的服务。同时，网站只是广告内容的载体，ICP 备案登记人只是网站登记运营人，网站上宣传的广告内容必是受他人之委托发布，实际广告主必然真实存在，即原告已经举证证明法院可推定“温州叶同仁综合门诊部有限公司系广告主”的基础事实。最后，在原告已经举证证明侵权行为实际存在的情况下，要求其进一步举证证明实际广告主，无异于加大侵权受害人的维权难度，加重其维权成本，不利于民事主体权利的保障。

（二）坚持“谁主张，谁举证”规则，并不利于网络广告相关侵权行为主体的归责

如果机械地认为，原告必须举证证明被告直接委托发布了广告，否则应当告“ICP 备案登记者”，则在此类网络广告侵权案件中，真正的侵权人将可能无法通过诉讼得到确认。首先，因为网络的虚拟性，网络侵权广告的 ICP 备案登记者往往是替身，地址不清，没有执行财产，真正的广告主则隐身其后，主要目的是逃避广告发布后作为广告主所要承担的责任。如果起诉 ICP 备案登记者，其出庭应诉的可能性较低，则案件事实仍无法查清。法院无法通过直接证据来认定真正的广告主。其次，即使 ICP 备案登记者出庭应诉，也可能无法查清事实。真正的广告主可以通过个人出面委托来规避责任，即由受托人（该受托人还可以实施再委托）与 ICP 备案登记者签订发布广告合同，则被侵权者需要追加受托人为共同被告来维权。如此层层规避、层层追加，直到真正的广告主，不仅会大大加大诉讼成本和诉讼难度，也不利于诉讼效率。

（三）要求被告承担反驳事实的举证责任更符合诉讼公平和经济原则

首先，根据日常生活常识，网站上宣传的广告内容所指向的“生产商或服务商”一般就是委托发布广告的委托人；其次，即便该生产商或服务商不

是实际广告委托人，其亦属于广告发布行为的受益人；最后，作为产品生产商或服务提供者应了解其下一手的代理或分销关系，相对于侵权行为受害人，其更接近能够证明实际广告主的相关证据，要求其承担相应反驳事实的证明责任并不会过分加重其诉讼负担。

三、二审法院裁判的法理依据

从法理上讲，二审法院实际上是适用了推定规则，在裁判中对经验法则进行了总结与确认。关于推定规则，《最高人民法院关于民事诉讼证据的若干规定》第九条第一款第（三）项就已经作出了规定，由于推定分为事实推定与法律推定，《最高人民法院关于适用〈中华人民共和国民事诉讼法〉的解释》对此作出了细分，第九十三条第一款第（四）项规定：下列事实，当事人无须举证证明：（四）根据已知的事实和日常生活经验法则推定出的另一事实；其第二款规定：当事人有相反证据足以反驳的除外。

根据举证责任的分配，当事人需对自己主张的要件事实加以证明。这些事实有时可以通过证据直接加以证明，有时则无法直接加以证明。例如本案中，温州叶同仁综合门诊部有限公司是否实施了委托发布广告行为，很难直接证明。事实推定规则弥补了举证责任分配上的漏洞。事实推定，是指当事人对前提事实进行了初步举证后，法官以经验法则为中介推论出待证事实的存在与否，当对方当事人没有能够提出经验法则的例外情形时，该推定就予以认可。

（一）必须证明基础事实

法条中规定的“已知事实”也可以称为基础事实或前提事实；法条中规定的“另一事实”称为推定事实。如果基础事实得以证明，即法院可据此推出推定事实，而不必直接证明推定事实。在现实中，结论事实往往难以证明，而基础事实则较易证明。但推定规则并没有转移举证责任，主张结论事实的当事人一方对该基础事实负举证责任。基础事实举证责任未完成，则不能适用推定规则。

（二）必须确认经验法则

前提事实与推定事实之间必须有必然联系，这是适用推定规则的逻辑条件。这种必然联系与纽带，就是经验法则。如果经验法则无法确立，则法律要件事实的认定，仍应当适用原来的举证责任分配规范。当处于真伪不明的情形时，由承担举证责任的一方当事人承担相应的不利后果。在本案中，二审法院通过司法活动对经验法则进行了归纳与总结，即确认“广告内容指向的生产商或服务商，可以推定为广告主”这条经验法则。

（三）对于推定事实，允许对方当事人提供相反证据予以反驳

经验法则的推论并不能保证其绝对的真实性。当当事人对经验法则的推定有相反证据证明存在例外情形时，则推定事实不成立。因此，《最高人民法院关于适用〈中华人民共和国民事诉讼法〉的解释》第九十三条第二款规定，当事人有相反证据足以反驳的除外。

在本案中，确立经验法则，并用以推定结论事实并作出裁判，明显比直接运用举证责任作出裁判更具有合理性。二审法院通过司法推理作出的裁判符合一般老百姓的日常生活认知，促进了裁判的社会效果与法律效果相统一。

编写人　浙江省温州市中级人民法院　陈宇

011　宗美菊诉吴仙凤、宗云红、宗云田、宗云苏、宗云铨生命权纠纷案

——监护能力的认定和被监护人发生侵权行为时监护人不明确情形下的法律责任承担问题

▶裁判要旨

一、监护人应同时具备监护资格和监护能力，仅有监护资格而不具备监

护能力的，不能认定为监护人；监护能力的认定，应当根据监护资格人的身体健康状况、经济条件及与被监护人在生活上的联系状况等因素确定，以有效照护被监护人权益为根本考量，应高于民事行为能力标准。

二、被监护人实施侵权行为时，对其监护人没有明确约定、经过有关部门指定或者法院裁决，当事人对该侵权行为由谁承担责任发生争议的，视为监护人不明确，可在侵权诉讼中作出监护能力的认定，由顺序在前的有监护能力的人承担民事责任。

▶案例索引

一审：浙江省义乌市人民法院（2013）金义上溪民初字第44号（2013年11月20日）；

二审：浙江省金华市中级人民法院（2014）浙金民终字第365号（2014年5月27日）。

▶案情

原告（上诉人）：宗美菊。

被告（被上诉人）：吴仙凤、宗云红等。

一审法院审理查明：宗樟弟和吴仙凤系夫妻关系，被告宗云红、宗云田、宗云苏、宗云铨系宗樟弟和吴仙凤的子女，宗樟弟、吴仙凤与各子女已分家独立生活。2012年9月7日上午5时许，宗樟弟和吴仙凤在义亭镇新西河村将被害人吴因兰（系宗美菊之丈夫）殴打致死。即日义乌市公安局将宗樟弟和吴仙凤抓获归案，经鉴定吴仙凤系精神病人，无民事行为能力；宗樟弟被取保候审，于2013年3月2日因病死亡。2012年9月12日，经义乌市义亭镇人民调解委员会调解，宗云红、宗云田替其母亲付给被害人吴因兰的家属50000元，并约定其余部分通过诉讼程序解决。另查明，宗美菊与吴因兰的子女吴祖晓、吴惠君、吴晓芳均同意，由宗美菊单独就吴因兰被害案提起民事赔偿诉讼。

原告宗美菊诉称：因宗樟弟死亡和吴仙凤为精神病人免予追究刑事责任，作为吴仙凤的监护人，宗云红、宗云田、宗云苏、宗云铨未尽到监护责任，应承担相应的民事赔偿责任。诉请判令：1. 各被告赔偿原告损失291624.1元；2. 本案诉讼费用由被告承担。

被告吴仙凤辩称：事情发生是事实，其作为直接侵权人应当承担相应的民事责任，但其系无民事行为能力人，其侵权责任应当由当时的监护人即其丈夫宗樟弟承担。

被告宗云红、宗云田、宗云苏共同辩称：本案案发是2012年9月7日，当时吴仙凤与宗樟弟系夫妻关系，宗樟弟是吴仙凤的法定监护人，其不应该承担民事责任。

▶审判

浙江省义乌市人民法院经审查认为，公民的生命健康权受法律保护，宗樟弟与吴仙凤共同侵害被害人吴因兰致其死亡，应当共同赔偿死亡赔偿金、丧葬费、精神损害抚慰金等费用。双方争议的焦点是宗樟弟对吴仙凤有无监护能力。根据《中华人民共和国民法通则》（以下简称《民法通则》）第十七条的规定，配偶系精神病人的第一顺序的法定监护人，在本案中宗樟弟虽年逾八十，但在案发之前均是与吴仙凤共同独立生活，无证据证实宗樟弟失去民事行为能力和对吴仙凤的监护能力，因此可认定宗樟弟系吴仙凤的唯一法定监护人。原告提出其他被告均应承担补充监护责任的意见，于法无据，不予支持。原告的合理要求为死亡赔偿金14552元/年×12年=174624元，丧葬费25407元，精神损害抚慰金酌定为50000元，三项共计250031元，减去被告已经支付的50000元，尚欠200031元。现宗樟弟已死亡，各被告均系法定继承人，应在其继承财产的限额内对宗樟弟在本案中的侵权行为承担赔偿责任。据此，判决：一、吴仙凤于判决生效后十日内赔偿宗美菊死亡赔偿金、丧葬费、精神损害抚慰金共计250031元，减去已经支付的50000元，尚欠200031元；二、宗云红、宗云田、宗云苏、宗云铨各自在对其父亲宗樟弟遗产的继承范围内，对上述第一项判决承担共同赔偿责任；三、驳回宗美菊的其他诉讼请求。

宣判后，宗美菊不服一审判决，提起上诉。

二审浙江省金华市中级人民法院对原审认定的事实予以确认，同时认定事实如下：2006 年、2007 年左右，吴仙凤开始出现精神异常，表现为胡言乱语、自言自语，携带扫帚或菜刀乱逛，无故打骂他人等。2009 年 3 月，其家人曾带其到义乌市精神卫生中心门诊看病，诊断为患精神分裂症，配服药物，但吴仙凤一直拒绝服药。同村村民曾向宗云红等人反映吴仙凤的异常言行，宗云红等人言语劝解吴仙凤，但无果。吴仙凤与宗樟弟在义乌市义亭镇新西河村有房屋一处。

二审认为：吴仙凤系精神病人，案发时属无民事行为能力人，根据《中华人民共和国侵权责任法》第三十二条的规定，其造成的损害应由监护人承担侵权责任。根据《最高人民法院关于贯彻执行〈中华人民共和国民法通则〉若干问题的意见（试行）》（以下简称《民通意见》）第 159 条的规定："被监护人造成他人损害的，有明确的监护人时，由监护人承担民事责任；监护人不明确的，由顺序在前的有监护能力的人承担民事责任。"本案吴仙凤侵害吴因兰之前，关于吴仙凤的监护人问题并无明确的约定、指定或者经过裁决，应视为当时吴仙凤的监护人并不明确。双方当事人的主要争议点在于宗樟弟对吴仙凤是否具有监护能力。认定监护能力，应当根据有监护资格的人的身体健康状况、经济条件，以及与被监护人在生活上的联系状况等因素确定。吴仙凤自 2006 年、2007 年左右出现精神异常，当时宗樟弟已年逾八十，自身年迈体弱，对于小其 12 岁的患有精神疾病的吴仙凤的监护，实为力所不及。此从宗樟弟不能劝服吴仙凤服药、村民反映吴仙凤的滋扰行为而宗樟弟难以有效约束，宗樟弟在公安的供述中讲道"我不听她（吴仙凤）话的时候，她就要打我"，以及吴仙凤与吴因兰发生纠纷后宗樟弟不仅难以制止反而共同侵害吴因兰、公安局因宗樟弟患有严重疾病而变更强制措施为监视居住等事实中可以得到印证。且精神疾病需要住院或者长期服药治疗，而宗樟弟本身并无足以负担该支出的经济能力。故宗樟弟虽与吴仙凤共同生活，但因年龄、健康状况及经济能力所限，难以承担监护职责。而宗云红等子女正值壮年，与吴仙凤同村居住，平日也有来往和照料，经济能力与宗樟弟相比也有优势，故应认定宗云红等子女为顺序在前的有监护能力的人，应对吴仙凤造成的损失承担赔偿责任。本案中查明吴仙凤有财产，赔偿费用应首先从吴仙凤的财产中支付，不足部分，再由宗云红等子女赔偿。双方当事人对一审确定的损失数额没有异议，予以确认。据此，判决：一、撤销义乌市人民法院（2013）金义上溪民初字第 44 号民事判决；二、宗云红、宗云田、宗云苏、宗云铨于判决生效后十日内赔偿宗美菊死亡赔偿金、丧葬费、精神损害抚慰金共计 250031 元，减去已经支付的 50000 元，尚欠 200031 元，该款先从吴仙凤的个人财产中支付，不足部分，由宗云红、宗云田、宗云苏、宗云铨共同赔偿；三、宗云红、宗云田、宗云苏、宗云铨各自在对其父亲宗樟弟遗产的继承范围内，对上述第二项判决承担连带赔偿责任；四、驳回宗美菊的其他诉讼请求。

▶评析

本案涉及精神病人的监护人的确定问题。《民法通则》第十七条，《民通意见》第 14 条、第 15 条、第 16 条、第 17 条、第 18 条规定，无民事行为能力或限制民事行为能力的精神病人的监护人，可以通过协议确定，精神病人所在单位、住所地的居民委员会、村民委员会在近亲属中指定，和对指定不服提起诉讼、通过特别程序认定三种方式确定。本案的特殊之处在于，精神病人吴仙凤实施侵权行为时的第一顺序监护资格人宗樟弟在诉讼时已离世，其在吴仙凤侵权时是否有监护能力，以及是否影响其监护责任的承担，双方当事人均有重大争议。对此，是否必须通过上述三种方式追溯认定监护人，还是在侵权诉讼中直接对监护责任作出认定，本案作出了探讨和分析，简述如下：

一、监护人应同时具备监护资格和监护能力，仅具有监护资格而不具备监护能力的，不能认定为监护人

通说认为，监护是指“对于未成年人和精神病人等无民事行为能力、限制民事行为能力的人，为其人身权利、财产权利的照护而设置的民事法律制度”，具有补充民事主体能力缺陷的重要作用。《民法通则》第十六条、第十七条划定了可以担任监护人的范围和顺序，未列入范围的，即使完全具备监护能力，也无法作为监护人履行监护职责，故称之为监护资格的确定。而监护能力，则是履行监护职责的必要条件。《民法通则》第十八条规定，监护人应当“保护被监护人的人身、财产及其他合法权益”，《民通意见》第10条指出，监护人的监护职责包括：“保护被监护人的身体健康，照顾被监护人的生活，管理和保护被监护人的财产，代理被监护人进行民事活动，对被监护人进行管理和教育，在被监护人合法权益受到侵害或者与人发生争议时，代理其进行诉讼。”因此，具有监护能力是监护人履行监护职责的法律要求所致，也是设立监护制度的要义所在。有观点认为，《民法通则》第十六条对于未成年人监护人的选定，强调了“由下列人员中有监护能力的人担任”，而对精神病人监护人的选定，《民法通则》第十七条中没有“监护能力”的要求。我们认为，二种监护的设立目的和职责范围并无本质不同，对监护人也应当同样隐含了“监护能力”的要求。除前述履行监护职责的要求外，《民通意见》第14条规定，“前一顺序有监护资格的人无监护能力或者对被监护人明显不利的，人民法院可以根据对被监护人有利的原则，从后一顺序有监护资格的人中择优确定”，明确了监护人应当具有监护能力。因此，没有监护能力的人，不应当被确定为监护人，也无法承担监护责任。

二、监护能力的认定，应当根据有监护资格的人的身体健康状况、经济条件、与被监护人在生活上的联系状况等因素确定，以能否有效照护被监护人权益为考量，高于民事行为能力标准

所谓监护能力，是指作为监护人承担监督和保护被监护人的人身和财产权益的法律职责的行为能力。通说认为，监护能力包括三层含义：一是具有民事行为能力。具有民事行为能力是取得监护能力的前提基础，无民事行为能力人和限制民事行为能力人都不具有监护能力。二是具有保护能力，即能以自己的行为对被监护人的人身和财产权益进行保护。三是具有对被监护人进行管教的能力，包括对未成年人的教育和约束，对精神病人的治疗和管理，被监护人损害他人合法权益的、监护人有承担赔偿的能力。因此，法国、德国、日本等国家法律规定，身患重疾和残废、年已衰老、现役军人、出使国外，或子女众多不能遍顾等为不能胜任监护职务，即因无监护能力而不能担任监护人的情形。我国现行法律对监护能力仅作了概括性规定，而没有列举式规定哪些情况不具有监护能力或者监护能力应该具有哪些要素。结合《民通意见》对监护能力的司法解释和通说对监护能力要素的规定，对宗樟弟是否具有监护能力，可进行如下分析：1. 被监护人吴仙凤自 2006 年、2007 年左右出现精神异常，当时宗樟弟已逾 80 岁，而至 2012 年吴仙凤侵权行为时，宗樟弟已是 86 岁高龄。且在侵权行为发生后不久，宗樟弟即去世。证明宗樟弟在监护事由出现时已年老体弱。2. 宗樟弟对被监护人吴仙凤难以有效管束。此从宗樟弟不能劝服吴仙凤服药、村民反映吴仙凤的滋扰行为而宗樟弟难以有效约束等事实中可以证实。3. 宗樟弟的经济条件，难以承担被监护人吴仙凤长期治疗和侵权后产生的赔偿责任。因此，宗樟弟、吴仙凤虽与各子女分家独立生活，宗樟弟在日常生活中对吴仙凤也有一定的照料，但这仅能说明宗樟弟满足了监护人应当具有民事行为能力的要求，因其不具备管束能力和经济能力，对吴仙凤的权益难以有效照护，应认定为不具备监护能力。反之，宗云红等子女正值壮年，与被监护人吴仙凤同村居住，平日也有往来和照料，经济能力与宗樟弟相比也有优势，符合对监护能力的各项要求，故应认定宗云红等子女具有监护能力。

三、《民法通则》第十七条第二款和《民通意见》第 159 条的理解和适用问题

本案中，宗樟弟为被监护人吴仙凤的第一顺序监护资格人，但宗樟弟在吴仙凤侵权之后诉讼之前去世，对吴仙凤在侵权行为时的监护人有争议的，如何处理？一种意见认为，根据《民法通则》第十七条第二款的规定，“对担任监护人有争议的，由精神病人的所在单位或者住所地的居民委员会、村民委员会在近亲属中指定。对指定不服提起诉讼的，由人民法院裁决”，故本案应先中止审理，待经上述程序确定监护人后，再作判决。但宗樟弟已去世，其如何参加特别程序以解决监护人争议，难以解答。另一种意见认为，《民法通则》第十七条第二款的指定监护人以及通过特别程序确定监护人，是针对现在以及将来由谁担任监护人的确定方式，不适用于解决过去由谁承担监护责任的问题。对于被监护人发生侵权行为时监护人不明确的情况，应根据《民通意见》第159条的规定，即“被监护人造成他人损害的，有明确的监护人时，由监护人承担民事责任；监护人不明确的，由顺序在前的有监护能力的人承担民事责任”来处理。何谓监护人不明确，即各个具有监护能力的监护资格人，对监护人担任问题并无明确约定或者约定无效（如约定由无监护能力的人担任监护人），或者相关部门未作指定或者未经法院裁决。之所以作这样的理解，第一，从文义解释的角度而言，《民通意见》第159条对于监护人不明确情形下责任的承担规定明确，并无歧义，即“由顺序在前的有监护能力的人承担民事责任”，而未言及通过约定、指定、特别程序认定监护人的问题。第二，从逻辑解释的角度而言，《民通意见》第159条前半部分规定的是有明确监护人的情况，后半部分相对应地规定了监护人不明确的情况，如果出现后一种情形，仍然需要通过约定、指定或者特别程序对“顺序在前的有监护能力的人”作出认定，则事实上监护人已明确，也适用前半部分的法律规范，陷入循环逻辑中。因此后半部分的法律规范旨在侵权诉讼中解决监护责任的承担问题。第三，从法律成本而言，对现在或将来的监护人认定问题，通过约定、指定或特别程序的方式解决，符合法律正义和成本效益理论。而对过去的监护责任承担问题，再由约定、指定的方式解决，无法防范故意约定、指定由不具备监护能力的人承担监护责任的道德风险，也不符合诉讼效率的要求。第四，从社会效果而言，由顺序在前的有监护能力的人承担民事赔偿责任，可以促使顺序在前的有监护能力的资格人积极履行监护职责，或者各监护资格人就监护人问题及时作出约定或者向有关部门请求明确，防止资格人相互推诿监护职责，保障被监护人的合法权益和受害人的权益得到及时救济。二审即采纳了这样的裁判思路，并改判由吴仙凤的子女承担侵权损害赔偿责任。

编写人　浙江省金华市中级人民法院　楼俊

012　杭州海兴电力科技股份有限公司诉陈堂名誉侵权案

——微信朋友圈名誉权侵权行为的司法认定

▶裁判要旨

判断微信朋友圈的言论是否构成侵犯名誉权应当结合微信朋友圈的传播特点：在认定损害后果上，可结合侵权人与被侵权人的身份、共同好友数量及侵权言论获得的“赞”和评论数量认定是否存在损害后果及损害结果大小；在认定行为人是否具有主观过错上，考虑到微信朋友圈具有一定的私密性、内容随意性较强、主观色彩浓厚等特点，在过错判断上应适当放宽，但如侵权行为人使用侮辱性词汇、明知失实而发布，并希望或放任该言论广泛传播，仍应认定其存在过错。

▶案例索引

浙江省杭州市上城区人民法院（2016）浙 0102 民初 3019 号。

▶案情

原告：杭州海兴电力科技股份有限公司（以下简称海兴电力公司）。

被告：陈堂。

被告陈堂原为海兴远维公司的发起人、法定代表人，股权比例原为49.06%。后原告海兴电力公司于2014年11月6日对海兴远维公司进行增资，并签订增资协议，原告成为海兴远维公司的最大股东，股权比例为47.98%，被告股权比例下降为25.52%。2016年4月27日，海兴远维公司召开股东会决议，通过关于海兴远维公司解散、清算的议案，决议解散公司并进行清算。2015年7月19日，海兴远维公司作出董事会决议，同意被告辞去总经理职务。

另查明，2016年4月22日、6月30日、7月6日、7月13日、7月15日，被告先后在朋友圈发布内容称："杭州海兴凭掠夺和窃取能发展到这个规模，令人佩服！大价钱引进的个人，背后捅刀，绝对想不到""强盗公司居然要上市了，背后捅刀者春风得意！""钱被掏空，技术已被杭州海兴窃取""很多人说，宣筱青够黑够毒，比之杭州海兴过之不及，能成大事""创业15年的成果将要被抢劫和掠夺，他视为生命甚至于比生命还重要的远维公司注定要走向灭亡！不是吗？一个周良璋、李小青的夫妻老婆公司，外加侄女婿张仕权的黑心狠毒，诓骗、抢劫、掠夺等等""杭州海兴掏空远维资产，窃取远维知识产权的计划即将完成""杭州海兴，靠抢和偷，和金智科技不能相比""写这本书，是让世人尤其是创业者能以我为戒，切勿引入杭州海兴这样的黑心企业！"等内容。同时，被告在微信朋友圈声称要撰写长篇纪实文学《黑与毒》，揭露"杭州海兴坑害远维的过程纪实"，并将《黑与毒》的引子、框架及相关人物（实名）介绍在朋友圈中发布。

再查明，原告现为上市企业，经营范围包括仪器仪表及配件、测试设备、配电自动化产品及相关配件、模具、嵌入式软件、电力系统控制软件及工程、系统集成服务的研发、生产、成果转让及技术服务等。被告毕业于浙江大学电气自动化专业。2016年10月18日，被告朋友圈当天人数为300余人，其中原告及其关联公司的部分高管王世松、宣筱青、李行业、戴应鹏、娄小丽为被告陈堂的微信好友。被告于2016年4月22日、6月30日、7月6日、7月13日、7月15日发布的朋友圈内容现设置为隐私照片。

▶审判

浙江省杭州市上城区人民法院经审理认为，名誉是社会公众对公民或法人的品德、声誉、形象等方面的综合评价。公民、法人享有名誉权，公民的人格尊严受法律保护，法律禁止他人用侮辱、诽谤等方式损害公民、法人的名誉。而微信作为社交性网络交友平台，微信用户在发布信息以及与朋友交流中应当遵守一定的道德规范，不得突破法律的底线。本案中，原告海兴电力公司与被告陈堂原本均为海兴远维公司的股东，双方在海兴远维公司的运营过程中产生纠纷，如果被告认为自己的权益受到损害，应通过正当、合法的途径去维护自己的合法权益，而不应在微信这一社交网络平台上任意发泄自己的不满情绪。但被告却选择在其微信朋友圈内对原告多次连续使用诸如“抢夺”“窃取”“背后捅刀”“黑心狠毒，诓骗、抢劫、掠夺”“靠偷和抢”“黑心企业”“强盗公司”等侮辱性字眼进行修饰，并声称要撰写长篇纪实文学《黑与毒》，揭露“杭州海兴坑害远维的过程纪实”，侵犯了原告的名誉权。被告辩称朋友圈发布的信息只限于自己朋友圈的人能看到，传播范围小，影响力低，对此法院认为，被告在其微信朋友圈中发布信息的影响力应不仅局限于自己朋友圈中的人数，还应当结合微信朋友圈这个强大的传播媒介综合考量。另，从常理上看，一个人的朋友圈往往反映一个人的社交圈，被告毕业于浙江大学电气自动化专业，故其社交圈也应主要集中在电力系统行业，而原告目前在浙江是一家较为知名的电力系统上市企业，被告发布的信息，原告及其关联公司的部分高管已经知晓，且传播范围可能涉及原告潜在的客户群、合作伙伴或电力系统行业知晓原告的群体，也必然会影响到原告的商业信誉和电力系统行业对原告的社会评价。因被告目前已经将2015年4月22日、6月30日、7月6日、7月13日、7月15日发布的朋友圈内容设置为隐私照片，其朋友圈好友已经无法看到上述信息，故被告事实上已经停止了对原告的侵权行为，原告现要求被告立即删除上述信息内容，已无必要，不予支持。关于原告要求被告在全国性媒体上，以显著的方式向原告公开赔礼道歉的诉讼请求，法院认为，原告要求被告在全国性媒体上发布道歉信尚无必要，被告以其在微信朋友圈发表致歉声明的方式与其侵权的媒介相同，也足以消除其发布的内容给原告带来的不利影响。据此，法院判决如下：一、被告陈堂于本判决生效之日起十日内在其微信朋友圈中连续五日发表致歉声明，向原告海兴电力公司公开赔礼道歉（声明内容需经法院审核）；二、驳回原告海兴电力公司的其他诉讼请求。

▶评析

互联网的飞速发展，尤其是自媒体的广泛使用，在很大程度上改变了人们的生活方式，随之而来的，利用自媒体侵权的现象也屡有发生。本案的核心问题即如何认定微信朋友圈发布的信息构成对他人名誉权的侵害。

一、微信朋友圈名誉权侵权的特征

与在微信公众号、公开发布的博客、微博等媒介发布的公开言论侵权不同，微信朋友圈名誉权侵权具有以下显著特征：首先，发布内容具有一定的私密性。微信公众号、博客的发布内容一般都是公开的，用户在发布内容时明知其传播是面向不特定的互联网用户的。但微信用户在朋友圈发布的内容只有其微信好友可见，而微信好友一般由熟人组成，人数有限，用户在发布朋友圈内容时主观上可能希望保持一定程度的私密性。其次，传播范围难以认定。经转发的公开博客、微信公众号文章可以通过直接计算转发量考察影响范围，而微信朋友圈没有直接转发功能，微信好友仅能通过截屏、复制等方式手动转发至自己的朋友圈或好友，故其实际影响范围难以查清。最后，一旦发生侵权，被侵权人难以自我救济。互联网上公开发布的内容能够接受不特定互联网用户的监督，一旦发布侵权言论，被侵权人或其他利害关系人能够获悉并作出反驳或澄清。而在微信朋友圈中发布的内容，由于各微信用户的好友不尽相同，即使被侵权人或其他利害关系人进行反驳或澄清，该反驳或澄清的言论亦不能确保到达侵权言论传播的范围。

二、微信朋友圈名誉权侵权的构成要件

在责任认定上，微信朋友圈名誉权侵权与普通名誉权侵权并无二致，应当符合一般侵权责任的构成要件，即必须具备侵权行为、损害后果、因果关系、主观过错四个构成要件。在侵权行为及因果关系的认定上，微信朋友圈名誉侵权与普通名誉侵权无明显区别，其特殊性主要体现在损害结果和过错的认定上。

名誉权的客体是名誉，名誉是社会上不特定的多数人对特定主体的评价，因此名誉侵权的损害后果即社会评价的降低及由此造成的精神损害、财产损失。司法实践中，社会评价的降低是很难认定并量化的。社会评价作为一种客观存在的事实，不是被侵权人的主观感受，对被侵权人而言，难以举证证明存在社会评价降低的损害结果。有观点认为，考虑到受害人举证困难的情况下，应该免除其对名誉损害事实发生的举证责任，而采取推定的方法确认损害事实的存在，如可以“第三人已知”推定损害结果的发生。对此，笔者不能认同，第三人对侵权言论的知悉不必然导致第三人采信该言论，更不必然导致对被侵权人社会评价的降低。笔者认为，在微信朋友圈发布的言论在演变为社会公众话题之前，应当将对被侵权人进行社会评价的不特定多数人的考量集中在被侵权人的既存社交关系圈内，如同事圈、亲友圈等，在特定情况下可扩大至潜在社交关系圈，如同行圈、潜在客户圈等。在微信朋友圈中，因侵权行为人和被侵权人的好友不尽相同，侵权行为人的言论未必能够到达被侵权人的社交关系圈，只有当侵权行为人微信朋友圈中的言论能够对被侵权人的交往关系圈内的人产生影响，使其对被侵权人评价降低的，才能认定存在损害后果。一般情况下，在微信朋友圈中发布的侵权言论，如获得

"赞"、支持性评论或转发的，可以推定他人受到侵权言论的不当引导，降低了对被侵权人的社会评价。因微信朋友圈只有共同好友互相可见点赞及评论等，在被侵权人完成社会评价降低的初步举证责任后，应将评价降低程度的举证责任转移给侵权行为人，并结合侵权行为人与被侵权人的身份、职业，共同好友人数，点赞、评论人数等综合判断损害后果的大小。

在主观过错方面，由于微信朋友圈具有一定的私密性，发布的内容往往是即时表达对人对事所感所想，随意性较强、主观色彩浓厚，因此在把握是否存在过错时尺度应更宽。首先，从言论内容看，在存在侮辱的侵权行为时，应当注意区分正常的情绪宣泄与侮辱性言论，除非言论的发布者使用明显的侮辱性词汇，否则不应轻易认定其存在主观过错。在存在诽谤的侵权行为时，应注意区分言论所涉事实的真实性考察，如微信朋友圈内容系不实言论，应进一步考察发布者发布言论时是否知晓该言论系不实言论，除非能够证明系明知失实言论而发布，否则不应轻易认定主观过错。其次，从传播范围来看，微信朋友圈言论一般仅限于在微信用户的好友圈内传播，侵权行为人选择在微信朋友圈这个平台发表侵权言论，而没有选择其他公开程度更高的媒介，本身隐含了其希望言论能够保持一定私密性的主观意愿。因此，除非有证据证明侵权行为人明知或应当知道其言论会直接传播至被侵权人的社交关系圈，或者言论的发布人能够证明自己对言论的传播范围不触及被侵权人的社交关系网络已尽到相当之注意义务，如已进行分组发布等，均不应轻易认定微信用户在微信朋友圈发表言论时具有侵害他人名誉权的过错。

本案中，关于原告海兴电力公司的损害结果的认定，原告海兴电力公司作为一家电力系统的上市公司，在浙江省乃至全国均具有一定的知名度，而被告陈堂又是毕业于浙江大学电气自动化专业，其朋友圈好友一般也多是从事该行业的人员，被告陈堂发布的言论不但影响原告海兴电力公司既存的社交关系圈，还会对原告海兴电力公司潜在的合作方、客户产生影响，应当肯定损害结果的发生。关于被告陈堂是否存在主观过错的判定，一方面，其在朋友圈中多次使用诸如“抢夺”“窃取”“背后捅刀”“黑心狠毒，诓骗、抢劫、掠夺”“靠偷和抢”“黑心企业”“强盗公司”等带有强烈贬义色彩的侮辱性词汇来形容原告，一般理性人都能够预见到对原告海兴电力公司使用上述词汇会造成侵害其名誉的后果；另一方面，被告陈堂发布案涉朋友圈言论时，明知自己的好友与被告的社交关系圈具有高度相关性，能够预见到自己的言论对原告海兴电力公司的名誉产生不利影响的后果，且被告陈堂还声称要撰写长篇纪实文学《黑与毒》，揭露“杭州海兴坑害远维的过程”，表明其有积极传播言论，扩大对原告海兴电力公司名誉不利影响的主观意愿，可以认定被告陈堂存在过错。

三、微信朋友圈名誉权侵权的责任承担方式

微信朋友圈名誉权侵权的责任承担方式可以划分为三类，即防止型民事责任方式、财产型民事责任方式以及精神型民事责任方式。防止型民事责任方式主要指停止侵害，即立即删除相应侵权言论。财产型民事责任方式主要指金钱损害赔偿，如赔偿受害人为了进行诉讼或寻求合理救济而支出的律师费、公证费等合理费用，或者赔偿受害人因侵权行为导致的社会评价的降低、心理方面的痛苦等。精神型民事责任方式主要指侵权人作出一定的积极行为，以消除侵权行为产生的不良影响，使受到毁损的名誉得到恢复，主要包括恢复名誉、消除影响、赔礼道歉。笔者认为，赔礼道歉的具体方式应结合侵权行为已经产生的后果来判断。在无直接证据证明被告的相应言论已经在全国范围内对原告造成了严重影响的情况下，要求侵权行为人在公开媒体上赔礼道歉实无必要，甚至会扩大不利言论的影响范围。此外，从恢复名誉的效果来看，在微信朋友圈赔礼道歉反而能使原侵权言论的受众更迅速地获悉，从而更有效地恢复被侵权人的名誉。

本案中，原告海兴电力公司要求被告陈堂删除侵权言论的诉讼请求，因被告陈堂已经将朋友圈的信息设置为私密照片，他人已经无法通过被告的朋友圈阅读到相应信息，法院最终未予支持。原告海兴电力公司要求被告陈堂在全国性媒体上赔礼道歉的诉讼请求，尚无证据证明被告陈堂的言论已经扩散，所以法院最终判决被告陈堂在朋友圈中发布赔礼道歉信息即可。

编写人　浙江省高级人民法院　金晓飞

浙江省杭州市上城区人民法院　吴媛媛

▶知识产权纠纷

013　华为技术有限公司诉中兴通讯股份有限公司、杭州阿里巴巴广告有限公司侵害发明专利权纠纷案

——被诉侵权产品在实际使用中实施专利方法的实然性界定

▶裁判要旨

一、即使经鉴定被诉侵权产品在特定环境下能实施涉案专利方法，也不能据此直接认定被诉行为人实施了侵害涉案专利权的行为，法院仍应在分析专利技术背景及被诉侵权产品具体应用环境的基础上，考量在该“特定环境”下实施涉案专利方法是否具有现实合理性，进而判断被诉行为人是否实际实施了侵害涉案专利权的行为。

二、对于并未作为技术特征写入权利要求，却是实施专利方法最为合理、常见和普遍的运行环境和操作模式，应当在涉及方法专利的侵权判断中予以考量。

▶案例索引

一审：浙江省杭州市中级人民法院（2012）浙杭知初字第419号（2014

年4月17日)；

二审：浙江省高级人民法院（2014）浙知终字第161号（2015年2月13日)；

再审：最高人民法院（2015）民申字第2720号（2015年12月11日)。

▶案情

原告（上诉人)：华为技术有限公司（以下简称华为公司)。

被告（被上诉人)：中兴通讯股份有限公司（以下简称中兴公司)。

被告（原审被告)：杭州阿里巴巴广告有限公司（以下简称阿里巴巴公司)。

杭州市中级人民法院审理查明：2002年6月21日，华为公司向国家知识产权局申请了“一种动态地址分配中防止IP地址欺骗的方法”的发明专利，授权公告日为2005年12月21日，专利号为ZL02125007.3。该专利的权利要求1描述了一种动态IP地址分配中防止IP地址欺骗的方法，即先行在合法用户地址表中添加用户终端的MAC地址和源IP地址信息，继而由用户终端向交换机发出ARP报文，交换机在合法用户地址表中查找是否有与信息相匹配项，若存在，即将发出该ARP报文中的源IP地址和源MAC地址加入ARP表，使得用户终端能够上网通信；否则，丢弃该ARP报文，该用户终端即不能上网通信，从而实现防止IP地址欺骗的发明目的。权利要求1中未对具体的网络应用环境进行限定。2012年3月31日，华为公司经公证，在阿里巴巴公司网站购买了由中兴公司制造、销售的“ZXR103952A”型交换机。

华为公司起诉称：中兴公司为生产经营目的制造、许诺销售、销售的型号为ZXR103952A的交换机采用的技术方案落入其专利权利要求1所限定的保护范围，阿里巴巴公司则销售了该交换机，两者的行为给其造成重大损失，遂于2012年4月10日诉至法院，请求判令：1. 中兴公司、阿里巴巴公司立即停止侵害华为公司所拥有的ZL02125007.3号发明专利权的行为；2. 中兴公司、阿里巴巴公司立即停止制造、许诺销售和销售型号为ZXR103952A的交换机产品；3. 中兴公司向华为公司赔偿其因侵权行为遭受的经济损失及为制止侵权所支付的合理开支共计500万元。

中兴公司一审答辩称：华为公司指控其制造、许诺销售、销售的被诉侵权产品采用的技术方案与该公司的涉案专利方法完全一致缺乏依据，华为公司要求其停止侵权的诉请不能成立；华为公司要求其赔偿500万元亦缺乏事实和法律依据；请求法院查明事实，驳回华为公司的全部诉请。

阿里巴巴公司一审答辩称：本案涉诉信息系由案外英莱德公司发布至阿里巴巴网站，因其对涉诉信息是否侵权并不知情，且其在用户发布信息前已尽到合理的事前提醒义务，并在华为公司起诉后即已删除涉诉信息，尽到了事后合理的注意义务，即使涉诉信息构成侵权，阿里巴巴公司亦因没有过错而无须承担任何侵权责任，请求依法驳回华为公司针对其提出的诉请。

一审过程中，北京紫图鉴定中心接受委托对涉案被诉侵权产品进行鉴定，后转委托泰尔实验室进行具体测试。泰尔实验室根据华为公司、中兴公司提出的两种不同的测试方案对被诉产品进行了两次检测，以确定利用被诉侵权产品是否能实施涉案专利方法。华为组网方式系开启被诉侵权设备的DHCP Snooping以及ARP检查功能，未开启DHCP中继和DHCP服务器功能，并另行配置了服务器。在此组网方式下运行，中兴公司认可被诉侵权产品再现了涉案专利权利要求1字面的全部技术特征。中兴组网方式则系开启DHCP中继功能进行运营，在该组网方式下，华为公司确认被诉侵权产品实现IP地址防欺骗功能采用的方法步骤与涉案专利权利要求1的技术方案不一致。北京紫图鉴定中心则根据华为组网方式下的测试结果出具了鉴定意见书，认定被诉侵权产品在实现IP地址防欺骗功能的过程中具备了涉案专利权利要求1的全部技术特征。华为公司认为涉案专利并未限定具体的组网方式，只要在某一种组网方式下被诉侵权产品能实施涉案专利方法即可，据此主张侵权成立。而中兴公司则认为涉案专利的组网方式必须以开启DHCP中继功能为前提，华为组网方式并非涉案专利的应用环境，其公司提供的组网方式系产品的正常使用模式，在该组网方式下，被诉侵权产品并不落入涉案专利权的保护范围，故不能认定侵权成立。

▶审判

浙江省杭州市中级人民法院经审理认为，被诉侵权产品在不同的组网方式下呈现了不同的技术方案，故不能仅凭鉴定意见书即作出侵权判定，关键在于判定被诉侵权产品是否会在华为组网方式下得以实际应用。涉案两种组网方式的根本区别在于“DHCP 中继功能是否开启”。首先，从涉案专利说明书来看，华为组网方式并非涉案专利文件中所披露的组网方式。其次，考量被诉产品正常使用时的组网方式。一是被诉侵权产品为具有 DHCP 中继功能配置的三层智能以太网交换机，通常情况下会开启 DHCP 中继功能，并被使用在跨网段提供报文传输服务中。二是被诉侵权产品用户手册中并没有披露华为组网方式，既没有对该组网方式之内容进行任何介绍或启发，也没有对其是否可适用于 DHCP 服务器与客户端位于同一网段以及该产品在该组网方式下同样可以实现防 IP 地址欺骗的功能等方面进行揭示。三是被诉侵权产品的配置、安装和调试均系用户自行完成，由用户根据自身需要对产品进行配置和组网。即便用户将被诉产品配置为华为组网方式并使用，中兴公司在其用户手册中并未提示或启发该项配置及其组网方式，故由此产生的法律责任亦与中兴公司无涉。综上，华为组网方式并非被诉产品正常使用时所使用的组网方式。再者，华为公司也没能举证证明中兴公司在检测被诉产品时必然会使用华为组网方式来验证防止 IP 地址欺骗功能。故华为公司关于“中兴公司在开发被诉产品中进行的配置和测试，必定要使用涉案专利权利要求 1 所述的方法”之主张也不能成立。综上所述，现有证据尚不能证明中兴公司实际使用了涉案专利方法，负有举证责任的华为公司应承担举证不能的法律后果，据此，判决驳回华为公司的诉讼请求。

一审宣判后，华为公司不服，向浙江省高级人民法院提起上诉称：一、一审法院将权利要求 1 并未涉及的“开启 DHCP 中继功能的组网方式”作为其隐含技术特征予以解读，对华为组网方式予以排除，不当缩小了权利要求

1 的保护范围，作出的不侵权判定属法律适用错误。二、错误认定了被诉侵权产品的使用状态。1. 涉案专利实现的“防止 IP 地址欺骗”与交换机的三层功能紧密相关，而与是否开启“DHCP 中继功能”并无关联。2. 涉案被诉侵权产品现实合理的使用状态系默认配置不开启 DHCP 中继功能。3. 被诉侵权产品的用户手册给出了在不开启 DHCP 中继功能的情况下将被诉侵权产品用于防止 IP 地址欺骗的启示，华为公司组网方式虽未被用户手册完整披露，但得到了用户手册的实质支持。4. 能实现涉案专利方法的功能是被诉侵权产品从中兴公司出厂时即被固化，中兴公司必然要在开发过程中对被诉侵权产品进行相应的配置和测试，也就必然要直接使用到涉案专利权利要求 1 所描述的方法。且任何用户均可根据中兴公司的用户手册在需要防止 IP 地址欺骗，且 DHCP 服务器与用户终端处于同一网段的情形下，将被诉侵权产品作为网关使用，即可得到华为公司的测试方案，进而使用涉案专利方法。综上，请求二审法院撤销一审判决，判令中兴公司立即停止制造、许诺销售、销售侵害其涉案专利权的型号为 ZXR103952A 的交换机产品。庭审中，华为公司确认放弃其他一审诉讼请求。

中兴公司答辩称：一、原审判决对涉案专利权利要求 1 的保护范围作出了清楚、正确的认定，并未作不当限缩。二、原审判决并未错误认定被诉侵权产品的使用状态。综上，被诉侵权产品在正常的组网方式下，实现防止 IP 地址欺骗功能时采用的技术方案与涉案专利所描述的方法不同，华为公司也未能举证证明中兴公司实际使用了涉案专利方法，中兴公司并未侵害华为公司的涉案专利权，请求二审法院驳回上诉，维持原判。

阿里巴巴公司书面答辩称：其因没有过错，不构成侵权，华为公司亦未针对其提起上诉，原审法院判决正确。

二审法院经审理认为：本案二审的争议焦点为涉案被诉侵权产品采用的技术方案是否落入了华为公司涉案专利权利要求 1 所确定的保护范围。涉案专利虽未将专利方法的具体网络应用环境作为技术特征写入权利要求 1，但专利方法的实施不能与之相分离。就涉案专利文件记载，依据本领域普通技术人员的通常理解，应确认开启 DHCP 中继功能使得 DHCP 服务器实现为不在其网段的用户终端提供服务应是实施专利方法最为合理、最为常见和普遍的运行环境和操作模式，也是华为公司作为专利权人所预设的专利方法理想的网络应用环境。而华为组网方式具有较大的特定性和局限性，只为验证被诉侵权产品在物理上能否实施涉案专利方法，仅凭北京紫图鉴定中心的鉴定意见确不足以作出侵权判定。故本案需重点考量中兴公司是否必然应用华为组网方式而实际使用专利方法。由于华为公司未能证明中兴公司在被诉侵权产品的研发或出厂检测过程中必然使用到专利方法，或者用户在购买被诉侵权产品后必然会使用涉案专利方法，而华为公司提供的现有证据仅能证明在其主张的特定组网方式下，被诉侵权产品才会重现涉案专利方法，并不足以证明中兴公司实施了侵害其涉案发明专利权的行为，故其上诉理由不能成立。二审法院判决驳回上诉，维持原判。

二审宣判后，华为公司向最高人民法院申请再审。最高人民法院经审查后，裁定驳回华为公司的再审申请。

▶评析

一、鉴定意见对于专利侵权的技术比对不具有预设的证明效力

在专利侵权诉讼中，经常会涉及较为复杂的技术比对，仅凭当事人的诉辩往往不足以查清争议的技术事实。而将技术争议点提交具备资格的鉴定人进行鉴定是最为常见，也是法院最为倚重的查清技术事实的重要手段和方式。鉴定人出具的书面鉴定意见中对被诉侵权产品与专利权利要求所记载技术特征在事实上的异同判定，在帮助法官查明技术事实方面有着无可替代的作用。然而应明确的是，鉴定意见本质上仍属证据的一种，并非当然的侵权判定依据，必须查证属实，才能作为认定事实的根据。同时，由于鉴定意见具有较强的专业性，不同于其他证据可以由法官凭借法理与经验判断，而需要借助于专业知识的判断；且正是由于它的专业性带来的权威性导致其对于案件的审判具备超乎其他证据更强的证明力，所以法院应该更加注重对鉴定意见的

审查。法院需根据知识产权案件的特点，审查鉴定方法有无缺陷，鉴定意见是否与委托的鉴定事项和目的相符，并结合鉴定意见作出的具体技术背景、鉴定意见是否具有现实合理性等因素对鉴定意见的证明效力综合作出判定。本案中，鉴定意见是否应得以采信即双方的重点争议点之一。法院在裁判过程中，对涉案鉴定意见主要作了以下几方面的考量：

首先，就涉案专利而言，虽未将专利方法的具体网络应用环境作为技术特征写入权利要求 1，但专利方法的实施不能与之相分离；亦即被诉侵权产品若需实现防止 IP 地址欺骗的功能，必然离不开具体网络应用环境。因为涉案专利方法正是为了防止在动态 IP 地址的申请和分配过程中所可能发生的 IP 地址欺骗行为，其间必然涉及 DHCP 服务器与用户终端之间的通信，具体运行时也就存在 DHCP 服务器与用户终端是否处于同一网段的两种情形。这就需要结合被诉侵权产品的具体实际应用环境进行判断，这也是进行侵权判定所不可或缺的考量因素。

其次，在北京紫图鉴定中心作出鉴定意见之前，该中心委托泰尔实验室进行测试，就涉及两种迥异的网络应用环境和不同软件命令的设置，即前述的华为组网方式和中兴组网方式。由于被诉侵权产品系一款具有 DHCP 中继功能的三层智能以太网交换机，并非即插即用型的简易装置，其具有大量的功能模块，包含丰富的软件命令，理论上可以提供种类繁多的网络解决方案，为其搭建网络应用环境，同样需要调取不同的软件命令进行不同的设置，亦具有多样性。就华为组网方式而言，并非直接拆封被诉侵权产品，通电即行检测，而系开启被诉侵权设备的 DHCP Snooping 以及 ARP 检查功能，未开启 DHCP 中继功能和 DHCP 服务器功能，并另行配置了服务器。由于测试时未开启 DHCP 中继功能，模拟的是 DHCP 服务器和用户终端处于同一网段的小型网络环境，同时被诉侵权产品又自带服务器功能，在此情形下，对于本领域普通技术人员而言，组网设置时选择开启被诉侵权产品自带的服务器功能具有极大的可能性。但华为组网方式系关闭了被诉侵权产品自带的服务器功能，而另行架设服务器，将被诉侵权产品仅作为一台纯粹的数据交换机使用，明显有杀鸡用牛刀之嫌。虽然在华为组网方式下，被诉侵权产品使用的防止IP 地址欺骗的方法与涉案专利方法相同，但此类特意创设的网络应用环境却与经济、高效、便捷的组网原则相背离。故用户在实际使用过程中是否可能将被诉侵权产品在华为组网方式下加以应用，实值得商榷。同时，华为公司也未能证明在不开启被诉侵权产品的 DHCP 中继功能，而开启其自带的 DHCP 服务器功能的组网方式下，是否亦能重现专利方法。

再者，与此相对应的是，通过涉案专利权利要求的体系化解读及说明书给出的示例指引，均指向在开启 DHCP 中继且跨网段的网络应用环境下对专利方法的使用加以描述，亦与鉴定检测中的中兴组网方式相呼应。而在此网络环境下，被诉侵权产品实现防止 IP 地址欺骗功能的具体方法步骤与涉案专利具有明显区别。泰尔实验室根据两种组网方式给出了两份检测报告，但北京紫图鉴定中心却仅依据华为组网方式下得出的检测报告出具了鉴定意见书，得出被诉侵权产品实现防止 IP 地址欺骗功能的方法与涉案专利权利要求 1 所记载的方法步骤一一对应相同的鉴定意见，而未能在鉴定意见中完整呈现不同的检测结果来供法院作出全面判断，明显存有不妥。故涉案鉴定意见存在较为明显的瑕疵，一、二审法院均未依据上述鉴定意见简单作出侵权判定。

二、方法专利的侵权判定既要运用应然性分析，更要注重实然性的判断

对于方法专利的侵权判定工作，其首要步骤自然应对被诉侵权方法加以固定，作为比对的基础。《中华人民共和国专利法》仅在第六十一条第一款规定，专利侵权纠纷涉及新产品制造方法的发明专利的，制造同样产品的单位或者个人应当提供其产品制造方法不同于专利方法的证明。除此之外，均应由方法专利权人来举证证明被诉方所实际实施方法的具体行为步骤，来作为侵权比对的基础。也只有明确相对方实际实施了被诉行为，才有后续的侵权比对可言。因为依据《中华人民共和国专利法》第十一条第一款之规定，方法发明专利权被授予后，除该法另有规定的以外，任何单位或者个人未经专利权人许可，都不得为生产经营目的使用其专利方法以及使用、许诺销售、销售、进口依照该专利方法直接获得的产品。也就是说，专利方法未经许可被使用，方是专利权作为垄断权所具备的排他效力所禁止的行为。

在被诉侵权方法的固定过程中，有的方法专利，如墙布的粘贴方法，与相关粘贴设备的关联性较弱，仅凭设备显然难以对被诉方法予以固定。而有的方法专利，则与相关机器设备等载体又会存在千丝万缕的关联，甚至相关机器设备的运行步骤具有唯一性，只要保全机器，其运行方法必然蕴含其中。但本案涉案的侵权比对具有明显的特殊性。按照鉴定意见所述，在华为组网方式这一前提下，被诉侵权产品实现防止 IP 地址欺骗功能所采用的技术方案与涉案专利权利要求 1 所记载的技术方案相同。此时，我们可以确定的是，在物理层面被诉侵权产品在华为组网方式下能被用以实施涉案专利方法，但华为公司所举证证明的事实仅限于此，并未能进一步证明被诉侵权产品在其他组网方式下亦能实施涉案专利方法。无论是按照专利说明书的指引或者本领域普通技术人员的理解，被诉侵权产品都会在开启 DHCP 中继功能的状态下被正常使用于跨网段服务，而恰恰在该种情形下，被诉侵权产品实现防止 IP 地址欺骗功能所采用的技术方案不同于涉案专利。此时，如果径行判决侵权成立与否会失之草率，且欠周延。这就要求我们在作出最终的侵权判定之前需要考量中兴公司是否必然应用华为组网方式而实际使用专利方法。这就涉及被诉侵权产品在实际使用中实施专利方法的必然性界定，亦即被诉侵权产品在实际使用中是否会不可避免地实施专利方法。此处包含有两种情形下的判定：一是中兴公司在被诉侵权产品的研发或出厂检测过程中是否必然会使用专利方法；二是用户通过阅读被诉侵权产品用户手册是否必然会使用专利方法。

关于情形一。首先，被诉侵权产品出厂的缺省状态是未启动所有的内置 DHCP 进程，显然并非华为组网方式下的被测试状态。其次，双方均认为实现同一功能并不意味着技术方案的必然相同，殊途同归的客观性在鉴定测试中已得以证实。再者，中兴公司应围绕用户手册揭示的产品配置方案和相应的软件命令有选择地进行检测，不可能也不应去穷尽试验所有理论上可能的软件命令排列组合方式。故在华为组网方式本身具有极高特殊性的情况下，并不能推定中兴公司在产品的研发或出厂检测过程中必然会搭建该网络应用环境，并实际使用到专利方法。关于情形二。一是被诉侵权产品具有丰富的功能设置，与普通的二层交换机具有明显的应用场景差异和价格差异，提供跨网段服务应系其最为合理和普遍的使用方式，用户购买此类交换机的首要目的一般在于多网段的网络建设应用，必然需要开启DHCP中继功能，若此时配置防止IP地址欺骗功能，相关技术步骤即与涉案专利不同。二是被诉侵权产品的用户手册亦未给出应用华为组网方式的相关指引，现有证据也不能证明中兴公司提供其他方式向用户给出了类似华为组网方式的网络应用启示。故同样不能推定用户构成被诉侵权产品即存在使用涉案专利方法的必然性。

编写人　浙江省高级人民法院　陈宇

014　威海嘉易烤生活家电有限公司诉永康市金仕德工贸有限公司、浙江天猫网络有限公司侵害发明专利权纠纷案

——网络服务提供者未对专利权人有效投诉及时采取必要的合理措施应当承担相应的侵权责任

▶裁判要旨

一、网络用户利用网络服务实施侵权行为的，被侵权人有权通知网络服务提供者采取删除、屏蔽、断开链接等必要措施。网络服务提供者接到通知后未及时采取必要措施的，对损害的扩大部分与该网络用户承担连带责任。

二、网络服务提供者所确定的投诉规制并不对权利人维权产生法律约束力；权利人只需在法律规定的框架内行使维权行为，其投诉通知符合《中华人民共和国侵权责任法》规定的“通知”基本要件，即属有效通知。

三、《中华人民共和国侵权责任法》第三十六条第二款所规定的网络服务提供者接到通知后所应采取必要措施包括但并不限于删除、屏蔽、断开链接。“必要措施”应根据所侵害权利的性质、侵权的具体情形和技术条件等来加以综合确定。

▶案例索引

一审：浙江省金华市中级人民法院（2015）浙金知民初字第148号（2015年8月12日）；

二审：浙江省高级人民法院（2015）浙知终终字第186号（2015年11月20日）。

▶案情

原告（被上诉人）：威海嘉易烤生活家电有限公司（以下简称嘉易烤公司）。

被告（上诉人）：浙江天猫网络有限公司（以下简称天猫公司）。

被告：永康市金仕德工贸有限公司（以下简称金仕德公司）。

嘉易烤公司一审诉称：金仕德公司未经其许可，在天猫商城等网络平台上宣传并销售侵犯其ZL200980000002.8号专利权的产品。构成专利侵权；天猫公司在嘉易烤公司投诉金仕德公司侵权行为的情况下，未采取有效措施，应与金仕德公司共同承担侵权责任。请求判令：1. 金仕德公司立即停止销售被诉侵权产品；2. 金仕德公司立即销毁库存的被诉侵权产品；3. 天猫公司撤销金仕德公司在天猫平台上所有的侵权产品链接；4. 两原审被告连带赔偿嘉易烤公司50万元；5. 本案诉讼费用由两原审被告承担。

金仕德公司一审答辩称：其只是卖家，并不是生产厂家，嘉易烤公司索赔数额过高。

天猫公司一审答辩称：1. 其作为交易平台，并不是生产销售侵权产品的主要经营方或者销售方；2. 涉案产品是否侵权不能确定；3. 涉案产品是否使用在先也不能确定；4. 在不能证明其为侵权方的情况下，由其连带赔偿50万元缺乏事实和法律依据，且其公司业已删除了涉案产品的链接，嘉易烤公司关于撤销金仕德公司在天猫平台上所有的侵权产品链接的诉讼请求亦不能成立。

金华市中级人民法院经审理查明：2009年1月16日，嘉易烤公司及其法定代表人李琎熙共同向国家知识产权局申请了名称为“红外线加热烹调装置”的发明专利，并于2014年11月5日获得授权，专利号为ZL200980000002.8。该发明专利的权利要求书记载：“1. 一种红外线加热烹调装置，其特征在于，该红外线加热烹调装置包括：托架，在其上部中央设有轴孔，且在其一侧设有控制电源的开关；受红外线照射就会被加热的旋转盘，作为在其上面可以盛食物的圆盘形容器，在其下部中央设有可拆装的插入上述轴孔中的突起；支架，在上述托架的一侧纵向设置；红外线照射部，其设在上述支架的上端，被施加电源就会朝上述旋转盘照射红外线；上述托架上还设有能够从内侧拉出的接油盘；在上述旋转盘的突起上设有轴向的排油孔。”2015年1月26日，涉案发明专利的专利权人变更为嘉易烤公司。涉案专利年费缴纳至2016年1月15日。

2015年1月29日，嘉易烤公司的委托代理机构北京商专律师事务所向北京市海诚公证处申请证据保全公证，其委托代理人王永先、时寅在公证处的监督下，操作计算机登入天猫网（网址为http：//www.tmall.com），在一家名为“益心康旗舰店”的网上店铺购买了售价为388元的3D烧烤炉，并拷贝了该网店经营者的营业执照信息。同年2月4日，时寅在公证处的监督下接收了寄件人名称为“益心康旗舰店”的快递包裹一个，内有韩文包装的3D烧烤炉及赠品、手写收据联和中文使用说明书、保修卡。公证员对整个证据保全过程进行了公证并制作了（2015）京海诚内民证字第01494号公证书。同年2月10日，嘉易烤公司委托案外人张一军向淘宝网知识产权保护平台上传了包含专利侵权分析报告和技术特征比对表在内的投诉材料，但淘宝网最终没有审核通过。同年5月5日，天猫公司向浙江省杭州市钱塘公证处申请证据保全公证，由其代理人刁曼丽在公证处的监督下操作电脑，在天猫网益心康旗舰店搜索“益心康3D烧烤炉韩式家用不粘电烤炉无烟烤肉机电烤盘铁板烧烤肉锅”，显示没有搜索到符合条件的商品。公证员对整个证据保全过程进行了公证并制作了（2015）浙杭钱证内字第10879号公证书。

一审庭审中，嘉易烤公司主张将涉案专利权利要求1作为本案要求保护的范围。经比对，嘉易烤公司认为除了开关位置的不同，被控侵权产品的技术特征完全落入了涉案专利权利要求1所记载的保护范围，而开关位置的变化是业内普通技术人员不需要创造性劳动就可解决的，属于等同特征。两原审被告对比对结果不持意见。

▶审判

浙江省金华市中级人民法院经审理认为，嘉易烤公司依法取得的专利号为ZL200980000002.8发明专利权在有效期限内，法律状态稳定，并已履行了缴纳专利年费的义务，故该专利为有效专利，依法应受国家法律的保护。本案的争议焦点在于：一、被控侵权产品是否落入本案发明专利权利要求1的保护范围；二、金仕德公司销售被诉侵权产品关于合法来源的抗辩能否成立；三、天猫公司是否应对金仕德公司的侵权行为承担连带责任；四、两原审被告所应承担的民事责任。

关于争议焦点一，被诉侵权产品是否落入涉案专利权利要求的保护范围，关键在于开关位置的变化是否属于等同技术特征。从涉案专利的权利要求看，该技术特征限定的是实施该发明专利必须要有开关，否则将无法控制电源的开启或关闭，导致无法给红外线照射部持续施加电源，或者无法断开施加给红外线照射部的电源的后果。涉案专利将开关设置在托架的一侧，本领域的普通技术人员在阅读权利要求后，很轻易就能联想到将开关设置在烹调装置的其他部位，且开关位置的变化并不会产生新的技术效果，其功能仍然是控制该烹调装置的电源。综上，被控侵权产品的开关与涉案发明专利的开关，属于以基本相同的手段，实现基本相同的功能，达到基本相同的效果，并且本领域普通技术人员在被诉侵权行为发生时无须经过创造性劳动就能够联想到的特征，两者构成等同。因此，该院认为被诉侵权产品已落入涉案“专利权利要求 1”的保护范围。

关于争议焦点二，被控侵权产品的外包装为韩文字体印刷，无法识别生产厂商，其内附的中文说明书、保修卡也没有该产品的生产商信息。金仕德公司提供收货单可识别收货单位为“青青”，左上角有“程征宇”的签字，但品名及经手人无法识别。单据上记载的信息与本案没有直接关联，也缺乏对交付货物的描述，无法确定交货单经手的货物与涉案产品为同一物品，金仕德公司也没有提供其他证据佐证，故该院对金仕德公司关于合法来源的抗辩不予支持。

关于争议焦点三，嘉易烤公司提交的投诉材料符合天猫公司的格式要求，在其上传的附件中也以图文并茂的形式对技术要点进行比对，但天猫公司仅对该投诉材料作出审核不通过的处理。天猫公司提供的（2015）浙杭钱证内字第 10879 号公证书仅能证明涉案产品在 2015 年 5 月 5 日已经下架，无法得知具体下架时间，天猫公司声称于 2015 年 4 月 29 日对涉案产品进行下架及删除链接的处理，是在嘉易烤公司向一审法院起诉之后，显然其行为并未尽到合理的审查义务，也未采取必要的措施防止损害扩大，根据《中华人民共和国侵权责任法》第三十六条第二款的规定，应当对损害扩大的部分与金仕德公司承担连带责任。

关于争议焦点四，因被诉侵权产品已落入涉案专利的保护范围，金仕德公司应当承担停止侵权、赔偿损失的民事责任，故嘉易烤公司要求金仕德公司停止销售被控侵权产品请求，应予以支持。嘉易烤公司要求金仕德公司销毁库存的侵权产品的请求，因其没有提供直接的证据证明，不予支持。嘉易烤公司要求天猫公司撤销金仕德公司在天猫平台上的产品链接，由于侵权产品链接已不存在，该请求已无事实依据，该院不予支持。关于具体的赔偿数额，由于嘉易烤公司没有提供证据证明其因侵权所受到的具体损失或金仕德公司因侵权所获得的具体利益，综合考虑金仕德公司侵权的范围、时间、性质以及原告专利权的类别、维权的合理费用等因素，酌情确定赔偿数额为150000元。关于天猫公司所应承担责任的份额，由于嘉易烤公司没有提交其因天猫公司未采取必要的措施而扩大的损失的数额，该院综合考虑侵权持续的时间及天猫公司应当知道侵权事实的时间，确定天猫公司对金仕德公司赔偿数额的50000元承担连带赔偿责任。综上，依照《中华人民共和国民法通则》第一百一十八条，《中华人民共和国专利法》第十一条第一款、第五十九条第一款、第六十五条，《最高人民法院关于民事诉讼证据的若干规定》第二条之规定，一审法院判决：一、金仕德公司立即停止销售侵犯专利号为ZL200980000002.8的发明专利权的产品的行为；二、金仕德公司于判决生效之日起十日内赔偿嘉易烤公司经济损失150000元（含嘉易烤公司为制止侵权而支出的合理费用）；三、天猫公司对上述第二项中金仕德公司赔偿金额的50000元承担连带赔偿责任；四、驳回嘉易烤公司的其他诉讼请求。如未按判决指定的期间履行给付金钱义务，应当依照《中华人民共和国民事诉讼法》第二百五十三条之规定，加倍支付迟延履行期间的债务利息。案件受理费8800元，由嘉易烤公司承担3080元，金仕德公司、天猫公司共同承担5720元。

天猫公司上诉称：一、原审判决就嘉易烤公司的投诉行为所作的以下事实认定不清：1. 由于嘉易烤公司在投诉中并未提供“购买订单编号”及“交易双方会员名”，天猫公司根本无法确认投诉方在对比表中用于比对侵权的对象实际为从涉案店铺购买的商品，而天猫公司从被投诉链接的商品信息中也无法看到涉案商品的内部构造，因此无法认定涉案商品存在专利侵权行为；2. 嘉易烤公司为证明涉案商品链接地址中的商品侵犯了其专利权而进行了公证购买，其在能够提供包括交易日期、交易双方会员名、订单编号等购买行为的信息的情况下却故意不提供；3. 天猫公司为了确保投诉方的合法权益，特地在“审核不通过原因”中要求投诉方进一步提供“购买订单编号”及“双方会员名”，但是投诉方却一直未予提供；4. 嘉易烤公司在向天猫公司投诉后不久就直接向原审法院提起诉讼，天猫公司根据嘉易烤公司提交的公证书，在确认涉案商品的卖家和订单编号后，对涉案商品链接及时进行了删除处理，尽到了合理的注意义务。二、原审判决适用《中华人民共和国侵权责任法》第三十六条第二款的规定判决天猫公司应当对损害扩大的部分与金仕德公司承担连带责任属于适用法律错误。三、天猫公司对卖家所售商品是否侵犯发明专利权判断能力有限，接到权利人通知后，不需要进行侵权与否的审查就直接删除商品，显然没有平等保护平台卖家的合法权益。本案中，被诉侵权产品是否属侵权产品天猫公司难以确定，天猫公司也是在诉讼过程中，通过庭审和法庭组织的专业技术比对，认为涉案商品确实存在侵权可能之后才对涉案商品采取了删除和屏蔽措施。天猫公司据此认为其已尽到了最大的审慎义务，主观上没有任何过错，请求二审法院撤销原审判决第三项，依法改判。

嘉易烤公司答辩称：一、购买者信息实际上对于侵权与否的认定并不必要，从其投诉材料中可以清楚看到的产品就是金仕德公司在天猫网站上销售的侵权产品。天猫公司要求提供商品信息与天猫网站上销售的商品进行比对，是对侵权行为的纵容与保护；二、嘉易烤公司的投诉是合理的有效投诉，天猫公司未经妥善处理即草率拒绝，故应对其实施的纵容行为承担相应的侵权责任；三、即使天猫公司对商品的侵权判断存在困难，其也应将投诉情况转达给实际的卖家。嘉易烤公司据此请求二审法院驳回上诉，维持原判。

金仕德公司认为：其公司既不知道也没有能力去判断涉案产品是否侵权。原判判赔金额过高，请求改判。

浙江省高级人民法院经审理认为，各方当事人对于金仕德公司销售的被诉侵权产品落入嘉易烤公司涉案专利权利要求1的保护范围，均不持异议，原审判决认定金仕德公司涉案行为构成专利侵权正确。关于天猫公司在本案中是否构成共同侵权，该院认为，《中华人民共和国侵权责任法》第三十六条第二款规定，网络用户利用网络服务实施侵权行为的，被侵权人有权通知网络服务提供者采取删除、屏蔽、断开链接等必要措施。网络服务提供者接到通知后未及时采取必要措施的，对损害的扩大部分与该网络用户承担连带责任。上述规定系针对权利人发现网络用户利用网络服务提供者的服务实施侵权行为后“通知”网络服务提供者采取必要措施，以防止侵权后果不当扩大的情形，同时还明确界定了此种情形下网络服务提供者所应承担的义务范围及责任构成。本案中，天猫公司涉案被诉侵权行为是否构成侵权应结合对天猫公司的主体性质、嘉易烤公司“通知”的有效性以及天猫公司在接到嘉易烤公司的通知后是否应当采取措施及所采取的措施的必要性和及时性等加以综合考量。

首先，天猫公司依法持有增值电信业务经营许可证，系信息发布平台的服务提供商，其在本案中为金仕德公司经营的“益心康旗舰店”销售涉案被诉侵权产品提供网络技术服务，符合《中华人民共和国侵权责任法》第三十六条第二款所规定的网络服务提供者的主体条件。

其次，天猫公司在该院二审庭审中确认嘉易烤公司已于 2015 年 2 月 10 日委托案外人张一军向淘宝网知识产权保护平台上传了包含被投诉商品链接及专利侵权分析报告、技术特征比对表在内的投诉材料，且根据上述投诉材料可以确定被投诉主体及被投诉商品。

《中华人民共和国侵权责任法》第三十六条第二款所涉及的“通知”是认定网络服务提供者是否存在过错及应否就危害结果的不当扩大承担连带责任的条件。“通知”是指被侵权人就他人利用网络服务商的服务实施侵权行为的事实向网络服务提供者所发出的要求其采取必要技术措施，以防止侵权行为进一步扩大的法律行为。通知既可以是口头的，也可以是书面的。通常，通知内容应当包括权利人身份情况、权属凭证、证明侵权事实的初步证据以及指向明确的被诉侵权人网络地址等材料。符合上述条件的，即应视为有效通知。嘉易烤公司涉案投诉通知符合侵权责任法规定的“通知”的基本要件，属有效通知。

再次，天猫公司对嘉易烤公司投诉材料作出审核不通过的处理，其在回复中表明审核不通过的原因是：烦请在实用新型、发明的侵权分析对比表表二中详细填写被投诉商品落入贵方提供的专利权利要求的技术点，建议采用图文结合的方式一一指出（需注意，对比的对象为卖家发布的商品信息上的图片、文字），并提供购买订单编号或双方会员名。

发明或实用新型专利侵权的判断往往并非仅依赖表面或书面材料就可以作出，因此专利权人的投诉材料通常只需包括权利人身份、专利名称及专利号、被投诉商品及被投诉主体内容，以便投诉接受方转达被投诉主体。在本案中，嘉易烤公司的投诉材料已完全包含上述要素。至于侵权分析比对，天猫公司一方面认为其对卖家所售商品是否侵犯发明专利判断能力有限，另一方面却又要求投诉方“详细填写被投诉商品落入贵方提供的专利权利要求的技术点，建议采用图文结合的方式一一指出”，该院认为，考虑到互联网领域投诉数量巨大、投诉情况复杂的因素，天猫公司的上述要求基于其自身利益考量虽也具有一定的合理性，而且也有利于天猫公司对于被投诉行为的性质作出初步判断并采取相应的措施。但就权利人而言，天猫公司的前述要求并非权利人投诉通知有效的必要条件。况且，嘉易烤公司在本案的投诉材料中提供了多达5页的以图文并茂的方式表现的技术特征对比表，天猫公司仍以官僚格式化的回复将技术特征对比作为审核不通过的原因之一，处置失当。至于天猫公司审核不通过并提出提供购买订单编号或双方会员名的要求，该院认为，本案中投诉方是否提供购买订单编号或双方会员名并不影响投诉行为的合法有效。而且，天猫公司所确定的投诉规制并不对权利人维权产生法律约束力，权利人只需在法律规定的框架内行使维权行为即可，投诉方完全可以根据自己的利益考量决定是否接受天猫公司所确定的投诉规制。更何况投诉方可能无须购买商品而通过其他证据加以证明，也可能根据他人的购买行为发现可能的侵权行为，甚至投诉方即使存在直接购买行为，也可以基于某种经济利益或商业秘密的考量而拒绝提供。

最后，《中华人民共和国侵权责任法》第三十六条第二款所规定的网络服务提供者接到通知后所应采取必要措施包括但并不限于删除、屏蔽、断开链接。“必要措施”应根据所侵害权利的性质、侵权的具体情形和技术条件等来加以综合确定。

本案中，在确定嘉易烤公司的投诉行为合法有效之后，需要判断天猫公司在接受投诉材料之后的处理是否审慎、合理。该院认为，本案系侵害发明专利权纠纷。天猫公司作为电子商务网络服务平台的提供者，基于其公司对于发明专利侵权判断的主观能力、侵权投诉胜诉概率以及利益平衡等因素的考量，并不必然要求天猫公司在接受投诉后对被投诉商品立即采取删除和屏蔽措施，对被诉商品采取的必要措施应当秉承审慎、合理原则，以免损害被投诉人的合法权益。但是将有效的投诉通知材料转达被投诉人并通知被投诉人申辩当属天猫公司应当采取的必要措施之一。否则权利人的投诉行为将失去意义，权利人的维权行为也将难以实现。网络服务平台提供者应该保证有效投诉信息传递的顺畅，而不应成为投诉信息的黑洞。被投诉人对于其生产或销售的商品是否侵权，是否应主动停止被投诉行为，自会作出相应的判断及应对。而天猫公司未履行上述基本义务，导致被投诉人未收到任何警示，造成了损害后果的扩大。至于天猫公司在嘉易烤公司起诉后即对被诉商品采取删除和屏蔽措施，当属审慎、合理。综上，天猫公司在接到嘉易烤公司的通知后未及时采取必要措施，对损害的扩大部分应与金仕德公司承担连带责任。天猫公司就此提出的上诉理由不能成立。关于天猫公司所应承担责任的份额，一审法院综合考虑侵权持续的时间及天猫公司应当知道侵权事实的时间，确定天猫公司对金仕德公司赔偿数额的50000元承担连带赔偿责任，并无不当。

综上，天猫公司提出的上诉理由和请求不能成立，不予支持。原判认定事实清楚，适用法律正确，依法应予维持。依照《中华人民共和国民事诉讼法》第一百七十条第一款第（一）项之规定，判决：驳回上诉，维持原判。

▶评析

《中华人民共和国侵权责任法》第三十六条第二款规定，网络用户利用网络服务实施侵权行为的，被侵权人有权通知网络服务提供者采取删除、屏蔽、断开链接等必要措施。网络服务提供者接到通知后未及时采取必要措施的，对损害的扩大部分与该网络用户承担连带责任。学界和实务界对上述看似明确的条文具体适用存在着较大的争议。本案对于该条文的适用进行了有益的探索。

一、天猫公司投诉规则的效力

《中华人民共和国侵权责任法》第三十六条第二款所规定的网络服务提供者就其本质而言属平等的民事主体，相对于其他民事主体而言，并不享有法外特权，也不承担法外义务。本案中，天猫公司重要的抗辩理由之一即为嘉易烤公司提交的投诉材料明显不符合其公司的格式要求。网络服务提供者所确定的投诉规则，系单方制定并向社会公布，必须从民法的视野来审视权利人维权是否应该受制于网络服务提供者所确定的投诉规则。显然此类投诉规则只体现了网络服务提供者的单方意思表示，缺乏相关权利人的合意，并不对权利人维权产生当然的法律约束力。权利人只需在法律规定的框架内行使维权行为即可。

二、有效“通知”的认定

《中华人民共和国侵权责任法》第三十六条第二款所涉及的“通知”应该包括权利人身份情况、权属凭证、证明侵权事实的初步证据以及指向明确的被诉侵权人网络地址等材料。权利人向网络服务提供者发出有效通知是认定网络服务提供者是否存在过错及应否就危害结果的不当扩大承担连带责任的条件。“通知”是指被侵权人就他人利用网络服务商的服务实施侵权行为的事实向网络服务提供者所发出的要求其采取必要技术措施，以防止侵权行为进一步扩大的法律行为。通知内容应当明确包括权利人身份情况、权属凭证、证明侵权事实的初步证据以及指向明确的被诉侵权人网络地址等材料。符合上述条件的，即应视为有效通知。嘉易烤公司涉案投诉通知符合侵权责任法规定的“通知”的基本要件，属有效通知。

三、网络服务提供者采取的措施的必要性、及时性和合理性认定

《中华人民共和国侵权责任法》第三十六条第二款所规定的网络服务提供者接到通知后所应采取必要措施包括但并不限于删除、屏蔽、断开链接。对于网络服务提供者采取的措施的必要性、及时性和合理性认定，一方面要考量被侵害权利的性质、侵权的具体情形和技术条件等涉案客观因素，另一方面要兼顾利益平衡，既要注重知识产权严格保护的理念，又不能损及网络用户和网络服务提供者的合法权益。

不同属性的知识产权权种，其权利边界及保护范围界定的难易程度不一，网络服务提供者在接到权利人维权投诉的通知后所应采取的必要措施也应有所区别。就著作权侵权行为而言，相当部分的侵权行为是显而易见的。在此情形下，要求网络服务提供者在接到通知后采取删除、屏蔽、断开链接措施既是必要的，也是合理的。但是，就专利侵权行为而言，网络服务提供者基于对专利侵权判断的主观识别能力、侵权投诉胜诉概率以及利益平衡等因素的考量，在难以识别行为性质的情况下，并不必然要求其在接受投诉后对被投诉商品立即采取删除、屏蔽和断开链接等措施。其采取必要措施时应当秉承审慎、合理原则，以免损害被投诉人的合法权益。值得指出的是，人民法院在采取作出删除、屏蔽、断开链接措施等行为禁令决定时尚且需要经过相关的司法审查，如果绝对要求网络服务提供者在接到投诉以后一律采取删除、屏蔽、断开链接措施并不可取。如前所述，网络服务者毕竟是平等的民事主体而非行政执法者或者司法裁判者。而且“必要措施”的绝对理解和片面解释会助长网络不正当竞争行为与恶意投诉行为，损及立法原意。

虽然在网络服务提供者难以识别被投诉行为性质的情况下，并不必然要求其在接受投诉后对被投诉商品立即采取删除、屏蔽和断开链接措施，但是这并不意味着可以对权利人的有效维权投诉置之不理，否则权利人投诉行为将失去意义。将权利人的维权有效投诉通知材料转达被投诉人并通知被投诉人申辩当属网络服务提供者应当采取的必要措施之一。如果网络服务提供者未履行上述基本义务，而导致被投诉人未收到任何警示，并最终造成损害后果的扩大，则应承担相应的侵权责任。

编写人　浙江省高级人民法院　应向健

015 魏章莉诉谢家兴恶意提起知识产权诉讼损害责任纠纷案

——著作权纠纷中恶意诉讼的认定

▶裁判要旨

一、美术作品应当具有独创性，版权登记机构颁发的作品登记证书仅是证明原告享有著作权的初步证据，如果有相反证据或事实表明原告系抄袭、抢注他人作品的，应当认定原告不享有著作权。

二、明知自己不享有知识产权，仍以权利人身份通过诉讼形式牟取不当利益，损害他人合法权益的，构成恶意诉讼。对于当事人是否具有恶意诉讼的主观过错，应根据当事人申请作品登记时的情况、起诉时的主张以及在诉讼中的行为等进行识别和综合判定。

▶案例索引

浙江省绍兴市柯桥区人民法院（2015）绍柯知初字第65号（2015年4月21日）。

▶案情

原告：魏章莉。

被告：谢家兴。

绍兴市柯桥区人民法院审理查明：谢家兴向浙江省版权局声明其于2013年5月19日单独创作完成《大象之旅》美术作品，申请作品登记。浙江省版权局于2013年10月14日向其颁发了美术作品《大象之旅》的作品登记证，作品登记号为作登字：11－2013－F－12886号。2014年4月8日，谢家兴以魏章莉未经其允许，生产、销售其享有著作权的美术作品《大象之旅》的印花布为由，向法院起诉请求判令魏章莉支付经济赔偿金2万元及承担相应的诉讼费、保全费。诉讼期间，魏章莉与谢家兴在该案中的特别授权委托代理人朱洲于2014年6月10日签订调解协议书一份，协议书载明双方就魏章莉侵害谢家兴享有著作权的美术作品《大象之旅》达成如下协议：1. 魏章莉必须立即停止侵权行为，并销毁侵权产品；2. 魏章莉同意赔偿给谢家兴本次侵权造成的各项损失及费用共计12000元，款项于2014年6月20日前一次性付清；3. 魏章莉同意如再有该产品侵权行为自愿赔偿谢家兴经济损失10万元；4. 魏章莉付款后谢家兴向法院撤诉；本调解协议自双方在调解协议书上签字后生效。同日，魏章莉通过银行转账形式向前述调解协议载明的朱洲账户付款12000元，谢家兴于2014年6月13日向该院申请撤诉，法院制作了（2014）绍柯知初字第102号民事裁定书，予以准许。

在“简单网”网页中，有一位买家于2013年3月20日对商品“女装秋款2013新款韩版泰式织锦小象蝴蝶结蓬蓬公主连衣裙QZ541”作出评价。在“衣联网”网页中，有一位买家于2013年3月25日对商品“雅迷茜2013春夏新款欧洲站娃娃领复古春款小象连衣裙夏”作出评价。上述两件商品均以大象图案作为主花型，以大象鼻子位置不同为排列，七只一组，分为三列，不断循环形成整体花型。该花型与谢家兴持有的《大象之旅》作品登记证上的花型一致。

另查明，涉及谢家兴以他人侵害其对美术作品《大象之旅》享有的著作权为由向柯桥区人民法院起诉的案件还有四件。其中（2014）绍柯知初字第101号、213号、218号案谢家兴均以案件当事人达成庭外调解协议为由，向该院申请撤诉结案。而（2014）绍柯知初字220号案件经开庭审理，该案被告沈雪芬、黄岚在2014年11月7日的庭审中提出《大象之旅》花型在谢家兴作品登记前已在“简单网”“衣联网”上流行的抗辩意见，并提供相应证据，谢家兴于2014年11月12日向法院申请撤诉。后魏章莉知悉沈雪芬、黄岚在（2014）绍柯知初字第220号案件中的举证情况，以谢家兴对《大象之旅》花型不享有著作权，其在（2014）绍柯知初字第102号案件中受欺诈为由，来院诉讼，请求判令：1. 依法撤销魏章莉、谢家兴签订的调解协议；2. 谢家兴退还魏章莉支付的12000元，并赔偿魏章莉履行该协议后造成的损失暂计8000元，合计20000元。魏章莉为本案支付律师费2000元。

谢家兴答辩认为：《大象之旅》花型系自己创作，因顾客对该花型比较满意，于是进行了注册登记。魏章莉是看到了该花型才去制作的，如果涉案花型的版权不是谢家兴的，魏章莉当时不需要向谢家兴赔偿。

▶审判

浙江省绍兴市柯桥区人民法院经审理认为：根据双方的诉辩意见，本案争议焦点有以下几点。

1. 谢家兴是否对《大象之旅》享有著作权。

首先，从举证责任分析，谢家兴对其依法享有《大象之旅》著作权的举证并不充分。著作权是一种智力成果，是知识产权的重要组成部分，根据《中华人民共和国著作权法实施条例》第六条规定：著作权自作品创作完成之日产生。根据《最高人民法院关于审理著作权民事纠纷案件适用法律若干问题的解释》第七条之规定，当事人提供的涉及著作权的底稿、原件、合法出版物、著作权登记证书、认证机构出具的证明、取得权利的合同等，可以作为证据，但有相反证明的除外。本案中，虽然谢家兴持有浙江省版权局颁发的作品登记证书，但魏章莉提供了相反证据，且谢家兴原持有的作品登记证效力不同于其他知识产权中的专利和商标证书。因作品登记并非法定程序，版权登记机构对申请的作品一般不予实质审查，存在申请即登记的情形，故作品登记证书不是赋权和确权证明，仅证明申请人在申请时持有该作品。因此，谢家兴在魏章莉提出异议并提供相反证据情形下，应进一步举证，其仅依据作品登记证主张著作权，举证不充分。

其次，从客观事实分析，谢家兴并不是《大象之旅》真正的权利人。第一，根据我国著作权法及其实施条例的规定，著作权必须具有独创性，抄袭、抢注他人作品或公开的作品不应受保护。据有效证据证明2013年3月在互联网的“简单网”“衣联网”等，已经有与谢家兴《大象之旅》图案一致的服装面料在销售并有买家评论，比谢家兴的作品登记时间2013年10月14日早半年多，也比谢家兴在浙江省版权局申请登记时声称的作品创作时间2013年5月19日早近两个月。因此谢家兴的作品不具有独创性。第二，谢家兴亦从未声称或举证市场上已流通的早于其声称创作时间的《大象之旅》花型来自其本人。第三，法院为慎重起见，在被告未到庭参加诉讼的情况下，对两花型是否存在各自独立创作、纯属巧合的可能性进行了审查。魏章莉认为不可能存在如此完美的巧合。确实从肉眼上判断，市场上的已公开销售的服装面料上的花型与谢家兴的作品，无论在大象大小、布局、排列组合，还是大象鼻子朝向、形态等方面都基本上一致，根据现有证据可以排除各自独立创作作品一致的情形。因此，谢家兴并不是美术作品《大象之旅》真正的权利人。

最后，从诉讼行为分析，谢家兴也不是《大象之旅》真正的权利人。第一，谢家兴在该院书面通知其开庭，并在庭前再次要求其到庭陈述，否则承担不利后果的情况下，没有正当理由，拒绝到庭陈述其相关创作过程。第二，谢家兴在（2014）绍柯知初字第220号案件诉讼中，在该案被告沈雪芬、黄岚对谢家兴享有《大象之旅》著作权提出异议并提供证据之后，谢家兴没有进一步解释和提供反证，也未获得庭外和解赔偿，而是申请撤诉。第三，从原告提供的谢家兴以他人侵害其对美术作品《大象之旅》享有著作权为由提起诉讼的五个关联案件情况看，不排除谢家兴抢注花型并通过诉讼牟利的动机。

综上，虽然谢家兴对讼争美术作品持有作品登记证书，但在魏章莉提出异议并提供反证的情况下，仅凭作品登记证无法证明谢家兴系权利人，且从客观事实、诉讼行为分析，可以认定谢家兴并非讼争作品《大象之旅》的真正著作权人。

2. 谢家兴于2014年4月8日对魏章莉提起（2014）绍柯知初字第102号著作权权属、侵权纠纷是否属于恶意诉讼。

恶意诉讼一般指当事人出于不合法的动机和目的，利用法律赋予的诉权，通过合法的诉讼形式取得不当利益或者损害他人合法权益的情形。恶意诉讼属于侵权行为，根据《中华人民共和国民法通则》和《中华人民共和国侵权责任法》的相关规定，应具备主观过错、侵害行为、损害后果、侵害行为和损害后果之间有因果关系四个要件。对照本案，客观上，谢家兴非权利人，有虚假陈述、提起诉讼、诉请赔偿的侵害行为，魏章莉有支付赔偿款等遭受经济损失的损害后果，谢家兴的侵害行为与魏章莉的受损后果有因果关系，三个构成要件具备。关键是识别谢家兴是否具有主观过错。该院认为，谢家兴具有主观过错。第一，谢家兴起诉时不存在认识错误，谢家兴在（2014）绍柯知初字第102号案件中系以讼争作品原创者身份起诉并请求赔偿。第二，谢家兴的虚假陈述在该案起诉时已显现，谢家兴申请作品登记时声明的创作时间晚于市场流通的时间，又排除独立创作、纯属巧合的可能，其早在申请作品登记时即具有恶意。第三，谢家兴在相关案件对方当事人提出其不具有著作权抗辩和相关证据后，未努力举证其为权利人也未获赔偿情况下即申请撤诉，根据常理也反证其存在主观恶意。从谢家兴的一系列行为可以印证其在提起（2014）绍柯知初字第102号案时并非真正的著作权人，仍想通过诉讼途径获利，具有损害他人权益的直接故意。综上，谢家兴对魏章莉提起（2014）绍柯知初字第102号案诉讼为恶意诉讼行为。

3. 魏章莉起诉要求撤销双方于2014年6月10日签订的调解协议书并退还12000元的理由是否充分。

2014年6月10日，谢家兴与魏章莉签订的调解协议书系双方意思自治且已履行完毕的协议，应认为系已成立并生效合同。根据《中华人民共和国合同法》第五十四条第二款规定，一方以欺诈、胁迫的手段或者乘人之危，使对方在违背真实意思情况下订立的合同，受损方有权请求人民法院或者仲裁机构变更或者撤销。现魏章莉以受欺诈作出错误意思表示为由请求撤销双方已成立并生效的调解协议，属于我国合同法规定的法定撤销理由，具有法律依据。根据上述分析，谢家兴虚假陈述、虚构事实取得赔偿的客观情形真实存在，构成欺诈，故魏章莉请求撤销该调解协议具有事实依据。涉案调解协议于2014年6月10日签订，原告提起本案诉讼时，并未超过《中华人民共和国合同法》第五十五条第一款规定的行使撤销权的一年期间，故魏章莉关于撤销调解协议的请求应予以支持。调解协议被撤销后，根据《中华人民共和国合同法》第五十八条之规定，因该合同取得的财产应当予以返还。故谢家兴依据该协议取得的赔付款12000元应当归还魏章莉。

综上所述，谢家兴不享有美术作品《大象之旅》的著作权，其对魏章莉提起的（2014）绍柯知初字第102号案件诉讼属恶意诉讼，魏章莉诉请撤销调解协议，应予支持。故法院根据《中华人民共和国侵权责任法》第六条，《中华人民共和国合同法》第五十四条第二款、第五十八条，《中华人民共和国著作权法实施条例》第六条，《最高人民法院关于审理著作权民事纠纷案件适用法律若干问题的解释》第七条和《中华人民共和国民事诉讼法》第一百四十四条之规定，判决如下：一、撤销原告魏章莉与被告谢家兴于2014年6月10日签订的调解协议书；二、被告谢家兴于本判决生效之日起十日内退还原告魏章莉12000元；三、被告谢家兴于本判决生效之日起十日内赔偿原告魏章莉经济损失8000元。

▶评析

随着知识产权保护力度的加强，抄袭、抢注他人智力成果，通过诉讼牟利等恶意诉讼现象也随之出现。为遏制此类行为，最高人民法院在2011年2月修改后的民事案由中新增加了“因恶意提起知识产权诉讼损害责任纠纷”的四级案由，但相关法律对恶意诉讼的认定未作明确规定，在司法实践中，认定当事人构成恶意提起知识产权诉讼的案例亦不多见。本案双方当事人均系绍兴市柯桥区中国轻纺城市场的经营户，中国轻纺城市场是全球规模最大的轻纺产品集散中心，有数万户生产、销售各种纺织面料的经营户，抄袭、抢注等涉及面料图案（俗称花型）的著作权侵权纠纷时有发生。本案是由双方当事人前案著作权侵权纠纷引发的后续诉讼案件，被告曾以其享有讼争作品的著作权，先后对魏章莉等多名经营户提起侵权赔偿诉讼并获利。对本案被告是否构成恶意诉讼的认定，涉及被告是否系讼争作品的著作权人、作品登记证的证明效力、被告提起前案知识产权诉讼是否具有恶意诉讼的主观过错、如构成恶意诉讼则损害赔偿金额如何确定等多个问题。

一、作品登记证仅是证明作品权属的初步证据

与专利权、商标权必须经申请审查程序才能取得不同，著作权遵循自动保护和自愿登记原则，不需要行政机关授权即可产生。《中华人民共和国著作权法实施条例》第六条规定：著作权自作品创作完成之日起产生。《最高人民法院关于审理著作权民事纠纷案件适用法律若干问题的解释》第七条之规定，当事人提供的涉及著作权的底稿、原件、合法出版物、著作权登记证书、认证机构出具的证明、取得权利的合同等，可以作为证据，但有相反证明的除外。由此可见，作品登记证书可以作为认定著作权权属的证据。谢家兴正是基于此以原告身份向法院提起诉讼。但是，作品登记证不是绝对的赋权和确权证明，作品是否登记系出于登记人的自愿，登记机关也不会对作品的真实权属进行实质审查，故作品登记证仅仅是证明作品权属的初步证据，如果出现有效的相反证据，完全可以推翻其证明效力。本案中，魏章莉提供了有效的反证，在此情形下，谢家兴应进一步举证，但其未能提供。根据查明的事实，2013 年 3 月，互联网上已有与谢家兴《大象之旅》图案一致的服装面料并有买家的购买评论，比涉案作品登记时间 2013 年 10 月 14 日早半年多，也比谢家兴在浙江省版权局申请登记时声称的作品创作时间 2013 年 5 月 19 日早近两个月。互联网上公开销售的服装面料上的花型与谢家兴的作品相比，无论大象大小、布局、排列组合，还是大象鼻子朝向、形态等方面都基本上一致，可以排除各自独立创作作品一致的情形。此外，从谢家兴拒不到庭陈述其创作过程等诉讼行为分析，不排除其存在抢注花型并通过诉讼牟利的动机。综上，虽然谢家兴对讼争美术作品持有作品登记证书，但在魏章莉提出异议并提供反证的情况下，仅凭作品登记证无法证明谢家兴系权利人。

二、恶意诉讼的构成要件

恶意诉讼是指当事人出于不合法的动机和目的，利用法律赋予的诉权，通过合法的诉讼形式取得不当利益或者损害他人合法权益的情形。由于诉权是宪法赋予公民的基本权利，因此即使当事人的知识产权被否定，也不能当然得出其原先提起的知识产权诉讼系恶意诉讼。恶意诉讼属于侵权行为，根据我国侵权责任法的相关规定，应满足以下四个条件：一是有故意损害他人利益为目的的主观过错；二是无事实依据和正当理由提起的民事诉讼；三是有损害结果发生；四是侵权行为与损害后果之间存在因果关系。知识产权的恶意诉讼具有很大的隐蔽性，容易与正当维权混淆，区分两者的关键点在于当事人在主观上是否存在过错。

对照本案，客观上，谢家兴非权利人，有虚假陈述，诉请赔偿的侵害行为，魏章莉有支付赔偿款等遭受经济损失的损害后果，谢家兴的侵害行为与魏章莉的受损后果有因果关系，已具备三个构成要件。关键是识别谢家兴是否具有主观过错，即是否有恶意。但过错存在与否是当事人的主观状态，法官在判断时存在很大的难度。本案中，法院从被告申请作品登记时的陈述、起诉前案时的主观认识、本案诉讼中的行为等角度进行了重点分析，主要考虑了如下事实：谢家兴申请涉案作品登记时声明的创作时间晚于近似作品实际在市场上出现的时间，且从两者的复杂程度及相似程度来看，能够排除独立创作、纯属巧合的可能；谢家兴对其他被告提起过多起同类诉讼，在对方当事人提出权属异议并提交相关证据后，谢家兴在既未努力举证作品权属，也未获得赔偿的情况下即申请撤诉。从上述事实来看，谢家兴不管在申请作品登记时还是在提起诉讼时均明知其非著作权人，却企图通过诉讼牟取不当利益，具有损害他人权益的直接故意。综上，法院确信，认定谢家兴对魏章莉提起（2014）绍柯知初字第 102 号案诉讼为恶意诉讼行为。

三、恶意诉讼的法律后果

根据《中华人民共和国合同法》第五十四条第二款规定，一方以欺诈、胁迫的手段或者乘人之危，使对方在违背真实意思情况下订立的合同，受损方有权请求人民法院或者仲裁机构变更或者撤销。本案中，魏章莉以受欺诈作出错误意思表示为由请求撤销双方已成立并生效的调解协议，属于我国合同法规定的法定撤销理由，具有法律依据。根据上述分析，谢家兴虚假陈述、虚构事实取得赔偿的客观情形真实存在，构成欺诈，故魏章莉请求撤销该调解协议具有事实依据。调解协议被撤销后，根据《中华人民共和国合同法》第五十八条之规定，因该合同取得的财产应当予以返还。故谢家兴依据该协议取得的赔付款 12000 元应当归还魏章莉。

对于损害赔偿的诉请，魏章莉在诉讼中陈述损害赔偿 8000 元损失包括 2000 元律师费、赔付款 12000 元的相关利息、商誉损失以及销毁面料的损失等。魏章莉提供了 2000 元律师费发票和赔付款 12000 元的支付凭证，但称因当时误以为谢家兴享有著作权而未保留销毁面料的证据。法院认为，魏章莉因本案维权的合理律师费、原赔付款的银行利息以及相应商誉权损失，应予支持；虽未提供销毁所谓侵权布料的损失证据，但原调解协议有记载要求销毁。法院考虑到当地轻纺城市场目前确实存在抄袭、抢注他人作品，并通过诉讼牟取利益的不良风气，为惩处非诚信行为，鼓励创新，维持正常市场秩序，对魏章莉涵盖维权费用、利息、商誉权损失等合计 8000 元的赔偿请求予以全额支持。此外，需要说明的是，作为民事侵权纠纷，对于恶意诉讼的处理，应当根据侵权行为法的相关规定，作出相应的民事赔偿，如果构成犯罪的，还应当移交司法机关处理。

编写人　浙江省高级人民法院　徐向红

浙江省绍兴市柯桥区人民法院　陈良

016 杭州大头儿子文化发展有限公司诉央视动画有限公司著作权侵权纠纷案

——动画人物形象著作权的归属及责任承担的考量

▶裁判要旨

一、动画人物形象属于《中华人民共和国著作权法》规定的可单独使用的作品。其权利归属应以动画人物形象的创作者享有著作权为原则，作者之外的主体要主张作品的著作权，都应当与作者之间具有明确的权利归属的约定。

二、著作权侵权责任，特定情形下可考虑提高赔偿数额而不判令停止侵权，突出公共利益的优先性，以符合知识产权法律制度作为公共政策产物的本质属性。具体赔偿数额的确定可考虑以下因素：一是侵权行为给权利人已造成的损失；二是在著作权保护期限内基于该种使用行为应支付的合理费用。

▶案例索引

一审：浙江省杭州市滨江区人民法院（2014）杭滨知初字第634、635、636号（2015年6月30日）；

二审：浙江省杭州市中级人民法院（2015）浙杭知终字第356、357、358号（2016年2月22日）。

▶案情

原告：杭州大头儿子文化发展有限公司（以下简称大头儿子文化公司）。

被告：央视动画有限公司（以下简称央视动画公司）。

杭州市滨江区人民法院经审理查明：1994年，动画片《大头儿子小头爸爸》（1995年版）（以下简称95版动画片）导演崔世昱、制片汤融、上海科学教育电影制片厂副厂长席志杰三人到刘泽岱（当时刘泽岱作为上海美术电影制片厂工作人员借调到上海科学教育电影制片厂工作）家中，委托其为即将拍摄的95版动画片创作人物形象。刘泽岱当场用铅笔勾画了“大头儿子”“小头爸爸”“围裙妈妈”三个人物形象正面图，并将底稿交给了崔世昱。当时双方并未就该作品的著作权归属签署任何书面协议。崔世昱将底稿带回后，95版动画片美术创作团队（包括当时从事人物造型设计和台本设计工作的证人周一愚）在刘泽岱创作的人物概念设计图基础上进行了进一步的设计和再创作，最终制作成了符合动画片标准造型的三个主要人物形象，即“大头儿子”“小头爸爸”“围裙妈妈”的标准设计图以及之后的转面图、比例图等。刘泽岱未再参与之后的创作。刘泽岱创作的底稿由于年代久远和单位变迁，目前各方均无法提供。95版动画片由中央电视台（以下简称央视）和东方电视台联合摄制，于1995年播出，在其片尾播放的演职人员列表中载明：“人物设计：刘泽岱”。2012年12月14日，刘泽岱将自己创作的“大头儿子”“小头爸爸”“围裙妈妈”三幅作品的著作权转让给洪亮，2014年3月10日洪亮将上述著作权转让给大头儿子文化公司。2013年，央视动画公司摄制了动画片《新大头儿子小头爸爸》（以下简称2013版动画片）并在CCTV、各地方电视台、央视网上进行播放，同时对2013版动画片的人物形象进行宣传、展览，并许可中国木偶艺术剧院进行舞台剧表演。大头儿子文化公司认为央视动画公司在未经著作权人许可且未支付报酬的情况下，利用上述美术作品形象改编为新人物形象，并对改编后的新人物形象进行展览、宣传，制作成动画片，并发行、复制、销售、播放、网络传输该动画片，侵犯了其著作权，故诉请判令央视动画公司停止侵权，登报赔礼道歉、消除影响，并赔偿经济损失及合理费用。

▶审判

浙江省杭州市滨江区法院经审理认为，根据相关证据可以认定，1994年刘泽岱受崔世昱的委托独立创作了“大头儿子”“小头爸爸”“围裙妈妈”三幅美术作品，因双方之间没有签订委托创作合同约定著作权归属，故刘泽岱作为受托人对其所创作的三幅美术作品享有完整的著作权。大头儿子文化公司经转让继受取得了上述作品除人身权以外的著作权。根据创作人及参与人的证言可以明确，95版动画片中三个人物形象包含了刘泽岱原作品的独创性表达元素，在整体人物造型、基本形态构成实质性相似，但央视95版动画片美术创作团队根据动画片艺术表现的需要，在原初稿基础上进行了艺术加工，增添了新的艺术创作成分。由于这种加工并没有脱离原作品中三个人物形象的“基本形态”，系由原作品派生而成，故构成对原作品的演绎作品。央视为该演绎作品的作者，对该演绎作品享有著作权。根据央视的授权，央视动画公司有权在2013版动画片中使用95版动画片中的人物形象。但根据著作权法的规定，央视动画公司在行使演绎作品著作权时不得侵害原作品的著作权，其未经大头儿子文化公司许可，在2013版动画片以及相关的展览、宣传中以改编的方式使用大头儿子文化公司的作品并据此获利的行为，侵犯了大头儿子文化公司的著作权，应承担相应的侵权责任。鉴于本案的实际情况，法院认为宜以提高赔偿额的方式作为央视动画公司停止侵权行为的责任替代方式。据此判决：一、央视动画公司于判决生效之日起十日内赔偿大头儿子文化公司经济损失人民币400000元（每案）；二、央视动画公司于判决生效之日起十日内赔偿大头儿子文化公司为维权所支出的合理费用人民币22040元（每案）；三、驳回大头儿子文化公司的其他诉讼请求。

一审宣判后，大头儿子文化公司、央视动画公司均不服，向杭州市中级人民法院提起上诉。杭州市中级人民法院经审理，判决：驳回上诉，维持原判。

▶评析

近年来，随着人们对优秀国产动画片价值认识的不断加深，一些儿时经典的国产动画片被陆续翻拍成大电影，片中的人物形象经重新包装推向市场，开发衍生周边产品，但随之而来的是对动画人物形象权利归属的激烈争议，此类纠纷在近年来不断被诉至法院，[①] 并成为舆论的风口。这些国产动画片在创作之初，无论是投资拍摄的制片厂、电视台，还是参与造型的创作人员，对各自的著作权利均没有清晰的认识和明确的主张，在时隔多年后如何适用法律规则厘清模糊的权利边界，合情合理合法地判定其权利归属，是司法所要直面和解决的一个难题。

一、动画人物形象著作权的归属认定

（一）动画人物形象属于著作权法规定的可单独使用的作品

要判断动画人物形象著作权的归属，首先需要明确动画人物形象属于可单独使用的作品，还是属于动画片整体创作的一个组成部分。对此，我国虽然没有规定角色商品化权，但目前的理论和司法实践均认为动画人物形象可归类于美术作品，并可从动画片中分离出来单独使用。理由：从动画片人物造型的一般创作规律来看，对于一部动画片的制作，在分镜头画面绘制之前，需要创作一个相貌、身材、服饰等人物特征相对固定的动画角色形象，即静态的人物造型，同时在此基础上形成转面图、动态图、表情图等，这些人物造型设计图所共同形成的人物整体形象，以线条、造型、色彩等形式固定了动画角色独特的个性化特征，并在之后的动画片分镜头制作中以该特有的形象一以贯之地出现在各个场景画面中，即使动画角色在表情、动作、姿势等方面会发生各种变化，但均不会脱离其角色形象中具有显著性和可识别性的基本特征。从这个意义上说，动画片的静态人物形象本身属于独立的美术作品。比如，本案中，大头儿子形象中倒葫芦形的脑袋、锅盖式的发型，这些

---

① 在此之前上海美术电影制片厂曾就葫芦娃、孙悟空、阿凡提等动画人物形象的权利归属诉至法院，上述形象的创作时间均发生在我国制定实施著作权法之前的计划经济年代。

均属于通过绘画这种艺术手法进行的具象特征表达，符合著作权法中关于作品独创性和可复制性的要求，可作为美术作品受到保护。

同时需要强调的是，著作权法不保护思想，而只保护对思想的表达。作为美术作品的动画人物形象，著作权法所保护的也仅仅是其外在视觉形象。动画片角色留给公众深刻印象的内在品质个性，并不来源于美术作品本身，而是来源于表达相关主旨思想的完整的动画作品，系通过动画片中的情节、台词、音乐等多种表现方式予以综合体现，则不宜脱离动画片单独主张权利。①

（二）以动画人物形象的创作者享有著作权为原则

既然动画人物形象属于可单独使用的作品，那么其权利归属应以动画人物形象的作者享有著作权为原则，这与一般作品的权利归属原则相一致。在动画片的片头或片尾，通常会有人物造型或美术设计之类的署名。按照我国《著作权法》第十一条第三款的规定，在没有相反证据的情况下，在动画片人物造型或美术设计一栏署名的人即为动画人物形象美术作品的作者。

作为制片方，往往会提出两项抗辩：一是署名不实，动画人物形象有其他的创作者，二是制片方与作者之间另有著作权归属的约定。本案中，央视动画公司正是提出了这两项抗辩，为此，央视动画公司申请了大量证人包括95版动画片的原画设计、场景设计、分镜头导演、总导演等出庭作证，拟证明“大头儿子”“小头爸爸”“围裙妈妈”的创作者另有其人，且刘泽岱同意由央视享有著作权。对此，两审法院均认为，署名是认定作者身份的直接证据，具有较强的证明力，除非有确凿的相反证据足以推翻作品的署名，一般不宜轻易否定该证据的证明力。95版动画片片尾的人物设计署名为刘泽岱，即以署名的方式确认了刘泽岱对95版动画片中三个人物形象所作出的独创性贡献，最终成形的人物造型系脱胎于刘泽岱所创作的人物形象正面图。同时，证人在一审中均未否认刘泽岱创作了三人物形象的初稿，央视创作团队在其

① 参见孙文清、李培民：“动画作品角色形象的权利认定——动画片《喜羊羊与灰太狼》角色形象纠纷案评析”，载《科技与法律》2011年第5期。

初稿基础上进行修改、编辑、整理的事实。另外，刘泽岱并非上海科学教育电影制片厂的员工，并无证据表明双方之间就委托创作的作品有过著作权归属的约定。

本案与葫芦娃案[①]在宏观背景上的不同之处在于，涉案动画片创作的时间是在1990年著作权法出台之后，因此无论是职务作品还是委托创作的作品，作者之外的主体要主张作品的著作权，都应当与作者之间具有明确的权利归属的约定。因此央视动画公司以双方存在口头约定为由主张著作权归属于央视，也缺乏相应依据。

本案另一特殊之处在于，双方提供的证人证言均认可刘泽岱并未自始至终地参与动画片人物造型的创作，而是仅创作了三幅主要人物形象的正面图，那么能否依据署名认定刘泽岱为95版动画片人物形象的唯一创作者？对此，法院在作出判断时主要考虑了以下因素：第一，动画片人物造型的创作绝非一蹴而就，必然要经过反复的推敲、修改、整合的过程，95版动画片的美术创作团队在刘泽岱创作的作品基础上进行了艺术加工，最终完成了包括转面图、比例图、标准设计图等在内的动画角色造型工作，其所投入的智力性劳动应得到法律的肯定；第二，大头儿子文化公司客观上无法提供作品的原稿，无法证明刘泽岱创作的作品与95版动画片人物形象的同一性；第三，虽然动画片人物形象作为美术作品可单独享有著作权，但不可否认的是，制片者对其知名度、影响力和商业价值作出了举足轻重的贡献。当前我国并没有角色商品化权的相关规定，在这种情况下，认定动画人物形象的著作权归属，就会直接影响到对动画角色进行二次商业利用的权利归属判断，需要适当考量动画片制片者的利益，把握利益平衡。综上，法院最终认定95版动画片中三个主要人物形象是央视在刘泽岱创作的作品基础上进行再创作形成，95版动画片的三人物形象集合了刘泽岱和央视双方的独创性劳动。

---

① 胡进庆、吴云初诉上海美术电影制片厂著作权权属纠纷案，一、二审案号分别为（2010）黄民三（知）初字第28号、（2011）沪二中民五（知）终字第62号。

（三）区分演绎作品和合作作品的关键在于是否有合作意图

在认定95版动画片的三人物形象是集合了刘泽岱和央视双方的独创性劳动的事实基础上，如何判断该作品的性质属于演绎作品还是合作作品，也是本案的一个核心问题。

区分演绎作品和合作作品的关键在于，创作者是否有共同的创作愿望，如果有分工、协作，则每个参与创作者都应当知道分工创作的最终目的是将各自创作的部分整合为一个整体。例如，作曲家应邀为某部电影创作主题歌中的乐曲部分，即使其在创作时并不知道将由谁来填写歌词，只要其清楚地知晓自己创作的乐曲将会被配上歌词，由此形成的电影主题曲仍然是合作作品。但如果诗人创作了一首短诗，发表之后，电影公司在经过诗人许可后为其配上乐曲，制作成电影的主题曲，那么该电影主题曲并非合作作品而是演绎作品，因为诗人在创作短诗时并没有将其与乐曲结合起来的意图。[①]

本案中，根据各方所提供的证据，可以确认刘泽岱当时是独立完成创作，其与央视之间并无合作创作的约定。刘泽岱在出庭时陈述其并不知道创作的三幅作品是用于拍摄动画片，动画片中的署名亦是动画片播出后由他人告知，同时央视动画公司也未提交任何证据证明刘泽岱同剧组其他成员一样收取了相应的报酬，刘泽岱知晓其作品系用于动画片摄制。无论是刘泽岱，还是央视双方均无将对方作为合作作者的意图。因此法院最终认定，95版动画片人物形象、2013版动画片人物形象均构成对刘泽岱所创作原作品的演绎作品，演绎作品的著作权虽然归演绎作品的作者所有，但其在行使演绎作品的著作权时，需要经过原作品著作权人的许可。

二、著作权侵权责任的例外考量

对于原作品与演绎作品的关系，虽然有人认为类似于基本专利与从属专利的关系，但是在著作权法中并没有类似从属专利强制许可的规定，因此未经许可的演绎作品构成侵权，作为通常的救济方式，演绎作品的作者首先应承担停止侵权的责任。但是在例外情形下，出于公共利益的考虑及双方当事

---

① 王迁：《知识产权法教程》，中国人民大学出版社2014年版，第175－176页。

人利益的平衡，可以不判令停止侵权，而以提高赔偿数额作为责任替代方式对当事人进行司法救济。本案正是不适宜判决停止侵权的典型案例。

本案所涉的侵权行为主要是央视动画公司使用改编后的人物形象摄制动画片并进行播放、展览及宣传的行为。从当时的创作背景看，央视及央视动画公司使用刘泽岱的原作品进行改编创作，主观上并没有过错，双方当时没有约定作品的权利归属有其一定的历史因素，而刘泽岱在有关作品权属的转让和确认过程中存在多次反复的情况，从未就其作品被使用向央视或央视动画公司主张过权利或提出过异议。在认定央视及央视动画公司主观善意的基础上，一方面，动画片具有公共文化的属性，著作权法的立法宗旨在于鼓励作品的创作和传播，使作品能够尽可能地被公之于众和得以利用。央视动画公司已经根据改编后的人物形象创作完成了230集的动画片制作，不停止动画片的传播符合著作权法的立法宗旨和公共利益的原则。另一方面，动画片的制作不仅需要人物造型，还需要表现故事情节的剧本、音乐及配音等创作，仅因其中的人物形象缺失原作者许可就判令停止整部动画片的播放，将使其他创作人员的劳动付诸东流。无论从哪个方面来说，如果判决央视动画公司停止播放2013版动画片，将会使一部优秀的作品被“封杀”，造成社会资源的巨大浪费，严重违背公共利益原则。在保护著作权会使重大公共利益受损时，在个案中调整著作权保护的一般规则，突出公共利益的优先性，符合知识产权法律制度作为公共政策产物这一本质的属性。

在不停止侵权的情况下，损害赔偿的数额实际上由两部分组成，一是侵权行为给权利人已造成的损失，二是在作品著作权保护期限内基于该种使用行为应支付的合理使用费。

三、对于角色商品化权的一点思考

本案的审理虽尚未涉及周边衍生产品的开发，但也给我们带来了一些思考。以动画形象为核心，随着动画、图书、音像制品以及衍生产品和特许经营产品的发展，会逐步形成一个产业链，即动画产业，动画产业产品不仅包括核心产品即动画片的直接播出发行市场，而且包括附属产品（如图书、音像制品等）和周边衍生产品（如服饰、玩具、食品等）。如果央视动画公司使用或许可他人使用改编后的人物形象开发周边衍生产品，此种商业性的使用行为因不涉及公共利益，是否必须停止？进一步说，将动画角色商品化的权利归属于美术作品的作者，是否完全合理？

世界知识产权组织对角色商品化权是这样描述的：虚拟角色的创作者或该角色的真实人物或其他一个或多个经授权的第三方对于角色的主要个性特征进行改编或者二次利用，通过将该角色与不同的商品或服务相联系，使得预期的消费者因为对该角色的熟悉和认同而购买该商品或服务。① 这一定义符合我们对动画角色衍生产品的认知，也就是说，动画角色衍生品商业价值的产生，往往不完全基于人物形象本身的造型美感，同时也蕴含于耳熟能详的人物名称，动画片通过故事情节、语言、动作等所塑造的人物性格特征，以及动画片的知名度和影响力。当消费者看到动画角色的衍生产品，出于对动画角色的喜爱或偏好产生购买欲望和选择倾向性，才会为商品的提供者带来商业上的竞争力。这种商业价值的产生往往应归功于动画片的制片者，而并不仅仅是动画角色静态造型的创作者。如何平衡双方的利益，是值得进一步思考和探讨的问题。

编写人　浙江省杭州市中级人民法院　张棉

---

① 聂睿琦："论动漫角色的著作权保护"，载《法制与经济》2011 年第 10 期。

017 华为技术有限公司诉中兴通讯股份有限公司、杭州天公办公设备有限公司侵害发明专利权纠纷案

——专利权保护范围的确定及法定赔偿方式的适用

▶裁判要旨

一、专利侵权判断应当遵循全面覆盖原则。专利权保护范围应当以其权利要求的记载为准，说明书和附图一般不得限定权利要求的保护范围，被控侵权产品所附加的技术特征不影响其是否落入专利权保护范围的判定。

二、在当事人未提供证据证明权利人损失、侵权人获利或专利许可费之金额，法院亦无法进行酌定的情况下，结合案件事实可以适用法定赔偿方式顶额判决赔偿。

▶案例索引

一审：浙江省杭州市中级人民法院（2012）浙杭知初字第 425 号（2014 年 4 月 16 日）；

二审：浙江省高级人民法院（2014）浙知终字第 163 号（2014 年 12 月 16 日）。

▶案情

原告：华为技术有限公司（以下简称华为公司）。

被告：中兴通讯股份有限公司（以下简称中兴公司）。

被告：杭州天公办公设备有限公司（以下简称天公公司）。

杭州市中级人民法院经审理查明：华为公司拥有专利号为ZL200610099271.2的“一种在网络接入设备上实现PPPoA（PPP over ATM，即以ATM承载点对点协议）到PPPoE（PPP over Ethernet，即以太网承载点对点协议）转换的方法”发明专利（以下简称涉案专利），其权利要求1为：一种在网络接入设备上实现异步传输模式承载点对点协议PPPoA到以太网承载点对点协议PPPoE转换的方法，其特征在于，该方法包括：网络接入设备进行上行数据报文转发处理的过程为：当所述网络接入设备接收到来自PPPoA用户的数据报文时，根据进行PPPoE封装时需要的会话标识SESSION_ID以及源MAC地址和目的MAC地址，将该数据报文中的PPP报文封装成PPPoE报文，并将其通过上行接口转发出去；网络接入设备进行下行数据报文处理的过程为：当所述网络接入设备接收到来自网络服务器并且发往PPPoA用户的数据报文时，将该数据报文中的PPP报文封装成PPPoA报文，再将其分片成信元，并将信元通过下行接口转发出去。

华为公司通过公证程序从天公公司购得“中兴宽带综合接入设备ZXDSL－9806H”一台（以下简称被控侵权产品），并获得使用说明手册等资料。中兴公司确认该被控侵权产品与其生产、销售的该型号产品内置结构一致。华为公司主张被控侵权产品落入了涉案专利包括权利要求1在内的三个权利要求保护范围，向杭州市中级人民法院提起诉讼要求中兴公司、天公公司停止侵权，要求中兴公司赔偿经济损失及维权合理费用共计人民币500万元。

因本案技术比对对象为通信领域高度专业性的技术，中兴公司提出了司法鉴定申请，要求就被控侵权产品所使用的技术方案与涉案专利权利要求记载的技术方案的比对进行技术鉴定。鉴定机构出具鉴定意见后，中兴公司申请专家辅助人出庭，帮助解释专业性技术特征；华为公司随后也提出专家辅助人出庭申请。

华为公司与中兴公司就技术比对的主要争议在于，被控侵权产品是否完全再现了涉案专利权利要求1的全部技术特征。具体而言，经技术鉴定，被控侵权产品在接收到来自PPPoA用户的数据报文时，将收到的未建立PPPoE

链路的 PPPoA 用户的数据报文丢弃；将收到的已建立 PPPoE 链路的 PPPoA 用户的数据报文中的 PPP 报文根据进行 PPPoE 封装时需要的会话标识 SESSION_ID，以及源 MAC 地址和目的 MAC 地址，将该数据报文中的 PPP 报文封装成 PPPoE 报文，并将其通过上行接口转发出去。鉴定机构认为，被控侵权产品包含了涉案专利权利要求 1 的技术特征。华为公司也作此主张。但中兴公司认为，根据说明书及附图的记载，可以认定涉案专利不管是对已建立 PPPoE 链路的数据报文还是对未建立 PPPoE 的数据报文，最后都是封装成 PPPoE 报文后转发出去；而被控侵权产品仅对已经建立链路的 PPPoE 数据报文进行转发，对未建立链路的数据报文直接丢弃，两者存在明显的不同，应当认定二者的技术特征不相同也不等同。

▶审判

浙江省杭州市中级人民法院经审理认为，从鉴定结论来看，被控侵权产品的技术特征包含了涉案专利的全部技术特征。根据全面覆盖原则，可以认定被控侵权产品落入了涉案专利权保护范围。针对中兴公司的异议，杭州中院认为，专利权的保护范围应当以其权利要求的内容为准，未记载在权利要求中的技术特征，不能用来限定权利的保护范围；专利说明书及附图可以用以对权利要求字面所限定的技术方案的保护范围作出合理解释，但不能限定权利要求的保护范围。就本案而言，涉案专利权利要求 1 在描述“来自 PPPoA 用户的数据报文”的技术特征时，既没有将该 PPPoA 用户数据报文表述为已经建立 PPPoE 链路和未建立 PPPoE 链路两种情形，也没有对未建立 PPPoE 链路的数据报文的处理方式进行任何描述。换言之，中兴公司所主张的“未建立 PPPoE 链路的数据报文及其处理方式”并不属于涉案专利权利要求 1 的内容之一。虽然涉案专利说明书及附图涉及未建立 PPPoE 链路的数据报文的处理方式，但该内容属于专利技术方案的实施例，仅能用于解释权利要求的内容，而不能将仅记载在说明书和附图中的“未建立 PPPoE 链路的数据报文及其处理方式”作为权利要求 1 中的技术特征，纳入权利要求 1 的保护范围，从而缩小其保护范围。因此，中兴公司提出的异议不能成立，中兴公司未经华为公司许可，为生产经营目的，在其生产、销售的 ZXDSL－9806H 中兴宽带综合接入设备中使用涉案方法发明专利，侵犯了华为公司的发明专利权。华为公司据此要求其停止侵权、赔偿损失的诉请符合法律规定，应予支持。

关于中兴公司应承担的赔偿数额，杭州市中级人民法院认为，虽然华为公司请求判令中兴公司赔偿其经济损失及合理开支人民币 500 万元，但没有提供有效证据证明自己在被侵权期间因侵权所受到的具体损失，或中兴公司因侵权而获得的利益，或可以参照的有效专利许可使用费。杭州中院责令中兴公司提供其生产、销售侵权产品的财务资料，但中兴公司最终只提交了一份《关于 ZXDSL9806H 设备的销售数据说明》，称其该款产品的利润为 461787 元，而未提供相应的财务凭证相印证，华为公司亦对其真实性持有异议。杭州中院认为据此尚无法确定中兴公司因本案侵权而获得的利益，因而本案只能综合考虑侵权产品生产、销售数量及中兴公司侵权行为的性质、持续时间、规模、范围、侵权人的经营规模、涉案专利权的种类、创新程度以及权利人为制止侵权所支付的合理费用等因素后，适用法定赔偿方式，酌情确定赔偿数额。

据此，杭州市中级人民法院判决：一、被告中兴公司立即停止实施侵犯专利号为 ZL200610099271.2“一种在网络接入设备上实现 PPPoA 到 PPPoE 转换的方法”发明专利权的行为，即立即停止使用原告华为技术有限公司享有专利权的“一种在网络接入设备上实现 PPPoA 到 PPPoE 转换的方法”，停止销售型号为 ZXDSL－9806H 的宽带综合接入设备产品。二、被告天公公司立即停止实施侵犯专利号为 ZL200610099271.2“一种在网络接入设备上实现 PPPoA 到 PPPoE 转换的方法”发明专利权的行为，即立即停止销售型号为 ZXDSL－9806H 的宽带综合接入设备产品。三、被告中兴公司于判决生效之日起十日内赔偿原告华为公司经济损失及合理费用人民币 100 万元。四、驳回原告华为公司的其他诉讼请求。

中兴公司不服一审判决，向浙江省高级人民法院提起上诉，经审理，浙江省高级人民法院作出（2014）浙知终字第163号判决，判决：驳回上诉，维持原判。

▶评析

本案主要涉及专利权保护范围的确定，在当事人无证据证明权利人损失、侵权人获利或专利许可费之金额，法院亦无法进行酌定的情况下如何判定专利侵权赔偿数额，以及专家辅助人的运用等问题。

一、专利权保护范围的确定及对权利要求的解释

《中华人民共和国专利法》（以下简称《专利法》）第五十九条规定："发明或者实用新型专利权的保护范围以其权利要求的内容为准，说明书及附图可以用于解释权利要求的内容。"《最高人民法院关于审理侵犯专利权纠纷案件应用法律若干问题的解释》第二条规定："人民法院应当根据权利要求的记载，结合本领域普通技术人员阅读说明书及附图后对权利要求的理解，确定专利法第五十九条第一款规定的权利要求的内容。"虽然法条对于如何解释权利要求、确定专利权保护范围作了规定，但在具体适用过程中仍然存在不明确之处。例如，在本案中，涉案专利的从属权利要求和说明书中均记载"在所述PPPoA用户的PPPoE链路尚未建立的情况下，与网络服务器协商建立一条PPPoE链路并将这条链路与这个用户绑定"的方法，如果依该描述来限定涉案专利权的保护范围的话，则显然被控侵权产品所具备的"将未建立链路的PPPoA报文丢弃"的技术特征足以使之逃脱涉案专利权保护范围之外。

但是，涉案专利为发明专利，在授权过程中经过了国家知识产权局的实质性审查，其最终获得授权说明该专利的独立权利要求符合《专利法》规定的条件。易言之，在该专利权未终止或被宣告无效的前提下，法律允许华为公司以其独立权利要求确定涉案专利权的保护范围。在侵权诉讼中，不能要求华为公司以保护范围较窄的从属权利要求来主张权利，更不能以从属权利要求的记载来限定独立权利要求的保护范围。在使用说明书及附图对权利要求进行解释时，仍然要秉持以权利要求记载为准的规则——仅在说明书中予以描述而没有在权利要求书中予以记载的技术特征，一般不能用来限定权利要求的保护范围，除非其符合《最高人民法院关于审理侵犯专利权纠纷案件应用法律若干问题的解释》第四条的规定，属于“以功能或者效果表述的技术特征”，可以说明书和附图描述的具体实施方式及其等同的实施方式来限定其保护范围。这也是最高人民法院在多项政策性文件中一再强调的解释规则。因而，涉案专利说明书中记载的对“未建立链路的 PPPoA 报文处理方式”并不能用来限定权利要求 1 的保护范围。

依上述方法，可以确定关于上行报文处理方法，涉案专利权利要求 1 并未对未建立链路的 PPPoA 报文处理方法进行限定，仅限定了“根据进行 PPPoE 封装时需要的会话标识 SESSION_ ID，以及源 MAC 地址和目的 MAC 地址，将该数据报文中的 PPP 报文封装成 PPPoE 报文，并将其通过上行接口转发出去”的方法，这是权利要求所记载的技术特征。被控侵权产品上行报文处理方法除具备前述技术特征外，还多出了一项“对未建立链路的报文进行丢弃”的技术特征，但根据“全面覆盖原则”，只要被控侵权产品完全具备了权利人要求保护的权利要求所记载的技术特征，即可认定落入了该专利权的保护范围，被控侵权产品所附加的技术特征并不会影响其是否落入专利权保护范围的判定。

二、对侵权赔偿金额的确定

对于侵权赔偿金额，专利法规定了权利人损失、侵权人获利、许可费合理倍数、法定赔偿四种计算方式。前三种计算方式均需以涉案证据揭示的事实进行计算。对于法定赔偿方式，现行专利法则设定了人民币 100 万元的上限。根据最高人民法院的相关司法政策，如果确有证据证明侵权人的获利超过了 100 万元，但证据又不足以证明确切金额的，而侵权人经释明后仍拒不提供相应财务资料的，人民法院可以对计算所需的相关因素进行酌定后进行计算。此方式并非法定赔偿方式，而是对侵权人获利的酌定，所以不受 100

万元的限定。

本案中，华为公司虽然提起了高达 500 万元的赔偿请求，但是并未提交相应的证据对其损失或中兴公司的获利进行证明，法院无法对华为公司因侵权所受损失或中兴公司因侵权所获利润进行确定，从而突破 100 万元的上限，全额支持华为公司的诉讼请求。相反，在本案中只能适用法定赔偿方式对赔偿金额进行酌定，要受专利法所设的 100 万元上限限定。本案侵权人中兴公司注册资本高达 34 亿元，是我国乃至全球通信领域的巨头企业；涉案专利作为一项 PPPoA 到 PPPoE 转换方法的发明专利，所涉技术较为核心；本案侵权产品成为中兴公司的主打产品之后，巨头型企业对此类专利的侵权给权利人造成的损失或其自身的获利必然是较为庞大的数字。结合中兴公司在法院释明后仍拒绝提供相关财务资料对该侵权产品的销售及获利进行说明等事实，可以推定中兴公司的获利超过 100 万元的概然性较大，可以依法定赔偿方式顶额判决赔偿。

三、专家辅助人制度的运用

知识产权案件，特别是涉及技术性较强的发明专利、商业秘密、计算机软件等案件，审判过程中往往涉及特定领域专业性问题，有时可能会需要该特定领域专家参与到诉讼进程中。2012 年修订的《中华人民共和国民事诉讼法》为专家辅助人进入民事诉讼程序提供了法律依据，并明确了专家辅助人的诉讼地位，但是关于专家辅助人参加民事诉讼的具体程序目前尚缺乏统一规范。

司法实践中，专家辅助人参与到知识产权案件诉讼中需要接受当事人的委托，由当事人向人民法院申请，并经人民法院准许。专家辅助人参与诉讼后所享有的权利及应承担的义务包括：可以出庭辅助当事人对诉争的案件事实所涉及的专门性问题进行说明，并接受审判人员和当事人的询问，可以经人民法院许可与对方专家辅助人就事实所涉专业问题进行对质，可以对鉴定人进行询问。专家辅助人所享有的权利范围大于普通事实证人，在诉讼参与程度上小于委托代理人，因而其在诉讼中具有独立于证人或委托代理人的地位。

对于法院而言，利用专家辅助人制度时需要注意的是：首先，在接到当事人提出的专家辅助人出庭申请时，应当对专家辅助人的资格进行形式审查，如学历、技术职称、技术经历、工作单位、出庭理由以及拟出庭说明的问题等。若人民法院认为无须借助专家辅助人即可对所涉技术性问题进行判断，或当事人的申请涉及法律认定问题的，可以不予准许。其次，在准许一方当事人提出的专家辅助人出庭申请后，人民法院应当及时通知另一方当事人，并允许其也可以委托专家辅助人参加诉讼。最后，在准许当事人的专家辅助人出庭申请后，除在庭审中应当按照前述程序进行外，在最终的裁判文书上也应当将专家辅助人身份列明，列于委托代理人之后。

本案中，在司法鉴定程序结束后，双方对技术鉴定中涉及的多项技术问题存在不同意见，中兴公司更是对司法鉴定意见提出了异议。鉴于此，杭州市中级人民法院同意了中兴公司提出的专家辅助人出庭申请，随后通知了华为公司并同意了华为公司的专家辅助人出庭申请。在庭审中，双方专家辅助人对本案涉及的涉案专利发明目的、“信元”的含义、“PPPoA、PPPoE”与Internet的关系、“上行”与“下行”的含义、“动态分配MAC地址和静态分配MAC地址”的标准、“PPP数据包”和“PPPoE数据包”的关系等一系列技术问题交叉询问，并回答合议庭发问；同时，合议庭还允许专家辅助人就司法鉴定报告中涉及的技术问题向鉴定人询问。本案中对专家辅助人制度的合理运用，不仅保障了双方当事人的权利，使得双方均可对相关技术问题发表意见；而且帮助澄清了技术事实，有利于合议庭正确理解相关技术特征，为该案正确的法律适用创造了前提。

编写人　浙江省杭州市中级人民法院　张书青

018　奥托恩姆科技有限公司与宁波神采装饰设计工程有限公司侵害计算机软件著作权纠纷案

——通过 telnet 命令远程登录取证的证据证明力分析

▶裁判要旨

一、计算机软件著作权人向被诉侵权服务器发送 telnet 命令所获得的反馈信息中，如果包含有涉案软件的名称和版本号，则该证据已能够初步证明被诉侵权服务器上安装有涉案软件，如果被告辩称其未实施安装行为，则应由其提供有效反证予以证明。

二、在我国当前的诉讼模式下，包括抗辩在内的诉讼主张一般应由当事人自行提出，当事人在辩论中没有提出过的诉讼主张及重要事实，不应成为法院判决的依据。

▶案例索引

一审：浙江省宁波市鄞州区人民法院（2015）甬鄞知初字第 40 号（2015 年 6 月 8 日）；

二审：浙江省宁波市中级人民法院（2015）浙甬知终字第 32 号（2015 年 11 月 6 日）；

再审：浙江省高级人民法院（2016）浙民再 123 号（2016 年 10 月 26 日）。

▶案情

再审申请人（一审原告、二审上诉人）：奥托恩姆科技有限公司（以下简称奥托恩姆公司)。

被申请人(一审被告、二审被上诉人):宁波神采装饰设计工程有限公司(以下简称神采装饰公司)。

宁波市鄞州区人民法院经审理查明:奥托恩姆公司(Alt－N Technologies, Ltd.)系在美国得克萨斯州注册的有限合伙企业。涉案 MDaemon 系列软件是一款邮件服务器软件。根据美国版权局颁布的注册证显示,“MDaemon9.0”“MDaemon9.6”“MDaemon10.0”等系列软件作品的作者为奥托恩姆公司与 Randy Peterman、Matthew McDermott、Steve Bardenhagen。后三者曾作出权利转让声明,将其在该版权中的权利转让于奥托恩姆公司。正版“MDaemon10.0.0”版本软件光盘的外包装封面印有“alt－n technologies”字样,激光防伪标签印有“Copyright Alt－N Technologies, Ltd.”及 WWW.ALTN.COM 字样。该软件有 30 天试用期限。

奥托恩姆公司委托上海国惠知识产权代理有限公司(以下简称国惠代理公司)处理其在中华人民共和国境内与其他当事人的知识产权侵权纠纷案件中的一切必要事务,在授权权限内,受托人可以转委托中华人民共和国境内的公民、律师、律师事务所的其他工作人员、公司、其他机构办理相关诉讼事务或其他事务,委托期限自 2012 年 1 月 1 日至 2015 年 12 月 31 日。奥托恩姆公司将包括涉案软件在内的软件产品在中国的营销、促销、分销及销售的独家代理权授予上海软众信息科技有限公司,授权期限为 2006 年 8 月 1 日至 2015 年 12 月 31 日。

2014 年 7 月 4 日,国惠代理公司向上海市徐汇公证处申请证据保全公证,该公证处于同日出具(2014)沪徐证经字第 4639 号公证书。根据该公证书记载,当日,国惠代理公司的委托代理人李俊在公证处工作人员的见证下,使用公证处的计算机,通过公证处网络链接互联网操作系统,进行保全操作,打开相应页面后保存屏幕粘贴到 word 文档。现场记录包含如下内容:电脑桌面点击“开始－运行”,输入“cmd”并按回车键,屏幕显示“cmd.exe”程序窗口,在该窗口分别输入“nslookup”“set type = mx”“cdchongkong.com”命令；桌面点击“开始-运行”，输入“telnet mail. cdchongkong. com25”“telnet mail. cdchongkong. com110”命令，并查询了cdchongkong. com网址的备案信息。在电脑的“开始-运行”栏内输入“telnet mail. cdchongkong. com 25”，得到“220 cdchongkong. com ESMIP MDaemon10. 0. 0；Fri. 04 Jul 2014 11：24：19 +0800”的信息反馈；在电脑的“开始-运行”栏内输入“telnet mail. cdchongkong. com 110”，得到“+ OK cdchongkong. com POP3 MDaemon10. 0. 0 ready〈MDAEMON - F201407041124. AA2445703MD4172@ cdchongkong. com〉”的信息反馈。ICP/IP地址域名信息备案管理系统显示cdchongkong. com的主办单位为神采装饰公司。在电脑桌面打开IE浏览器，在地址栏输入http：//mail. cdchongkong. com：1000后，按回车键，屏幕显示“WebAdmin for MDaemon”页面。

2015年3月25日，一审法院根据奥托恩姆公司的申请进行证据保全，前往神采装饰公司经营地，打开存放于公司内的计算机服务器，在神采装饰公司计算机服务器上搜索有关“MDaemon10. 0. 0”软件的程序及相关页面，并未搜索到该软件的任何信息。

一审法院另查明，神采装饰公司的经营范围为建设装饰、建筑方案、环境规划、绿化方案、灯光照明设计；工程管理；室内外装饰、园林绿化工程施工。2014年4月25日，神采装饰公司与案外人中企动力科技股份有限公司、北京中企网动力数码科技有限公司签订《New Z + 企业网站系统销售合同》1份，约定由两案外人为神采装饰公司网站提供技术研发、技术运营和维护等，期限为两年。

奥托恩姆公司向一审法院起诉请求：1. 神采装饰公司立即停止侵害奥托恩姆公司“MDaemon”计算机软件著作权的行为，立即卸载涉案软件；2. 神采装饰公司在《中国计算机报》《电脑报》《浙江日报》等国内主要报刊上公开赔礼道歉，消除影响；3. 神采装饰公司赔偿奥托恩姆公司经济损失及为制止侵权行为而支出的合理费用30万元（包括律师费2万元，公证费2000元）。

神采装饰公司答辩称：1. 奥托恩姆公司并非涉案软件的著作权人；2. 神

采装饰公司不存在使用涉案软件的侵权行为；3. 奥托恩姆公司要求赔偿人民币30万元没有事实依据；4. 神采装饰公司已经将网站建设和维护委托给案外人，对奥托恩姆公司称神采装饰公司使用涉案软件一事并不知情。

▶审判

浙江省宁波市鄞州区人民法院经审理认为：奥托恩姆公司享有涉案“MDaemon10. 0. 0”计算机软件的著作权，其著作权受中国相关法律的保护。奥托恩姆公司提供的证据可以证明神采装饰公司有安装涉案软件的行为，但是，涉案软件有30天的免费试用期，奥托恩姆公司提供的证据不足以证明神采装饰公司使用涉案软件的行为具有持续性且持续时间超过了30天的免费试用期，不能证明神采装饰公司存在侵害其软件著作权的行为，故该院对奥托恩姆公司的诉讼主张不予支持。一审法院遂判决：驳回奥托恩姆公司的诉讼请求。案件受理费5800元，由奥托恩姆公司负担。

一审宣判后，奥托恩姆公司不服，提起上诉。

宁波市中级人民法院经审理认为：（一）关于一审判决事实认定是否存在重大疏漏及错误。首先，一审法院并未遗漏对奥托恩姆公司提交的美国版权局颁布的注册证的审查。其次，2015年3月25日，一审法院根据奥托恩姆公司的申请进行了证据保全，但并未在神采装饰公司的服务器上搜索到涉案“MDaemon10. 0. 0”软件的任何信息，一审法院据此认定神采装饰公司在法院证据保全时，未发现有安装、使用涉案软件的行为并无不当。奥托恩姆公司认为一审法院保全的服务器并非涉案侵权软件所在服务器，未在神采装饰公司经营场所的服务器中保全到涉案侵权软件，不足以认定神采装饰公司未使用涉案软件，则应由奥托恩姆公司承担相应的举证责任。因奥托恩姆公司举证不能，承担不利的法律后果，不应归责于一审法院对事实认定的疏漏。（二）关于一审判决是否对奥托恩姆公司提出过高的举证责任要求。根据《中华人民共和国民事诉讼法》《最高人民法院关于民事诉讼证据的若干规定》的相关规定，当事人对自己提出的主张，有责任提供证据；没有证据或者证据不足以证明当事人的事实主张的，由负有举证责任的当事人承担不利后果。由于涉案软件有 30 天的免费试用期，一审法院将神采装饰公司使用涉案软件是否超过 30 天免费试用期的举证责任分配给奥托恩姆公司并无不当，亦未损害奥托恩姆公司的合法权益。奥托恩姆公司提出软件版本更新后，旧版本软件就会停止开放免费试用下载，亦未提供证据予以证明。奥托恩姆公司举证不能，理应承担对其不利的法律后果。二审法院遂判决：驳回上诉，维持原判。

二审宣判后，奥托恩姆公司不服，申请再审。浙江省高级人民法院经审查，裁定提审本案。

浙江省高级人民法院经审理认为：（一）关于神采装饰公司是否实施了安装使用涉案软件的行为。本案中，通过 telnet 命令检测服务器的 25 端口和 110 端口，所反馈的信息具有较高的确定性，同时结合 IE 浏览器进入相关网址后所显示的 MDaemon 登录界面，在案证据已经达到民事诉讼证据高度盖然性的标准，足以证明域名 mail. cdchongkong. com 所在服务器上安装有涉案软件。另根据 ICP/IP 地址域名信息备案管理系统的查询记录，神采装饰公司是 cdchongkong. com 的主办单位，这意味着神采装饰公司对 cdchongkong. com 及其项下的子域名（如 mail. cdchongkong. com）享有控制管理的权能，同时也承担相应的监督管理义务，理应知晓涉案网站服务器上安装有被诉侵权软件的事实。即使涉案域名实际系由案外人维护管理，则该节事实也仅涉及其与案外人之间的内部合同关系，并不影响神采装饰公司作为域名主办单位在法律上对外应当承担的监督管理义务。虽然一审法院对神采装饰公司经营场所的计算机服务器进行保全时，并未搜索到涉案软件信息。但在现实中，由于企业实际经营场所不止一处或者服务器托管等原因，都可能导致邮件系统服务器不在企业经营地的情形。因此，在奥托恩姆公司已提供较为充分的公证证据的情况下，即使在神采装饰公司住所地的服务器上未发现涉案软件，也不足以推翻神采装饰公司实施被诉侵权行为的事实。（二）一、二审法院以 30 天免费试用期为由驳回奥托恩姆公司的诉讼请求是否正确。本案中，神采装饰公司在一、二审答辩意见中均否认其使用过涉案软件，并未提出免费试用期抗辩，但一、二审法院在认定2014年7月4日（即公证日）神采装饰公司有安装使用涉案软件行为的前提下，又主动以现有证据不足以证明神采装饰公司使用涉案软件超过30天的免费试用期为由，驳回奥托恩姆公司的诉讼请求。一、二审的判决理由显然与当事人自己提出的抗辩事由相互矛盾，有违民事诉讼的基本原则，应予纠正。（三）关于侵权责任的承担。对于停止侵害的诉请，由于奥托恩姆公司在再审庭审中确认神采装饰公司在一审法院证据保全之后即未再使用涉案软件，故已无判决停止侵害之必要。对于赔礼道歉、消除影响的诉请，鉴于神采装饰公司实施的侵权行为侵害的是奥托恩姆公司著作权中的财产权，既未侵害其精神权利，也未导致其商誉的下降，故该项诉讼无事实和法律依据，不予支持。关于损害赔偿的数额，奥托恩姆公司未能提供有效证据证明其因侵权受到的损失或神采装饰公司因侵权获得的利益的数额，故本院综合考虑涉案因素，包括涉案软件的用途及价值、侵权行为的性质及后果、为制止侵权所支出的合理费用等情节，按照法定赔偿方式，酌情确定赔偿数额35000元。综上，判决：撤销一、二审判决；神采装饰公司于本判决生效之日起十日内赔偿奥托恩姆公司经济损失及为制止侵权行为支出的合理费用共计35000元；驳回奥托恩姆公司的其他诉讼请求。

▶评析

近年来，美国奥托恩姆公司和磊若软件公司在境内多地法院提起侵害计算机软件著作权纠纷，其所采用的公证取证方式系通过向被诉侵权服务器发送telnet命令获取反馈信息，以此证明该服务器上安装有涉案软件。对以上述取证方式获得的证据的证明力，各地法院存在争议。有的认为，判断是否构成侵害软件著作权，必须在比对权利软件与被诉软件代码的基础上予以认定，仅凭telnet命令的反馈信息尚不足以证明侵权事实的存在；有的则认为，奥托恩姆公司和磊若软件公司主张权利的软件都是经过长期研发、多次升级的成熟软件，根据telnet反馈信息中的软件名称已经能够初步证明目标服务器上安装有相关软件，如果被告认为其所安装的软件并非权利软件，则应由其提供实际所安装的软件供比对。经过这几年对此类案件审理经验的不断丰富，随着对技术问题认识的不断深入，各地法院的观点也逐渐趋于一致。

一、对 telnet 命令的解读及证据证明力分析

微软的 windows、office 等办公软件必须安装在每个客户端电脑上才能使用，而 MDaemon 和 Serv - U 软件则不同，它们仅安装于计算机服务器上。一台服务器能够同时向用户提供邮件服务、Web 服务、Ftp 服务等各种不同类型的服务，而其在提供服务时所使用的端口各不相同，以此达到各项服务之间互不干扰、正常通信的目的。在服务器端口的使用中，有一些常见的、公认的端口被分配给了特定的服务类型，如奥托恩姆公司的 MDaemon 软件在提供邮件服务时，需要使用邮箱系统通用的 25 号和 110 号端口进行收件和发件活动；而磊若软件公司的 Serv - U 软件在提供 FTP 服务时使用的则是 21 号端口。

telnet 命令（也称 telnet 协议）作为 ICP/IP 协议族中的一种，是 Internet 远程登录服务的标准协议和主要方式，为用户提供了在本地计算机上完成远程主机工作的能力。当用户在本地计算机上运行 telnet 命令申请登录目标服务器的某个端口后，目标服务器一旦接收到登录申请，就会将与该端口相关的信息反馈至本地计算机。基于 ICP/IP 协议，服务器中的每一个端口，同一时间只可能有一个占用者，因此 telnet 命令得到的特定服务器端口的反馈结果具有唯一性。比如，通过 telnet 命令探测目标服务器的 25 端口，如果端口连接正常，就会向本地计算机反馈该端口服务所使用的软件信息。当然这些信息只起到告知的作用，用户要真正登录系统还需要通过账号、密码等验证程序。

由于 MDaemon 和 Serv - U 软件仅安装于服务器，而服务器并不像客户端电脑那样均位于企业办公场所，通过一般技术手段很难准确定位，因此实地勘验不仅成本高，而且具有很大的不确定性。而 telnet 远程登录方式能够非常便捷地获取目标服务器上的软件信息，维权成本低，也不需要法院介入进行证据保全，故权利人选择此种取证方式具有一定的合理性。

本案中，根据（2014）沪徐证经字第4639号公证书所示，操作人在进入“cmd. exe”程序窗口后，输入“nslookup”命令，显示的是默认值即当前所使用电脑的DNS服务器地址；再输入“set type = mx”命令用于指定需要解析的记录类型，此处为邮件记录（Mail Exchanger 记录）；再输入需要解析的邮箱域名“cdchongkong. com”，得到反馈信息“cdchongkong. com MX preference = 10，mail exchanger = mail. cdchongkong. com”，表示“cdchongkong. com”域名项下存在邮件记录，“mail. cdchongkong. com”即邮件服务系统所在服务器的域名。此后，操作人使用telnet命令远程登录上述服务器的25号端口和110号端口，即输入“telnet mail. cdchongkong. com25”“telnet mail. cdchongkong. com110”命令，分别得到反馈信息“220 cdchongkong. com ESMIP MDaemon10. 0. 0；Fri. 04 Jul 2014 11：24：19 +0800”和“+OK cdchongkong. com POP3 MDaemon10. 0. 0ready〈MDAEMON - F201407041124. AA2445703MD4172 @cdchongkong. com〉”，表示端口连接正常，同时显示了提供邮件收发服务的软件名称与版本“MDaemon10. 0. 0”。此外，操作人还打开IE浏览器，在地址栏中输入“http：//mail. cdchongkong. com：1000”，进入后的网页显示的是MDaemon的登录界面，需要用户输入账号和密码来登录该邮箱系统。根据上述技术分析及公证事实可知，通过telnet命令检测服务器的25端口和110端口，所反馈的信息具有较高的确定性，同时结合IE浏览器进入相关网址后所显示的MDaemon登录界面，在案证据已经达到民事诉讼证据高度盖然性的标准，足以证明域名mail. cdchongkong. com所在服务器上安装有涉案软件。此时，如果被告认为自己不构成侵权，应当由其给出合理的抗辩事由并提供相应证据。

二、对被告抗辩理由及相应事实的审查

从技术上来说，telnet命令获取的反馈信息说明目标服务器上很可能安装有权利人的软件，但是，这一事实并不是不可被推翻的。因此，法院在审理此类案件时，非常重要的一点是要根据被告主张的抗辩，对相应证据及事实进行审查。从司法实践来看，被告提出的抗辩理由多种多样，主要包括：

1. 主张其使用的并非权利人的软件，而是其他软件，但为了防止黑客攻击，故意将其他软件中默认的 telnet 远程登录反馈信息修改为涉案软件的名称。2. 主张其使用的是权利人软件的试用版本，被诉侵权行为正好发生在该软件的免费试用期内，故不构成侵权。3. 主张其已将使用侵权软件的网站或邮箱委托案外人管理，对侵权行为的发生不知情，也不存在主观过错。

对于抗辩理由 1，我们曾在案件审理过程中咨询过计算机领域相关专家的意见，其认为更改软件默认的 telnet 反馈信息并不能起到防止黑客攻击的作用。退一步讲，即使被告确实更改过默认反馈信息，也应当由其提供相应的证据，如其实际安装使用的是何款软件，以及安装使用该软件的计算机日志等。

对于抗辩理由 2，在被告主张被诉侵权行为发生于免费试用期的情况下，应当由原告就侵权事实的成立继续举证，还是由被告对免费试用的事实进行举证，目前还存在一定争议。一种观点认为，原告如果在起诉之前分两次进行公证取证，间隔时间大于免费试用期，就可以证明被告并非免费试用的事实，现因原告未做两次公证，应由其自己承担举证不利的后果。另一种观点认为，在原告已经提交 telnet 反馈信息的前提下，举证责任已转移至被告，应由被告提供服务器日志等证据证明其下载、运行及最终卸载试用版软件的时间，被告提供此类信息在技术上也是可行的。我们认为对此不能一概而论，法官需在仔细审查相关事实的基础上，根据内心心证判断举证责任是否已经发生转移。例如，在涉及某版本 MDaemon 软件的一起案件中，被告辩称其使用的是未注册版本，但经合议庭当庭勘验，发现如果是未注册版本，则 telnet 反馈信息中应带有“unregistered”字样，而公证取证时的 telnet 反馈信息中并无该字样，在这种情况下，就应当由被告提供反证证明其抗辩主张。

抗辩理由 3，也是本案被告所主张的事由。对此，法院在再审判决中认为，根据 ICP/IP 地址域名信息备案管理系统的查询记录，神采装饰公司是 cdchongkong. com 的主办单位，这意味着其对 cdchongkong. com 及其项下的子域名（如 mail. cdchongkong. com）具有控制管理的权能，同时也承担相应的监督管理义务，理应知晓涉案网站服务器上安装有被诉侵权软件的事实。即使如其所言，涉案域名实际系由案外人维护管理，则该节事实也仅涉及其与案外人之间的内部合同关系，并不影响神采装饰公司作为域名主办单位在法律上对外应当承担的监督管理义务。此外，本案中还出现了一个较为特殊的事实，即一审法院对神采装饰公司经营场所的计算机服务器进行保全时，并未搜索到涉案软件信息。但在现实中，由于企业实际经营场所不止一处或者服务器托管等原因，都可能导致邮件系统服务器不在企业经营地的情形。因此，在奥托恩姆公司已提供较为充分的公证证据的情况下，仅以在神采装饰公司住所地的服务器上未发现涉案软件为由，并不足以推翻神采装饰公司实施被诉侵权行为的事实。

三、当事人应就与己有利的要件事实承担主张责任

对于 telnet 反馈信息能否证明目标服务器上安装有涉案软件的问题，本案一、二审判决与再审判决的观点实际上是一致的。但是，一、二审判决在已然认定上述事实，且被告未以免费试用期进行抗辩的情况下，主动为被告找了这个抗辩事由，并据此驳回了原告的诉请。对此，再审判决认为一、二审判决违背了我国民事诉讼法的基本原则，应予纠正。

从民事诉讼法理论来看，大陆法系通说认为，如果当事人没有就于己有利的主要事实（要件事实）加以主张，则法院不会适用相应的法律规范，当事人会因此受到不利裁判。此种不利益或者危险即所谓的主张责任。① 一般认为，主张责任源于辩论主义原则，是其第一个命题的逻辑派生，即只要产生某一法律效果的直接必要事实（要件事实）没有在当事人的辩论中出现，法院就不得以之作为判决的基础。② 虽然在我国目前的诉讼模式中并未确立大陆

① ［日］高桥宏志：《重点讲义民事诉讼法》，有斐阁 2000 年版，第 450 页；［德］汉斯－约阿希姆·穆泽拉克：《德国民事诉讼法基础教程》，周翠译，中国政法大学出版社 2005 年版，第 242 页。转引自许可：《民事审判方法 要件事实引论》，法律出版社 2009 年版，第 114 页。

② 辩论主义的第二个命题是，法院应将当事人之间没有争议的主要事实（要件事实）作为判决的基础。第三个命题是，法院能够实施调查的证据只限于当事人提出（申请）的证据。参见［日］谷口安平：《程序的正义与诉讼》，王亚新、刘荣军译，中国政法大学出版社 2002 年版，第 24 页。

法系的辩论主义原则，但由当事人自行提出诉讼主张，并就该主张提供相应证据，显然与我国民事诉讼法规定的平等原则、辩论原则、处分原则及证据规则是相辅相成的。如果法官在审理过程中代行主张之责，替一方当事人寻找对其有利的抗辩事由，并直接据此作出判决，不仅对另一方当事人造成了裁判突袭，而且偏离了法官中立的角色定位，破坏了诉讼架构的平衡。因此，在一般情况下，包括抗辩在内的诉讼主张应由当事人自行提出，当事人在诉讼中没有提出过的重要事实，也不应成为法院判决的依据。

需要注意的是，在特殊情况下，被告可能由于法律知识或诉讼能力的欠缺而未明确提出相关抗辩，如商标侵权案件中，已有证据或事实表明销售者销售被诉产品具有合法来源，但其并未提出该抗辩，此时法院可视情况行使释明权。但在本案中，被告未提出免费试用期抗辩的理由并非由于知识或能力的欠缺，而是因为该抗辩与其陈述的其他答辩理由是相互矛盾的（其认为自己并未安装过涉案软件），因此不存在法院行使释明权的前提。

编写人 浙江省高级人民法院 何琼

019 3M Company、3M中国有限公司诉常州华威新材料有限公司、聂某某侵害商标权纠纷案

——注册商标权利界限的划定和近似商标的容忍标准

▶裁判要旨

商标近似的判断需要以相关公众的一般注意力为标准，来界定该种近似是否达到足以造成市场混淆的程度。在商标近似判断中，一方面，须通过审查注册商标的显著性和知名度划定权利界限，另一方面，须通过考察被诉侵

权人的主观意图作出是否越界的判断，对近似商标予以容忍的界限在于善意。最高人民法院关于尊重已经形成的市场格局，实现包容性发展的司法政策，应当限于因复杂历史因素或者其他客观因素所导致的善意共存。

▶案例索引

一审：浙江省杭州市中级人民法院（2013）浙杭知初字第424号（2015年6月30日）；

二审：浙江省高级人民法院（2015）浙知终字第152号（2015年9月9日）。

▶案情

原告：3M公司（3M Company）、3M中国有限公司（以下简称3M中国公司）。

被告：常州华威新材料有限公司、聂某某。

杭州市中级人民法院经审理查明：3M公司是第884963号、第5966501号“3M”注册商标的所有人，3M中国公司是上述商标非独占使用许可的被许可人，并经3M公司明确授权可以提起诉讼。早在2004年，3M中国公司已开始生产销售车身反光标识产品，包括983一级车身反光标识和983D二级车身反光标识。到2012年，产品销售的地域范围已遍及全国各地。983D二级车身反光标识产品的外观显示：白色单元左侧靠近红、白单元连接处印有醒目的红色“3M”商标，右下角印有CCC认证标志、生产厂代码、“3M”商标和材料等级“2”，纸筒内侧也多处印有“3M”商标。3M公司系世界前500强公司。在中国，3M公司、3M中国公司多年来致力于交通安全领域反光材料产品的生产、宣传及推广，在反光材料市场占据了重要的市场地位。

经公证取证，3M公司的代理人分别在华威公司，及聂某某经营的浙江金通汽配城店铺（杭州耀邦车辆安全用品）以普通消费者的身份购买了华威公司生产的车身反光标识HW1400（二级），经当庭查看，每卷车身反光标识的白色单元左侧靠近红、白单元连接处上均印有醒目的红色“3N”标识，右下角有较小的CCC认证标志和“ABLAZE”商标。

常州华威反光材料有限公司（以下简称华威反光材料公司）成立于2003年8月6日，注册资本420万美元。2012年9月10日，华威反光材料公司变更企业名称为华威公司。早在2006年11月17日，华威反光材料公司生产的HW1400车身反光标识（二级）即取得《中国国家强制性产品认证证书》。从2007年1、2月，华威反光材料公司发布的报刊广告可见，其车身反光标识白色单元的左侧印有醒目的“3N”标识，红色单元上印有CCC认证标志。2009年3月至2013年3月，中国国家认证认可监督管理委员会每年颁发的《中国强制性产品认证印刷/模压标志批准书》上显示，HW1400车身反光标识产品外观与前述公证实物相同。到2012年，HW1400车身反光标识产品的销售区域覆盖了全国27个省。在庭审中，华威公司认可系将“3N”作为其生产销售的车身反光标识产品的商标进行使用的事实。从2014年9月5日开始，华威公司在其生产的车身反光标识产品及包装上不再使用“3N”标识。

另查明，2005年12月16日，华威反光材料公司曾向国家工商总局商标局申请在第19类商品（包括发光板材等）上注册“3N”商标。商标局初步审定并予以公告，期间3M公司向商标局提出异议，最终经商标评审委员会复审于2013年7月29日作出商评字（2013）第25113号裁定书，认为被异议商标“3N”与第725102号“3M”商标相比较，商标构成要素相同，整体外观相近，被异议商标指定使用的全部商品与第725102号“3M”商标核定使用的商品属于类似商品，故裁定被异议商标不予核准注册。华威反光材料公司在规定期限内未提起诉讼，该裁定已生效。

3M公司、3M中国公司认为，从华威公司的审计报告可见，2011年到2012年华威公司的营业总收入增幅为24%，由此推算出华威公司2013年的营业总收入为216962847.29元。估算车身反光标识产品占华威公司营业总收入的比率为10%，计算出华威公司2012年、2013年生产、销售车身反光标识产品的营业收入为39193285.54元。参照同行业道明光学股份有限公司所公布的反光膜系列产品的利润率，计算出华威公司因侵权所获利益或 3M 公司、3M 中国公司因侵权所受损失均至少在 1396 万元以上，遂诉至法院，请求两被告停止侵权，华威公司赔偿 3M 公司、3M 中国公司经济损失 1300 万元及合理费用 20 万元。

▶审判

浙江省杭州市中级人民法院经审理认为：从本案的法律适用看，《中华人民共和国涉外民事关系法律适用法》第四十四条规定，“侵权责任，适用侵权行为地法律，但当事人有共同经常居所地的，适用共同经常居所地法律”。在本案中，侵权行为地在中华人民共和国境内，因此，本案适用的法律是中华人民共和国的相关法律。同时，因本案受理的时间及被诉商标侵权行为发生的时间均在 2014 年 5 月 1 日之前，故本案应适用 2001 年 10 月 27 日修正的《中华人民共和国商标法》。

根据该院查明的事实及双方的控辩意见，本案的争议焦点为：一、“3N”商标与第 884963 号、第 5966501 号“3M”注册商标是否属于近似商标，以及华威公司在车身反光标识产品上使用“3N”商标是否侵犯两原告第 884963 号、第 5966501 号“3M”注册商标专用权；二、如果构成侵权，如何确定华威公司应承担的赔偿数额。

对于第一个争议焦点，在本案中，华威公司对其生产和销售带有“3N”标识的车身反光标识产品的事实并无异议，并认可其系将“3N”作为商标进行使用；同时，车身反光标识产品与第 884963 号“3M”商标核定使用的商品“光反射材料薄板及带”、第 5966501 号“3M”商标核定使用的商品“非包装用反光塑料膜（用于提高和增强可见度和安全性）”，商品的功能、用途、生产部门、销售渠道和消费对象等方面均相同，构成相同商品。因此，判定侵权成立与否的关键在于判断“3N”商标与第 884963 号、第 5966501 号“3M”注册商标是否构成近似商标。侵害注册商标专用权意义上的商标近似，不仅要比较相关商标在字形、读音、含义等构成要素上的近似性，还要考虑其近似是否达到足以造成市场混淆的程度，应根据案件具体情况，综合考虑相关商标的显著性、知名度、实际使用情况、是否有不正当意图等因素，进行近似判断。该院认为，“3M”商标在车身反光标识产品上具有较高的显著性和知名度；将“3M”和“3N”商标在构成要素及整体结构上进行比对，两者在整体效果上构成近似；车身反光标识产品从外观看基本相同，均为红白相间的带状或条状，相关消费者在选购此类商品时所施加的注意程度较低，在两者均带有 CCC 认证标志的情况下，消费者容易将华威公司使用“3N”商标的车身反光标识产品和 3M 公司、3M 中国公司使用“3M”商标的相同产品相混淆，至少容易认为两者在来源上具有特定的联系；华威公司在车身反光标识上使用“3N”商标并不具有正当性，华威公司在 2007 年进入车身反光标识市场时，应当对于在先及知名的“3M”注册商标予以合理的避让，但华威公司却选择了与“3M”注册商标相近似的“3N”作为其商标进行使用，在主观上难谓善意。综上，未经 3M 公司的许可，华威公司在其生产和销售的车身反光标识产品上使用“3N”商标的行为，构成对第 884963 号、第 5966501 号“3M”注册商标专用权的侵犯。

对于第二个争议焦点，该院认为，依据现有证据，华威公司的侵权获利或者 3M 公司、3M 中国公司因侵权所受到的具体损失均无法查清，但该院根据所查明的事实认为华威公司在本案中的侵权获利已远远超过 50 万元的法定赔偿最高限额。综上，该院遂于 2015 年 6 月 30 日判决：一、华威公司立即停止侵犯 3M 公司、3M 中国公司第 884963 号、第 5966501 号“3M”注册商标专用权的行为，即停止销售使用“3N”商标的车身反光标识产品；二、聂某某立即停止侵犯 3M 公司、3M 中国公司第 884963 号、第 5966501 号“3M”注册商标专用权的行为，即停止销售使用“3N”商标的车身反光标识产品；三、华威公司向 3M 公司、3M 中国公司赔偿经济损失和为制止侵权行为所支付的合理费用合计人民币 3500000 元，于本判决生效之日起十日内履行完毕；四、驳回 3M 公司、3M 中国公司的其他诉讼请求。

一审宣判后，3M 公司、3M 中国公司、华威公司均不服，向浙江省高级人民法院提起上诉。

浙江省高级人民法院经审理认为，“3M”商标与“3N”商标是否为近似商标，在考量商标文字的字形、读音、含义或者图形的构图及颜色，或者各要素组成后的整体结构是否相似的基础上，还需要以相关公众的一般注意力为标准来界定该种近似是否达到足以造成市场混淆的程度。根据查明的事实，华威公司作为3M 公司、3M 中国公司的同业竞争者，在涉足市场、毫无商誉积累之初即在相同商品上使用与“3M”商标要素相近，整体外观相似的“3N”商标，其实质在于利用“3M”商标权人已经形成的良好市场声誉制造混淆，使得消费者对于商品的来源产生误认，并将华威公司的“3N”商品当作“3M”商标权利人的商品或关联商品加以购买，其目的显然在于攀附“3M”商标的知名度获取不当利益。虽然华威公司从 2007 年起即在车身反光标识产品上持续使用“3N”商标，到 2012 年，其销售区域已发展到我国 27 个省，“3N”商标在车身反光标识产品上也具有一定的影响力等的事实客观存在，但华威公司在无任何在先权益的情形下所实施的在后使用行为不具有正当性和合法性。故原审法院关于华威公司在其生产和销售的车身反光标识产品上使用“3N”商标的行为，构成对第 884963 号、第 5966501 号“3M”注册商标专用权的侵犯的认定正确。原审判决所确定的赔偿额既符合本案客观实际，也在其合理的裁量范围之内。综上，浙江省高级人民法院于 2015 年 9 月 9 日判决：驳回 3M 公司、3M 中国公司、华威公司的上诉，维持原判。

▶评析

本案系世界 500 强公司 3M 公司发起的一场商标维权诉讼，其特殊之处在于被诉侵权方华威公司持续使用“3N”商标长达七年，在被控侵权的车身反光标识产品上积累了一定的知名度和影响力，在诉讼中其提供了大量的证据拟证明“3M”商标和“3N”商标共存并不会造成市场混淆，两者已形成稳定的市场格局。在此背景下，3M 案的审判具有两个难点：一是如何划定对近似商标予以容忍的界限，商标的混淆性近似判断应当着重考量的因素和节点；

二是如果认定侵权成立，如何合理确定赔偿数额。3M 案的审判对于厘清此类问题进行了有益的尝试，具有可资参考的价值。

一、近似商标予以容忍的界限在于善意

3M 案中，商标本身构成要素的客观比对并非双方争议的焦点，与商标注册申请争议相关的行政裁判文书均认定“3M”商标与“3N”商标构成要素相近，整体外观相似，两者构成近似商标。但在商标侵权纠纷的司法审判中，法院除关注两者在物理意义上构成近似外，更需要以相关公众的一般注意力为标准来界定该种近似是否达到足以造成市场混淆的程度。其中，注册商标的显著性、知名度、实际使用情况，以及被诉侵权商标的实际使用情况及使用意图等对是否达到足以造成市场混淆程度的判断具有决定意义。上述原则已经成为司法裁判中的共识，3M 案为裁判者带来的更深层次的思考在于，对于已形成一定商誉的被诉侵权商标，在作出商标的混淆性近似判断时，如何准确划定权利的界限和是否容忍的标准，应在此类案件中重点把握以下几个方面。

（一）着重考察被诉侵权行为开始时注册商标的知名度，确立其权利界限

在诉讼中，原告往往会提交大量的证据来证明注册商标的知名度，知名度并不是永恒不变的一项指标，它会随着时间的推移、商品市场份额的改变及广告宣传的范围、程度、资金投入等的累积而不断地发生变化，尤其是在被控侵权行为持续时间长达几年的情况下，被控侵权行为开始时与权利人提起诉讼时注册商标的知名程度并不相同，甚至可能有非常显著的变化。那么，法院有必要确定一个审查注册商标知名度的时间节点，即应审查被控侵权行为开始时注册商标的知名度，以此确立注册商标权利界限。理由如下：第一，从商标的本质属性来看，商标是用来表明商品或服务来源，将其提供的商品或服务与他人提供的商品或服务区分开来的商业标识，商标的本质属性是标识性。所以，司法要保护的并非商标注册人对某一商标标志的所有权和垄断权，而是商标注册人在经营活动中通过实际的商业使用行为使商标与其所标示的商品或服务之间建立起的固定联系，以及相应所形成的商业声誉。那么，

当在后使用的商标与注册商标发生冲突时，注册商标并不能绝对地排斥在后近似商标的使用，而是需要考察冲突当时注册商标的知名度，注册商标所累积的知名度越高，其对在后商标的排斥力就越强，越易于被认定构成混淆性近似，反之亦然。第二，从双方当事人的利益平衡来看，着重考察冲突当时注册商标的知名度，一方面可以督促商标注册人及时地行使、维护自身的权利，对于权利人而言，起诉的时间与其被侵权的时间越接近，权利人收集提供其知名度证据的难度就越低；另一方面可以维护善意的在后商标使用者的合法权益，如其启用在后商标时在先注册的商标并不知名，在后商标使用者经过多年诚信经营所积累起来的商誉值得尊重和认可，在进行商标近似判断时也应得到充分的考量。但需要注意的是，审查被诉侵权行为开始时注册商标的知名度并不是绝对的，在注册商标本身的显著性较强，而两个商标构成要素近似程度较高的情况下，会对在后商标的使用者课以更加严格的审查义务，即在后商标的使用者应当尽到合理谨慎的义务，对在先的注册商标进行合理的避让，以保持一定的安全距离，否则在提起诉讼时，注册商标知名度审查的边界会放宽，两者更易于被认定构成近似，以确保经营者之间在商标的使用上保持清晰的边界，为品牌的创立和发展留有足够的法律空间。

在 3M 案中，3M 公司于 1996 年已经获准注册了第 884963 号“3M”商标，根据在案证据显示其从 2004 年起在车身反光标识产品上持续使用“3M”商标。鉴于我国在货车和挂车上推行车身反光标识的时间较晚，法院在审查到 2007 年华威公司开始使用“3N”商标时 3M 公司在车身反光标识产品上使用“3M”商标和进行宣传的证据时发现，其直接证据非常有限。但法院充分地考量了以下事实：一方面，“3M”是 3M 公司独创的商标及商号，本身属于臆造词，没有任何固有的含义，与同行业其他企业用于车身反光标识产品上的商标相比，具有非常强的显著性和可识别性。另一方面，3M 公司是世界知名的跨国公司，也是反光材料行业内的技术领军企业，其生产的反光材料被广泛应用于我国的公路交通标志牌及车辆号牌上，并在我国进行了交通安全产品的持续宣传推广，在反光材料行业内“3M”商号具有极高的市场信誉。车身反光标识作为反光膜的一种，与公路交通标志牌、车辆号牌等所用反光膜同属反光材料行业领域，亦同属交通安全产品，因此“3M”商号所承载的巨大商誉必然会延续到3M公司在车身反光标识产品上所使用的“3M”商标，也使得“3M”商标在车身反光标识市场获得天然的竞争优势和一定的影响力。因此，足以认定在被控侵权行为开始时“3M”商标在车身反光标识产品上已具有较高的知名度。相应地，也获得了较强的对于近似商标的排斥力，任何在后使用的商标均应当对于在先注册的“3M”商标进行合理避让，从而保证两者之间存在显著的区别以区分不同的商品来源。

（二）从各项客观事实全面考察被诉侵权人的主观意图，以善意作为容忍标准

行为人主观上是否具有过错并非判断商标侵权行为成立的要件，在注册商标专用权保护的核心领域，法院无须考虑行为人的主观过错，对注册商标在核心领域的强保护已足以排斥相同商标在相同商品上的使用。但在注册商标专用权保护的非核心领域，其保护具有弹力性，司法裁判一方面通过审查注册商标的显著性和知名度划定注册商标权利界限，另一方面需要通过考察被诉侵权人的主观意图作出其是否越界的判断。尤其在被诉侵权商标也已建立起一定消费者认同的情况下，对是否作出构成混淆性近似的裁判结论难以进行抉择时，如果被诉侵权人具有搭便车和进行不正当竞争的意图，那么在加强品牌保护、维护正当竞争的价值取向指引下，法院更倾向于认定被诉侵权人的行为已经逾越了注册商标专用权保护所划定的界限，具有可归责性，从而作出商标混淆性近似成立的结论。其中，两个商标的形成时间、经营区域、知名度对比、商标注册申请情况、实际使用状况等客观事实往往可用以判断当事人的主观意图。

在3M案中，法院全面审慎地考量了华威公司使用“3N”商标的主观意图，最后作出了其明显具有利用他人商标声誉进行不正当竞争意图的结论，该判断的得出主要基于以下事实：第一，华威公司系于2003年成立的一家生产各类反光材料的公司，与3M公司、3M中国公司的经营范围有部分重合，

作为同行业的企业，华威公司应当非常清楚地知道 3M 公司、3M 中国公司在行业中的地位及其在车身反光标识上所注册使用的“3M”商标，其在网页上关于“反光膜的发明者即是美国 3M 公司”的介绍亦可予以印证。第二，华威公司从未申请在车身反光标识产品所属的第 17 类商品上注册“3N”商标，而其在第 19 类商品上申请注册的“3N”商标，2011 年亦已被商标局裁定与“3M”商标构成近似，不予核准注册。但直到 2013 年，华威公司始终在车身反光标识产品及包装的显著位置上突出使用“3N”商标，而将其注册商标标注于产品及包装的次要位置，华威公司难以对此作出合理解释。第三，华威公司抗辩称“3N”代表其致力打造的“3 新”（新技术、新材料、新产品）企业文化，但华威公司并未提交有效证据证明其对于“3N”商标的这一含义进行了广泛的宣传阐释，从而使相关公众能够从“3N”商标联想到华威公司所欲树立的公司形象，而不是与“3M”商标及 3M 公司、3M 中国公司联系在一起，难以为法院所采信。综上，法院认定华威公司在车身反光标识产品上使用“3N”商标的行为并非善意，进而构成侵权。

（三）尊重业已形成的市场格局，实现包容性发展的司法政策在本案中不予适用

必须强调的是，尽管 2013 年修正的《中华人民共和国商标法》（以下简称《商标法》）对于在先使用并有一定影响的商标权利的认可在一定程度上突破了商标注册的形式，但我国实行的仍然是商标注册制度，注册商标对于在相同或类似商品上使用的相同或近似的商标具有法定的排斥力，尤其是在商标注册后，其他人不能再通过强行的使用行为来为相同或近似的未注册商标创设权利，而要对他人的注册商标专用权给予充分的尊重，否则将会损害商标注册制度的基本价值。因此，最高人民法院关于尊重已经形成的市场格局，实现包容性发展的司法政策，应当限于特殊的例外情形，通常是因复杂历史因素或者其他客观因素所导致的善意共存。也就是说，当在后商标使用者在启用商标之初即具有搭便车和进行不正当竞争的主观意图，那么其无权主张在后非善意的使用行为能为其创设权利对抗注册商标专用权，无权以在

权利人提起诉讼时已经形成稳定的市场格局为由主张免责。

在3M案中，两审法院一致认定，我国《商标法》贯彻申请在先的原则，华威公司无权主张其在“3M”商标注册后非善意使用“3N”商标的行为能为其创设权利以对抗“3M”注册商标专用权，相反，其应当承担该行为因侵权所导致的相应法律后果。如果司法裁判对其持续侵权行为所形成的市场份额和消费群体予以肯定的评判，势必会变相鼓励商标侵权人以扩大侵权规模的方式规避侵权责任，这显然与我国《商标法》的立法原意相悖，并损及《商标法》的基本价值。

二、合理运用酌定赔偿，加大对知识产权权利人的救济力度

损害赔偿问题一直是知识产权审判中的难点，3M案中，3M公司主张以侵权方因侵权行为所获得的利益来计算赔偿数额，但是其并非根据查明的侵权商品销售量与侵权商品单位利润或注册商标商品单位利润的乘积计算出侵权获利，而是在侵权方拒绝提供反映其侵权产品的生产销售数量及利润的财务凭证的情况下，按照侵权人的总营业收入与车身反光标识产品的配比率、第三方上市公司的产品利润率的乘积，来推算出侵权人的侵权获利，据此提出了巨额赔偿。这样的索赔请求能否得到支持？一方面，对于权利人提出的主张，要结合其提供的证据和案件的实际情况进行审查和判断，即使存在举证妨碍的情形，也不宜简单地推定权利人的主张成立。在3M案中，关于车身反光标识产品的利润率，3M公司、3M中国公司并未提供自身的利润率或行业的平均利润率作为参照的标准，而仅提供了第三方上市公司反光膜产品的利润率，不同的公司之间生产销售成本、费用、定价、营销渠道等影响盈利水平的因素均有所不同，因此，以此来推算华威公司生产、销售车身反光标识产品的利润率不具有合理性，仅可作为参考。另外，华威公司生产、销售车身反光标识产品所获得的利益，应部分归因于华威公司自身在反光材料上的技术研发成果。车身反光标识产品系交通安全用品，需要符合国家的相关检测标准，通过强制性产品认证方能上市销售，华威公司在我国车身反光标识市场发展之初已经通过产品标准的认证，在判断其因侵权获利时，也要考虑到华威公司使用“3N”商标行为本身对其盈利的贡献率。综上，对 3M 公司、3M 中国公司的主张未予支持。

另一方面，根据法官的自由心证，在一定事实和证据基础上，可酌情裁量能够给予权利人充分赔偿的损失数额，在侵权获利明显超过法定赔偿数额的情况下，在法定赔偿的最高额以上适当裁量赔偿数额。在 3M 案中，依据现有证据，华威公司的侵权获利或者 3M 公司、3M 中国公司因侵权所受到的具体损失均无法查清，但法院综合考虑以下因素认为华威公司在本案中的侵权获利已远远超过 50 万元的法定赔偿最高限额。第一，华威公司生产、销售侵权产品的规模大、时间长、范围广，侵权情节严重。华威公司成立于 2003 年 8 月 6 日，注册资本 420 万美元，其网站上介绍反光材料的年生产能力达 1500 万平方米，根据华威公司的审计报告公司 2012 年度的营业收入为 174970038.14 元（其中主营业务收入 166297531.76 元），公司整体经营呈向上趋势；华威公司自 2007 年起开始生产、销售侵权产品，经过多年的发展，到 2012 年侵权产品的销售区域已经覆盖了全国 27 个省，属于华威公司的主营业务之一。第二，侵权产品的利润率较高。根据华威公司的审计报告，华威公司 2012 年整体的利润率为 7.8%（13696241.74 ÷ 174970038.14 = 7.8%），但参考同行业第三方公司所公布的产品利润率，反光膜产品的毛利率高于 30%，其中车身反光标识产品的毛利率达 54%，车身反光标识属于各类反光材料中的高利润率产品。第三，华威公司具有侵权的主观恶意。第四，在本案中因华威公司有能力提供而拒不提供反映其侵权产品的生产销售数量及利润的财务凭证，导致本案中华威公司因侵权所获得的利益无法查清，华威公司应对此承担不利的法律后果，可以以此推定华威公司的侵权获利巨大。第五，涉案“3M”商标和商号具有较高的知名度，以及 3M 公司、3M 中国公司为制止本案侵权行为支付的律师费、公证费等合理费用。综上，为保障权利人的合法权益，提高侵权人的侵权代价，法院酌情确定华威公司应向 3M 公司、3M 中国公司赔偿损失 350 万元。

编写人　浙江省杭州市中级人民法院　张棉

020　西门子股份公司诉新昌县西门子生活电器有限公司、绍兴市邦代电器有限公司等侵害商标权及不正当竞争纠纷案

——股东将公司作为侵权工具时的责任认定和适用“司法层次分析法”确定知识产权法定赔偿数额

▶裁判要旨

一、对于公司股东将公司作为侵权工具，滥用公司法人人格独立制度规避承担侵权责任的，可以根据个案情形，依据《中华人民共和国侵权责任法》关于共同侵权的规定，或者依据《中华人民共和国公司法》关于公司股东滥用公司法人独立地位的规定，判令该类股东作为侵权主体承担连带责任。

二、在确定法定赔偿数额时，可以根据立法精神和法律规定，合理设定相应的考量因素和层级区间，在全方位、多层次地评估分析权利信息（包括权利主体、权利客体考量因素）和侵权信息（包括侵权主体、侵权行为考量因素）的基础上，对权利信息和侵权信息的层级进行综合评判、相互修正，最终通过规范行使自由裁量权，合理确定法定赔偿额度。

▶案例索引

一审：浙江省绍兴市中级人民法院（2015）浙绍知初字第 972 号（2016 年 8 月 30 日）；

二审：浙江省高级人民法院（2016）浙民终 699 号（2016 年 12 月 16 日）。

▶案情

原告（上诉人）：西门子股份公司（以下简称西门子公司）。

被告（被上诉人）：新昌县西门子生活电器有限公司（以下简称新昌县西门子公司）、绍兴市邦代电器有限公司（以下简称邦代公司）、吴炳均。

一审法院经审理查明：西门子公司于1847年成立，中国是西门子公司选择的第二个海外市场。1872年，西门子和中国开始了业务往来。1989年，西门子公司在中国设立了第一家合资企业。1994年10月6日，成立了全资子公司西门子（中国）有限公司。西门子公司在中国注册的第G683480号注册商标“西门子”核定使用在第7、9、10、11类商品上；注册有效期为2007年4月11日至2017年4月11日。其中核定使用的第11类商品包括：灯，电动厨房用具等。第G683480号注册商标在第9类控制器商品上为驰名商标。第G637074号注册商标“SIEMENS”有效期为2015年3月31日至2025年3月31日。其中核定使用的第11类商品包括：灯，家用厨用电器等。

上海市徐汇公证处出具的（2015）沪徐证经字第6378号公证书显示，“www. siemives. com”网页载明了公司简介、产品展示等内容。产品包括油烟机系列、燃气灶系列、消毒柜系列、集成环保灶、集成水槽、热水器系列、烤箱、蒸汽炉、水槽、龙头等。该网站域名显示所有者为Wu Bingjun，注册日期2014年1月23日。

2015年11月4日，浙江省嵊州市市场监督管理局到该市嵊州大道1855号邦代公司厂房进行检查。现场发现标有“新昌县西门子生活电子有限公司，地址：浙江省新昌县城南经济开发区，生产基地：浙江省嵊州市经济开发区鼎杨东路1号，电话：0575－83177111，网址：www. siemives. com”的煤气灶成品30只，外包装箱85只。

另查明，新昌县西门子公司成立于2014年4月14日，注册资本58万元，经营范围为生产、销售：家用电器、厨房用具、卫浴洁具、煤气灶、油烟机、电炊具、太阳能热水器、水槽、橱柜、消毒柜。邦代公司成立于2009年7月

22 日，注册资本 50 万元，经营范围为一般经营项目：生产、销售油烟机、保洁柜、灶具、集成灶、热水器、浴霸、厨房用具。

西门子公司向一审法院起诉请求判令：1. 新昌县西门子公司、邦代公司、吴炳均（以下简称三被告）停止生产和销售侵害西门子公司“西门子”“SIEMENS”商标权及西门子企业名称权的产品及不正当竞争行为；2. 三被告停止将“西门子”“SIEMIVES”字样或标识用于一切商业活动，包含停止使用在产品、包装上以及宣传推广等；3. 新昌县西门子公司停止使用并变更含有“西门子”的企业名称，变更后的字号中不得含有与“西门子”相同或相近字样；4. 新昌县西门子公司和吴炳均停止使用并注销域名“www. siemives. com”，删除网页中含有的“西门子”及“siemives”内容；5. 三被告共同赔偿西门子公司经济损失 200 万元（含制止侵权的合理支出）；6. 三被告在《绍兴日报》刊登公告以消除影响（公告面积不小于 15cm × 8cm）。

▶审判

浙江省绍兴市中级人民法院经审理判决：一、新昌县西门子公司立即停止使用包含“西门子”字样的企业名称，并于判决生效之日起三十日内向工商行政管理部门申请变更企业名称，变更后的企业名称不得包含“西门子”字样；二、新昌县西门子公司、邦代公司立即停止生产、销售侵害西门子公司第 G683480 号“西门子”、G637074 号“SIEMENS”注册商标专用权的产品，停止使用“SIEMIVES”标识；三、新昌县西门子公司、邦代公司于判决生效之日起十日内赔偿西门子公司经济损失（包含西门子公司为制止侵权行为支出的合理费用）10 万元；四、新昌县西门子公司于判决生效之日起三十日内在《绍兴日报》上刊登声明以消除影响；五、吴炳均立即停止使用并注销域名“www. siemives. com”，并于判决生效之日起十日内赔偿西门子公司经济损失 3 万元；六、驳回西门子公司的其他诉讼请求。案件受理费 22800 元，由西门子公司负担 9918 元，新昌县西门子公司、邦代公司负担 9910 元，吴炳均负担 2972 元。

一审宣判后，西门子公司不服，向浙江省高级人民法院提起上诉。二审法院经审理后认为，吴炳均与新昌县西门子公司主观上具有实施被诉侵权行为的共同故意，客观上具有通力合作的行为协作性，结果上具有导致损害后果发生的同一性，其各自行为已经结合构成了一个具有内在联系的共同侵权行为，且二者的人格严重混同，吴炳均应与新昌县西门子公司、邦代公司就损害赔偿承担连带责任。

关于原判确定的赔偿数额是否合理。二审法院认为，由于影响法定赔偿数额的权利信息因素属于很高的层级，侵权信息因素属于较高的层级，二审法院认为可以在《中华人民共和国商标法》第六十三条所确定的法定赔偿额度内，选择在较高的层级区间确定赔偿数额。根据《中华人民共和国商标法》及相关司法解释的规定，秉持严格保护的司法政策，综合考量上述因素，依法规范行使法律赋予的自由裁量权，确定本案的法定赔偿数额为 100 万元。综上，二审法院认为，原审判决部分事实认定不清，适用法律错误，应予纠正，判决：一、维持中华人民共和国绍兴市中级人民法院（2015）浙绍知初字第 972 号民事判决第一、二、四项；二、撤销绍兴市中级人民法院（2015）浙绍知初字第 972 号民事判决第三、五、六项；三、吴炳均立即停止使用并注销域名“www. siemives. com”；四、新昌县西门子公司、邦代公司、吴炳均于本判决送达之日起十日内赔偿西门子公司经济损失 100 万元和西门子公司为制止侵权行为支付的合理开支 7 万元，共计 107 万元；五、驳回西门子公司的其他诉讼请求。新昌县西门子公司、邦代公司、吴炳均如未按本判决指定的期间履行给付金钱义务，应当依照《中华人民共和国民事诉讼法》第二百五十三条之规定，加倍支付迟延履行期间的债务利息。本案一、二审案件受理费各 22800 元，各由西门子公司负担 5800 元，由新昌县西门子公司、邦代公司、吴炳均共同负担 17000 元。

▶评析

本案所涉及的法律适用问题包括：一、股东在何种情形下应与公司就损害赔偿承担连带责任；二、如何适用“司法层次分析法”确定知识产权法定赔偿数额。

一、股东在何种情形下应与公司就损害赔偿承担连带责任

对于公司股东将公司作为侵权工具，滥用公司法人人格独立制度规避承担侵权责任的情形，可以依据侵权责任法关于共同侵权的规定，或公司法关于公司股东滥用公司法人独立地位的规定，判令该类股东侵权主体承担连带责任。

第一种情形：公司股东将公司作为侵权工具，共同实施侵权行为。首先，侵权责任法规定共同侵权行为承担连带责任的目的在于合理分配侵权损失和风险，既能增加责任主体的数量，充分补偿受害人的损失，“又能督促潜在的侵权人相互监督，共同承担预防侵权行为的责任”①。同时，就共同侵权制度的立法宗旨而言，共同侵权行为应以行为人之间存在共同故意或者过失等意思关联为必要要件。② 本案中，吴炳均注册被诉侵权域名、标识和成立新昌县西门子公司的目的就在于以新昌县西门子公司为工具，实施攀附西门子公司注册商标及企业名称的被诉侵权行为，吴炳均与新昌县西门子公司主观上具有实施被诉侵权行为的共同故意，客观上共同实施了被诉侵权行为，其应与新昌县西门子公司就损害赔偿承担连带责任。

第二种情形：公司股东滥用公司法人独立地位，规避承担侵权责任。公司法人人格独立、股东有限责任是公司法的制度基石。公司法人人格独立的集中体现即公司独立地承担法律责任，与股东个人责任相分离。③ 但公司法人人格独立是基于股东不直接参与公司经营活动，公司与其股东具有相互独立人格作出的制度设计。当公司与股东在人员、经营、财产方面交叉或混同时，公司就丧失了独立人格和独立承担责任的基础，而沦为股东逃避侵权责任的工具。因此，为弥补股东有限责任制度在特殊情形下的缺陷，《中华人民共和

① 张铁薇：《共同侵权制度研究》，人民法院出版社 2013 年版，第 44 页。
② 王胜明主编：《中华人民共和国侵权责任法释义》，法律出版社 2010 年版，第 57－58 页。
③ 范健、王建文：《商法学》，法律出版社 2016 年版，第 81 页。

国公司法》第二十条第三款规定，在特定情形下，为保护公司债权人的利益，法院可以否定股东与公司分别独立之人格，责令股东对公司债务承担连带责任。本案中，鉴于吴炳均与新昌县西门子公司在人员、财务、业务等方面高度混同，新昌县西门子公司就涉案侵权行为已经丧失了独立承担侵权责任的人格基础，违背了公司法人人格独立制度的本意，其行为本质和危害结果与《中华人民共和国公司法》第二十条第三款规定的情形相当，故应判令吴炳均对新昌县西门子公司的侵权之债承担连带责任。

此外，就本案的价值导向而言，本案属于典型的公司股东将公司作为侵权工具，既通过控制公司经营获取不正当利益，又试图利用公司法人人格独立制度规避承担侵权责任的情形，该类行为多发生于侵权产品生产商、制造商等侵权源头，极大地侵害了知识产权权利人的利益，违背了公认的商业道德和诚信原则。为加大对侵权源头的打击力度，遏制以侵权为主业的不正当搭车、模仿行为，实现严格保护的法律效果，亦应当对该类股东侵权主体科以连带责任，以起到规范公司经营秩序的导向作用。

二、如何适用“司法层次分析法”确定知识产权损害赔偿数额

为回应社会上关于“知识产权损害赔偿低”的评价，在总结审判实践经验的基础上，基于法经济学的考量，我们提出了依据“司法层次分析法”计算法定赔偿数额的思路。

其一，“司法层次分析法”的内涵。“司法层次分析法”是指在对权利信息和侵权信息进行综合评估分析的基础上，对评估要素进行全面整合，设置相应权重指标系数，设定层级目标（如高、较高、适中、较低、低），最终通过规范行使自由裁量权来确定赔偿额度。其中，权利信息的层次分析因素是指权利主体和权利客体因素，包括主体信息、产业经营信息、权利类型、权利稳定情况、权利的使用情况、市场价值、剩余保护期限等。侵权信息的层次分析因素是指侵权主体和侵权行为因素，包括主观过错、行为情节、侵权类型、地域范围与时间、诉讼行为等。

其二，“司法层次分析法”的科学性。知识产权侵权本质上是对权利市场价值的损害，权利的市场价值又取决于权利主体和权利客体，而侵权主体及侵权行为则是造成损害的直接致害因素。因此，根据法律规定和立法精神，合理设定相应的考量因素和层级区间，在综合评估权利信息和侵权信息的基础上，根据权利信息和侵权信息的层级，最终通过规范行使自由裁量权，合理确定法定赔偿额度，可以增强法定赔偿数额认定的正当性、规范性和可预期性，既符合市场经济规律，又合乎知识产权立法价值导向。

其三，“司法层次分析法”的适用规则。以商标侵权诉讼为例，对相应的适用规则予以说明。适用规则一：将《中华人民共和国商标法》规定的“300 万元以下”的法定赔偿额分为五个层次。适用规则二：细化司法层次考量因素。比如，权利信息中要强化商标知名度和显著性的分析，侵权信息中要对被诉侵权行为是故意侵权还是过失侵权，是使用行为还是销售行为，是源头侵权还是末端侵权等，予以分析。适用规则三：权利信息和侵权信息都划分为“高”“较高”“适中”“较低”“低”五个层次。两类信息综合评判、相互修正，确定最终的评估层次。适用规则四：结合区域经济发展水平，对于经济发达地区、次发达地区、欠发达地区可设置不同的法定赔偿系数。适用规则五：认定损害赔偿层次时，必须要充分考量法律条文的具体规定、立法的主旨和本意、司法政策的价值导向，并参照指导性案例或在先生效案例的裁判尺度，确保裁判标准的一致性和延续性。

本案是对“层次分析法”的首次司法实践。二审法院经过详细查明并综合考量相应的权利信息因素及侵权信息因素，妥当适用前述适用规则，认定影响法定赔偿数额的权利信息因素属于很高的层级，侵权信息因素属于较高的层级，故可以在《中华人民共和国商标法》第六十三条所确定的法定赔偿额度内，选择在较高的层级区间确定赔偿数额。通过依法规范行使法律赋予的自由裁量权，确定本案的法定赔偿数额为 100 万元。

编写人　浙江省高级人民法院　应向健　王磊

021 阿鲁克集团公司、阿鲁克幕墙门窗系统（上海）有限公司诉浙江阿鲁克幕墙门窗有限公司、夏某不正当竞争纠纷案

——法定代表人应就其共同侵权行为与公司承担连带责任

▶裁判要旨

在特定情形下，法定代表人应与公司法人对外承担共同侵权的连带责任：一是基于《中华人民共和国公司法》第二十条第三款的规定，公司股东滥用公司法人独立地位和股东有限责任，逃避债务、严重损害公司债权人利益的，应当对公司债务承担连带责任；二是基于《中华人民共和国民法通则》第一百三十条、《中华人民共和国侵权责任法》第八条所规定的二人以上共同实施侵权行为，造成他人损害的，应当承担连带责任。前者只适用于法定代表人具备公司股东身份的情形；而在后一种情形中，法定代表人的非职务行为与公司行为符合共同侵权的法定构成要件，法定代表人应与公司法人对外承担共同侵权的连带责任。

▶案例索引

浙江省嘉兴市中级人民法院（2015）浙嘉知初字第269号（2016年8月22日）。

▶案情

原告：阿鲁克集团公司（ALUK GROUP S. P. A.）（以下简称阿鲁克意大

利公司)。

原告：阿鲁克幕墙门窗系统（上海）有限公司（以下简称阿鲁克中国公司)。

被告：浙江阿鲁克幕墙门窗有限公司（以下简称浙江阿鲁克公司)。

被告：夏某，系浙江阿鲁克公司法定代表人。

嘉兴市中级人民法院经审理查明：

阿鲁克意大利公司（ALUK GROUP S. P. A.）是注册于意大利的公司，登记时使用“ALUK”作为商号。阿鲁克中国公司是阿鲁克意大利公司全资设立的子公司。其“阿鲁克”“ALUK”门窗和幕墙系统等产品在行业内具有较高的知名度。

夏某原系阿鲁克中国公司员工。2011年4月，夏某夫妇投资设立上海外斯国际贸易有限公司（以下简称外斯公司)，法定代表人为夏某。2012年10月，阿鲁克中国公司授权外斯公司代理销售ALUK产品（授权协议后于2014年4月解除)。因在代理期间销售假冒ALUK商品，外斯公司被法院认定侵犯阿鲁克中国公司商标权，并被判令赔偿6万元。2015年1月，外斯公司被注销。

2012年8月，外斯公司申请注册第10897807号“ALUK”商标、10897844号“阿鲁克”商标及第11381466号“ALUK”商标，因核定使用商品/服务均不包括金属门窗等幕墙门窗类产品，阿鲁克意大利公司提出异议未果，前述三个商标获准注册。在外斯公司被注销后，夏某以外斯公司名义，向国家商标局提交了将前述商标转让给浙江阿鲁克公司的申请。

2013年7月，夏某及董燕芬收购嘉善博大文体用品有限公司，更名为浙江阿鲁克公司，夏某任法定代表人。同时将经营范围变更为铝合金门窗的生产、销售、安装，建筑幕墙的设计、施工等。

2015年7月，原告发现浙江阿鲁克公司、夏某将“阿鲁克”及“ALUK”作为商号使用，营业场所大门处有“意大利阿鲁克幕墙门窗系统 嘉兴中转基地”字样；生产的门窗系统产品上均使用了“ALUK”标识。在宣传册内，浙江阿鲁克公司宣传其“ALUK”门窗系统产品，同时宣称外斯公司为“阿鲁克”“ALUK”注册商标的权利人。

2015年8月，原告委托代理人在江苏省江阴市金碧公司场所内取得印有“阿鲁克幕墙门窗系统 上海外斯国际贸易有限公司”字样的宣传册，并拍摄照片若干。照片显示：1. 该公司门面铜牌上有“意大利阿鲁克门窗幕墙系统 ALUK 中国大陆授权厂区”字样；2. 夏某以外斯公司名义，于2015年4月1日与金碧公司签订《技术支持合作协议》，授权其使用ALUK的技术生产铝门窗、幕墙；3. 在金碧公司的生产设备、产品和外包装上，均有“ALUK”标识，门窗产品上还印有“阿鲁克幕墙门窗系统 上海外斯国际贸易有限公司 门窗组装商：浙江阿鲁克幕墙门窗有限公司”字样。

原告诉请判令：1. 浙江阿鲁克公司与夏某停止不正当竞争行为；2. 浙江阿鲁克公司与夏某连带赔偿阿鲁克意大利公司、阿鲁克中国公司50万元；3. 浙江阿鲁克公司与夏某在《中华建筑报》及中国建筑新闻网等杂志媒体上刊登声明以消除影响。

浙江阿鲁克公司答辩称：1. 其企业名称是经工商局依法核准的，应受法律保护；2. 其有合法使用自己“ALUK”“阿鲁克”商标的权利，无须赔偿；3. 阿鲁克意大利公司、阿鲁克中国公司要求赔偿50万元没有证据支持。故应驳回其全部诉讼请求。

夏某答辩称：1. 阿鲁克意大利公司名称 ALUK GROUP S. P. A. 中的“ALUK”翻译成中文并不唯一对应“阿鲁克”，故“阿鲁克”并非其商号；而“ALUK”也不是阿鲁克中国公司的商号；2. 其行为与夏某无关。夏某作为浙江阿鲁克公司的投资人和股东，投资行为符合法律规定，其个人也不存在违法行为，无须对浙江阿鲁克公司的行为承担连带责任。综上，原告全部诉讼请求应予驳回。

▶审判

浙江省嘉兴市中级人民法院经审理认为，阿鲁克意大利公司为注册于意大利的公司，本案属有涉外因素的民商事案件。双方当事人当庭明确表示选择适用中华人民共和国法律，故适用中华人民共和国法律作为准据法。

本案的争议焦点是：一、被告的行为是否构成不正当竞争；二、如果构成不正当竞争，浙江阿鲁克公司和夏某是否构成共同侵权，应当承担何种民事责任。

关于争议焦点一，被告的行为是否构成不正当竞争。1. “阿鲁克”企业字号应当获得企业名称的保护，浙江阿鲁克公司、夏某对“阿鲁克”字号的注册及使用，构成擅自使用他人企业名称的不正当竞争行为。2. 浙江阿鲁克公司在经营场所、宣传册、销售合约等处使用“意大利阿鲁克门窗幕墙系统”“意大利阿鲁克公司”等字样，并以自己是“ALUK”品牌的权利人进行宣传，极易造成混淆，使相关公众误认为浙江阿鲁克公司的“ALUK”产品来源于阿鲁克意大利公司。上述宣传行为构成虚假宣传的不正当竞争行为。

关于争议焦点二，浙江阿鲁克公司和夏某是否构成共同侵权，应当承担何种民事责任。浙江阿鲁克公司是依照中华人民共和国法律注册成立的公司，具有独立的法人人格，对外独立承担法律责任。夏某作为公司股东及法定代表人，如果在公司经营过程中所从事的是代表公司而不是个人行为的话，自然无须其个人承担责任；但是，如果有证据证明夏某个人实施了相关共同侵权行为，则依法应由其承担相应的法律责任。本案中，夏某与浙江阿鲁克公司共同实施了侵权行为，具有侵权的共同故意。首先，根据夏某多年与阿鲁克中国公司产品相关的从业经历，可以认定其熟知原告的“阿鲁克”字号及其 ALUK 产品质量、销售渠道等。继外斯公司销售假冒“ALUK”产品获利之后，夏某与其妻又收购了嘉善博大文体用品有限公司，并将公司名称变更为浙江阿鲁克公司，经营范围也作了相应变更，其目的在于生产、销售侵权产品是显而易见的。结合夏某任浙江阿鲁克公司法定代表人的事实，可以认定，浙江阿鲁克公司是夏某实施侵权行为的工具与外壳。其次，夏某不仅通过浙江阿鲁克公司实施不正当竞争行为，还在外斯公司注销后，假借外斯公司名义，与浙江阿鲁克公司共同实施不正当竞争等侵权行为。因此，夏某和浙江阿鲁克公司构成共同侵权，夏某应就被控侵权行为与浙江阿鲁克公司承担连带责任。

法院遂判决：一、浙江阿鲁克公司于判决生效之日起三十日内变更企业名称中的字号，变更后的字号中不得含有“阿鲁克”字样；二、浙江阿鲁克公司、夏某于判决生效之日起立即停止涉案虚假宣传的侵权行为；三、浙江阿鲁克公司、夏某于判决生效之日起十日内连带赔偿阿鲁克意大利公司、阿鲁克中国公司经济损失（含合理费用）20 万元；四、浙江阿鲁克公司、夏某于判决生效之日起三十日内在《中华建筑报》及中国建筑新闻网上就涉案不正当竞争行为刊登声明以消除影响；五、驳回原告的其他诉讼请求。

宣判后，双方当事人均服判息诉。判决生效后，两被告履行了判决确定的义务。

▶评析

本案涉及的一个焦点问题为：有限责任公司和股份有限公司的法定代表人是否应就被控侵权行为与公司承担连带责任。

在知识产权审判实践中我们发现，以侵权为业的公司大量存在，其主要业务或者全部业务都是以侵害他人知识产权为基础，侵权的实施者往往既是公司控股股东又是法定代表人。更有甚者，不少公司就是个人为了实施侵权、逃避承担民事责任而特意设立的，其借助公司人格独立和股东有限责任制度，使自己能在生意兴隆时坐享其成，被追究侵权责任时得以逃之夭夭。那么，对实际控制这些公司的股东或法定代表人而言，公司人格独立和股东有限责任是否仍然适用？以侵权为业的公司能否适用法人人格否认？实际操控公司的股东或法定代表人是否应当就被控侵权行为与公司承担连带责任？

我们认为，如果有证据证明法定代表人存在侵权的主观故意，实施了共同侵权行为，则其应就共同侵权行为与公司承担连带责任；否则，公司法定代表人在公司经营过程中，所从事的是职务行为而不是个人行为的话，一般无须其个人承担责任，除非出现适用公司法人人格否认的情形，才可以判决法定代表人与公司承担连带责任。

1. 如果原告主张法定代表人与公司构成共同侵权，那么应严格对照侵权责任法关于共同侵权或是帮助侵权的构成要件，以确定法定代表人是否应承担连带责任。在审判过程中确定承担连带责任时，必须严格遵循法律规定，不能自由裁量，加重责任人的负担。不能为了实现对恶意侵权的打击而超出法律条文允许的裁量范围，突破公司法的基本制度让法定代表人承担连带责任。这样虽然省去了烦琐的诉讼程序，甚至解决了公司无财产可供执行的难题，但却损害了司法的确定性和严肃性。本案中，原告主张夏某与浙江阿鲁克公司构成共同侵权，因此，本文略去关于夏某是否帮助公司侵权的讨论，而仅讨论二者是否构成共同侵权。

构成共同侵权应当符合相应的构成要件，按照通说，至少应满足以下几个要求：即侵权主体的复数性、主观意思的共同性、侵权行为的协作性、损害结果的统一性，除上述共同侵权行为的特殊构成要件外，一般侵权行为应当遵循加害行为与损害后果的因果关系、加害行为的违法性（侵害他人权利、合法利益）等，在认定成立共同侵权行为时也应当一并予以考察，自不待言。就本案而言，夏某与浙江阿鲁克公司满足了前述共同侵权的构成要件，主要体现在以下三个方面：（1）在主体复数性方面，共同侵权必须是两个以上独立的主体。本案中，实施侵权行为的主体有公司法定代表人夏某和公司两个，夏某在外斯公司注销后仍以外斯公司名义实施的行为系其个人行为，此时其并不同时代表公司，因此，法定代表人个人和公司之间存在不同的侵权行为，是两个侵权主体。（2）在主观过错的共同性方面，共同侵权中的主观过错包括了共同的故意和共同的过失，本案涉及的是共同故意，夏某和公司之间存在意思联络，也有明显的分工协作等。（3）在侵权行为的共同性方面，夏某和公司分别实施了侵权行为。夏某和浙江阿鲁克公司对涉案侵权行为主观上具有共同侵权的意思联络，客观上具有通力合作的行为协作性，结果上具有导致损害后果发生的同一性，其各自行为已经结合构成了一个具有内在联系的共同侵权行为，夏某应就被控侵权行为与浙江阿鲁克公司承担连带责任。

2. 如果不能认定法定代表人的行为构成共同侵权，因有限责任公司或股份有限公司应适用公司人格独立和股东有限责任制度，公司法定代表人一般不必为公司行为承担个人责任。公司法人人格独立和股东有限责任是构建公司的两大基石，公司人格与股东的人格是相互独立的。公司人格的独立性在于其享有独立的财产权，承担独立的法律责任。一般情况下，股东以其认缴的出资额或认购的股份为限对公司债务承担有限责任；而公司则要以其全部财产对公司债务承担责任；只有在《中华人民共和国公司法》第二十条规定的法人人格否认情形出现的前提下，才会导致股东（法定代表人）和公司承担连带责任的后果。有限责任公司或股份有限公司当然应当适用公司人格独立和股东有限责任制度；因此公司法定代表人作为自然人，一般情况下无须为公司行为承担个人责任。

3. “公司以侵权为业”不属于可直接适用法人人格否认的法定情形，不能以此为由判决法定代表人与公司承担连带责任。上面已经论及，公司法定代表人一般不必为公司行为承担个人责任，除非出现可以适用法人人格否认的情形。我国法人人格否认制度主要体现在《中华人民共和国公司法》第二十条第三款：“公司股东滥用公司法人独立地位和股东有限责任，逃避债务，严重损害公司债权人利益的，应当对公司债务承担连带责任。”从相关理论及司法实践看，该制度目前适用范围主要限于公司“存在资本显著不足（新公司法已经改为认缴制），或者股东与公司人格高度混同，如财产、人员、业务等混同，或者股东对公司进行不正当支配和控制的情形，如股东利用关联交易，非法隐匿、转移公司财产”，并不包括以侵权为业的情况。也就是说，“以侵权为业”在我国当前的公司法律框架下不属于适用法人人格否认的情形，因此，不能直接以“公司以侵权为业”为由适用法人人格否认，不能以此为由判决法定代表人与公司承担连带责任。

4. 虽然“以侵权为业”不属于可直接适用法人人格否认的情形，但如果在审理中发现，公司已构成人格混同，导致公司丧失独立人格，那么可适用法人人格否认，判决法定代表人与公司承担连带责任。为降低风险和逃避赔偿，侵权人往往会采取一些规避措施，如用同一班人马设立多个公司，转移侵权获利等（即俗称的“一套班子多块牌子”的情况），这些行为往往容易造成人员、财务、业务等的混同，导致公司丧失独立人格，从而符合公司法规定的法人人格否认的适用情形。而实践中也不乏类似的判例，如霍尼韦尔国际公司诉上海睿昕电子有限公司、上海宙点国际贸易有限公司等侵害 BENDIX 商标权一案，法院就适用了法人人格否认，判决两公司承担连带责任。因此，虽然以侵权为业并不是导致法人人格否认的直接原因，但在审理此类知识产权侵权案件的过程中，可以将法人人格否认作为一种裁判思路，通过审查是否有人员、财务、业务混同等情形，导致股东和公司人格高度混同、公司丧失独立人格，从而适用法人人格否认，判决公司法定代表人与公司承担连带责任。

编写人　浙江省嘉兴市中级人民法院　帅国珍

022　中粮酒业有限公司诉绍兴市金土坊酒业有限公司、李夏芬不正当竞争纠纷案

——对知名商品特有包装、装潢的权利归属的认定

▶裁判要旨

一、根据在先使用及贡献原则，基于知名商品特有包装、装潢所产生的受反不正当竞争法保护的权利，一般应由首先在商品上使用该包装、装潢的经营者享有，包装、装潢的外观设计专利权人并不当然享有基于知名商品特有包装、装潢而产生的权利。

二、当外观设计专利权与知名商品特有包装、装潢使用权分属于不同个

体时，就可能产生权利冲突，此时，相关权利人仅能依据其自身所享有的权利性质对他人提出相应的权利主张。

▶案例索引

一审：浙江省台州市中级人民法院（2013）浙台知民初字第106号（2013年12月20日）；

二审：浙江省高级人民法院（2014）浙知终字第32号（2014年2月20日）。

▶案情

原告：中粮酒业有限公司（以下简称中粮公司）。

被告：绍兴市金土坊酒业有限公司（以下简称金土坊公司）。

被告：李夏芬。

中粮公司诉称：其是中粮集团的全资子公司，主要经营葡萄酒、绍兴酒等业务。2005年2月28日，中粮公司申请有关“手酿”黄酒产品的外观设计专利，于2005年12月21日取得“酒瓶”ZL200530003253.6的专利权，并于2006年1月4日取得“瓶贴”ZL200530003251.7的专利权。中粮公司随后出品了“手酿”系列产品并授权许可案外人中粮绍兴酒有限公司生产、销售。多年以来，中粮公司投入大量的财力、物力宣传推广该品牌，在浙江省温岭市的公交车车体、一级公路路牌、市区交通路口雨棚、新河箬横等地墙体设置各种类型的广告，使“手酿”黄酒成为深受消费者喜爱的知名黄酒品牌。2010年11月5日，浙江省温岭市工商行政管理局对于涉嫌不正当竞争侵权的“曲水流觞”手酿各类陈酒予以查扣，并于2011年3月8日作出温工商处（2011）94号行政处罚决定书，认定中粮公司生产的“黄中皇”手酿黄酒为知名商品，依法予以保护。随着中粮公司品牌知名度、商品信誉的不断提升，与中粮公司进行不正当竞争的商业行为层出不穷。经中粮公司调查发现，李夏芬大量销售金土坊公司生产的所谓“手酿”产品“手酿六年陈酿”，与中粮公司第 ZL200530003253.6 号、第 ZL200530003251.7 号外观设计专利相近似，该酒的名称、包装、装潢也与属于知名商品的“手酿”品牌系列黄酒极为相似，使相关消费群体容易产生混淆和误认，构成不正当竞争行为。两被告的上述侵权行为严重影响了中粮公司的黄酒产品在市场上的销售，损害了中粮公司的声誉，使中粮公司遭受了巨大经济损失。故请求法院判令：一、金土坊公司立即停止生产和销售使用与中粮公司所生产的知名手酿品牌黄酒相近似名称、包装、装潢黄酒的不正当竞争行为；二、李夏芬立即停止销售使用与中粮公司所生产的知名手酿品牌黄酒相近似名称、包装、装潢黄酒的不正当竞争行为；三、两被告共同赔偿中粮公司经济损失及为制止侵权行为所产生的公证费、律师费和调查取证费等合理费用共计 3 万元。

▶审判

浙江省台州市中级人民法院经审理认为，中粮公司以李夏芬销售金土坊公司生产的“手酿”黄酒的名称、包装、装潢与中粮公司第 ZL200530003253.6、ZL200530003251.7 号外观设计专利相近似，向本院提起诉讼，主张两被告的行为是属于违反《中华人民共和国反不正当竞争法》第五条第二款规定的擅自使用知名商品特有的名称、包装、装潢，或者使用与知名商品近似的名称、包装、装潢，造成和他人的知名商品相混淆，使购买者误认为是该知名商品的不正当竞争行为。庭审中，中粮公司明确其主张的知名商品系“黄中皇”系列手酿黄酒，知名商品的包装、装潢系指该系列黄酒酒瓶的包装、装潢（即酒瓶、瓶贴）。诉讼过程中，中粮公司向法院提交“黄中皇”系列手酿黄酒的销售发票、部分广告宣传合同等证据，用以证明该系列黄酒系知名商品。而在中粮公司提供的销售发票中，商品的销货单位均显示为中粮绍兴酒有限公司；中粮公司在庭审中向法院提供的“黄中皇”手酿黄酒实物的瓶贴上亦标明“黄中皇商标持有人中粮集团有限公司授权中粮绍兴酒有限公司酿造”。《中华人民共和国反不正当竞争法》第二条第三款规定：“本法所称的经营者，是指从事商品经营或者营利性服务（以下所称商品包括服务）的法人、其他经济组织和个人。”该法第二十条第二款规定：“被侵害的经营者的合法权益受到不正当竞争行为损害的，可以向人民法院提起诉讼。”故知名商品的经营者可以就自己的合法权益受到不正当竞争行为的损害向法院提起诉讼，该经营者是指从事该知名商品经营或者营利性服务的法人、其他经济组织和个人。据上述证据显示，中粮公司所主张的“黄中皇”系列手酿黄酒的实际经营者应是中粮绍兴酒有限公司。另外，中粮公司虽主张其是商品包装、装潢的外观设计专利的所有权人，其许可中粮绍兴酒有限公司使用其外观设计并委托该公司生产、销售“黄中皇”系列手酿黄酒，但在法定举证期限内亦未向本院提交任何相关的证据加以证明。综上，本院无法认定中粮公司与本案具有直接的法律上的利害关系。中粮公司的诉讼主体资格不符合法律规定。据此裁决：驳回中粮公司的起诉。

一审宣判后，中粮公司不服，向浙江省高级人民法院提起上诉。法院经审理认为：中粮公司确认其要求保护的系“黄中皇”手酿系列黄酒作为知名商品所特有的装潢，即该系列黄酒所特有的瓶贴和瓶盖。知名商品特有的装潢只有通过使用，具有了区分商品来源的识别意义时，才能构成反不正当竞争法保护的权利。即使该装潢取得外观设计专利保护，亦不当然构成知名商品特有的装潢。知名商品的特有的装潢其相关民事权益的归属应根据在先使用原则，结合贡献原则即在知名商品形成中的作用来认定。中粮公司既非“黄中皇”系列手酿黄酒的生产者和销售者，亦未参与该产品的生产经营活动，且中粮公司与中粮绍兴酒有限公司为不同的外国法人独资公司，中粮公司与本案不具有直接的法律上的利害关系，其诉讼主体资格不符合法律规定。遂裁定：驳回上诉，维持原裁定。

▶评析

本案涉及的问题为：一是知名商品的名称、包装、装潢的认定；二是知名商品的包装、装潢的权属认定；三是外观设计专利与知名商品特有名称、包装、装潢的权利冲突及其解决。

一、知名商品特有名称、包装、装潢的含义和认定标准

1. 关于“知名商品”。反不正当竞争法只保护知名商品的名称、包装、装潢，也即商品的知名是必需的条件。知名商品特有的名称、包装和装潢之所以受保护，是因为其经使用而具有商品来源的识别意义，这种商品来源的识别意义则是由其显著性和知名度而产生的，“知名”是其受保护的重要门槛。《最高人民法院关于审理不正当竞争民事案件应用法律若干问题的解释》第一条第一款规定：在中国境内具有一定的市场知名度，为相关公众所知悉的商品，应当认定为反不正当竞争法规定的“知名商品”。人民法院认定知名商品，应当考虑该商品的销售时间、销售区域、销售额和销售对象，进行任何宣传的持续时间、程度和地域范围，作为知名商品受保护的情况等因素，进行综合判断。

2. 关于“特有的名称、包装、装潢”。反不正当竞争法保护的商品的名称、包装、装潢必须具备特有性。所谓特有性，是指商品的名称、包装、装潢足以将一个经营者的商品或者服务与另一个经营者的商品或者服务区别开来。最高人民法院在（2013）民申字第 371 号裁定书中还明确了特有性与新颖性的关系，指出：特有性是指能够起到区分商品来源的作用，而不是指该商品名称、包装、装潢具有新颖性或者独创性；即使商品的名称、包装、装潢不具有新颖性或者独创性，也不意味着其必然不具有特有性。只有同时具备了“知名”与“特有性”的要件，商品的名称、包装、装潢才能构成反不正当竞争法保护的权利。

二、知名商品特有包装、装潢的权属认定

我国《反不正当竞争法》并没有就知名商品特有的包装、装潢的权利归属作出明确规定，但根据相关法律精神及司法解释，对知名商品特有包装、装潢的权利归属应围绕两个要素进行认定：

1. 在先使用。保护在先权利是知识产权制度中的一项重要原则，不论在认定知识产权权利归属，还是在判断侵权行为是否构成时，该原则都应当作为法院处理案件尤其是知识产权权利冲突案件所应遵循或考量的依据。《最高人民法院关于审理不正当竞争民事案件应用法律若干问题的解释》第一条第二款规定：在不同地域范围内使用相同或者近似的知名商品特有的名称、包装、装潢，在后使用者能够证明其善意使用的，不构成《反不正当竞争法》第五条第（二）项规定的不正当竞争行为。因后来的经营活动进入相同地域范围而使其商品来源足以产生混淆，在先使用者请求责令在后使用者附加足以区别商品来源的其他标识的，人民法院应当予以支持。该解释虽然针对的是侵权行为的认定，但也从侧面体现了知名商品的名称、包装、装潢权应属于在先使用者。实际上，最高人民法院及地方各级法院也已多次在生效判决中确认了以在先使用确定权利归属的审理思路。如最高人民法院在（1999）知终字第 8 号民事判决书中明确指出："在确定权利人时，该装潢的使用情况是关键事实。在知名商品上首先使用该装潢的使用者应当确认为权利人。"

2. 贡献原则。商品的包装、装潢只有通过经营者一定时间的宣传、使用之后，才具有区分商品来源的识别意义，从而构成反不正当竞争法保护的权利。正因为经营者在实际使用的过程中，对商品包装、装潢中的商誉积累做出了贡献，因此，应当由其享有相应的权利。本案中，中粮公司诉请保护知名商品的装潢系"黄中皇"手酿系列黄酒所特有的瓶贴和瓶盖。虽然中粮公司对上述"酒瓶"和"瓶贴"享有外观设计专利权，但外观设计专利权人并不当然享有基于知名商品特有包装、装潢而产生的权利。中粮公司既非"黄中皇"系列手酿黄酒的生产者和销售者，亦未参与该产品的生产经营活动，说明其并未在该商品装潢的商誉形成过程中做出过贡献，也不应享有相关权利。中粮公司主张与中粮绍兴酒有限公司存在上下级隶属关系，对中粮绍兴酒有限公司有人事任免权，但中粮公司与中粮绍兴酒有限公司分别为不同的独立法人，该主张混淆了民事权利与企业内部的行政管理之间的关系，故不能成立。综上，中粮公司对"黄中皇"手酿黄酒的装潢不享有权利，亦不享有诉权。

三、外观设计专利与知名商品特有包装、装潢的权利冲突

外观设计是指对产品的形状、图案或者其结合以及色彩与形状、图案的结合所作出的，富有美感并适用于工业应用的新设计。可见，受专利法保护的外观设计也可能同时构成受著作权法保护的作品，在其具有识别功能的情况下，还可能与知名商品特有包装、装潢的客体重合。当同一客体上存在多项知识产权，其权利主体相同时，会出现权利重叠现象；当权利主体不同时，则会产生权利冲突问题。[①]

实践中，外观设计专利与知名商品特有包装、装潢发生权利冲突主要有以下两种情形：第一种是当商品的包装、装潢具有一定知名度后，有些人为了“搭便车”或“恶意竞争”，未经权利人同意，将知名商品特有的包装、装潢作为外观设计申请专利，获得授权后以此对抗在先的知名商品特有包装、装潢权，从而产生纠纷。对于此类纠纷，国家工商总局在《关于擅自将他人知名商品特有的包装、装潢作相同或者近似使用并取得外观设计专利的行为定性处理问题的答复》中明确指出，经营者擅自将他人知名商品特有的包装、装潢作相同或者近似使用，并取得外观设计专利的行为，侵害他人知名商品特有的包装、装潢的先使用权，造成或者足以造成购买者误认或者混淆的，违反了《中华人民共和国反不正当竞争法》第五条第（二）项的规定，构成不正当竞争行为，应当按照《中华人民共和国反不正当竞争法》和国家工商总局《关于禁止仿冒知名商品特有的名称、包装、装潢的不正当竞争行为的若干规定》予以查处。《最高人民法院关于审理专利纠纷案件适用法律问题的若干规定》第十六条亦规定，知名商品特有的包装、装潢使用权属于《中华人民共和国专利法》第二十三条规定的在先取得的合法权利之一。因此，对于擅自使用他人知名商品特有的包装、装潢所取得的外观设计专利权可以被申请宣告无效，以保护他人合法的在先使用权。

第二种权利冲突形式是外观设计具备了必要的法律条件，成了知名商品特有的包装、装潢，从而受到反不正当竞争法的保护，在外观设计专利权人与知名商品特有包装、装潢权利人系不同主体时，两项权利就可能出现冲突。本案即属于这种情形。对于这种冲突的解决，法律尚无明确规定。笔者认为，

---

① 转引自尹新天：《新专利法详解》，法律出版社 2011 年版，第 167 页。

权利人在向第三人主张自身权益时可以根据不同权利的特性，选择不同的诉讼策略。例如，本案中，中粮公司是“黄中皇”手酿系列黄酒的瓶贴和瓶盖外观设计的权利人，专利权属明晰，若以外观设计专利权作为主张的权利标的，就不会出现驳回起诉的情况，而以知名商品特有的装潢为权利基础，就会出现主体不适格的问题。

编写人　浙江省台州市中级人民法院　管英芝

023　埃斯科公司诉宁波市路坤国际贸易有限公司侵害发明专利权纠纷案

——权利要求PCT译文出现明显错误时的修正性解释

▶裁判要旨

一、对于一些存在明显错误的专利权利要求，法院可以通过合理的解释机制予以修正，在强调权利要求公示价值的同时，避免因权利要求撰写过程中的失误对专利权人科以过重惩罚。

二、当权利要求中的技术特征之间存在矛盾，但本领域普通技术人员通过阅读权利要求书、说明书及附图，以及参考涉案专利PCT国际申请时提交的原始说明书，能够对实现要求保护的技术方案得出具体、确定、唯一的解释的，应当根据该解释来澄清或者修正权利要求中的错误表述。但是，对于权利要求中错误表述的澄清或者修正，既不得包含超出权利人原始提交的申请内容的客体，也不得超出所授专利权的保护范围。

▶案例索引

浙江省宁波市中级人民法院（2015）浙甬知初字第626号（2016年5月

25日）。

▶案情

埃斯科公司（ESCO Corporation）是ZL02813657.8号“耐磨组件及耐磨构件”发明专利（以下简称涉案专利）的权利人。涉案专利申请日为2002年7月3日，于2006年9月13日获得专利授权。该专利共有34项权利要求，其中权利要求1和权利要求20为独立权利要求。被告宁波市路坤国际贸易有限公司（以下简称路坤公司）未经原告许可，制造、销售原告的专利产品。原告遂诉至浙江省宁波市中级人民法院，要求判令被告停止侵权，销毁制造侵权产品的专用模具、设备、冶具以及侵权成品、半成品并赔偿损失及维权的合理费用。庭审中，原告明确要求保护涉案专利权利要求1、3-9、13-17、19、20-26、29-34。关于权利要求20，原告认为此处专利公告文本存在明显错误，其中所记载的“所述插口（53）包括一个形成在所述突出部（18）上的用于接收一凸轨（35）的凹槽（65）”，该处文本中突出部（18）与凹槽（65）部件位置关系存在错误，应当更正为“所述插口（53）包括一个用于接收一形成在所述突出部（18）上的凸轨的凹槽（65）”。原告请求法院在解释专利范围时予以修正。理由是：1. 通读专利文本上下文结合专利说明书，可发现存在明显错误，并正确理解两者的位置关系；2. 原告在依据PCT（Patent Cooperatin Treaty《专利合作条约》）提交的涉案专利国际申请的外文原文及译文中时正确的表达。

▶审判

浙江省宁波市中级人民法院经审理认为，经比对，被诉侵权技术方案包含与权利要求1、3、4、6-9、13-17、19、21-26、30-34记载的全部技术特征相同的技术特征。关于权利要求5和权利要求29所述“平面”技术特征，被诉侵权技术方案对应为带有弧度的准平面，两者在手段、功能、效果上基本相同，并且所属技术领域的普通技术人员无须经过创造性劳动就能够想到该技术特征，故属于等同技术特征。关于权利要求20，结合涉案专利说明书附图来看，此处专利公告文本对突出部（18）与凹槽（65）部件位置关系，与专利说明书附图等所标示位置关系存在矛盾。故此处对权利要求的解释，不属于权利要求技术内容不清楚时的澄清或者权利要求中的技术特征在理解上存在缺陷时的弥补，而是属于特定情况下对权利要求的修正，即当权利要求中的技术特征之间存在矛盾的特定情况时，修正该技术特征的定义。依据《最高人民法院关于审理侵犯专利权纠纷案件应用法律若干问题的解释（二）》（以下简称《专利解释（二）》）第四条的规定，权利要求书、说明书及附图中的语法、文字、标点、图形、符号等存有歧义，但本领域普通技术人员通过阅读权利要求书、说明书及附图可以得出唯一理解的，人民法院应当根据该唯一理解予以认定。本案中，本领域普通技术人员通过阅读专利权利要求书、说明书及附图，以及参考涉案专利PCT国际申请时提交的原始说明书（英文及译文），均能得出唯一解释，即“凸轨形成于突出部上，而插口包含凹槽用于接收凸轨”的技术特征，权利要求20的上述错误应当修正为“所述插口（53）包括一个用于接收一形成在所述突出部（18）上的凸轨的凹槽（65）”。经比对，被诉侵权技术方案亦包含于权利要求20经解释修正的技术特征。因而，被诉侵权技术方案已完全具备涉案专利权利要求记载的全部必要技术特征，落入了涉案专利权的保护范围。

涉案侵权产品系原告向被告公证购买取得，被告销售落入涉案专利保护范围的产品，已构成对原告涉案专利权的侵权，依法应承担停止侵权、赔偿损失的民事责任。在原告已提交被告公司网页证据，初步证明被告具有制造侵权产品的行为的情况下，依据有关民事诉讼证据规则，被告应负担相应不存在制造行为的举证责任。在被告缺席本案审理，未提供反驳证据及理由的情况下，虽然被告工商注册经营范围并不包含涉案产品的制造，法院依据该公司网页证据上被告的宣称认定其具有制造侵权产品的行为，被告依法应承担停止侵权、赔偿损失的民事责任。因原告未提供其因被告侵权所受到的损失或被告因侵权所获得利益的确切依据，法院综合考虑本案专利权的类别、被告侵权产品的销售数量规模及价格利润等因素，酌定赔偿额为人民币 30 万元。

一审宣判后，当事人未提起上诉，本案一审判决现已生效。

▶评析

作为有关专利的国际条约，PCT 是《专利合作条约》（Patent Cooperation Treaty）的英文缩写。该条约规定的最大制度优势在于，简化手续、提高效率，通过 PCT 途径仅仅提交一份国际专利申请，便可在将近二百个成员国产生效力。鉴于知识产权的地域性，不同国家对专利文本的内容、格式要求迥异，可能出现的情形之一，就是在具体的翻译过程中出现语言转换方面的错误。本案的争议焦点即主要集中于，在专利侵权诉讼中，法院是否有权对存在明显错误的 PCT 专利译文予以修正性解释。具体的审理过程充分彰显了司法智慧，具有典型性。

一、权利要求的解释

但凡权利，皆有边界，专利权也概莫能外。作为无形的财产权，专利权的边界范围需要借助权利要求的公示范围划定，而关于权利要求的解释则发挥着至关重要的作用。解释范围关系着专利权能否获得保护，以及获得何种程度的保护。范围过宽，导致社会公众动辄得咎，影响专利的推广应用，以及后续的开发创新；范围过窄，挫伤专利权人创新的积极性，难以发挥制度的激励效能。另外，过于弹性的解释原则会导致公众面临动辄得咎、无所适从的困境，过于机械的解释原则亦会影响专利权人利益，不利于平衡专利权人与社会公众利益，也难以实现鼓励发明创造、促进科技进步繁荣的宗旨。因此，面对具体的专利侵权纠纷，应当秉持宽严相济的范围及适度弹性的原则解释相应的权利要求。

至于具体的解释形式，根据北京高院《专利侵权判定指南》的规定，对权利要求的解释，包括澄清、弥补和特定情况下的修正三种。即当权利要求中的技术特征所表达的技术特征内容不清楚时，澄清该技术特征的含义；当权利要求中的技术特征在理解上存在缺陷时，弥补该技术特征的不足；当权利要求中的技术特征之间存在矛盾等特定情况时，修正该技术特征的含义。结合涉案专利说明书附图来看，权利要求20中矛盾或歧义出现的主要原因是其在进入中国国家阶段过程中的一个明显语序翻译错误导致的，“所述插口（53）包括一个形成在所述突出部（18）上的用于接收一凸轨的凹槽”对应的正确译文应当是“所述插口（53）包括一个凹槽，用于接收形成在所述突出部（18）上的一凸轨”。两个不同的部件，凸轨形成于突出部上，而插口包含凹槽，用于接收突出部上的凸轨，权利要求20中的上述明显错误应当更正为“所述插口（53）包括一个用于接收一形成在所述突出部上的凸轨的凹槽”。故此处对权利要求的解释，不属于权利要求技术内容不清楚时的澄清或者权利要求中的技术特征在理解上存在缺陷时的弥补，而是属于特定情况下对权利要求含义的修正。

二、PCT译文出错时的修正性解释

关于能否在权利要求的PCT译文出错时给予修正性解释，存在不同的观点。

一种意见认为，当PCT专利译文出现错误，行为人应当承担相应的不利后果，或通过行政程序补正瑕疵，故不允许进行修正性解释。毕竟，知识产权法归属于民法，而在传统民法的视域内，通过理性人的自我约束机制及其对个人私益的最大化追求，足以实现良好的制度安排。在撰写权利要求书的过程中，权利人亦应充分发挥聪明才智，尽己所能避免可能出现的疏漏，如消除模糊用语、确保语序正确等，准确界定权利要求的边界范围，从而减省社会公众的信息检索及处理成本，切实维护合理的信赖利益。

另一种意见认为，鉴于文字本身的模糊性、歧义性和不周延性，撰写专利文件的水平亦是参差不齐，权利要求书对于专利技术方案的表述并非总能尽善尽美，特殊情形下，还可能产生错误。而权利要求的保护范围应当与其对社会的贡献相一致，故当PCT专利译文出错，在确定权利要求的保护范围时，应当避免过于僵化的视角，而需通过合理的解释机制维系权利要求的适度弹性。申言之，可以给予权利人适度的修正机会，避免因局部失误给予其过重的惩罚，以致挫伤创新积极性，引发权利人与社会公众利益的失衡。此外，运用司法权对存在错误的权利要求进行修正性解释，使得当事人无须经过行政程序补正瑕疵，有利于提升维权效率，将司法便民落到实处。

笔者认为，当PCT专利译文出现“明显错误”，可以允许法院对权利要求进行修正性解释。至于“明显错误”的定义，可以归纳为如下几点：一是相应的判断主体并非社会公众，而是本领域普通技术人员，也即“知晓申请日或者优先权日之前发明所属技术领域的普通技术知识，能够获知该领域中所有的现有技术，并且具有应用该日期之前常规实验手段的能力，但不具有创造能力”的抽象、拟制主体；二是明显错误的判断方法，是通过阅读权利要求书、说明书及附图，或者在具体个案中通过参考专利PCT国际申请时提交的原始说明书，确定权利要求书中表达的技术特征是否前后一致，以及权利要求书与说明书及附图披露的技术方案是否存在矛盾之处等；三是明显错误的判断标准，是错误不仅要求显而易见性，还要求修改方向的唯一性、确定性。

从涉案专利权利要求书的上下文来看，权利要求21包括“每一个侧面（59，61）上包括一所述凹槽（65）以接收在所述突出部（18）上的凸轨”这一技术特征，该技术特征更表明凸轨形成于突出部之上，而耐磨构件的插口包括凹槽，用于接收突出部上的凸轨。由于权利要求21引用权利要求20，权利要求20也应进行相同的解释。结合说明书及其附图、实施例的记载，还有PCT申请原国际公开文本来看，凸轨也是形成于突出部上，而插口的侧面上的凹槽用于接收该突出部上的凸轨。本领域普通技术人员通过阅读专利权利要求书、说明书及附图，以及参考涉案专利PCT国际申请时提交的原始说明书（英文及译文），能够对实现要求保护的技术方案得出具体、确定、唯一的解释，应当根据该解释来修正权利要求中的错误表述。

三、具体法律规定的适用

根据《中华人民共和国专利法实施细则》（以下简称《实施细则》）第一百一十七条，当译文错误导致专利权保护范围的伸缩，应当秉持对专利权人不利的原则解释权利要求的保护范围。而《专利解释（二）》第四条虽未明确提及 PCT 国际申请中译文错误的问题，却明确了在特殊情形下，可以突破权利要求的确定性、公示性原则，对权利要求进行解释。如何选择法条适用，需要审慎理性地加以衡量。

首先，从法条适用的前提出发，《实施细则》第一百一十七条适用的前提是能够明确翻译错误所导致的授权范围与原文范围大小。当两者并非简单清晰的大小关系时，如何进行处理，还未有明确规定。事实上，具体的情形可分为若干种：如依据错误译文能够确定一个清晰合理的范围；或者，依据错误译文可以确定一个技术方案，但该技术方案与本领域的公知不符或明显不合常理，导致无法形成完整的技术方案或者所谓的技术方案根本无法实施，且本领域的普通技术人员能够很轻易地发现上述错误。对于前者，应当避免进行相应的修正性解释。这是由于，专利一经授权，专利权人的私域与公有领地便已划定，不论是对特定专利感兴趣、具有规避侵权需求的相应领域人员，还是普通的社会公众，要求其发现授权文本中并不明显的错误，进而回溯到原始申请文本明确权利要求的解释范围，无疑对其设定了过高的义务，也会导致提交译文的程序形同虚设。此举同时意味着由社会大众来承担专利权人所犯错误的不利后果，有违理性经济人“自己行为自己承担”的基本法理。至于后者，也即本案所属情形，应当允许权利人利用原始申请文件来修正译文错误。此举属于专利权保护范围的合理延伸，既是对权利要求撰写过程中文字固有瑕疵的局部救济，也有利于贯彻“权利保护与发明创造人的贡献相一致”的专利法理，更是对专利权人垄断利益与社会公众利益的适度平衡。

其次，从体系解释的角度出发，并不存在“特别法优于一般法”或者“国际法优于国内法”等规则的适用空间。根据《中华人民共和国立法法》第九十二条的规定，特别法优先于一般法的前提是同一机关制定。而《专利解释（二）》第四条与《实施细则》第一百一十七条分属司法解释和行政法规，制定机关和位阶均不相同，所以不能适用“特殊法优于一般法”进行效力判断。至于“国际法优于国内法”，《立法法》上并没有明确规定，故不具有普遍效力，在专利法未规定此原则的情形下，不能在专利侵权诉讼中适用。

最后，结合《专利解释（二）》第四条的规定，以及 2017 年公布的《专利审查指南》修正稿第四部分第三章对于权利要求的修改方式，后者明确提出了“在满足上述修改原则的前提下，修改权利要求书的具体方式一般限于权利要求的删除、技术方案的删除、权利要求的进一步限定、明显错误的修正”。可见，司法及行政制度都倾向于赋予错误的专利授权文本更多的修改机会和解释空间。因此，当权利要求存在译文错误，但这种错误是明显的，而且本领域技术人员通过阅读权利要求书、说明书及附图、原始申请文本可以得出唯一正确译文的，应当适用《专利解释（二）》，允许权利人利用原始申请文件来修正译文错误。

编写人　浙江省宁波市中级人民法院　马洪　洪婧

024　叶宗轼诉浙江冠素堂食品有限公司著作权侵权纠纷案

——民间传说衍生作品的权利保护与限制

▶裁判要旨

一、在文学、艺术领域，任何一部作品的创作都离不开对前人成果或已有素材的使用。著作权法对作品的保护是对作品表达的保护，不延及作品的思想或主题，因此，法律并不禁止创作者对前人作品的合理借鉴。

二、对他人作品的借鉴，应当限于对作品思想、主题或属于公有领域内容的借鉴，对他人作品中具有独创性的表达不得擅自使用。

▶案例索引

一审：浙江省舟山市中级人民法院（2015）浙舟知初字第3号（2015年12月30日）；

二审：浙江省高级人民法院（2016）浙民终118号（2016年10月26日）。

▶案情

原告（上诉人）：叶宗轼。

被告（上诉人）：浙江冠素堂食品有限公司（以下简称冠素堂公司）。

浙江省舟山市中级人民法院经审理查明：2003年年初，叶宗轼受托为筹建中的普陀山公司开发素食品取名并创作主题故事。后叶宗轼创作完成《观音饼来历》，并建议定名“观音饼”，经原普陀山全山方丈戒忍审阅后，交给普陀山公司在“普陀山”牌观音饼外包装盒上印制使用。2003年10月，普陀山公司就观音饼包装盒申报外观设计专利，并在该观音饼包装盒上印制了《观音饼的由来》。叶宗轼认为其系《观音饼来历》的作者，“观音饼”三字来源于《观音饼来历》，对此享有完整的著作权。冠素堂公司未经许可，在生产销售的“冠素堂”牌观音饼包装盒、手提袋上改编使用其作品，且未注明作者，侵害了其对上述作品的改编权、复制权、发行权、署名权、保护作品完整权、获得报酬权等权利，在经济和精神上给其造成了巨大损失，遂诉至法院，请求判令冠素堂公司停止侵权、赔礼道歉并赔偿经济损失100万元，合理费用12216元，精神损害抚慰金3万元。

▶审判

浙江省舟山市中级人民法院经审理认为：普陀山公司出具的情况说明及法定代表人的相关陈述，结合证人周晓萍的证言、叶宗轼的身份及创作能力，以及冠素堂公司在另案中的陈述等证据，可以认定普陀山公司生产销售的观音饼包装盒上印制的《观音饼的由来》系叶宗轼创作，该作品即为叶宗轼主张著作权的《观音饼来历》一文。上述作品虽是源自民间观音传说的公有素材，但加入了作者想象的“捏土为饼”“如是者三”“山矮坡陷”等情节，并用古文体形式加以表达，具有一定的独创性，属于我国著作权法所保护的文字作品。但其中“观音饼”一词作为单个汉语词汇，具有表达思想、传递信息的功能，任何人均不能禁止他人正当使用，只有在该汉语词汇具有著作权法意义上的独创性时，才能认定为作品。

从审理查明的事实来看，叶宗轼的《观音饼来历》与冠素堂公司的《观音饼的由来》题材相同，但两部作品语言风格不同，叶宗轼作品采用古文体，文字精练，冠素堂公司作品语言偏白话，用语略显粗糙。两部作品所含情节基本相同，但冠素堂公司作品中没有“如是者三”“山矮坡陷”等情节。本案中，冠素堂公司可从公开销售渠道获取叶宗轼作品内容。冠素堂公司作品的人物安排、情节排布在很大程度上来源于叶宗轼作品，包含叶宗轼作品的主要创作表达，用语也存在一定相似度，但冠素堂公司将叶宗轼古文体的《观音饼来历》改编为白话体的《观音饼的由来》的行为，并不是对叶宗轼作品的原样再现，而是在叶宗轼作品基础上进行的再创作，具有一定的主动性。但冠素堂公司的改编事先并未获得叶宗轼的许可，且冠素堂公司将改编后的作品用于商品销售，也未向叶宗轼支付报酬，故冠素堂公司在包装盒上印制《观音饼的由来》的行为侵害了叶宗轼的改编权。但冠素堂公司并非被动再现叶宗轼作品，或以出售、赠与方式向公众提供叶宗轼作品复制件，因此，冠素堂公司的行为并未侵害叶宗轼所享有的作品发行权、复制权。普陀山公司在使用叶宗轼作品过程中并未署叶宗轼的名字，作为侵权人的冠素堂公司无法知晓作者的身份，故其在改编使用作品时未署叶宗轼之名并未侵害叶宗轼的署名权。改编过程中，冠素堂公司在充分尊重叶宗轼作品的主题思想、主要情节和主要人物关系等基础上，对叶宗轼作品的一些情节进行删除，但未对作品进行歪曲、篡改，也未损害或者贬低叶宗轼声誉，故未侵害叶宗轼享有的保护作品完整权。综上，一审法院遂于 2015 年 12 月 30 日判决：1. 冠素堂公司停止侵权，公开向叶宗轼赔礼道歉并赔偿叶宗轼经济损失及合理费用共计 10 万元。2. 驳回叶宗轼的其他诉讼请求。

一审宣判后，叶宗轼、冠素堂公司均不服，向浙江省高级人民法院提起上诉。

浙江省高级人民法院经审理认为，现有证据已形成较为完整的证据链，足以证明叶宗轼系《观音饼来历》一文的著作权人。“观音饼”一词不具有著作权法意义上的独创性，不能认定为作品。冠素堂公司《观音饼的由来》一文介于文言文与白话文兼有的文体表达方式，在表现形式上与叶宗轼的《观音饼来历》有所不同，不是简单的重复原作品的内容，属于在叶宗轼的《观音饼来历》的基础上进行的再创作。因冠素堂公司未经叶宗轼许可对原作品进行改编并用于商品销售，也未向叶宗轼支付报酬，一审法院认定其侵犯了叶宗轼的改编权并无不当。但冠素堂公司并未侵犯叶宗轼所享有的作品复制权、发行权及保护作品完整权。冠素堂公司在改编原作时未表明原作者身份，虽然叶宗轼在原作品上未加署名，但不能以此否定叶宗轼所实际享有的署名权，故冠素堂公司仍构成对叶宗轼署名权的侵害，一审判决对此未作认定不当，应予纠正。

关于损害赔偿的问题，一审法院在综合考量涉案作品的类型、知名度，叶宗轼制止侵权行为的合理开支，冠素堂公司侵权行为持续时间、规模、过错程度以及使用侵权作品在观音饼销售中的作用等因素的基础上，酌情确定冠素堂公司赔偿经济损失及为诉讼支出的合理费用为 10 万元，并无不当。至于叶宗轼要求冠素堂公司赔偿精神损害抚慰金的诉讼请求应否予以支持的问题。虽然冠素堂公司使用侵权作品侵害了叶宗轼的署名权，但一审判决已作出由冠素堂公司承担公开赔礼道歉及赔偿 10 万元的侵权责任，对被诉侵权行为已作出了明确否定性评价，足以慰藉被诉侵权行为给叶宗轼造成的精神损害，故对叶宗轼要求冠素堂公司赔偿精神损害抚慰金的诉讼请求不再予以支持。

关于冠素堂公司使用叶宗轼《观音饼来历》一文是否属于合理利用已失效外观设计专利的问题。普陀山公司享有的观音饼包装盒外观设计专利的后视图印有《观音饼来历》一文，该外观设计专利现已进入公有领域，但冠素堂公司在其自身设计的包装上使用涉案作品系版权性使用，不属于对已失效外观设计的利用，不影响著作权人叶宗轼对其作品《观音饼来历》一文行使著作权。依照《中华人民共和国民事诉讼法》第一百七十条第一款第（一）项之规定，判决：驳回上诉，维持原判。

▶评析

民间传说通常以口口相传的方式流传于老百姓之间，是我国宝贵的传统文化财富。本案涉及根据民间宗教传说所衍生的作品的保护问题。创作者虽以民间传说中的公有素材为基础，但如果在再加工的过程中融入了独创性的表达，那么对于独创性表达部分就应当受到著作权法的保护。同时，本案也需要对涉案的多项著作权权能作出清晰界定，以期能较好地平衡著作权人、相对方及社会公众的利益，实现定分止争的作用。

本案涉及的争议问题主要包括：1. 作品名称中的单个词汇在成为一种商品通用名称的情况下能否作为作品受著作权法的保护。2. 修改权、保护作品完整权、改编权的区分与界定。3. 对署名权的侵害是否应以作者在原作品已实际署名为前提。4. 若作品系已失效外观设计专利的一部分，该事由能否成为阻却著作权侵权成立的合法依据。

一、我国《著作权法》对文学作品的名称能否给予单独的保护没有明确规定，在实务上亦存有较大争议。著作权法保护的作品是指在文学、艺术或者科学领域内具有独创性并能以某种有形形式复制的智力成果，也就是说，对作品名称是否实行保护还是应从其是否构成作品的角度来分析。本案中，“观音饼”一词作为单个汉语词汇，系由“观音”+“名词”组成，类似称谓如“观音土”“观音粉”“观音糕”“观音卷”“观音酥”“观音茶”等早已有之，与之相应的民间传说亦不鲜见，此类称谓实际包含佛教信众的一种虔诚信仰，涉及一定的佛教因素，也是公众资源的体现，并不具有独创性，显然不能为特定个体所独占，况且该名称亦已成为一种商品的通用名称，不宜认定为系由叶宗轼所创作的作品。

二、修改权、保护作品完整权和改编权都是我国《著作权法》明文规定的具体权利。修改权与发表权、署名权、保护作品完整权均为著作人身权。改编权则属于著作财产权。司法实践中，如何把握侵犯修改权、保护作品完整权和改编权的尺度和界限是备受争议的问题，需要明确各项权能之间的关联性，并合理加以区分。依照《著作权法》规定，修改权，是指修改或者授权他人修改作品的权利；而保护作品完整权注重保护作品不受歪曲、篡改，体现对著作权人人身利益的维护；改编权则系改变作品，创作出具有独创性的新作品的权利。在司法实践中，上述权能之间存有千丝万缕的联系，特别是修改权和保护作品完整权的权能覆盖范围很多时候存在重叠。学界通常认为，对作品的修改只有达到足以损害作者声誉之时，才会牵涉歪曲、篡改，才会涉及是否构成对保护作品完整权的侵害；修改权则往往被认为仅能控制那些以作者名义进行的修改行为。

本案中，针对叶宗轼提出的侵权主张，需要根据各项权能的区分作条分缕析的甄别，以作出侵权与否的客观评价。由于在文学、艺术领域，任何一部作品的创作都离不开对前人成果或已有素材的使用，著作权法对作品的保护是对作品表达的保护，不延及作品的思想或主题，因此，法律并不禁止创作者对前人作品的合理借鉴。但对他人作品的借鉴，应当限于对作品思想、主题或属于公有领域内容的借鉴，对他人作品中具有独创性的表达不得擅自使用。涉案被诉侵权作品与原作品在思想和故事情节上较为一致，但在表达方式、语言风格、故事情节等方面有所不同，叶宗轼《观音饼来历》以文言文为主要文体表达方式，故事情节形象生动，富有语言美感。冠素堂公司的《观音饼的由来》介于文言文与白话文兼有的文体表达方式，在表现形式上有所不同，内容上亦有所增减，包含一定的独创性内容，不是对原作品的简单重复，亦非字句章节的简单修改，更未涉及对叶宗轼原作品的歪曲、篡改，应认定是在叶宗轼《观音饼来历》一文的基础上进行的再创作，系一种改编行为，是对叶宗轼改编权的侵害，而与修改权和保护作品完整权无涉。

三、关于对署名权的侵害是否应以作者在原作品已实际署名为前提的问题，存有不同意见。有观点认为，既然署名权是作者表明作者身份，在作品上署名的权利，那么作者也享有不署名的自由。在原作者未署名的情况下，使用该作品只要不署其他人的名字就不会构成对署名权的侵害。而本案裁判所持观点则认为，虽然著作权人未在原作品上署名，但不能以此否定叶宗轼所实际享有的署名权，冠素堂公司在改编原作时未表明原作者身份，也未以其他方式对原作者身份予以适当表示，同时亦未查找作者或与普陀山公司进行沟通接洽，故仍构成对叶宗轼署名权的侵害。

四、关于如果作品系已失效外观设计专利的一部分，该事由能否成为阻却著作权侵权成立的合法依据的问题。虽然当外观设计专利已经失效进入公有领域，但专利视图自由使用的权限应只限于原外观设计专利权所使用的相同或类似的产品类别和具体形态，而不能将其中的某项元素进行抽离后单独加以利用，特别是其中包含的版权内容，仍有其独立存在的保护价值，在其保护期内，并不随外观设计专利的失效而丧失相应权能。本案中，普陀山公司享有的观音饼包装盒外观设计专利于 2004 年 6 月 23 日授权公告，其后视图印有《观音饼来历》一文，该外观设计专利现已进入公有领域，公众可以自由地使用包装盒，但在失效专利的原保护范围以外，如果对涉案作品进行版权性使用仍应获得著作权人的许可，两者并不冲突。冠素堂公司在其自身设计的包装上使用改编后的涉案作品系版权性使用，不属于对已失效外观设计专利的利用，不影响著作权人叶宗轼对其作品《观音饼来历》一文行使著作权，冠素堂公司的抗辩理由不能成立。

编写人　浙江省高级人民法院　刘静　陈宇

025 卡地亚国际有限公司诉杭州瑞尚电子商务有限公司擅自使用知名商品特有装潢纠纷案

——形状构造类装潢作为知名商品特有装潢受保护的条件

▶裁判要旨

商品的形状构造作为知名商品特有装潢受保护并非基于该形状构造本身的独创性，而是基于其所承载的商誉，故形状构造类装潢要作为知名商品特有装潢受保护，需要满足特定条件：一是该商品形状构造在中国境内已具有一定的市场知名度；二是该形状构造并非基于商品自身性质或为实现某种技术效果所必需的设计；三是该商品形状构造具有区别于一般常见形状构造的显著特征，并通过使用使得相关公众能够将该形状构造与知名商品提供者联系在一起，从而发挥区分商品来源的功能。

▶案例索引

浙江省杭州市滨江区人民法院（2016）浙0108民初1401号（2016年11月4日）。

▶案情

原告：卡地亚国际有限公司（Cartier International AG）（以下简称卡地亚公司）。

被告：杭州瑞尚电子商务有限公司（以下简称瑞尚公司）。

浙江省杭州市滨江区人民法院经审理查明：

卡地亚公司于1847年在法国巴黎成立，主要以设计珠宝及腕表闻名。1983年，卡地亚公司正式进入中国。卡地亚公司生产及销售的“LOVE”系列戒指、耳钉、项链等珠宝，圆环基底呈扁平状，横截面上均匀排列圆形螺钉内嵌图案“⊖”或圆形钻石，或螺钉图案与圆形钻石间隔排列。另外，手镯接口处为螺钉图形，需要用螺丝刀打开。卡地亚公司为其“LOVE”系列产品在中国投入大量资金进行市场推广活动，包括但不限于网站推广、杂志推广以及相应的市场活动。

北京市中信公证处出具的（2014）京中信内经证字55317号公证书、（2016）京中信内经证字05802号公证书、（2016）京中信内经证字21696号公证书显示，“lockon. tmall. com”为“lockon旗舰店”在天猫网上的网址。首页介绍里图片显示手镯横截面为窄长的长方形，其上均匀排列，标注为“LOCKON独家真正1:1顶级螺丝手镯”，并有图片显示将标注为“Ca＊＊er”的手镯和lockon手镯作比较。进入相关产品链接，显示手镯、戒指、项链等产品，圆环（项链为吊坠）基底扁平状，横截面上均匀排列外圆内十字形或“⊖”等图形。相关网页载明该店铺经营者为瑞尚公司，经营范围为一般经营项目：首饰、工艺品、收藏品。

上述（2014）京中信内经证字55317号公证书同时公证了原告代理人对“lockon旗舰店”部分商品的购买及收货、拆封过程。经庭审比对，从“lockon旗舰店”购买的实物（包括手镯、戒指、项链、脚链）圆环基底扁平状，横截面上均匀排列圆形螺钉内嵌图案（“⊖”或外圆内十字形）、圆形亮钻，或螺钉图案与圆形亮钻间隔排列。另外，手镯产品接口处为螺钉图形，需要用螺丝刀打开。

卡地亚公司向杭州市滨江区人民法院提起诉讼，请求判令：1. 被告立即停止生产、销售仿冒原告“LOVE”系列知名商品特有装潢的侵权产品；2. 被告赔偿原告经济损失及合理费用共计人民币100万元；3. 被告在《钱江晚报》《法制日报》报刊上公开刊登声明，以消除给原告带来的不良影响；4. 被告承担本案诉讼费用。

▶审判

浙江省杭州市滨江区人民法院经审理认为,《中华人民共和国反不正当竞争法》第五条第(二)项规定:“经营者不得采用下列不正当手段从事市场交易,损害竞争对手:……(二)擅自使用知名商品特有的名称、包装、装潢,或者使用与知名商品近似的名称、包装、装潢,造成和他人的知名商品相混淆,使购买者误认为是该知名商品;……”构成擅自使用知名商品特有装潢需满足如下三个构成要件:1. 涉案商品构成知名商品;2. 涉案商品形状构成特有装潢;3. 造成和他人的知名商品相混淆,使购买者误认为是该知名商品。

《最高人民法院关于审理不正当竞争民事案件应用法律若干问题的解释》第一条第一款规定:“在中国境内具有一定的市场知名度,为相关公众所知悉的商品,应当认定为反不正当竞争法第五条第(二)项规定的‘知名商品’。人民法院认定知名商品,应当考虑该商品的销售时间、销售区域、销售额和销售对象,进行任何宣传的持续时间、程度和地域范围,作为知名商品受保护的情况等因素,进行综合判断。原告应当对其商品的市场知名度负举证责任。”根据原告卡地亚公司的举证,可以认定原告卡地亚公司的“LOVE”系列产品系知名商品。《最高人民法院关于审理不正当竞争民事案件应用法律若干问题的解释》第二条第一款规定:“具有区别商品来源的显著特征的商品的名称、包装、装潢,应当认定为反不正当竞争法第五条第(二)项规定的‘特有的名称、包装、装潢’……”《国家工商行政管理局关于禁止仿冒知名商品特有的名称、包装、装潢的不正当竞争行为的若干规定》第三条第五款规定:“本规定所称装潢,是指为识别与美化商品而在商品或者其包装上附加的文字、图案、色彩及其排列组合。”装潢一般分为两类,即文字图形类装潢和形状构造类装潢。对于形状构造类装潢而言,由于其本身与商品本体不可分割,相关公众往往更容易将其视作商品本体的组成部分,而一般不会直接将其与商品的特定生产者、提供者联系起来。因而,认定形状构造类装潢构成知名商品特有装潢，需要有更加充分的证据证明该种形状构造起到了区别商品来源的作用，这些证据一般包括：1. 该形状构造既不属于由商品自身的性质所决定的设计，也不属于为实现某种技术效果所必需的设计或者使商品具有实质性价值的设计；2. 该形状构造应该具有区别于一般常见设计的显著特征；3. 通过在市场上的使用，相关公众已经将该形状构造与特定生产者、提供者联系起来。原告主张的“LOVE”系列产品形状虽有手镯、戒指等常用的圆环形或椭圆环形状，属于其自身性质所决定的设计，但圆环基底扁平状，横截面上均匀排列圆形螺钉内嵌图案“”或圆形钻石，或螺钉图案与圆形亮钻间隔排列，另外手镯产品接口处为螺钉图形，需要用螺丝刀打开。该种形状可以从其自身性质上剥离出来而独立存在的性质，属于形状构造类装潢。根据原告的举证，将原告的该种形状与其他手镯、戒指等饰品相比较，该形状构造与其他设计有明显区别，具有很高的显著性。同时，原告持续对“LOVE”系列产品进行广告宣传，寓意为守护爱情，展现爱情的忠诚和信任，使消费者对该系列产品的形状和“卡地亚”的商标紧密结合起来，具有区别商品来源的作用。因此，法院认为，原告的“LOVE”系列产品的该种形状构成知名商品的特有装潢。被告未经授权擅自生产、销售使用原告“LOVE”系列产品形状的商品的行为，构成《中华人民共和国反不正当竞争法》第五条第（二）项规定的“擅自使用知名商品特有的装潢”，应承担停止侵权、赔偿损失的民事责任。至于赔礼道歉的诉讼请求，鉴于被告瑞尚公司的行为并未给原告的商誉造成很大的影响或极大的损失，故对原告的该项诉讼请求，不予支持。关于具体的赔偿数额，鉴于原告因被侵权所受到的损失和被告因侵权所获得的利润均无证据证实，综合考虑原告“LOVE”系列产品的知名度、侵权行为的性质、持续时间，侵权后果及侵权人的经营模式、主观过错程度等因素酌情确定。据此，判决：一、瑞尚公司立即停止生产、销售与卡地亚公司“LOVE”系列产品特有装潢相近似的商品的不正当竞争行为；二、瑞尚公司赔偿卡地亚公司经济损失及合理费用共计 30 万元；三、驳回卡地亚公司的其他诉讼请求。

判决作出后双方当事人均未上诉。

▶评析

对于珠宝首饰类商品，权利人不仅可以通过注册商标或申请外观设计专利的方式寻求保护，在符合一定条件的情况下，还可以主张知名商品特有装潢权益。商品的形状构造作为知名商品特有装潢受保护并非基于该形状构造本身的独创性，而是基于其所承载的商誉，故形状构造类装潢要作为知名商品特有装潢受保护，需要满足特定条件：一是该商品形状构造在中国境内已具有一定的市场知名度；二是该形状构造并非基于商品自身性质或为实现某种技术效果所必需的设计；三是该商品形状构造具有区别于一般常见形状构造的显著特征，并通过使用使得相关公众能够将该形状构造与知名商品提供者联系在一起，从而发挥区分商品来源的功能。

一、该商品形状构造在中国境内已具有一定的市场知名度

“知名商品特有的名称、包装、装潢”在《反不正当竞争法》上作为特定的概念出现，要求主张相关权益的经营者提供的该商品为知名商品，在中国境内具有一定的市场知名度。因而，使用形状构造类装潢的商品为“知名商品”是该装潢权益受保护的门槛。但是，不能基于使用该种形状构造的商品已经成为知名商品就当然认为该种形状构造已经起到了区别商品来源的作用，更不能仅凭使用该种形状构成的商品已经成为知名商品就推定该种形状构造属于知名商品的特有装潢。适用反不正当竞争法保护该类权益，需同时满足商品本身知名及该商品形状构造知名的条件。这比主张商品的外观设计权利提出了更高的要求。

二、该形状构造并非基于商品自身性质或为实现某种技术效果所必需的设计

多数商品作为有体物，势必依赖于一定的形状构造而呈现，即形状构造内在于物品中。形状构造本身与商品本体不可分割，相关公众往往更容易将其视作商品本体的组成部分。形状构造之于商品起到两个层次的效果：一是功能性效果，如由商品自身的性质所决定的形状或为实现某种技术效果所必需的形状以及使商品具有实质价值的形状构造；二是美化商品和区分来源的作用，只有同时实现两个层次效果的形状构造，具有区别于一般常见设计的显著特征，才得以主张不正当竞争法中的装潢权益进行保护。例如，本案中，卡地亚公司主张的“LOVE”系列产品形状虽有手镯、戒指等常用的圆环形或椭圆环立体形状，属于其自身性质所决定的设计，但圆环基底扁平状，横截面上均匀排列圆形螺钉内嵌图案“⊖”或圆形钻石，或螺钉图案与圆形亮钻间隔排列，另外手镯产品接口处为螺钉图形，需要用螺丝刀打开，该种形状可以从其自身性质上剥离出来而独立存在的性质，属于形状构造类装潢。

三、该商品形状构造发挥区分商品来源的功能

对于一般的形状构成，相关公众往往更容易将其视作商品本体的组成部分，而一般不会直接将其与商品的特定生产者、提供者联系起来。因而，认定形状构造类装潢构成知名商品特有装潢，需要有更加充分的证据证明该种形状构造起到了区别商品来源的作用，即通过在市场上的使用，相关公众已经将该形状构造与特定生产者、提供者联系起来。原告持续对“LOVE”系列产品进行广告宣传，寓意为守护爱情，展现爱情的忠诚和信任，使消费者对该系列产品的形状和“卡地亚”的商标紧密结合起来，具有区别商品来源的作用。

编写人 浙江省杭州市滨江区人民法院 倪晓花 周上琛

026 浙江省农业技术推广中心诉杭州河滨乐购生活购物有限公司、常州开古茶叶食品有限公司侵害商标权纠纷案

——地理标志证明商标的侵权判断标准

▶裁判要旨

一、是否侵犯地理标志证明商标权利，不能以被诉侵权行为是否容易导致相关公众对商品来源产生混淆作为判断标准，而应当以被诉侵权行为是否容易导致相关公众对商品的原产地等特定品质产生误认作为判断标准。

二、地理标志证明商标的注册人对于其商品符合使用该地理标志条件的自然人、法人或者其他组织要求使用该证明商标的，应当允许。其不能剥夺虽没有向其提出使用该证明商标的要求，但其商品确实符合原产地等特定品质的自然人、法人或者其他组织正当使用该证明商标中地名的权利。

三、被诉侵权商品的生产者在商品上使用地理标志对商品的原产地等特定品质进行标识的，其对于商品具有该地理标志证明商标所标识的原产地等特定品质负有举证责任。

▶案例索引

一审：浙江省杭州市下城区人民法院（2015）杭下知初字第13号（2015年10月19日）；

二审：浙江省杭州市中级人民法院（2015）浙杭知终字第374号（2016年3月2日）；

再审：浙江省高级人民法院（2016）浙民申1589号（2016年10月10日）。

▶案情

原告（被上诉人）：浙江省农业技术推广中心（以下简称农技中心）。

被告（原审被告）：杭州河滨乐购生活购物有限公司（以下简称河滨乐购公司）。

被告（上诉人）：常州开古茶叶食品有限公司（以下简称开古公司）。

农技中心诉称：开古公司未经许可擅自在茶叶产品上使用“龙井茶”证明商标、河滨乐购公司长期销售开古公司的侵权商品，导致相关公众误认，均侵犯了农技中心对“龙井茶”证明商标享有的权利，破坏了龙井茶市场秩序，给商标权人造成了重大的经济损失。请求判令：1. 开古公司立即停止生产被诉侵权商品；2. 河滨乐购公司立即停止销售被诉侵权商品及为他人侵害商标权的行为提供便利场所；3. 开古公司、河滨乐购公司连带赔偿农技中心经济损失及制止侵权支出的合理费用500000元；4. 开古公司、河滨乐购公司共同在《浙江日报》和《浙江法制报》上刊登声明，消除侵权行为给农技中心造成的不良影响；5. 开古公司、河滨乐购公司承担本案诉讼费用。

河滨乐购公司答辩称：其销售的被诉侵权商品具有合法来源，已尽到审查义务，主观上没有过错，且龙井茶是通用名称，请求驳回农技中心对河滨乐购公司的诉讼请求。

开古公司答辩称：1. 开古公司生产的龙井茶产自龙井茶茶区，因此有权利使用龙井茶名称；2. 开古公司是将龙井茶作为商品名称正当使用，在外包装上标明了注册商标“开古”和产地、公司名称等，因此不构成侵权，请求驳回农技中心的诉讼请求。

杭州市下城区人民法院经审理查明：2008年12月7日，浙江省农业厅经济作物管理局经国家工商行政管理总局商标局核准，取得第5612284号“龙井茶 Longjing Tea”注册商标，注册有效期限自2008年12月7日至2018年12

月6日，核定使用商品第30类：茶。2013年12月27日，经核准上述第5612284号注册商标转让给农技中心。

中华人民共和国国家质量监督检验检疫总局和中国国家标准化管理委员会联合发布的国家标准GB/T 18650—2008《地理标志产品　龙井茶》载明，龙井茶地理标志产品保护范围为西湖产区、钱塘产区、越州产区等共18个县（市、区）；获得批准的企业，可在其产品包装上使用龙井茶地理标志产品专用标志，并标示龙井茶产区名称。

根据《龙井茶证明商标使用管理实施细则》（2014年版）的相关规定，申请使用龙井茶证明商标的使用者应向所在地的县级龙井茶工作机构提交《龙井茶证明商标使用申请表》及其附件、申请产品的样品与检测报告等；对于注册地在龙井茶产区外的申请主体，按《分装、委托加工企业申请使用龙井茶证明商标的特别规定》执行；商标注册人对符合龙井茶证明商标使用条件的，即下达书面批复，通知申请人签订《龙井茶证明商标使用许可合同》、交纳管理费、领取《龙井茶证明商标准用证》；龙井茶证明商标在产品包装上应做到"三位一体"，即龙井茶证明商标标识、龙井茶证明商标准用证编号、中国地理标志须全部体现在产品包装上；龙井茶证明商标标识应统一、规范；龙井茶证明商标标识与商标准用证编号实行组合使用，其基本图案由"龙井茶 Longjing Tea"中英文标准字样、注册商标符号"®"、"证明商标"字样和准用证编号构成，绿色和黑色为商标标识的基本组成色。

2014年7月31日，农技中心的委托代理人黄潇炜向浙江省杭州市钱塘公证处申请证据保全公证。同日下午，该处公证员潘白枫、工作人员李晓宁与黄潇炜一起来到位于浙江省杭州市建国北路的乐购超市（河滨店），黄潇炜购买了两盒茶叶，并当场取得购物小票及发票各一张。黄潇炜的购物过程由公证员及工作人员现场监督，并在现场拍摄照片，回到公证处后对所购商品进行拍照后封存。购物小票载明所购物品为开古龙井，单价35元，共计支出70元。上述发票加盖有"杭州河滨乐购生活购物有限公司发票专用章"。2014年8月18日，浙江省杭州市钱塘公证处就上述公证行为出具了（2014）

浙杭钱证民字第18997号公证书。农技中心为此支出公证费1500元。

经当庭比对，封存物品为标有“乐购TESCO”超市购物袋1个及两盒同款铁盒包装的茶叶。茶叶铁盒正、背面图案一致，均标有占据平面约四分之一大小的“龙井茶”字样，下方标有较小字体的“特级”“精选杭州开古茶叶基地”“K2014/06/03C”字样。茶叶铁盒一边侧面有龙井茶及商品介绍，并称商品来自“杭州著名茶产区”；另一边侧面标示原料产地：杭州开古茶叶基地，品名：龙井茶（分装），配料：精选龙井绿茶，等级：特级，分装产地：江苏省常州市，标准代号：GB/T 14456.2，生产日期：详见罐身等信息。茶叶铁盒的顶部标有“KAKOO开古”注册商标标识；底部标有制造商开古公司的名称、地址、联系方式等信息。

2011年8月29日，浙江省农业厅经济作物管理局向开古公司出具农经茶便（2011）20号告知书，因在对龙井茶证明商标使用情况进行监测时发现，开古公司生产经营的标称为“龙井茶”“龙井绿茶”等袋泡茶产品，未经许可，在包装上使用龙井茶证明商标，且产品质量不符合GB/T 18650—2008《地理标志产品 龙井茶》国家标准要求，严重侵犯了龙井茶注册商标专用权，特告知开古公司停止侵权行为，消除不良影响。

2012年3月、4月，南通市通州工商行政管理局在当地市场检查中两次发现开古公司涉嫌侵犯“龙井茶”地理标志证明商标专用权行为，经浙江省农业厅经济作物管理局核实开古公司均未获得许可使用。

在北京市消费者协会官网2014年6月23日发布的《市消协发布龙井茶比较试验结果》中，涉及将开古公司生产的标称等级分别为一级袋装龙井茶和特级盒装龙井茶进行比较试验，得出实测等级低于明示等级的结论。在上海市消费者权益保护委员会官网2014年6月6日发布的《市消保委发布2014年度茶叶比较试验结果通报》中，涉及开古公司生产的标称等级为特优的袋装龙井绿茶，实测感官品质低于四级。

浙江省农业厅经济作物管理局于2012年1月17日准予杭州纳德食品有限公司（以下简称纳德公司）在龙井茶商品上使用“中国地理标志”专用标

志和“龙井茶”证明商标，有效期限为2012年1月至2014年1月；后于2014年4月21日再次准用两年。2014年1月1日，纳德公司出具授权书，授权开古公司生产由其提供的龙井茶并同意开古公司分装销售，有效期从2014年1月1日至2014年12月31日。纳德公司与开古公司签订的《龙井茶购销协议》约定在2014年1月1日至2014年12月31日期间，纳德公司向开古公司不定期提供总数为1吨的龙井茶叶。开古公司向一审法院提交的纳德公司销货清单显示2014年2月5日到2014年9月8日期间，开古公司向纳德公司自提龙井茶共计2295斤，计货款301155元；提交的增值税发票显示2014年1月11日至2014年6月17日期间纳德公司开具价税合计495563元的发票给开古公司，载明的货物名称为茶叶。但开古公司未提交支付货款的凭证。

2014年9月1日，开古公司向农技中心提交的《龙井茶证明商标使用申请表》载明其龙井茶分装原料来自新昌县双彩乡大佛玉龙茶厂。

庭审过程中，开古公司确认以下事实：被控侵权商品由其生产，其通过上海地区销售商闻鉴公司供货给河滨乐购公司进行销售；其只从纳德公司采购过龙井茶，而未采购其他茶叶，提供的发票仅为双方之间往来的部分发票；其在被控侵权商品包装上标称的“杭州开古茶叶基地”即为纳德公司生产基地；涉案茶叶铁盒上的标准代号GB/T 14456.2是绿茶标准。河滨乐购公司确认涉案茶叶由其销售，但辩称所售茶叶系从闻鉴公司进货，并提交了三方购销协议及商品订单、物流清单等佐证。

▶审判

一审法院认为，本案的争议焦点是开古公司、河滨乐购公司的行为是否构成商标侵权，若构成商标侵权则应承担何种侵权责任。

关于争议焦点1，证明商标与商品商标不同，并非标示商品来源的标识，而是标示商品的原产地等特定品质的标识。就本案而言，“龙井茶”注册商标系作为证明商标注册的地理标志，即证明商品的种植地域范围为杭州市西湖区（西湖风景名胜区）等县（市、区），产品按GB/T 18650—2008《地理

标志产品　龙井茶》的规定进行生产加工，产品质量符合 GB/T 18650—2008《地理标志产品　龙井茶》，具有特定品质的标志。农技中心作为涉案商标的注册人，对于其商品符合特定品质的自然人、法人或者其他组织要求使用该证明商标的，应当允许。而且，其不能剥夺虽没有向其提出使用该证明商标的要求，但商品确实产于上述龙井茶保护范围的自然人、法人或者其他组织正当使用该证明商标中地名的权利。但同时，对于其商品并非产于上述保护范围的自然人、法人或者其他组织在商品上标注该商标的，农技中心则有权禁止，并依法追究其侵犯证明商标权利的责任。

本案中，开古公司生产的标有“龙井茶”字样的铁盒装茶叶，将“龙井茶”在被控侵权商品包装上以突出方式标注，该使用行为起到标识商品来源的作用，属于商标性使用行为。“龙井茶”字样与农技中心注册商标“龙井茶”读音、含义均相同，且与该商标核定使用的第 30 类商品为同类商品。虽然开古公司提交证据证明其与纳德公司之间具有茶叶购销关系，但即使纳德公司确系取得农技中心许可使用“龙井茶”地理标志证明商标的企业，开古公司提交的证据尚不足以证明被控侵权商品的茶叶来源于纳德公司，且被控侵权商品包装上标注的标准代号 GB/T 14456. 2 亦表明该商品不符合龙井茶的国家标准，故开古公司不能证明被控侵权商品符合使用“龙井茶”地理标志条件，农技中心有权禁止开古公司在被控侵权商品上使用“龙井茶”标识，并追究其相应的侵权责任。河滨乐购公司销售被控侵权商品的行为，亦构成对涉案注册商标专用权的侵犯，应承担相应的侵权责任。

河滨乐购公司提交的证据显示其销售的被控侵权商品系从闻鉴公司进货，开古公司认可其通过闻鉴公司供货给河滨乐购公司进行销售，故可以认定河滨乐购公司销售的被控侵权商品具有合法的进货渠道和来源，其已尽到合理注意义务，不应承担赔偿责任。

关于争议焦点 2，农技中心要求开古公司、河滨乐购公司停止侵害，要求两公司登报消除影响赔偿损失及合理费用的主张，具有事实和法律依据，该院予以支持。关于赔偿数额，农技中心未提交证据证明其因被侵权所受到的实际损失及开古公司因侵权所获得的利益，故一审法院综合考虑涉案注册商标的声誉和知名度、开古公司的经营规模、销售侵权商品的价格、实施侵权行为的过错程度，农技中心为制止侵权行为所支付的合理费用等因素，酌情确定赔偿数额为 130000 元（包括为制止侵权行为所支付的合理开支）。

综上，一审法院判决：一、开古公司立即停止生产侵犯第 5612284 号“龙井茶”注册商标专用权商品的行为；二、河滨乐购公司立即停止销售侵犯第 5612284 号“龙井茶”注册商标专用权商品的行为；三、开古公司于该判决生效之日起十日内赔偿农技中心经济损失（含合理开支）130000 元；四、开古公司于该判决生效之日起十日内在《浙江法制报》上刊登声明，就其商标侵权行为消除影响，声明的内容需经该院审核，费用由开古公司负担；五、驳回农技中心的其他诉讼请求。

一审宣判后，开古公司不服，上诉至浙江省杭州市中级人民法院。

二审法院查明的事实除与一审法院查明的事实一致外，另查明：2013 年 12 月 2 日，国家工商行政管理总局商标评审委员会商评字（2013）第 120170 号《关于第 5612284 号“龙井茶 LONGJING TEA”商标争议裁定书》中称“我委认为……‘龙井茶’作为证明商品原产地的名称，体现了龙井茶的特定质量、信誉等自然因素和人文因素，具备证明商标的申请条件”“申请人称争议商标作为茶叶的通用名称缺乏显著性，不可作为商标使用。被申请人的争议商标作为地理标志证明商标已与其产地、制造方法等特定品质密切相连，已具备商标所应具备的显著性特征，被申请人注册争议商标的行为未构成《商标法》第十一条所指情形，申请人的该项撤销理由不成立。……裁定如下：争议商标予以维持。”

《龙井茶证明商标使用管理实施细则》（2014 年版）第五条规定：“使用龙井茶证明商标的产品的种植地域范围为以下县（市、区）：杭州市西湖区（西湖风景名胜区）、萧山区、滨江区、余杭区、富阳市、临安市、桐庐县、建德市、淳安县、柯桥区、新昌县、嵊州市、诸暨市、上虞区、越城区、磐安县、东阳市、天台县。”第六条规定：“使用龙井茶证明商标的产品应按

GB/T 18650—2008《地理标志产品　龙井茶》的规定进行生产加工。”第七条规定：“使用龙井茶证明商标的产品质量应符合 GB/T 18650—2008《地理标志产品　龙井茶》的规定。”第八条规定：“同时符合本细则第五条、第六条和第七条规定的龙井茶产品生产经营者（包括企业、农民专业合作社、家庭农场等），可申请使用龙井茶证明商标。”

中华人民共和国国家质量监督检验检疫总局和中国国家标准化管理委员会联合发布的国家标准 GB/T 18650—2008《地理标志产品　龙井茶》对龙井茶地理标志产品保护范围、自然环境与生产、要求、试验方法、检验规则等进行了规定。

浙江省杭州市中级人民法院经审理认为：首先，关于开古公司的被诉侵权行为是否成立。证明商标并非标示商品来源的标识，而是为了彰显和证明该商品的原产地、原料、制造方法、质量或者其他特定品质的标识。是否侵犯证明商标权利，不能以被诉侵权行为是否容易导致相关公众对商品来源产生混淆作为判断标准，而应当以被诉侵权行为是否容易导致相关公众对商品的原产地等特定品质产生误认作为判断标准。

根据《地理标志产品　龙井茶》和《龙井茶证明商标使用管理实施细则》的相关规定，第 5612284 号注册商标系证明商品的种植地域范围为杭州市西湖区（西湖风景名胜区）、萧山区、滨江区、余杭区、富阳市、临安市、桐庐县、建德市、淳安县、柯桥区、新昌县、嵊州市、诸暨市、上虞市、越城区、磐安县、东阳市、天台县 18 个县（市、区），产品按 GB/T 18650—2008《地理标志产品　龙井茶》的规定进行生产加工，产品质量符合 GB/T 18650—2008《地理标志产品　龙井茶》，具有特定品质的标志。

《中华人民共和国商标法实施条例》（以下简称《商标法实施条例》）第四条第二款规定：以地理标志作为证明商标注册的，其商品符合使用该地理标志条件的自然人、法人或者其他组织可以要求使用该证明商标，控制该证明商标的组织应当允许。以地理标志作为集体商标注册的，其商品符合使用该地理标志条件的自然人、法人或者其他组织，可以要求参加以该地理标志作为集体商标注册的团体、协会或者其他组织，该团体、协会或者其他组织应当依据其章程接纳为会员；不要求参加以该地理标志作为集体商标注册的团体、协会或者其他组织的，也可以正当使用该地理标志，该团体、协会或者其他组织无权禁止。《集体商标、证明商标注册和管理办法》第十八条第一款规定：凡符合证明商标使用管理规则规定条件的，在履行该证明商标使用管理规则规定的手续后，可以使用该证明商标，注册人不得拒绝办理手续。《商标法实施条例》第四条第二款中的正当使用该地理标志是指正当使用该地理标志中的地名。

农技中心作为第 5612284 号地理标志证明商标的注册人，对于其商品的种植地域范围为上述地区、符合特定品质的自然人、法人或者其他组织要求使用该证明商标的，应当允许。而且，其不能剥夺虽没有向其提出使用该证明商标的要求，但商品的种植地域确实为上述地区、符合特定品质的自然人、法人或者其他组织正当使用该证明商标中地名的权利。同时，对于其商品的种植地域并非上述地区的自然人、法人或者其他组织在商品上标注该证明商标或者近似标识的，农技中心有权禁止并依法追究其侵犯证明商标权利的责任。本案中，开古公司如果能够证明其生产销售的茶叶确实来源于龙井茶种植地域范围，且具有 GB/T 18650—2008《地理标志产品　龙井茶》规定的品质特征的，则可以正当使用上述证明商标中的地名。但根据现有证据，开古公司尚不足以证明其生产销售的涉案茶叶确实来源于龙井茶种植地域范围并具有相应的特定品质。

《商标法实施条例》第七十六条规定：“在同一种商品或者类似商品上将与他人注册商标相同或者近似的标志作为商品名称或者商品装潢使用，误导公众的，属于商标法第五十七条第二项规定的侵犯注册商标专用权的行为。”根据一审法院查明的事实，开古公司在其生产销售的被诉侵权茶叶商品包装盒的正面和背面显著位置上标注占据平面约四分之一大小的“龙井茶”字样。该“龙井茶”汉字与第 5612284 号注册商标中的“龙井茶”汉字相同。开古公司在被诉侵权商品上使用“龙井茶”字样的方式起到了标识商品的原产地等特定品质的作用。开古公司以涉案方式使用“龙井茶”字样，容易使公众误认为其生产销售的茶叶系来源于龙井茶种植地域范围，并具有相应的特定品质。鉴于开古公司并未提供有效证据证明涉案茶叶确实来源于龙井茶种植地域范围且具有相应的特定品质，因此，开古公司的上述行为侵犯了农技中心对涉案证明商标的专用权。

开古公司认为一审法院错误分配举证责任，对此，二审法院认为，开古公司作为被诉侵权商品的生产者，对于该商品是否来源于龙井茶种植地域范围负有举证责任。农技中心作为涉案地理标志证明商标的注册人，其负责对商品符合使用该地理标志条件的自然人、法人或者其他组织发放该证明商标使用许可，并对该证明商标的使用情况进行监督和控制。例如，未取得证明商标使用许可者可以如同已经取得使用许可一般在相关商品上使用该证明商标，且其在该使用行为被权利人起诉时无须对该商品的原产地等特定品质承担举证责任，则商标法中的证明商标法律制度将形同虚设。本案中，开古公司未经农技中心许可，在其生产销售的被诉侵权商品上使用“龙井茶”字样对商品的原产地等特定品质进行标识，除非其能证明该商品确实来源于龙井茶种植地域范围、符合特定品质，否则，开古公司应承担举证不能的不利后果。故一审法院的举证责任分配并无不当。

开古公司上诉称其早在 2001 年就开始使用“龙井茶”名称进行商品交易，故有权在被诉侵权商品上使用“龙井茶”标志。对此，二审法院认为，《中华人民共和国商标法》（以下简称《商标法》）第五十九条第三款规定：“商标注册人申请商标注册前，他人已经在同一种商品或者类似商品上先于商标注册人使用与注册商标相同或者近似并有一定影响的商标的，注册商标专用权人无权禁止该使用人在原使用范围内继续使用该商标，但可以要求其附加适当区别标识。”根据上述规定，开古公司需要举证证明其在涉案商标注册前，已经在同一种商品或者类似商品上先于商标注册人使用与“龙井茶”注册商标相同或者近似并有一定影响的商标。对此，开古公司并未提供有效证据予以证明。故对开古公司的上述在先使用抗辩，二审法院亦不予采信。

综上，开古公司未经商标注册人农技中心许可，在其生产销售的被诉侵权商品上使用与第5612284号“龙井茶 Longjing Tea”证明商标相近似的标识，容易导致相关公众对商品的原产地等特定品质产生误认，从而侵犯了农技中心对该商标所享有的注册商标专用权。

另外，关于一审法院确定的赔偿金额是否合理。由于农技中心并未提交证据证明其因被侵权所受到的具体损失或者开古公司因侵权所获得的具体利益，开古公司也未提供证据证明因侵权所获得利润的具体数额。鉴于侵权人的利益和被侵权人的损失难以确定，且农技中心明确要求以法定赔偿作为本案赔偿计算依据，一审法院在综合考虑了涉案注册商标的声誉和知名度、开古公司的经营规模、销售侵权商品的价格、实施侵权行为的过错程度以及农技中心为制止侵权行为所支出的合理费用等因素后，酌定赔偿数额为130000元并无不当。

综上，二审法院判决：驳回上诉，维持原判。

开古公司不服二审判决，向浙江省高级人民法院申请再审。浙江省高级人民法院经审查认为，本案再审申请争议焦点在于：开古公司涉案被诉侵权行为是否属于合理使用；开古公司对“龙井茶”标识是否享有在先使用权；原审法院确定的赔偿额是否恰当。

关于开古公司涉案被诉侵权行为是否属于合理使用。《商标法》关于地理标志证明商标的立法保护旨在明确使用此类商标的商品必须具有主要由该地理标志所标示的特定地理区域的自然和人文因素所决定的商品特定质量、信誉和其他特征，从而防止该地理区域以外的商品使用地理标志证明商标误导相关公众。由于农技中心主张开古公司未经其许可实施被诉侵权行为构成侵权属消极事实，故开古公司需就其不侵权抗辩事由承担举证责任，即需对被控侵权商品是否来源于特定地域及商品品质与地理来源的关系加以证明。虽然，开古公司提供了龙井茶购销协议、授权书、销货清单、增值税发票及其公司付款凭证等，但其所记载的商品数量、单价、金额均无法相互印证；开古公司提交的检测报告所涉样品亦非本案被诉侵权商品的事实客观存在。

尤其，开古公司在被控侵权商品包装上标注的标准代号 GB/T 14456.2 也与 GB/T 18650—2008《地理标志产品　龙井茶》规定的品质特征不符。二审法院关于开古公司现有证据尚不足以证明其生产销售的涉案茶叶确实来源于龙井茶种植地域范围并具有相应的特定品质的认定正确。开古公司对被诉侵权标识的使用并不属于单纯地对该茶叶产地进行描述性说明，而是起到了足以标识商品的原产地等特定品质的作用。开古公司既未经合法许可使用，又不属于正当使用地理标志中的地名，其涉案使用行为构成对第 5612284 号注册证明商标的侵权。

开古公司对“龙井茶”标识是否享有在先使用权。“龙井茶”并非绿茶的通用名称。源于特定的地域性自然因素，经过长期的地域性人文积累，“龙井茶”已与其产地、制造方法等特定品质密切相连，作为地理标志证明商标，体现了特定质量、信誉等自然因素和人文因素，具备极高的显著性特征。此外，开古公司在本案中也未能就其在先使用“龙井茶”具体使用时间、使用方法加以举证证明。据此，开古公司关于其对“龙井茶”标识享有在先使用权的抗辩理由不能成立。

关于原审法院确定的赔偿额是否恰当。原审法院鉴于侵权人的利益和被侵权人的损失难以确定，且农技中心明确要求以法定赔偿作为本案赔偿计算依据，在综合考虑各因素后，酌定赔偿数额为 130000 元。上述判赔在原审法院合法的裁量权限之内，体现了严格保护知识产权的司法政策，并无不当。开古公司就此提出的再审申请理由不足。

综上，浙江省高级人民法院裁定：驳回开古公司的再审申请。

▶评析

一、地理标志证明商标与商品商标、服务商标的区别

《商标法》第三条第三款规定：证明商标是指“由对某种商品或者服务具有监督能力的组织所控制，而由该组织以外的单位或者个人使用于其商品或者服务，用以证明该商品或者服务的原产地、原料、制造方法、质量或者

其他特定品质的标志”。该法第十六条第二款规定，“地理标志，是指标示某商品来源于某地区，该商品的特定质量、信誉或者其他特征，主要由该地区的自然因素或者人文因素所决定的标志”。由此可见，地理标志证明商标与商品商标、服务商标不同，其并非用来标示商品、服务来源于证明商标的注册人，而是用来标识商品的原产地以及该商品所具有的某种特定质量、信誉等。本案中，“龙井茶”地理标志证明商标所证明的茶叶原产地为龙井茶产区，其特定品质源自龙井茶产区的气候、土壤、良好的生态环境和特殊的采制技术，龙井茶的质量品质、信誉或其他特征由该产区的自然环境或者人文环境所决定。

商标最本质的功能是区别功能，即区别不同的商品或服务。在这一点上，地理标志证明商标与商品商标、服务商标相同。但是，对商品商标、服务商标而言，其区别功能直接指向商品或服务的提供者。《与贸易有关的知识产权协定》（TRIPs）第 15 条第 1 款规定：“任何能够将一个企业的商品和服务与另一企业的商品和服务区别开来的标志或标志组合，均应能够构成商标……”可见，商品商标和服务商标的基本功能是区别不同经营者所提供的商品和服务。而对地理标志证明商标来说，其区别功能指向的是产品的原产地、品质，并不直接指向商品或服务的提供者。

地理标志证明商标专用权与商品商标、服务商标专用权不同，地理标志证明商标的注册人不得在自己提供的商品上使用该证明商标，而只能准许其他人使用该证明商标，其权利不以禁止造成商品或服务的提供者的混淆误认为内容，而以保有、管理、维持证明商标为核心。

二、在商标侵权的判断标准上，地理标志证明商标有着特殊之处

（一）地理标志证明商标的侵权判断标准

根据《商标法》第四条第二款的规定，商标法有关商品商标的规定适用于服务商标，但对于是否可以适用于证明商标未作出规定。如前所述，地理标志证明商标的功能不同于商品商标、服务商标的功能，地理标志证明商标的侵权判断标准亦不同于商品商标、服务商标的侵权判断标准，有其特殊性。

地理标志证明商标的识别性指向商品的地理来源和特定品质，而不是提供商品或者服务的具体经营者。相应地，是否侵犯地理标志证明商标权利，不能以被诉侵权行为是否容易导致相关公众对商品来源产生混淆作为判断标准，而应当以被诉侵权行为是否容易导致相关公众对商品的原产地等特定品质产生误认作为判断标准。例如，被诉侵权行为容易导致相关公众对商品的原产地等特定品质产生误认，则应当认定构成侵权。

本案中，被诉侵权商品上标注的“龙井茶”是在铁盒正、背面显著位置以较大字体标注，开古公司虽然抗辩其是将“龙井茶”作为商品名称使用，但由于其与作为地理标志证明商标的“龙井茶”从产地来源标示功能来看，两者构成一致，故可以认定被诉侵权商品上使用的“龙井茶”标识起到了证明该茶叶来源于龙井茶产区并具有龙井茶特定品质的作用。

在法律适用上，二审法院适用的是《商标法实施条例》第七十六条的规定，即“在同一种商品或者类似商品上将与他人注册商标相同或者近似的标志作为商品名称或者商品装潢使用，误导公众的，属于商标法第五十七条第二项规定的侵犯注册商标专用权的行为”。《商标法》第五十七条第（二）项规定则为，未经商标注册人的许可，在同一种商品上使用与其注册商标近似的商标，或者在类似商品上使用与其注册商标相同或者近似的商标，容易导致混淆的，构成商标侵权。鉴于《商标法实施条例》将第七十六条中的侵权行为纳入了《商标法》第五十七条第（二）项规定的范畴，故有必要厘清本案中的“混淆”并非商品商标、服务商标侵权认定中常见的对商品、服务提供者的“混淆”，而是指相关公众对商品的原产地等特定品质的混淆误认。《商标法实施条例》（2002年）第五十条第（一）项则是将该种形式的侵权行为作为《商标法》中的“给他人的注册商标专用权造成其他损害的行为”。

因此，是否造成商品提供者来源的混淆与是否构成侵犯地理标志证明商标权利并无关联，讨论是否造成商品提供者来源的混淆是将地理标志证明商标与商品商标和服务商标混同。故本案中，虽然开古公司在被诉侵权商品上标识了“KAKOO开古”注册商标，以表明被诉侵权商品来源于开古公司，但这并不影响其在本案中侵权构成的认定。

（二）地理标志证明商标侵权构成的例外：正当使用

1. 是否允许正当使用的例外。开古公司在一审、二审中均提出了被诉侵权商品系来源于龙井茶产区、其有权以涉案方式正当使用被诉侵权标识的抗辩。审查开古公司的该项抗辩是否成立，首先必须审查其提出的“如商品确系来源于龙井茶产区，则其有权以涉案方式正当使用被诉侵权标识”的主张是否成立；如成立，则再审查是否符合“商品确系来源于龙井茶产区”的条件；反之，则不需要进行后续分析。

关于是否允许他人正当使用已被权利人注册为证明商标的地理标志，有两种观点，一种观点认为：即使被诉侵权商品符合其标识的地理标志所证明的原产地等品质要求，该商品的提供者亦无权未经地理标志证明商标注册人许可擅自使用与该证明商标相同或相似的地理标志，其仍需向证明商标注册人提出申请并履行该证明商标使用和管理规则中所规定的手续，否则就构成侵害注册商标专用权；另一种观点认为：地理标志证明商标的注册人不能剥夺虽没有向其提出使用该证明商标的要求，但其商品确实符合原产地等特定品质的主体正当使用该地理标志中地名的权利。我们赞成第二种观点。

《集体商标、证明商标注册和管理办法》第八条第一款规定：“作为集体商标、证明商标申请注册的地理标志，可以是该地理标志标示地区的名称，也可以是能够标示某商品来源于该地区的其他可视性标志。”实践中，地理标志作为证明商标加以注册时，常见的有：包含有图形或字母或数字等要素或其组合的地理标志证明商标；单纯的“地名＋商品名称”的地理标志证明商标。对于前者，如果被诉侵权人不仅在其商品上使用了该地理标志标示地区的名称，而且还使用了与该地理标志证明商标相同或近似的图形、字母、数字等，则其不能援引正当使用的例外进行抗辩。对于后者，《商标法》第五十九条第一款规定：“注册商标中含有的本商品的通用名称、图形、型号，或者直接表示商品的质量、主要原料、功能、用途、重量、数量及其他特点，或者含有的地名，注册商标专用权人无权禁止他人正当使用。”可见，即使是未经地理标志证明商标注册人许可的主体，证明商标注册人也无权禁止其正当使用该地理标志中的地名。《商标法实施条例》第四条第二款亦对地理标志集体商标中地名的正当使用进行了明确的规定：“以地理标志作为证明商标注册的，其商品符合使用该地理标志条件的自然人、法人或者其他组织可以要求使用该证明商标，控制该证明商标的组织应当允许。以地理标志作为集体商标注册的，其商品符合使用该地理标志条件的自然人、法人或者其他组织，可以要求参加以该地理标志作为集体商标注册的团体、协会或者其他组织，该团体、协会或者其他组织应当依据其章程接纳为会员；不要求参加以该地理标志作为集体商标注册的团体、协会或者其他组织的，也可以正当使用该地理标志，该团体、协会或者其他组织无权禁止。”《集体商标、证明商标注册和管理办法》第十八条第二款规定，“正当使用该地理标志是指正当使用该地理标志中的地名”。

本案中，二审法院认为，开古公司虽然没有向农技中心提出使用涉案商标的要求，但如果被诉侵权商品确实产自龙井茶产区，即如《地理标志产品　龙井茶》和《龙井茶证明商标使用管理实施细则》规定的种植地域范围，并按 GB/T 18650—2008《地理标志产品　龙井茶》的规定进行生产加工，质量符合 GB/T 18650—2008《地理标志产品　龙井茶》品质要求的，则农技中心不能剥夺其在茶叶上使用“龙井茶”来表示商品原产地的权利。同时，如果涉案商品并非来源于上述龙井茶产区、不具有上述品质的，农技中心则有权禁止开古公司生产销售带有被诉侵权标识的商品，并追究其相应的侵权责任。

2. 举证责任的分配。由于地理标志证明商标的侵权行为是将该地理标志证明商标用于并不具有该证明商标所标识的原产地和特定品质的商品上的行为，因此判断使用该地理标志证明商标的商品是否来自该证明商标所标识的原产地、是否具有特定品质就成为地理标志证明商标侵权认定的重要事实。在地理标志证明商标侵权案件中，有关被诉侵权商品的原产地和特定品质的举证责任分配直接决定被告援引正当使用抗辩的难度和成本。

我们认为，被诉侵权商品的提供者援引正当使用抗辩的，应就其使用地理标志证明商标的商品确实来自该地理标志所标识的原产地并具有特定的品质承担举证责任。否则，如未取得地理标志证明商标使用许可者可以如同已经取得使用许可一般在相关商品上使用该地理标志，且其在该使用行为被权利人起诉时无须对该商品的原产地等特定品质承担举证责任，则商标法中的证明商标法律制度将形同虚设。

开古公司作为被诉侵权商品的生产者，对于该商品是否来源于龙井茶种植地域范围负有举证责任。本案中，开古公司如果能够证明其生产销售的茶叶确实来源于龙井茶种植地域范围，且具有 GB/T 18650—2008《地理标志产品　龙井茶》规定的品质特征的，则可以正当使用上述证明商标中的地名。二审法院注意到：开古公司提供的购销协议、销货清单、增值税发票等证据中记载的商品数量、单价、金额均无法相互印证，其提交的检测报告所涉样品亦非本案被诉侵权商品。故根据现有证据，开古公司尚不足以证明其生产销售的涉案茶叶确实来源于龙井茶种植地域范围并具有相应的特定品质。最终法院认定，开古公司的行为侵犯了农技中心对“龙井茶”地理标志证明商标享有的的权利。

综上所述，地理标志具有集体性、开放性的特点，地理标志证明商标注册人的权利往往遭到漠视，一些经营者未经地理标志证明商标注册人许可，在相关商品上随意使用已成为证明商标的地理标志。由于地理标志证明商标往往对其所标识的商品具有证明并担保其品质、产地、制作工艺以及其他与其所表明的原产地相关的特定品质的作用，如果允许他人随意使用，则不仅对那些已经取得地理标志证明商标使用许可的经营者不公平，在鱼龙混杂的市场环境中消费者的利益也无法得到保障，最终贬损地理标志证明商标的区别功能和表彰功能，故对于滥用地理标志证明商标的现象必须进行遏制。

编写人　浙江省杭州市中级人民法院　王玲

027 温州宁泰机械有限公司诉温州钱峰科技有限公司侵害发明专利权纠纷案

——功能性特征的识别与等同认定

▶裁判要旨

一、在判断功能性特征是否相同或等同时，首先应当从专利说明书及附图的描述中正确归纳出实现该功能所不可缺少的技术特征，与被诉侵权技术方案的相应技术特征进行比对，与实现该功能无直接、必然联系的特征不应被纳入比对范围。比对时，功能性特征应被作为一个相对独立的技术单元与被诉侵权技术方案中的相应技术特征进行比对，不宜适用全部技术特征原则对功能性特征进行分解，避免因过度拆分技术特征导致不当限缩专利权保护范围。

二、专利权保护范围和强度应与其创新和贡献程度相协调，故在界定技术特征的等同范围时，应考量其与专利发明点之间的关系。如果被诉侵权技术方案与专利技术方案相同或等同的技术特征部分包含专利的发明点，则对非发明点技术特征的等同范围应适当从宽把握，以保护专利真正的创新点所在。

▶案例索引

一审：浙江省温州市中级人民法院（2015）浙温知民初字第191号（2016年6月8日）；

二审：浙江省高级人民法院（2016）浙民终字第506号（2016年12月30日）。

▶案情

原告（被上诉人）：温州宁泰机械有限公司（以下简称宁泰机械公司）。

被告（上诉人）：温州钱峰科技有限公司（以下简称钱峰科技公司）。

温州市中级人民法院审理查明：宁泰机械公司系名称为“一种裁剪机”（专利号：ZL2012 1 0508388.7）的发明专利权人。该专利申请日为2012年12月3日，授权公告日为2015年4月1日。涉案专利权利要求1为：一种裁剪机，包括机架，固定设置在机架上的下切刀及设置在下切刀上方的上切刀，所述上切刀与下切刀上设有相互配合的上切削面与下切削面，其特征是，所述上切刀或下切刀上设有基准块，该基准块上设有与其所在切刀的切削面位于同一平面内的基准面；所述机架上设有可上下升降的上切刀安装板，所述上切刀可沿与上切削面相垂直方向移动的设置在上切刀安装板上，且上切刀位于上切刀安装板下方；所述上切刀与上切刀安装板之间设有使基准块上的基准面往下切削面上靠拢或使上切削面往基准块上的基准面靠拢的弹性预紧装置，所述上切刀上设有向上延伸的上支撑部；所述上切刀安装板设有与上支撑部相对应的第一通孔，上切刀安装板上位于第一通孔的两侧设有相互平行的第一支撑板及第二支撑板，第一支撑板与第二支撑板之间设有至少一根平置导杆，且该平置导杆与上切削面相垂直；所述上支撑部的上部穿过第一通孔位于第一支撑板与第二支撑板之间，且上支撑部的上部还设有与平置导杆相配合的平置导向套，使上支撑部可沿平置导杆移动；所述第一支撑板与上切削面位于上切刀的两侧，所述弹性预紧装置包括设置在第一支撑板与上支撑部之间的预紧弹簧。涉案专利已缴纳专利年费，至今有效。

钱峰科技公司系有限责任公司，注册资本为人民币600万元，经营范围为塑料机械及配件研发、制造、销售。

2015年11月3日，一审法院根据宁泰机械公司申请，对钱峰科技公司进行了证据保全。经现场清点及原告、钱峰科技公司确认，共发现名称为“全自动彩印编织袋高速缝纫机”的成品1台，半成品2台。该3台产品上均有相同裁剪机构。钱峰科技公司称其于2014年下半年开始生产“全自动彩印编织袋高速缝纫机”，并以每台7万元的价格销售了3—4台。现场还发现印有“全自动彩印编织袋高速缝纫机”图片及介绍的产品宣传册若干。

庭审中，宁泰机械公司、钱峰科技公司在一审法院主持下对“全自动彩印编织袋高速缝纫机”上的裁剪机构与涉案专利进行了侵权比对。宁泰机械公司主张相同侵权，认为被诉侵权产品具备涉案专利全部必要技术特征，落入涉案专利保护范围。钱峰科技公司认为：1. 涉案专利“所述机架上设有可上下升降的上切刀安装板”“所述上切刀上设有向上延伸的上支撑部”“所述上切刀可沿与上切削面相垂直方向移动的设置在上切刀安装板上”等技术特征属于功能性特征，需要结合说明书和附图的具体实施例及其等同实施方式来确定其保护范围。2. 上述功能性特征在涉案专利说明书、附图的具体实施例及其等同实施方式与被诉侵权产品相对应的技术特征不一致，即涉案专利未全面覆盖被诉侵权产品的技术特征。3. 对被诉侵权产品其他技术特征与涉案专利一致没有异议。

另查明，国家专利分类表（第七版）B26D显示，用于切割、切下、冲裁的机器或设备的操作和控制设备包括“用电气装置”“液压装置”“凸轮装置”等。

宁泰机械公司向一审法院起诉请求判令钱峰科技公司立即停止制造、使用、销售、许诺销售被诉侵权产品，并销毁库存的被诉侵权产品及专用模具，赔偿宁泰机械公司经济损失人民币20万元。

钱峰科技公司答辩称：1. 涉案专利“所述机架上设有可上下升降的上切刀安装板”“所述上切刀上设有向上延伸的上支撑部”“所述上切刀可沿与上切削面相垂直方向移动的设置在上切刀安装板上”等技术特征属于功能性特征，需要结合说明书和附图的具体实施例及其等同实施方式来确定其保护范围。2. 上述功能性特征在涉案专利说明书、附图的具体实施例及其等同实施方式与被诉侵权产品相对应的技术特征不一致，即涉案专利未全面覆盖被诉侵权产品的技术特征。请求驳回宁泰机械公司的诉讼请求。

▶审判

浙江省温州市中级人民法院经审理认为：被诉侵权产品落入涉案专利权利要求 1 的保护范围，判决钱峰科技公司停止侵害，并赔偿宁泰机械公司损失 20 万元。

一审宣判后，钱峰科技公司不服，向浙江省高级人民法院提起上诉。

浙江省高级人民法院经审理后认为：本案中，双方当事人存有争议的技术特征有三项。

（一）关于“可上下升降的”上切刀安装板。根据《最高人民法院关于审理侵犯专利权纠纷案件应用法律若干问题的解释（二）》第八条第一款之规定：“功能性特征，是指对于结构、组分、步骤、条件或其之间的关系等，通过其在发明创造中所起的功能或者效果进行限定的技术特征，但本领域普通技术人员仅通过阅读权利要求即可直接、明确地确定实现上述功能或者效果的具体实施方式的除外。”本案中，涉案专利权利要求 1 对上切刀安装板的结构以及其与上切刀、上支撑部、支撑板之间的关系进行了一定程度的描述，但是，对于其如何实现上下升降这一功能，并未给出具体的实现方式。并且，在实践中，实现上下升降功能的方式多种多样，所属技术领域普通技术人员在看到该功能性表述后，无法直接、明确地确定实现上下升降这一功能的具体实施方式。因此，“可上下升降的”上切刀安装板属于功能性特征。

根据《最高人民法院关于审理侵犯专利权纠纷案件应用法律若干问题的解释》及《最高人民法院关于审理侵犯专利权纠纷案件应用法律若干问题的解释（二）》第八条第二款之规定，在判断功能性特征是否相同或等同时，首先应当从涉案专利说明书及附图的描述中正确归纳出实现该功能所不可缺少的技术特征，与被诉侵权技术方案的相应技术特征进行比对，对于涉案专利中并非实现该功能所必需的技术内容，不应被纳入功能性特征的比对中。其次鉴于法院在划分涉案专利权利要求记载的技术特征时，该项功能性特征已经被作为一个相对独立的技术单元对待，即已经被划分作为一个技术特征，因此，在侵权比对时，不应再适用《最高人民法院关于审理侵犯专利权纠纷案件应用法律若干问题的解释》第七条规定的全部技术特征原则。最后对该项功能性特征进行分解，而应将之作为一个整体与被诉侵权技术方案中的相应技术特征进行比对，从而避免因过度拆分技术特征导致不当限缩专利权保护范围的后果。根据涉案专利说明书及附图的记载，上切刀安装板实现上下升降功能的不可缺少的技术特征是：竖直气缸的活塞杆穿过上切刀安装板并固定在支撑连杆上端，通过支撑连杆作用于上切刀。与上述技术特征相对应，被诉侵权技术方案中的相关技术特征为：伺服电机驱动偏心轮，偏心轮通过拉杆与上切刀安装板连接连动。

知识产权保护范围和强度应与其创新和贡献程度相协调，故在界定技术特征的等同范围时，应当区分不同的专利类型，创新程度相对较高的发明专利与创新程度相对较低的实用新型专利相比，其等同范围应相对较大，此外，还应当考虑到技术特征与专利发明点之间的关系。从涉案专利与被诉侵权技术方案实现相关功能的技术特征来看，两者均能实现上切刀安装板的上下升降，就其功能和效果而言并无不同。就手段而言，前者系以气缸的竖直往复直线运动带动上切刀及上切刀安装板上下升降；后者系由偏心轮在伺服电机的驱动下作圆周运动，再通过传动机构将圆周运动转化为上切刀安装板的上下运动。虽然两者在手段上存在一定差异，但无论是通过竖直气缸还是通过偏心轮的方式驱动某一部件作上下运动，都是所属技术领域惯常的技术手段，对该领域的普通技术人员而言，被诉侵权技术方案中以偏心轮带动拉杆的手段与权利要求对应技术特征相互替换是显而易见的。同时，正如一审法院所作认定，“可上下升降的”上切刀安装板这一技术特征并非涉案专利的发明点，故在被诉侵权技术方案与涉案专利中的基准块、弹性预紧装置、支撑板、平置导杆等与发明点紧密相关的技术特征均完全相同的情况下，对此项非发明点技术特征的等同范围应适当从宽把握，以保护涉案发明专利真正的创新点所在，彰显司法激励创新的价值导向。综上，与涉案专利“可上下升降的”上切刀安装板不可缺少的技术特征相比，被诉侵权技术方案的相应技术特征是以基本相同的手段，实现相同的功能，达到相同的效果，且本领域普通技术人员在被诉侵权行为发生时无须经过创造性劳动就能够联想到，故两者构成等同。

（二）关于“上切刀上设有向上延伸的上支撑部”。钱峰科技公司认为涉案专利中的上支撑部包括连接杆及上、下支撑块，连接杆通过螺纹连接上、下支撑块，而被诉侵权产品系通过销轴连接上、下支撑块，销轴连接与螺纹连接既不相同亦不等同。如前所述，在比对功能性特征时应采用整体比对的方法，故不应将销轴连接与螺纹连接作为独立的必要技术特征进行比对，而应将功能性特征作为一个整体进行比对。涉案专利上支撑部的功能在于支撑并连接上切刀、上切刀安装板，实现该功能不可缺少的技术特征是：上支撑部由下往上依次包括下支撑块、连接杆及上支撑块，连接杆通过螺纹连接下支撑块和上支撑块。被诉侵权技术方案实现支撑连接功能的相应技术特征除系通过销轴连接外，其余均与涉案专利一致。虽然螺纹连接与销轴连接存在不同，但就功能性特征整体而言，通过螺纹连接的上支撑部和通过销轴连接的上支撑均能够起到支撑及连接作用，功能及效果相同。且螺纹连接与销轴连接均属惯常连接方式，系本领域普通技术人员极易联想到的替换方案。因此，与涉案专利“上切刀上设有向上延伸的上支撑部”不可缺少的技术特征相比，被诉侵权技术方案的相应技术特征构成等同。

（三）关于“上切刀可沿与上切削面相垂直方向移动地设置在上切刀安装板上”。钱峰科技公司认为，根据涉案专利说明书的记载，竖直气缸的活塞杆固定在支撑连杆上端，支撑连杆固定在上切刀上，在两者均系固定连接的情况下，上切刀无法实现垂直移动，故涉案专利并没有描述实现上切刀径向移动的方法，无法与被诉侵权技术方案进行比对。该院认为，对于活塞杆与支撑连杆之间所谓的“固定”方式，应结合涉案专利的发明目的以及说明书及附图中记载的相关技术内容作整体理解。涉案专利的发明目的在于防止裁剪过程中因切刀受热膨胀造成碰刀，以及自动补偿上、下切刀之间的间隙，实现上述发明目的主要途径是使上切刀可沿与上切削面相垂直方向移动，从而达到上、下切刀之间的紧密配合。而根据权利要求及说明书第 0048 段的记载，上支撑部可沿平置导杆移动，从而带动上切刀沿与上切削面相垂直的方向移动。具体已如一审判决所述，上支撑部的移动又是通过基准块、弹性预紧装置等部件的相互配合来实现的。据此，活塞杆与支撑连杆之间的“固定”不应理解为没有任何活动空间的刚性连接，涉案专利也已经清晰描述了实现上切刀径方向移动的方法。由于被诉侵权技术方案中存在与涉案专利完全相同的基准块、弹性预紧装置部件，并可以通过上述部件实现“上切刀可沿与上切削面相垂直方向移动地设置在上切刀安装板上”，故两者在此项功能性特征上相同。

综上，被诉侵权技术方案落入涉案专利权利要求 1 的保护范围。浙江省高级人民法院遂于 2016 年 12 月 30 日判决：驳回钱峰科技公司的上诉，维持原判。

▶评析

如何识别功能性特征并正确界定其保护范围，一直是专利审判实践中的一个难点问题。本案是 2016 年《最高人民法院关于审理侵犯专利权纠纷案件应用法律若干问题的解释（二）》正式施行后审结的，与专利侵权领域“功能性特征”相关的一起典型案件。该案一审、二审判决对功能性特征的识别、比对规则及创新性程度和发明点对技术特征等同范围的影响等问题进行了详细的阐述，对此类案件的审理具有较强的借鉴意义。

一、功能性特征的识别标准

2010 年施行的《最高人民法院关于审理侵犯专利权纠纷案件应用法律若干问题的解释》第四条规定：“对于权利要求中以功能或者效果表述的技术特征，人民法院应当结合说明书和附图描述的该功能或者效果的具体实施方式及其等同的实施方式，确定该技术特征的内容。”该条确立了功能性特征解释的基本原则，但并未明确功能性特征的定义以及等同实施方式的认定规则。2016 年施行的《最高人民法院关于审理侵犯专利权纠纷案件应用法律若干问题的解释（二）》对功能性特征的含义作了进一步明确。该解释第八条第一款规定："功能性特征，是指对于结构、组分、步骤、条件或其之间的关系等，通过其在发明创造中所起的功能或者效果进行限定的技术特征，但本领域普通技术人员仅通过阅读权利要求即可直接、明确地确定实现上述功能或者效果的具体实施方式的除外。"但书部分将变压器、放大器等虽以功能或效果性语言表述，但能够清晰确定保护范围的技术特征排除在专利法所称的"功能性特征"之外。对此类被排除的技术特征，就无须适用"实施例+等同"的功能性特征的解释规则。

本案中，原、被告关于功能性特征的争议主要集中在"可上下升降的上切刀安装板"。"可上下升降的上切刀安装板"并非公知的技术名词，涉案专利权利要求1虽然对上切刀安装板的结构以及其与上切刀、上支撑部、支撑板之间的关系进行了一定程度的描述，但对于其如何实现上下升降这一功能，并未给出具体的实现方式。在实践中，实现上下升降功能的方式多种多样，所属技术领域普通技术人员在看到该功能性表述后，无法直接、明确地确定实现上下升降这一功能的具体实施方式。因此，"可上下升降的上切刀安装板"属于功能性特征，应结合说明书及附图描述的该功能或者效果的具体实施方式及其等同的实施方式，确定上述技术特征的内容。

二、功能性特征的等同认定

（一）功能性特征的内容

准确理解功能性特征的内容，从而合理界定专利权保护范围，是进行侵权比对的前提和关键。如上所述，功能性特征系以"实施例+等同"确定其权利边界，而专利说明书实施例部分的描述往往非常详细，其中包含很多与实现功能无关的技术细节，如果直接将实施例描述的所有技术细节均作为功能性特征的内容，则专利权保护范围将被大大缩小，被诉侵权人只需稍作改变，即可规避侵害他人专利权之责任，从而导致对功能性特征的保护形同虚设。因此，在确定功能性特征的内容时，应当排除与实现功能或效果无直接、必然联系的技术细节，从说明书和附图的描述中提炼出实现该功能不可缺少的技术特征之后，再与被诉侵权技术方案的相应技术特征进行比对。

本案中，二审法院基于上述认识，将上切刀安装板实现上下升降功能所不可缺少的技术特征确定为：竖直气缸的活塞杆穿过上切刀安装板并固定在支撑连杆上端，通过支撑连杆作用于上切刀。对于实施例中提到的上切刀安装板上的竖直导杆及与竖直导杆相配合的竖直导向套，虽然能够使上切刀安装板的纵向运动轨迹更为稳定，但即使没有竖直导杆及导向套，竖直气缸的活塞杆本身同样能实现上切刀安装板的上下升降，因此，竖直导杆及导向套并非实现上下升降不可缺少的技术特征。根据上述技术特征，被诉侵权技术方案中与之相对应的技术特征为：伺服电机驱动偏心轮，偏心轮通过拉杆与上切刀安装板连接连动。

（二）功能性特征的比对

权利要求保护范围的确定很大程度上受制于技术特征的分解程度。由于功能性特征在此前划分专利权利要求记载的技术特征时已被作为一个相对独立的技术单元对待，因此在比对该特征与被诉侵权技术方案中的相应技术特征时，不宜适用《最高人民法院关于审理侵犯专利权纠纷案件应用法律若干问题的解释》第七条规定的全部技术特征原则，再次对实现该项功能的技术单元进行分解后作一一比对，从而避免因过度拆分技术特征导致不当限缩专利权保护范围。

本案中，法院系将“可上下升降的上切刀安装板”这一功能性特征作为一个整体与被诉侵权技术方案中的相应技术特征进行比对。经比对，专利实施例系以气缸的竖直往复直线运动带动上切刀及上切刀安装板上下升降；被诉侵权设备则由偏心轮在伺服电机的驱动下作圆周运动，再通过传动机构将圆周运动转化为上切刀安装板的上下运动。两者驱动上切刀安装板上下升降的手段存在一定差异，因此需要进一步判断是否构成等同的技术特征。

（三）等同范围与创新程度之间的关系

“比例协调”的知识产权司法政策要求知识产权保护范围和强度与其创新和贡献程度相协调，以达到保护权利和激励创新之间的最佳平衡。在科技成果领域，专利技术等同范围的确定应充分考虑该专利技术相对于现有技术的创造性程度。一般而言，开拓型专利的等同范围大于改进型专利；发明专利的等同范围大于实用新型专利。此外，在界定等同范围时，还应注意技术特征与专利发明点之间的关系。如果被诉侵权技术方案与专利技术方案相同或等同的技术特征部分包含专利的发明点，则对非发明点技术特征的等同范围应适当从宽把握，以保护专利真正的创新点所在。

本案专利的发明目的在于解决裁剪机在裁剪过程中因切刀受热膨胀造成碰刀、损坏刀刃的问题，专利技术方案能够使上下切刀之间的间隙自动得到补偿，从而避免上述技术问题。而上切刀及上切刀安装板可上下升降是此类裁剪机工作时均需具备的基本功能，不属于本发明的创新点。从涉案专利与被诉侵权技术方案实现相关功能的技术特征来看，两者均能实现上切刀安装板的上下升降，就其功能和效果而言并无不同。就手段而言虽存在一定差异，但无论是通过竖直气缸还是通过偏心轮的方式驱动某一部件作上下运动，都是所属技术领域惯常的技术手段，对该领域的普通技术人员而言，被诉侵权技术方案中以偏心轮带动拉杆的手段与权利要求对应技术特征相互替换是显而易见的。故在被诉侵权技术方案与涉案专利中的基准块、弹性预紧装置、支撑板、平置导杆等与发明点紧密相关的技术特征均完全相同的情况下，对此项非发明点技术特征的等同范围应适当从宽把握，以保护涉案发明专利真正的创新点所在，彰显司法激励创新的价值导向。

编写人　浙江省高级人民法院　何琼

浙江省温州市中级人民法院　郑晔

028 上海美术电影制作厂有限公司诉杭州玺匠文化创意股份有限公司著作权侵权纠纷案

——对传统角色形象进行再创作的作品独创性认定

▶裁判要旨

一、根据利益平衡原则，在对传统角色形象的创作已较为定型成熟，留余的再创作空间较为狭窄的情况下，结合该形象的发展历史和创作规律，对新作品所呈现出的不同于以往该角色形象的显著特征，应作为独创性部分予以保护。

二、在司法实践中著作权侵权认定与作品独创性程度密切相关，给予在较窄创作空间内形成的独创性较高的作品以较强的保护，有利于实现作品保护范围和强度与其独创性程度相适应。

▶案例索引

一审：浙江省杭州市中级人民法院（2016）浙01民初242号（2016年6月30日）；

二审：浙江省高级人民法院（2016）浙民终590号（2016年12月9日）。

▶案情

原告（被上诉人）：上海美术电影制作厂有限公司（以下简称上海美影厂）。

被告（上诉人）：杭州玺匠文化创意股份有限公司（以下简称玺匠

公司）。

杭州市中级人民法院经审理查明：2011年8月10日，速达独立创作完成了“Q版孙悟空”美术作品。2013年12月11日，上海美影厂与南京璞若广告有限公司、速达签订《“Q版孙悟空”美术作品著作权转让协议》，确认Q版孙悟空的全部著作权（包括复制权、发行权、出租权、展览权、表演权、放映权、广播权、信息网络传播权、摄制权、改编权以及著作权法规定的其他权利），自协议签署之日起永久性转让给上海美影厂。

2012年1月12日，上海美影厂的电影《大闹天宫3D》上映，在电影片尾处使用了多个Q版孙悟空形象。新华网、搜狐新闻等媒体对《大闹天宫3D》电影进行了报道。后央广网、青岛新闻网等多家媒体就上海美影厂与肯德基合作推出“Q版美猴王”即“Q版孙悟空”玩具进行报道。

2015年11月11日，上海美影厂委托代理人许乐乐向上海市徐汇公证处申请证据保全公证。在公证人员的监督下，许乐乐以普通消费者身份，在天猫网上名称为“铜师傅旗舰店”的店铺订购了“全铜摆件”3件。公证人员对购买、收件、启封过程进行公证。玺匠公司确认上述铜艺产品系其生产销售。上海美影厂为本案维权支出公证费2000元、购买商品费1364元。

上海美影厂提供了“Q版孙悟空”美术作品手绘版及彩绘版原稿，并明确其请求保护的美术作品为“Q版孙悟空”动画形象，主张涉案铜艺产品与涉案作品构成实质性相似，请求法院判令玺匠公司：1. 立即停止制造、销售侵权铜艺产品；立即销毁用于复制侵权铜艺产品的模具等专用工具。2. 在玺匠公司官方网站及天猫“铜师傅旗舰店”网站首页显著位置刊登侵权致歉声明，消除影响。3. 赔偿上海美影厂经济损失及合理费用合计30万元。4. 赔偿上海美影厂因本案的合理支出1万元。5. 承担本案的全部诉讼费用。

一审法院另查明，上海美影厂成立于1989年9月6日，是中国规模最大的美术电影制片厂，亦是中国历史最老的动画制片厂之一，制作了《大闹天宫》《黑猫警长》《葫芦兄弟》《三个和尚》《宝莲灯》《大耳朵图图》等动画影片。上海美术电影制片厂于2015年12月30日变更企业名称为上海美影厂。玺匠公司成立于 2013 年 3 月 26 日，注册资本为 1000 万元。天猫店铺“铜师傅旗舰店”由玺匠公司注册并经营。

▶审判

浙江省杭州市中级人民法院经审理认为：涉案“Q 版孙悟空”美术作品系速达独立创作完成，表达具有一定程度的智力创造性，整体具备独创性，属于美术作品。上海美影厂继受取得涉案作品的著作权，有权向侵权使用者提起诉讼。涉案作品为美术作品，任何立体形象的形成皆以平面形象为基础，故上海美影厂对涉案作品的著作权当然及于以平面形象为基础的立体形象。涉案作品于 2012 年 1 月 12 日上映的《大闹天宫 3D》电影的片尾中发布。之后上海美影厂取得作品著作权并进行商业使用，涉案作品为公众所知悉，故可以认定玺匠公司有接触该作品的可能性。

在进行侵权比对时，应考虑到动画片故事主题和情节的需要，动画片角色表现形态具有多变性，因此在进行比对时不能完全静止地、孤立地比较，而应从作品整体的形象、设计的主旨和传达的信息等全面把握，比对的对象不仅仅是单一的动作、姿态、表情的作品形象，而是“Q 版孙悟空”作品的整体形象。经比对，虽然二者具体神态、姿势有所不同，但二者头部特征基本相同，均有大而圆的头部，类似的帽子、面部由两个较为饱满的桃心组成，脸颊、嘴巴向外鼓，圆形招风耳等，整体上均体现出可爱的孙悟空形象，故可以认定涉案铜艺产品与涉案作品构成实质性相似。

玺匠公司未经著作权人许可，制造、销售涉案铜艺产品的行为，侵犯了上海美影厂对涉案美术作品享有的复制权、发行权，依法应当承担停止侵权、赔偿损失的民事责任。法院对上海美影厂要求玺匠公司停止制造、销售涉案铜艺产品的主张予以支持，要求玺匠公司销毁相关专用模具、赔礼道歉、消除影响的诉讼请求不予支持。上海美影厂主张玺匠公司侵权获利的计算方式中虽然采用了玺匠公司认可的销售数量，但其利润数据来源不明，无相关证据证明，故综合考虑涉案作品的知名度、独创性、玺匠公司侵权行为的性质、主观过错程度、上海美影厂为制止侵权所支出的合理费用等因素酌定赔偿数额为 10 万元。

据此，依据《中华人民共和国著作权法》第十条、第十一条、第四十八条、第四十九条、第五十三条，《最高人民法院关于审理著作权民事纠纷案件适用法律若干问题的解释》第十九条，《中华人民共和国民事诉讼法》第六十四条之规定，判决：一、玺匠公司立即停止制造、销售名称为“神通广大”“神通广大（彩绘）”“神通广大手把件（紫铜）”的侵权铜艺产品；二、玺匠公司于判决生效之日起十日内赔偿上海美影厂经济损失（含合理费用）10 万元；三、驳回上海美影厂的其他诉讼请求。

一审宣判后，玺匠公司不服，向浙江省高级人民法院提起上诉。

浙江省高级人民法院经审理认为：“Q 版孙悟空”形象在保持已有作品表达的基础上，采用现代动漫的圆萌化艺术处理手法形成卡通形象特有的造型特点，具有较高的独创性，应认定为新的作品。上海美影厂明确其在本案中主张的是“Q 版孙悟空”卡通动漫形象著作权，其经美术作品原始权利人明确授权取得了上述美术作品的全部著作财产权，则其有权就该“Q 版孙悟空”角色形象主张权利。

将被诉侵权产品和涉案作品进行比对，虽然两者在部分面貌特征上存在差异，但并不影响在主要艺术造型独创性表达部分的相似度。由于两者在身材比例、人物体貌等主要特征方面基本相同，相同之处又恰恰体现了涉案作品的独立创作部分且最具有显著性的特征部分，玺匠公司亦没有举证证明被诉侵权产品形象的创作来源，故认为两者构成实质性相似。

玺匠公司将涉案角色形象造型制作成立体艺术品，是一种以立体方式再现涉案作品独创性表达的行为，构成著作权法意义上的复制。同时，玺匠公司未经著作权人许可销售被诉侵权产品，故应认定其构成对涉案作品复制权和发行权的侵害，一审判决判令其停止制造行为具有法律依据。在确定侵权损害赔偿数额时，应坚持损害赔偿数额与知识产权的市场价值相契合的原则，基于涉案作品知名度、侵权情节、合理开支等考量因素，一审判决酌情确定玺匠公司赔偿经济损失（含合理费用）10 万元尚属恰当。

综上，该院于 2016 年 12 月 9 日判决：驳回玺匠公司的上诉请求，维持原判。

▶评析

近年来，因动画角色形象而引起的著作权侵权纠纷案件并不鲜见，起诉主体既有角色形象的作者，也有动画影视片的制片者，涉及如“阿凡提”“葫芦娃”“大头儿子小头爸爸”等众多知名动画形象。本案则是一起涉及对“孙悟空”这一我国著名神话角色形象进行再创作时所产生的著作权侵权纠纷，如何把握好此类作品的独创性标准以及侵权判断规则是审理的关键。

一、动画影视作品创作规律决定作品的性质

本案中，上海美影厂明确主张的权利基础是“Q 版孙悟空”卡通动漫形象著作权。对于动画影视作品中有关人物或动物的形象在审判实践中的称谓一直较为混乱，有的称为卡通形象、动漫形象，也有的称为角色形象或角色造型。因此，厘清动画影视作品创作过程中所产生的作品类型及性质尤为重要。

“动漫”是动画（animation）和漫画（comics）的合称与缩写。一个完整的动漫产业链主要包括三大环节：第一阶段为漫画作品原创并通过图书、杂志等载体发表；第二阶段为动画制作并以电影、电视、舞台剧、网络动漫等形式开发和传播；第三阶段为动漫衍生品开发和后续滚动再开发。伴随着以上三个发展阶段，相关的著作权作品形式、权利载体、创作主体以及权利归属也随之产生变动。从动画影视作品的创作规律看，动画角色造型的最初形成一般早于该动画作品的完成，通常是由创作者凭借自身丰富的想象力而创作的虚拟人物或动物，是一个从无到有的创作过程，这是第一阶段。此时产生的作品多是结合线条、轮廓、服饰以及颜色的运用，以特定化、固定化的静态角色造型方式呈现，体现了创作者的匠心独运和绘画技巧，符合著作权法规定的美术作品的构成要件，这一阶段的作品性质应为角色造型美术作品。

到了第二阶段——动画影视作品拍摄阶段，创作者会以静态动画造型为基础，另行绘制不同表情、动作、展示面等多个版本的角色造型，并拍摄形成连续的画面以满足故事情节发展的需要。这时所产生的角色形象与故事情节、画面背景、道具台词等元素紧密结合，并形成一部完整的动画影视作品。此时动画片中所呈现的动态角色形象表现形式千变万化，与原始静态的角色造型并不完全相同，是动漫影视作品中最重要的要素之一。动态角色形象是可以从动漫影视作品中分离出来的独立的抽象概念，与动漫影视作品是整体与部分的关系，其性质上仍属于美术作品。第三阶段则涉及以动画形象为核心向周边产品衍生的动漫产业，动漫产业产品不仅包括核心产品即动画片的直接播出发行市场，还包括如图书、音像制品等附属产品和如服饰、玩具、食品等的周边衍生产品。

二、对传统角色形象进行再创作的作品独创性标准及保护范围的界定

《中华人民共和国著作权法实施条例》第二条规定："著作权法所称作品，是指文学、艺术和科学领域内具有独创性并能以某种有形形式复制的智力成果。"由此可见，独创性是作品获得著作权保护的核心条件，它决定了著作权保护的范围，界定了著作权与公共领域的界限。但我国《著作权法》并未就独创性的定义以及独创性的具体判断标准作出明确的规定，这也就导致在司法保护实践中出现对作品独创性认定存在一定的差异。尤其是近年来，为适用市场需求，一些影视公司将早年家喻户晓的经典动画人物形象重新搬上银幕，本案中的《大闹天宫 3D》即是如此。在对原有影视作品通过高科技手法如 3D 技术等进行翻拍的过程中，难免会涉及对原有作品的再利用，以及在再利用基础上的再创作。法律并不禁止创作人可以在公有领域素材或者他人在先作品的基础上进行再创作，只要对该素材的表现形式具有独创性，对创作完成的作品都依法各自享有相应的著作权。因此，在对传统动画角色造型进行再创新过程中独创性判断标准将直接影响到涉案作品的认定、保护范围以及侵权判定。

在判断此类案件的独创性标准及保护范围时，可以遵循以下原则：

首先，利益平衡是著作权保护中的永恒话题，平衡的中心点就是如何激励创作和创新，如何妥善处理好传承与创新、保护和利用的关系。在考量历史因素和现实认知的基础上，既要留存丰富的公有领域，又要尊重原作品权利人的合法权益，更要给予历史传统文化以创新空间，以利于我国传统历史文化的弘扬与发展。追溯孙悟空形象的发展历史，《西游记》中孙悟空形象基本是以自然界动物“猴”为原型加以艺术创作而来。19 世纪 60 年代，上海美术电影制片厂（上海美影厂的前身）根据《西游记》中精彩段落“大闹天宫”制作完成了彩色动画影片《大闹天宫》，经典孙悟空形象由此产生，并牢牢扎根在人们心中。也就是说，孙悟空经典形象在公有领域和所属领域的已有作品的创作中已较为成熟，能够留余给后代的创作空间是十分狭窄的。这种情况下，合理平衡原作者权利、后续作者权利和社会公众利益，厘清各自的权利保护边界尤为重要。

其次，要妥善处理好作品的独创性与独创高度的关系，既要维护现有法律框架内作品著作权保护基本标准的统一性，又要综合考虑作品属性、所属领域的作品现状、创作空间、公众需求等因素，合理确定独创性尺度，依法确定与之相对应的相关权利归属和保护范围。将“Q 版孙悟空”与《大闹天宫》中孙悟空形象进行比对，两者在角色造型的塑造上既具有共性又互为差异。其中最主要的差异表现在，《大闹天宫》中孙悟空形象在比例上接近成人的六头身比例，四肢细长，手脚写实，凹脸凸嘴，面部整体显尖嘴猴腮；而“Q 版孙悟空”则采用二头身比例，躯干短小，四肢等长圆短，手脚虚化，饱满放大的正圆形头部设计，短眉小嘴。在整体表现的艺术效果上，前者更多呈现的是勇猛矫健的齐天大圣形象，而后者则加以独特的现代动漫创意，使其更趋于圆萌可爱的小孙猴形象。显然，“Q 版孙悟空”形象突破了传统的艺术手法，采用了更符合现代审美观的圆萌化处理手法，在保持已有作品对孙悟空这一虚拟人物形象的基础上，创作出特有的 Q 萌可爱动漫卡通造型，这种在传统文化创作夹缝中产生的作品只要呈现出区别于公有领域和已有作品的独创性表达元素，就应当认定具有较高的独创性。

最后，著作权侵权认定与作品独创性密切相关，给予在较窄创作空间内形成的独创性较高的作品以较强的保护，以实现作品保护范围和强度与其独创性范围和尺度相适应。因此，在判断被诉侵权产品与权利作品是否构成实质性相似时，权利作品的形象特点以及区别于已有作品的独创性表达部分是需要重点关注的比对部分。具体到本案，美术作品的表达是由线条和色彩等要素构成的艺术造型，所以对美术作品的侵权认定应以艺术造型方面的实质性相似为前提。虽然被诉侵权产品和权利作品在部分面貌特征上存在一定差异，但其相同之处在于整体上均为二头身，呈躯干短小，四肢等长圆短的圆萌状小孙猴形象，而这一相同之处又恰恰体现了权利作品与已有作品相比的独立创作部分且最具有显著性的特征部分。作品体现的是作者的独特个性，这种个性是作品的标志。在玺匠公司没有相反证据证明被诉侵权产品个性表达来源的情况下，应当认定两者构成实质性相似。

编写人　浙江省高级人民法院　王亦非

▶涉外、海事海商纠纷

029　台州市园山船务工程有限公司诉舟山宏浚港口工程有限公司、舟山市安达船务有限公司船舶修理合同纠纷案

——修船人在船舶被他人侵占后是否享有船舶留置权

▶裁判要旨

一、船舶修理合同的委托方并非船舶所有人，不影响修船人在对方不履

行合同义务时依法留置所修船舶。

二、修船人在船舶被他人强行取回时，虽未形成到期债权，但因发生了债权不能实现的危险，合同履行期依法提前届至，故侵权行为发生时修船人对该船享有留置权。

三、修船人在船舶被他人侵占后，虽丧失对船舶的占有，但仍可基于物上请求权对该船主张船舶留置权。

▶案例索引

一审：宁波海事法院（2014）甬海法台商初字第88号（2014年11月13日）；

二审：浙江省高级人民法院（2015）浙海终字第3号（2015年6月18日）。

▶案情

原告（被上诉人）：台州市园山船务工程有限公司（以下简称园山公司）。

被告（上诉人）：舟山宏浚港口工程有限公司（以下简称宏浚公司）。

被告：舟山市安达船务有限公司（以下简称安达公司）。

宁波海事法院经审理查明：2012年10月10日，安达公司为修理一艘挂靠登记在海南洋浦祥和渔港航道疏浚工程有限公司名下的涉案船舶（船名为“琼洋浦F8132”），与园山公司订立了一份修船合同。约定修理工程范围为根据现场实际情况共同确定的修理项目，价格按《国内民用船舶修理价格表》92黄本K=1.2结合双方的特定标准，确定92黄本和特定标准没有的按92黄本补充本K=1.2，确定最终费用按实际完成的修理项目验收单结算。修理所需材料由园山公司负责按市场价供应，须在船舶修理项目单中明确，双方以签署的最终修理费结算协议作为结算依据，园山公司根据结算协议开具税务发票，安达公司将修理费一次性汇入园山公司指定账户。若任何一方违约，违约方应赔偿另一方因此造成的一切损失费用（包括律师费、交通费、调查费等）。如果安达公司有意违约，园山公司对该船舶有留置权。

2012 年 10 月 13 日，安达公司将涉案船舶移泊至园山公司码头。次日上午，园山公司将涉案船舶拖入该公司的 1 号船坞，按约开始为期 7 日的驻坞维修。同月 20 日，园山公司将涉案船舶拖出船坞并靠泊至该公司 1 号码头继续维修，直至同年 12 月 20 日。

2012 年 12 月 21 日凌晨 3 时许，有 20 余人手持铁棍、钢管、刀具，开着一艘拖船到园山公司 1 号码头，强行将系泊在园山公司码头的涉案船舶拖走。当日，园山公司以涉案船舶被盗抢为由，向台州市公安局椒江分局前所边防派出所报警。前所边防所于 2013 年 1 月 4 日决定对“椒江 1221 琼洋浦 F8132 盗窃案”立案侦查。根据侦查材料反映：安达公司委托园山公司修理的涉案船舶最初登记在宏浚公司名下，船名为“宏浚 1”。宏浚公司为银行贷款，于 2011 年 1 月 24 日在银行办理抵押权登记；涉案船舶的所有权归属因各种原因存在纠纷。2012 年 1 月，安达公司将已先行占有、控制的涉案船舶挂靠登记到祥和公司名下，取名为“琼洋浦 F8132”。2012 年 10 月 10 日，安达公司委托园山公司修理涉案船舶，并订立涉案修船合同。同年 12 月 21 日凌晨，宏浚公司于园山公司按约修理涉案船舶期间组织 20 余人持械强行拖走涉案船舶。2013 年 4 月 15 日，前所边防派出所以“椒江 1221 琼洋浦 F8132 被盗窃案”行为人不构成犯罪为由，决定撤销此案。

2012 年 12 月 24 日，园山公司与安达公司对涉案船舶已修理项目的费用进行结算，确认修理费为 2369875 元。安达公司以涉案船舶已被宏浚公司强行拖走并占有为由，至今未付上述修理费。园山公司遂于 2014 年 7 月 1 日向一审法院提起诉讼，请求判令：一是安达公司向园山公司支付船舶修理费 2369875 元及其自 2012 年 12 月 24 日至生效判决确定的支付之日按中国人民银行同期贷款基准利率计算的逾期付款利息；二是园山公司对宏浚公司所有的“宏浚 1”船在前项款项范围内享有留置权，并有权以该船舶折价或者以拍卖、变卖该船舶的价款优先受偿。

▶审判

宁波海事法院经审理认为：本案系船舶修理合同纠纷，园山公司与安达公司就涉案船舶签订的修船合同，是双方当事人真实意思的表示，并不违反法律规定，应确认有效。园山公司在按约修理涉案船舶过程中，由于宏浚公司擅自拖走涉案船舶，致使园山公司无法对涉案船舶进行全面的修理。但对于涉案船舶已修理项目 2369875 元的修理费，安达公司作为修船合同的委托方，理应在与修船人园山公司核实结算时一次性付清。至今拖欠未付，已构成违约，应承担相应的违约责任。故对园山公司要求安达公司支付船舶修理费及其逾期付款利息的诉请，予以支持。

船舶留置权是设定于船舶之上的法定担保物权。当修船合同的委托方未履行合同时，修船人基于修船合同为保证修船费用得以实现，可以留置所占有的船舶，而不论该船舶是否为修船合同的委托方所有。园山公司作为修船人，依据其与安达公司订立的修船合同，对涉案船舶进行修理后未取得相应的修理费，应有权留置涉案船舶。涉案船舶的所有人宏浚公司虽不是本案修船合同的当事人，但不影响该留置权的成立，宏浚公司是涉案船舶的登记所有权人，当其就该船舶的物权应享有的权能遭到侵害时，为维护其合法的物权权益，应当采取合法的途径寻求保护，而本案宏浚公司却持械强行拖走涉案船舶，其行为侵害了园山公司的留置权，故园山公司对涉案船舶丧失占有权，不是出于自身的意思。据此，应认定园山公司对涉案船舶仍享有占有权利，其船舶留置权并未消灭。综上，依照《中华人民共和国合同法》第一百零七条、第二百六十三条，《中华人民共和国物权法》第二百三十条和《中华人民共和国海商法》第二十五条之规定，判决：一、安达公司于判决生效后十日内支付园山公司船舶修理费 2369875 元及其逾期付款利息（自 2012 年 12 月 24 日至本判决确定的履行之日按中国人民银行同期贷款基准利率计算）；二、园山公司就上述判决第一项债权，对宏浚公司所有的“宏浚 1”船享有船舶留置权，并有权优先受偿。

宣判后，宏浚公司不服一审判决，向浙江省高级人民法院提起上诉称：一、宏浚公司对涉案船舶享有合法的所有权，其在当时的情况下若不立即采取措施则极有可能船舶再次被转移，故宏浚公司为保障自己的物权采取自行拿回的方式取回船舶并不违法，且当地公安部门也认为此行为不构成犯罪。二、根据《中华人民共和国海商法》第二十五条第二款之规定，园山公司现已不再实际占有涉案船舶，故其留置权也应消灭。三、涉案船舶修理合同系双方恶意串通骗取宏浚公司利益所签，应当被认定无效。综上，请求撤销原判，改判驳回园山公司的诉讼请求。

浙江省高级人民法院经审理认为：一、涉案船舶修理合同系双方当事人真实意思表示，且不违反法律法规的禁止性规定，合法有效。园山公司依约履行了部分合同义务，因宏浚公司强行拖走涉案船舶，该合同无法继续履行，对于已经产生的船舶修理费用2369875元，安达公司经过验收、结算予以确认，其作为委托修理方理应承担付款义务，现其逾期未付，应承担相应的违约责任。二、虽然我国海商法规定船舶留置权在丧失占有时归于消灭，但修船人园山公司依船舶修理合同合法占有船舶，其在船舶被强行拖走后依法对该船享有物上返还请求权。在该请求权实现之前，仍应认定园山公司享有占有涉案船舶的权利，故其留置权并未消灭。综上，原判认定事实清楚，适用法律正确，实体处理得当。依照《中华人民共和国民事诉讼法》第一百七十条第一款第（一）项之规定，判决：驳回上诉，维持原判。

▶评析

通常情况下，修船人在合同另一方未履行合同时，可以依法留置所占有的船舶，以保证修船费用得以偿还。但《中华人民共和国海商法》第二十五条第二款规定，“船舶留置权在造船人、修船人不再占有所造或者所修的船舶时消灭”。本案中，修船人因船舶所有人强行取回船舶而丧失了对船舶的占有，此时其是否对该船享有船舶留置权成为各方争议的关键。

一、修船人对于非委托人所有的船舶能否主张船舶留置权

本案中宏浚公司辩称，留置权是一种债的担保，修船人园山公司与宏浚公司无任何债权债务关系，故园山公司无权对宏浚公司所有的船舶主张留置权。由此引申出了修船人在所修船舶并非委托人所有时能否基于修理费主张船舶留置权的问题。我们认为，虽然我国没有对物诉讼制度，但船舶留置权是设定于船舶之上的法定担保物权，当修船合同的委托方未履行合同时，修船人基于修船合同为保证修船费用得以实现，可以留置所占有的船舶，而不论该船舶是否为修船合同的委托方所有。同时，《中华人民共和国海商法》第二十五条关于船舶留置权的规定也并未对委托方是否拥有所修理船舶加以限定，如果在本案中认定修船人不得行使船舶留置权，则与海商法保护船舶修理人合法权益的精神相背离。因此，本案中园山公司作为修船人，依据其与安达公司订立的修船合同，对涉案船舶进行修理后未取得相应的修理费，应有权留置涉案船舶。涉案船舶的所有人宏浚公司虽不是本案修船合同的当事人，但不影响该留置权的成立。

二、修船人在其修理的船舶被强行拖走当时是否对该船享有留置权

在讨论修船人丧失船舶占有后对所修理船舶是否享有船舶留置权这一问题之前，我们认为首先要解决船舶在被强行拖走当时修船人是否享有船舶留置权的问题，如果修船人自始便不享有船舶留置权，进而也就不产生该留置权是否因丧失占有而消灭的问题。

有观点认为，根据《中华人民共和国海商法》第二十五条第二款的规定，只有在合同期满且修船合同的委托方不履行支付修船费的合同义务时，修船人方可留置其因履行修理义务而合法占有的船舶，故船舶留置权形成的前提应当是修船费用已届清偿期且委托修理方不履行到期付款义务。具体到本案，涉案船舶系被宏浚公司在合同约定的修理期间内强行取回，此时部分修理项目尚未完成，园山公司亦未同安达公司就修理费用进行结算，因而不存在前述法律规定的安达公司不履行付款义务的情形，故此时园山公司对涉案船舶尚不享有船舶留置权。而我们则认为，虽然根据法律规定，船舶留置

权形成的前提应当是修船费用已届清偿期且委托修理方不履行到期付款义务。但是，涉案修船合同系在履行过程中由于合同当事人意志以外的原因被强行终止，即宏浚公司以非法手段强行拖走该修理合同的标的船舶，致合同无法继续履行，而委托人安达公司在与园山公司对修理费用进行结算后，明确表示因无法取回船舶而不履行修理费支付义务。根据《中华人民共和国合同法》第一百零八条的规定："当事人一方明确表示或者以自己的行为表明不履行合同义务的，对方可以在履行期届满之前要求其承担违约责任。"故尽管涉案船舶被强行拖走时修船合同约定的履行期尚未届至，但因发生了债权不能实现的危险，合同履行期依法提前届至。因此，园山公司在本案侵权行为发生时对涉案船舶享有留置权。

三、修船人的船舶留置权是否因其不再占有船舶而消灭

《中华人民共和国海商法》第二十五条第二款规定，"船舶留置权在造船人、修船人不再占有所造或者所修的船舶时消灭"。该规定并无除外情形，故有些观点认为无论修船人基于何种理由不再占有所修船舶，船舶留置权均归于消灭。但因其对修船合同的委托人享有基于船舶修理费用的合法债权，其一旦恢复对船舶的占有，根据该条法律规定，即应重新取得船舶留置权。对于债权人如何对船舶恢复占有，一种观点认为，根据《中华人民共和国海事诉讼特别程序法》第二十一条第（十九）项的规定，有关船舶所有权或者占有的纠纷可以申请扣押船舶，留置权人扣船之后可以恢复对该船舶的占有。另一种观点认为，即使船舶已被扣押但若要恢复占有，修船人仍应依照《中华人民共和国物权法》第二百四十五条之规定，以合法占有人的身份，通过提起返还原物之诉的方式进行。但因该条同时规定"占有人返还原物的请求权，自侵占发生之日起一年内未行使的，该请求权消灭"，故本案中，园山公司返还原物请求权的一年除斥期间已过，其不能以返还原物、恢复占有的形式取得涉案船舶留置权。

我们认为，本案中园山公司依船舶修理合同合法占有涉案船舶，其在该船被强行拖走后享有返还请求权，《中华人民共和国物权法》第二百四十五条规定“占有的不动产或者动产被侵占的，占有人有权请求返还原物”，故园山公司对涉案船舶享有物上请求权。虽然园山公司未向法院提起返还原物之诉，但园山公司于船舶被强行拖走当日向公安机关报案，要求公安机关协助其取回船舶。民法中对当事人提出请求并不当然指向法院起诉，权利人向义务人提出履行义务的要求或向有关单位提出保护其权利的请求，均应认定为主张权利的表现，故园山公司向公安机关报案应认定为提出请求。尽管公安机关在向宏浚公司调查后，以该案不涉及刑事犯罪为由撤销此案，但并不影响园山公司物上请求权的成立，在该请求权实现之前，仍应认定园山公司享有占有涉案船舶的权利，故其留置权并未消灭。权利人在除斥期间内行使了法律规定的权利后，除斥期间的作用便已完结，诉讼时效制度开始发生作用。园山公司提起本案诉讼并未超过诉讼时效期间，一审法院判决支持其要求确认留置权的请求，并无不妥，据此，浙江省高级人民法院依法维持了一审判决。

编写人 浙江省高级人民法院 沈晓鸣 霍彤

030 余松定诉上海油汇船务有限公司船员劳务合同纠纷案

——申请扣押当事船舶并非认定船舶优先权的前提条件

▶裁判要旨

申请扣押当事船舶并非认定船舶优先权的前提条件。但当事人行使船舶优先权，则必须自船舶优先权产生之日起一年内通过法院扣押当事船舶来行使，否则船舶优先权消灭。

▶案例索引

宁波海事法院（2015）甬海法商初字第578号（2015年7月6日）。

▶案情

原告：余松定。

被告：上海油汇船务有限公司（以下简称油汇公司）。

原告余松定诉称：2014年9月5日至2015年1月13日，原告余松定在被告油汇公司所有的“油汇6”轮担任大副职务，双方约定每月工资8500元、伙食费600元。后被告油汇公司因经营不善，未向原告余松定发放工资和伙食费。被告油汇公司于2015年1月31日向原告余松定出具工资欠单，确认拖欠原告余松定工资及伙食费共计39003元，该款至今未付分文，故诉至法院，请求判令：1. 被告油汇公司立即支付工资及伙食费总计39003元，并支付该款利息（按同期银行贷款利率自2015年2月1日起计至判决书确定的支付之日止）；2. 原告余松定就上述款项对“油汇6”轮享有船舶优先权。

被告油汇公司承认原告余松定所提出的全部事实和诉讼请求。

▶审判

宁波海事法院于2015年7月6日作出（2015）甬海法商初字第578号民事判决：一、被告油汇公司于本判决生效之日起十日内向原告余松定支付工资及伙食费39003元，并支付上述款项利息（按中国人民银行同期贷款利率自2015年2月1日起计至本判决确定的履行之日止）；二、原告余松定自2015年1月13日起一年内就上述款项对“油汇6”轮享有船舶优先权，并应当通过扣押“油汇6”轮行使。被告如果未按本判决指定的期限履行给付金钱义务，应当依照《中华人民共和国民事诉讼法》第二百五十三条之规定，加倍支付迟延履行期间的债务利息。本案案件受理费780元，减半收取390元，由被告油汇公司负担。

判决后，原、被告均没有提出上诉，该判决已发生法律效力。

▶评析

本案事实较为清晰、明确，但其判决却突破了船舶优先权审判的传统做法，具有一定的新颖性和合理性。

一、涉及船舶优先权审判的传统做法与反思

由于诉讼制度的不同，在英美法系国家，船舶优先权须通过所谓“对物诉讼”程序来行使。而在大陆法系国家，一般则须通过法院扣押并拍卖船舶来行使。[①]《中华人民共和国海商法》（以下简称《海商法》）第二十八条规定：“船舶优先权应当通过法院扣押产生优先权的船舶行使。”据此，在以往的海事审判实践中，当事人如果认为其海事请求具有船舶优先权，往往在请求确认船舶优先权的同时，申请扣押当事船舶。当事人请求确认船舶优先权时，如果没有同时申请扣押当事船舶，海事法院则会要求当事人必须同时提出扣押当事船舶的申请。否则，对其船舶优先权确认请求不予支持。[②]

也有些船舶优先权人在诉讼前申请扣押了当事船舶，提起诉讼后再请求确认船舶优先权，这也符合《海商法》第二十八条的规定。

鉴于当事人在诉讼前或诉讼中已经行使了船舶优先权，只要扣押船舶申请在船舶优先权行使期限前提出[③]，当事人又请求确认船舶优先权，则海事法院作出的传统判决主文便是（也以船员劳务合同纠纷为例）：

被告×××于本判决生效之日起十日内向原告×××支付工资×××元，并支付上述款项利息，该款对“×××”轮具有船舶优先权。

如果当事人申请扣船时已经超过了船舶优先权的行使期限，则对当事人

---

① 司玉琢：《海商法专论》，中国人民大学出版社2007年版，第60－61页。

② 《厦门海事法院关于船员工资和其他款项船舶优先权若干问题的处理意见（试行）》第二条明确规定：船员就其工资等款项向法院起诉并主张其债权具有船舶优先权的，应告知其申请扣押船舶。经法院释明仍不申请的，对其确认船舶优先权的请求应予驳回。

③ 对于《海商法》第二十八关于“船舶优先权应当通过法院扣押产生优先权的船舶行使”的规定，海事审判实践形成了较为统一的认识，以当事人向海事法院提出扣船申请为行使的标志，海事法院作出扣船裁定，实际扣船时间，均不认为是当事人行使船舶优先权的时间和标志。

的船舶优先权确认请求不予支持。该扣船申请仅为保全措施而已。

当然，如果当事人申请扣船后又不提出船舶优先权确认请求，等于仅提出保全申请，没有请求确认船舶优先权，法院就不存在确认船舶优先权的问题。但这种情况经法院释明后通常不会存在。

传统做法在实践中不断遭到质疑与诟病：1. 为什么当事人请求确认船舶优先权时，必须同时申请扣押当事船舶？为什么不能待法院确认当事人具有船舶优先权后，当事人再申请扣押船舶行使船舶优先权？即使当事人申请扣押当事船舶行使船舶优先权，最终也不一定通过拍卖船舶实现船舶优先权。2. 享有船舶优先权的船员工资报酬，一般金额不大，一律要求当事人在请求确认船舶优先权的同时申请扣押当事船舶，将给船方造成远大于拖欠金额的营运损失。3. 当事人在诉讼阶段申请扣押船舶，需要为错误申请扣押提供反担保，主张工资报酬享有船舶优先权的当事人往往难以提供，这将影响其所享有的船舶优先权。4. 在船舶优先权行使期限宽裕的情况下，允许当事人先请求确认船舶优先权，待法院确认其享有船舶优先权的判决生效后，再由当事人申请扣押当事船舶行使船舶优先权，这样既可避免当事人申请扣船错误，也可减轻当事人提供反担保的负担，还可减少债务人的营运损失，具有相当的合理性。5. 判决确认当事人在何时之前享有船舶优先权，并明确必须通过法院扣押当事船舶来行使，对债务人来说具有警示作用，债务人可以努力采取措施清偿债务，以防船舶被扣押，造成不必要的损失，这与诉前或诉讼时债务人的船舶突然被扣押相比，要人性化许多。总之，允许当事人在不申请扣押当事船舶的情况下请求确认船舶优先权，较之传统做法，社会效果要好。

为了规避传统做法的弊端，海事审判实践中还出现了准许当事人申请限制船舶转让的所谓“船舶活扣”，以代替申请“扣押船舶”来行使船舶优先权的做法。这种变通，在法理上难以自圆其说。因为这种并不符合《海商法》第二十八条之规定的所谓“船舶活扣”，既不能起船舶优先权不再被消灭的作用，又不能作为船舶拍卖的前提，还与启动船舶拍卖前由当事人申请将“船舶活扣”转为“扣押船舶”，而后再进行拍卖的实际做法相矛盾。

二、与船舶优先权主张与行使的法理辨析

（一）船舶优先权的主张与行使在一定条件下是可以分离的

仅从《海商法》第二十八条关于“船舶优先权应当通过法院扣押产生优先权的船舶行使”的规定看，的确难以直接肯定或者否定当事人请求确认船舶优先权时，必须同时申请扣押当事船舶。因为请求确认船舶优先权似乎也就是在行使船舶优先权，但请求确认与扣船行使毕竟又是不同的。

但将《海商法》第二十八条与第二十九条第一款第（一）项关于具有船舶优先权的海事请求，自优先权产生之日起满一年不行使，船舶优先权消灭的规定结合起来分析，不难得出：是否申请扣押当事船舶，只是当事人行使船舶优先权的具体方式，并产生当事人所享有的船舶优先权不再因满一年不行使而被消灭的效果。这说明，在船舶优先权的一年行使期限内，当事人即使不申请扣押当事船舶，其所请求确认的船舶优先权也是存在的、未被消灭的。这种情况下，海事法院对当事人的船舶优先权确认请求应该予以支持。由此可以得出：请求确认船舶优先权和行使船舶优先权，在一定条件下，是可以分离的，其条件就是自船舶优先权产生之日起一年内。

（二）申请扣押当事船舶并非认定船舶优先权的前提条件

那么，当事人为何会在诉讼前或诉讼时就申请扣押当事船舶行使船舶优先权呢？依据《海商法》的规定，船舶优先权是一项以船舶为标的物的法定担保物权，自产生之日起满一年不行使即消灭，该一年期限不得中止或者中断。海事审判实践中，当事人往往是在船舶优先权行使期限即将届满一年时才向海事法院提起诉讼，为了避免在诉讼过程中因逾期行使而导致船舶优先权被消灭，当事人便在诉讼前或诉讼时申请扣押当事船舶行使船舶优先权了。当事人这样做，只是为了避免船舶优先权在诉讼中被消灭，而不是因为申请扣押船舶是认定船舶优先权的前提条件。根据《海商法》第二十二条[①]之规定，船舶优先权的确认，只与海事请求的项目有关，而与当事人是否申请扣押当事船舶无关。如果当事人判断在诉讼过程中其船舶优先权不会超过行使期限，则完全可以在诉讼中仅要求法院确认其诉请具有船舶优先权。判决生效后，当事人再根据对方的履行情况，决定是否行使船舶优先权。

如果当事人不申请扣押当事船舶，海事法院对其船舶优先权确认请求不予支持，其结果等同于将申请扣押当事船舶作为认定当事人是否享有船舶优先权的一个条件，这不符合《海商法》第二十二条和第二十八条规定的本意。

如果将申请扣押当事船舶作为认定当事人是否具有船舶优先权的一个条件，将会产生一个悖论：享有船舶优先权的债权人，如果不起诉（自然不存在申请扣押当事船舶的情况），自船舶优先权产生之日起一年内，该债权人尚且享有船舶优先权；而如果在一年内提起诉讼，并请求法院确认其船舶优先权时，如不申请扣押当事船舶，则该债权人不享有船舶优先权。

（三）许可当事人仅主张享有船舶优先权的特殊情况

本案实际上是许可当事人仅主张享有船舶优先权而不申请扣押当事船舶的一种特殊情况，其前提是：在诉讼中，确切地说是在判决前，当事人的船舶优先权不会因当事人未申请扣押当事船舶而消灭。此时，应当允许当事人仅提出船舶优先权确认请求。

而许可当事人仅主张享有船舶优先权而无须申请扣押当事船舶的特殊情况在审判实践中早已存在，其前提是：当事船舶被海事法院强制拍卖，当事

---

① 《海商法》第二十二条规定，下列各项海事请求具有船舶优先权：（一）船长、船员和在船上工作的其他在编人员根据劳动法律、行政法规或者劳动合同所产生的工资、其他劳动报酬、船员遣返费用和社会保险费用的给付请求；（二）在船舶营运中发生的人身伤亡的赔偿请求；（三）船舶吨税、引航费、港务费和其他港口规费的缴付请求；（四）海难救助的救助款项的给付请求；（五）船舶在营运中因侵权行为产生的财产赔偿请求。载运2000吨以上的散装货油的船舶，持有有效的证书，证明已经进行油污损害民事责任保险或者具有相应的财务保证的，对其造成的油污损害的赔偿请求，不属于前款第（五）项规定的范围。

人就其享有船舶优先权的债权申请债权登记后，进行确权诉讼。[①] 此时，当事人可以仅主张其享有船舶优先权。需要特别指出的是，此时，尽管在确权诉讼中当事人的船舶优先权行使期限将会届满，当事人也无须申请扣押船舶以使其船舶优先权不被消灭。这也就是说，在当事船舶被海事法院强制拍卖的情况下，当事人在经债权登记而提起的确权诉讼中，只要主张其享有船舶优先权，即视同行使了船舶优先权，其享有的船舶优先权就不会被消灭，直至其实现船舶优先权。原因可解释为：扣押船舶是拍卖船舶以实现当事人船舶优先权的前提，既然船舶已被拍卖，当事人的船舶优先权通过参与拍卖款的分配已经能够得到实现，就无须通过扣押船舶来行使。

还有一种特殊情况是，在船舶优先权催告程序中，船舶优先权人自催促公告发布之日起六十日内，应当到海事法院办理登记，主张其享有船舶优先权。否则，视为放弃船舶优先权。[②] 这意味着，当事人办理登记时，只要主张其享有船舶优先权，就视为不放弃船舶优先权。当然，在因此而终结船舶优先权催告程序后提起的诉讼中，船舶优先权人还必须依法通过申请扣押船舶、申请拍卖船舶来行使船舶优先权和实现船舶优先权。

司法实践中的另一种冲突与矛盾，也需要通过船舶优先权的确认、行使和实现相分离的方式加以解决。问题产生于船企破产，根据《企业破产法》第十九条关于“人民法院受理破产申请后，有关债务人财产的保全措施应当解除，执行程序应当中止”的规定，破产程序中债务人的财产不能被查封、扣押，已经被查封或扣押的，也要解除查封或扣押。而依据《海商法》第二十八条之规定，如果当事人所享有的船舶优先权将在破产程序中届满行使期限，无疑会产生一个司法难题：依据海商法的规定必须扣船，而根据破产法的规定又不能扣船。两者目前尚无明确的法律条款予以协调，必须作为特殊情况处理，即企业破产程序中，享有船舶优先权的债权人在债权申报中主张其享有船舶优先权的，视为行使船舶优先权，其船舶优先权不再因不申请扣

---

① 参见《海商法》第十章债权登记与受偿程序之规定。

② 参见《海事诉讼特别程序法》第十一章船舶优先权催告程序之规定。

船而被消灭，直至其实现船舶优先权。理由是：当事船舶已经列入破产财产，需作统一拍卖变价处理，当事人的船舶优先权通过债权分配已经能够得到实现，无须通过扣押船舶来行使。当然，这一处理方式，需通过破产法的司法解释或海事诉讼特别程序法的司法解释予以明确，以便统一法律适用。

三、在程序上将船舶优先权划分为主张、行使和实现三阶段的可行性

从法理上分析，在程序上将船舶优先权划分为主张、行使和实现三个阶段，与海商法第二十八条的规定并不冲突。

（一）船舶优先权主张阶段

当事人提出确认其海事请求享有船舶优先权的请求，海事法院依据《海商法》第二十二条之规定审查判断当事人的海事请求是否具有船舶优先权，再根据《海商法》第二十九条[①]之规定审查判断该船舶优先权是否已经被消灭。如果船舶优先权已经被消灭，则对当事人的船舶优先权确认请求不予支持；如果未被消灭，则确认当事人在何时之前享有船舶优先权，并明确该优先权必须通过法院扣押当事船舶来行使，逾期行使，则船舶优先权依法被消灭。

（二）船舶优先权行使阶段

当事人提出扣押当事船舶的申请以行使船舶优先权，海事法院依据《海商法》第二十八条之规定审查判断当事人的扣船申请是否自船舶优先权产生之日起一年内提出。如果是，海事法院则裁定扣船。此时，当事人的船舶优先权因申请扣押当事船舶而不被消灭，直至实现船舶优先权。如果否，海事法院应确认当事人所享有的船舶优先权因未在一年内行使而被消灭。此时，当事人的扣船申请可作为财产保全申请处理。

当然，确认当事人的债权在何时享有船舶优先权的判决生效后，如债务人清偿了债务，当事人就无须进入船舶优先权的行使阶段。同理，债务人如

---

① 《海商法》第二十九条规定，船舶优先权，除本法第二十六条规定的外，因下列原因之一而消灭：（一）具有船舶优先权的海事请求，自优先权产生之日起满一年不行使；（二）船舶经法院强制出售；（三）船舶灭失。前款第（一）项的一年期限，不得中止或者中断。

果在扣船后清偿了债务，当事人也无须进入船舶优先权的实现阶段。

（三）船舶优先权实现阶段

判决生效并申请扣船后，如果债务人均未清偿债务的，当事人只能根据《海事诉讼特别程序法》第二十九条关于“船舶扣押期间届满，被请求人不提供担保，而且船舶不宜继续扣押的，海事请求人可以在提起诉讼或者申请仲裁后，向扣押船舶的海事法院申请拍卖船舶”之规定申请拍卖船舶以实现船舶优先权。海事法院依法拍卖船舶后，依照《最高人民法院关于扣押与拍卖船舶适用法律若干问题的规定》第二十二条①之规定进行分配，使当事人享有船舶优先权的债权得以实现。

四、诉讼中船舶优先权行使期限届满一年的处理

在程序上将船舶优先权分为主张、行使和实现三阶段后，将会出现的棘手问题是：当事人提出船舶优先权确认请求后，在一、二审过程中出现船舶优先权行使期限届满的情况，尤其是在一、二审开庭后作出判决前后出现船舶优先权行使期限届满的情形，这影响到一、二审判决主文的写法。如果当事人申请扣船了，判决主文便是传统格式；如果当事人没有申请扣船，判决主文便是本案格式；如果当事人超过船舶优先权行使期限申请扣船，判决理由部分还应确认当事人诉请的项目虽有船舶优先权，但因其未在船舶优先权行使期限届满前申请扣押船舶而被消灭，故对其船舶优先权确认请求不予支持。

是起诉同时申请扣押当事船舶以行使船舶优先权，还是起诉时仅请求确认船舶优先权，当事人会根据具体情况进行适当的选择，选择后一般不会出现上述情况，但又不能排除此类情况的出现。如果出现这种情况，当事人通

① 《最高人民法院关于扣押与拍卖船舶适用法律若干问题的规定》第二十二条规定，海事法院拍卖、变卖船舶所得价款及其利息，先行拨付海事诉讼特别程序法第一百一十九条第二款规定的费用后，依法按照下列顺序进行分配：（一）具有船舶优先权的海事请求；（二）由船舶留置权担保的海事请求；（三）由船舶抵押权担保的海事请求；（四）与被拍卖、变卖船舶有关的其他海事请求。依据海事诉讼特别程序法第二十三条第二款的规定申请扣押船舶的海事请求人申请拍卖船舶的，在前款规定海事请求清偿后，参与船舶价款的分配。依照前款规定分配后的余款，按照民事诉讼法及相关司法解释的规定执行。

常会在诉讼过程中提前一段时间提出扣船申请以保证船舶优先权不被消灭，法院也可督促当事人提前一段时间提出扣船申请，以免影响判决书的制作。

如果当事人的船舶优先权行使期限在一审判决后、二审判决前届满，当事人在二审判决前就必须申请扣船以行使船舶优先权，这将导致一、二审判决主文的不同。这种情况虽属二审改判，但系当事人在一审判决后申请扣船所导致，一审法官对此完全没有过错。

五、该类案件判决对执行程序的影响

该类案件的判决，对执行程序没有根本的影响，既不影响申请执行时效，也不影响申请扣船、更不影响船舶优先权的分配顺序。该类判决与传统判决在执行方面最大的不同，在于传统判决的扣船在诉讼阶段就裁定并实施了，而该类判决的扣船裁定和实施，留在了执行阶段。

从申请执行时效看，该类判决与传统判决的申请执行期间都是两年①。可能的影响是：该类判决由于当事人尚未申请扣船行使船舶优先权，受船舶优先权行使期限的限制，当事人申请执行的具体时间在申请执行期间内可能会提前。传统判决由于当事人已经申请扣船，其船舶优先权不会被消灭，因此，当事人在申请执行期间内可能不会急于申请执行。之所以说是可能的影响，是因为尽快实现其权益，是当事人的追求，该类判决对当事人申请执行的实际影响并不大。

从申请扣押船舶看，申请扣船是法律赋予当事人行使船舶优先权的权利，只要在船舶优先权行使期限内申请扣船，当事人所享有的船舶优先权就不再被消灭，法律并没有规定当事人一定要在何时申请扣船，因此，在执行程序中申请扣船，完全符合法律规定。

从船舶优先权的分配顺序看，无担保物权的财产的保全与执行，实行先

---

① 《民事诉讼法》第二百三十九条第一款规定，申请执行的期间为二年。申请执行时效的中止、中断，适用法律有关诉讼时效中止、中断的规定。

采取执行措施先受偿原则[①]，而享有船舶优先权的债权的分配顺序，由法律直接规定，与申请扣押船舶的先后没有关系。因此，当事人在执行阶段再申请扣押船舶，对法院、对当事人各方均没有影响。

编写人 宁波海事法院 吴勇奇

① 《最高人民法院关于人民法院执行工作若干问题的规定（试行）》第八十八条规定，多份生效法律文书确定金钱给付内容的多个债权人分别对同一被执行人申请执行，各债权人对执行标的物均无担保物权的，按照执行法院采取执行措施的先后顺序受偿。多个债权人的债权种类不同的，基于所有权和担保物权而享有的债权，优先于金钱债权受偿。有多个担保物权的，按照各担保物权成立的先后顺序清偿。一份生效法律文书确定金钱给付内容的多个债权人对同一被执行人申请执行，执行的财产不足清偿全部债务的，各债权人对执行标的物均无担保物权的，按照各债权比例受偿。

行 政 篇

001 岑茉莉等44人诉宁波杭州湾新区开发建设管理委员会其他行政行为及行政赔偿案

——对政府依职权主动公开信息司法审查的边界问题

▶裁判要旨

一、行政机关在其官方网站和相关媒体上主动公布相关工作安排的信息符合《中华人民共和国政府信息公开条例》保障公民、法人和其他组织依法获取政府信息，提高政府工作透明度，促进依法行政的立法本意，且是履行法律规定的主动公开义务的具体表现。

二、信息公开行为只要不直接对公民、法人或其他组织的人身权、财产权设定权利义务，也不侵犯公民、法人或其他组织的商业秘密或个人隐私，就不宜认定该公民、法人或其他组织对行政机关依职权主动公开信息的行为有利害关系，从而不能将就此提起的诉讼纳入司法的审查范围。

▶案例索引

一审：浙江省宁波市中级人民法院（2015）浙甬行初字第104号（2015年11月12日）；

二审：浙江省高级人民法院（2016）浙行终119号（2016年3月17日）。

▶案情

原告：岑茉莉等44人。

被告：宁波杭州湾新区开发建设管理委员会（以下简称杭州湾新区）。

第三人：湖北省黄冈中学（以下简称黄冈中学）。

第三人：宁波杭州湾世纪城置业有限公司（以下简称世纪城公司）。

岑茉莉等44人诉称："黄冈中学宁波学校"的开办未获得教育行政主管部门的审批，被告于2012年6月25日擅自向宁波杭州湾新区官网、宁波电视台、《现代金报》等媒体和社会公众发布"黄冈中学宁波学校签约开工"的信息，第三人世纪城公司在"世纪城"所在地块设置了"黄冈中学入住杭州湾世纪城，设初、高中部"的广告设施。上述信息发布行为导致原告等人购买了"黄冈中学宁波学校"的学区房——"世纪城"的房屋。2014年2月，被告在其门户网站上公开其与第三人黄冈中学解除合作办学协议、民办"宁波科学中学"（镇海中学杭州湾分校）开办的信息，镇海中学杭州湾分校未获得教育行政主管部门的批准。被告公开其与第三人黄冈中学合作开办"黄冈中学宁波学校"相关政府信息的行为损害了原告的合法权益，对原告的损害，被告和两第三人依法应当予以赔偿，原告的起诉没有超过法定的起诉期限。请求法院判决确认被告公开其与第三人黄冈中学合作开办"黄冈中学宁波学校"相关政府信息的行为违法，并判令被告、两第三人连带赔偿原告的经济损失7977855元。

被告杭州湾新区辩称：被告主动发布涉案政府信息的行为没有侵犯原告的商业秘密、个人隐私，也未设定、变更、消灭原告等人的权利义务，原告与上述行为没有利害关系，该行为不具有可诉性。原告自述其购买涉案房屋用作学区房，据此可以认定原告购买涉案房屋时已经知道被告发布涉案政府信息的行为，其起诉已经超过了法定的期限，应当予以驳回。被告主动公开涉案政府信息的内容、形式，符合《中华人民共和国政府信息公开条例》（以下简称《条例》）的相关规定。原告购买涉案房屋与被告公开涉案政府信息的行为没有直接的因果关系，原告购买涉案房屋的目的也已实现，不存在损失。综上，请求法院驳回原告的起诉。

第三人黄冈中学述称，其不是公开涉案政府信息的主体，原告也没有提供证明第三人黄冈中学在涉案政府信息公开中存在过错的证据。第三人黄冈中学与被告解除合作办学协议是双方的权利。原告的经济损失属于市场本身的风险，与被告及第三人黄冈中学均没有直接关系，第三人黄冈中学对原告的经济损失不负任何法律责任，原告的经济损失不属于行政赔偿范围。综上，请求法院驳回原告的起诉或诉讼请求。

第三人世纪城公司述称，原告的起诉超过了起诉期限。被告主动公开的涉案政府信息内容、方式、程序，符合法律规定。第三人世纪城公司在涉案政府信息公开中没有过错。原告没有证据证明其购买涉案房屋存在损失，其涉案房屋买卖合同中的义务已经履行完毕。原告要求第三人世纪城公司赔偿其损失，没有事实和法律依据。请求法院驳回原告的起诉或诉讼请求。

▶审判

浙江省宁波市中级人民法院经审理认为：《中华人民共和国行政诉讼法》第二十五条第一款规定，行政行为的相对人以及其他与行政行为有利害关系的公民、法人或者其他组织，有权提起诉讼。据此，与被诉行政行为有利害关系是提起行政诉讼的法定条件之一。涉案学校的建设不是“世纪城”内的配套设施。被告在2012年6月25日履行法定职责主动公开涉案政府信息的行为，虽使原告等人知晓了相关的政府信息，但上述行为的目的在于保障社会公众或不特定多数人知悉该政府信息的权利，而不在于仅保障原告等人知悉该政府信息的权利。被诉政府信息公开行为又未侵犯原告的商业秘密或个人隐私或其他权益。因此，原告与被诉政府信息公开行为不具有符合一般社会公众认知的行政法意义上的利害关系，原告对被诉政府信息公开行为及相应的行政赔偿的起诉不符合法定条件，依法应当不予受理；已经受理的，依法应当裁定驳回起诉。依照《中华人民共和国行政诉讼法》第二十五条、第四十九条，《最高人民法院关于适用〈中华人民共和国行政诉讼法〉若干问题的解释》第三条第一款第（一）项的规定，裁定驳回原告岑茉莉等44人的起诉。

宣判后，岑茉莉等44人不服一审判决，提起上诉。

浙江省高级人民法院经审理认为：《条例》第一条规定："为了保障公民、法人和其他组织依法获取政府信息，提高政府工作的透明度，促进依法行政，充分发挥政府信息对人民群众生产、生活和经济社会活动的服务作用，制定本条例。"被上诉人杭州湾新区在其官方网站和相关媒体上主动公布"与黄冈中学合作办学"的信息符合《条例》保障公民、法人和其他组织依法获得政府信息，提高政府工作透明度，促进依法行政的立法本意，且是履行《条例》规定的主动公开政府信息义务的具体表现。该行为既未直接对上诉人岑茉莉等44人的人身权、财产权设定权利义务，亦未侵犯上诉人的商业秘密或个人隐私。故上诉人以"其根据被上诉人杭州湾新区发布的'与黄冈中学合作办学'信息，购买世纪城房产导致经济损失"为由主张与被诉行政行为有利害关系缺乏事实和法律依据。上诉人的起诉不符合法定的起诉条件，原审法院驳回上诉人起诉正确。上诉人提出的上诉理由不能成立，本院不予采纳。依照《中华人民共和国行政诉讼法》第八十九条第一款第（一）项之规定，裁定驳回上诉，维持原裁定。

▶评析

本案是一例非典型性的政府信息公开案件，它既不同于传统的政府信息公开案件中，公民、法人或其他组织向行政机关申请获取政府信息，行政机关拒绝提供或者提供的信息不符合其申请的要求，也不同于行政机关在主动公开或者依他人申请公开政府信息过程中侵犯了其商业秘密或个人隐私而提起行政诉讼的情形。本案中，作为行政机关的杭州湾新区一方面主动公开了其相关的工作安排即"与黄冈中学合作办学"的信息，另一方面上述公开行为也未侵害到上诉人岑茉莉等44人的商业秘密或个人隐私。因此，笔者认为本案的审理应从《条例》及《最高人民法院关于审理政府信息公共行政案件若干问题的规定》（以下简称《规定》）两个重要法律文件的立法本意进行分析：

一、政府信息公开行政诉讼的审查范围

《条例》第一条规定:“为了保障公民、法人和其他组织依法获取政府信息,提高政府工作的透明度,促进依法行政,充分发挥政府信息对人民群众生产、生活和经济社会活动的服务作用,制定本条例。”时任国务院法制办曹康泰主任就《条例》的立法背景及意义作了如下阐述:“国务院公布实施政府信息公开条例,在我国全面推行政府信息公开,意味着民主政治理念和行政管理理念的深刻变革,必将对社会主义民主政治建设产生深远的影响。全面推行政府信息公开,可以使行政机关的职责权限、办事程序、办事结果为人民群众广泛知晓,建立起政府与人民群众有效沟通的桥梁。”可见《条例》的目的是旨在鼓励和推进政府主动公开,对于政府从“不公开”“不愿公开”转变为“主动公开”,立法者是持支持态度的。

《条例》第三十三条规定:“公民、法人或者其他组织认为行政机关不依法履行政府信息公开义务的,可以向上级行政机关、监察机关或者政府信息公开工作主管部门举报。收到举报的机关应当予以调查处理。公民、法人或者其他组织认为行政机关在政府信息公开工作中的具体行政行为侵犯其合法权益的,可以依法申请行政复议或者提起行政诉讼。”可见,《条例》认为,对政府信息公开工作的监督主要还是行政内部的监督,只有政府信息公开中的具体行政行为侵害公民、法人或者其他组织的合法权益时,司法才介入。笔者认为,这里司法的介入也必定要和行政诉讼法的受案范围相统一。即只有行政诉讼法所明确规定的人身权、财产权及其他法律明确规定可以得到行政诉讼救济的权利受到损害,才有权提起行政诉讼;此外,公民、法人或其他组织认为侵害其权益的行为必须是行政行为,原则上应当局限于具体行政行为。

二、关于行政机关主动公开信息的行为如何监督

行政机关没有履行主动公开政府信息公开义务应如何监督,《规定》作了具体的制度安排。《规定》第三条明确规定:“公民、法人或者其他组织认为行政机关不依法履行主动公开政府信息义务,直接向人民法院提起诉讼的,应当告知其先向行政机关申请获取相关政府信息。对行政机关的答复或者逾期不予答复不服的，可以向人民法院提起诉讼。”也就是说，司法解释明确对行政机关未主动公开信息的行为也不直接进行司法审查，而是需要相对人通过向行政机关提交具体的信息公开申请，转换成一个可以诉的行为。很显然，司法解释之所以作此规定，主要是基于主动公开政府信息的行为并不是针对一个特定的对象作出，因此这种行为具有抽象行为的特征，这种诉讼也具有公益诉讼的性质，人民法院受理此类案件在现阶段缺乏诉讼法依据。

但是对于主动公开信息的行为的另一个维度，《规定》还是将部分行为纳入了行政诉讼的受案范围。《规定》第一条规定，公民、法人或者其他组织认为行政机关主动公开或者依他人申请公开政府信息的具体行政行为侵犯其商业秘密、个人隐私的，可以提起行政诉讼。这在理论上被称为“反信息公开诉讼”，但提起该类诉讼有两个前提：一是行政机关做出公开信息的行为是一个具体行政行为；二是该行为侵犯了法律明确规定的“商业秘密”“个人隐私”。如果不符合上述条件，仅是因行政机关公布的信息之后，情势发生了变更，原信息内容发生变化，据此认为信息不准确而向法院提起行政诉讼，就不应认定此种情况属于《规定》设置的“反信息公开诉讼”的范围。

三、对公开信息的行为利害关系的判定

本案中作为行政机关的杭州湾新区对外发布“与黄冈中学合作办学”的信息是主动履行法定的公开义务，旨在保障社会公众或不特定多数人知悉政府信息的权利。笔者认为，杭州湾新区上述发布信息的行为，与传统行政法上发布决定命令行为原理上是一致的。其并不针对特定的对象，也不会对特定的公民、法人或者其他组织直接设定行政法上的权利义务。因此，从各种途径获知上述信息的公民、法人或者其他组织，对该主动公开行为并不具有法律上的利害关系。因此，本案原告对杭州湾新区的主动公开信息的行为提起行政诉讼，不符合法定的起诉条件。

编写人　浙江省高级人民法院　马良骥

002 鸿博股份有限公司诉浙江省财政厅财政行政处理案

——财政部门有权认定限制公平竞争的政府采购文件不合法

▶裁判要旨

公开招标的政府采购应向不特定对象开放，任何单位和个人不得要求采购人向其指定的供应商进行采购。招标文件中如将是否符合限定投标企业具体名单范围作为招标条件的，实质上特定化了供应商，属于采购文件不合法。行政部门有权认定该采购文件不合法并责令重新开展采购活动。

▶案例索引

一审：浙江省杭州市西湖区人民法院（2015）杭西行初字第63号（2015年7月20日）；

二审：浙江省杭州市中级人民法院（2015）浙杭行终字第374号（2015年9月9日）。

▶案情

原告：鸿博股份有限公司（以下简称鸿博公司）。

被告：浙江省财政厅。

第三人：浙江省体育彩票管理中心（以下简称省体彩中心）、浙江省政府采购中心（以下简称采购中心）、杭州国瑞印务有限公司（以下简称国瑞公司）。

杭州市西湖区人民法院经审理查明：采购中心受省体彩中心委托，就电脑热敏型体育彩票进行公开招标。2014 年 9 月 16 日，省采购中心发布了公开招标公告，投标供应商资格要求为注册资本在 1000 万元（含）以上。鸿博公司、国瑞公司及北京印刷集团有限责任公司、中体彩印务技术有限公司共四家公司参与投标。2014 年 10 月 31 日，评标委员会出具评标报告。报告载明：对各供应商的投标文件进行了资格性和符合性审查，各供应商均符合要求。评标委员会在审查各供应商投标文件的基础上，对国瑞公司进行了询标，认为该公司所提供的投标文件不符合中标需求中体彩字〔2014〕190 号文件（以下简称 190 号文）的要求，按无效标处理……推荐鸿博公司为中标单位。同日，省采购中心发布中标结果公示，中标供应商为鸿博公司。

国瑞公司提出质疑，省采购中心组织原评委七人进行复评，复评意见认为招标文件并没有将 190 号文作为供应商的资格条件，该文件仅作为招标需求中的实质性要求；国瑞公司的投标文件不符合招标需求中 190 号文的要求，按无效标并无不妥。国瑞公司不服，于 2014 年 12 月 1 日向浙江省财政厅投诉。

2015 年 1 月 19 日，浙江省财政厅作出浙财执法〔2015〕1 号《行政处理决定书》，认为：……四、采购文件将“必须符合体彩字〔2014〕190 号文件”作为对投标响应供应商的资格性要求或者实质性要求，均构成事实上的“向其指定的供应商进行采购”。浙江省财政厅认定：省采购中心组织的省体彩中心电脑热敏型体育彩票项目采购文件、采购过程违反政府采购相关法律、法规和文件，影响或者可能影响中标结果，依据《中华人民共和国政府采购法》（以下简称《政府采购法》）第五十六条和《政府采购供应商投诉处理办法》第十九条第（一）项之规定，裁定：本项目采购文件、采购过程不合法，责令重新开展采购活动。

另查明，案涉项目的招标文件第四章“招标需求”中载明：“投标体育彩票热敏票必须符合国家体彩中心《关于调整热敏票投注单印制管理模式的通知》（体彩字〔2014〕190 号）文件及热敏票的技术参数必须符合国家体彩中心《电脑热敏型体育彩票技术要求及检验方法》规定的要求。”该 190 号文由国家体育总局体育彩票管理中心（以下简称国家体彩中心）于2014年5月9日作出，其第一条载明："自2014年6月1日起，各省市体彩中心可自行采购热敏票、投注单。"第二条载明："经研究，暂限定现从事热敏票、投注单印制的5家企业可参与省市采购……经检测，中体彩印务技术有限公司、鸿博股份有限公司和北京印刷集团有限责任公司热敏票产品合格，6月1日后可参与省市热敏票印制采购。"

原告不服浙江省财政厅所作的处理决定，向杭州市西湖区提起诉讼。原告诉称，招标文件中明确规定投标体育彩票热敏票必须符合国家体彩中心190号文，国瑞公司的投标文件不符合招标需求，评标委员会据此认定其为无效标的行为符合法律法规及招标文件的规定。要求撤销被告作出的浙财执法〔2015〕1号行政处理决定书。

被告辩称，该项目采购文件、采购过程违反政府采购相关法律、法规和文件规定，未依法标明实质性要求，未公布190号文及《电脑热敏型体育彩票技术要求及检验方法》，也未告知供应商获取上述文件、要求、方法的渠道，且通过其他正常途径无法获得，影响或者可能影响招标结果，同时还存在向指定供应商进行采购的现象。请求驳回原告的诉讼请求。

▶审判

浙江省杭州市西湖区人民法院经审理认为，《中华人民共和国招标投标法》（以下简称《招标投标法》）第二十条规定："招标文件不得要求或者标明特定的生产供应者以及含有倾向或者排斥潜在投标人的其他内容。"《政府采购法》第六十四条规定："采购人必须按照本法规定的采购方式和采购程序进行采购。任何单位和个人不得违反本法规定，要求采购人或者采购工作人员向其指定的供应商进行采购。"案涉政府采购项目既然采取公开招标的方式，即应按公开招标的相关规定进行。案涉国家体彩中心190号文明确规定：暂限定现从事热敏票、投注单印制的五家企业可参与省市采购……经检测原告等三家公司热敏票产品合格，6月1日后可参与省市热敏票印制采购。案涉招标文件将 190 号文列在招标需求中，实质上将投标人限定为该三家公司，其效果无异于直接在招标文件中标明了该三家特定的投标人，违反了前述规定，影响或可能影响中标结果。故被告作出被诉行政处理决定，认定事实清楚，适用法律正确。遂判决驳回原告的诉讼请求。

一审宣判后，原告不服一审判决而提起上诉，后于二审期间撤诉。一审判决已发生法律效力。

▶评析

招投标是政府采购中最常用的方式。本案即财政行政部门对招投标行为进行管理和规范引发的行政纠纷。争议的焦点在于招标文件将国家体彩中心 190 号文列于招标需求的合法性评判。该案的裁判对类似招标活动的规范具有典型意义。

一、财政部门有权依据上位法认定采购文件不合法

《政府采购法》第十三条第一款规定："各级人民政府财政部门是负责政府采购监督管理的部门，依法履行对政府采购活动的监督管理职责。"《政府采购供应商投诉处理办法》（财政部第 20 号令）第三条第三款规定："县级以上地方各级人民政府财政部门负责本级预算项目政府采购活动中的供应商投诉事宜。"第十九条第（一）项规定："财政部门经审查，认定采购文件、采购过程影响或者可能影响中标、成交结果的，或者中标、成交结果的产生过程存在违法行为的，按下列情况分别处理：（一）政府采购合同尚未签订的，分别根据不同情况决定全部或者部分采购行为违法，责令重新开展采购活动。"案涉招投标项目属省一级的政府采购，被告作为省级财政部门具有受理供应商投诉，对采购文件是否合法作出认定并作出行政处理决定的法定职责。

《招标投标法》第二十条规定："招标文件不得要求或者标明特定的生产供应者以及含有倾向或者排斥潜在投标人的其他内容。"《政府采购法》第六十四条规定："采购人必须按照本法规定的采购方式和采购程序进行采购。任何单位和个人不得违反本法规定，要求采购人或者采购工作人员向其指定的供应商进行采购。”本案中，招标文件所列 190 号文由招标人浙江省体彩中心的上级单位国家体彩中心制定，国家体彩中心系国家体育总局下负责体育彩票管理的事业单位。190 号文在性质上属于效力级别较低的规范性文件，如该文件与上位法规定抵触，财政厅有权据此认定招标文件不合法。

二、将 190 号文列为投标要求实质上特定化了供应商

根据《招标投标法》第十条的规定，招标分为公开招标和邀请招标。邀请招标，是指招标人以投标邀请书的方式邀请特定的法人或者其他组织投标。公开招标，是指招标人以招标公告的方式邀请不特定的法人或者其他组织投标，即只要是市场上具备相应资质、满足相应条件的法人或其他组织都能参与相关招投标项目，其有不被限制、排除公平竞争的权利。一旦采取公开招标，就应当按照公开招标的法律规定进行，向不特定的对象开放。

然而，本案中作为招标文件必备要件的 190 号文规定，在该阶段仅包含原告在内的三家公司可参与省市体彩热敏票的印制采购。最后的中标单位即从该三家公司中产生。招标文件此项规定，固定了特定的投标人，是依据采购人的主管单位的命令指示，排除了其他供应商的参与权，实质上造成了对中标结果的影响，违反了公开招标的规定。浙江省财政厅据此认定招标文件不合法，符合法律规定，有利于维护政府采购中的公平竞争，法院予以支持。

三、列名单与审资格存在本质的区别

案涉招标文件将 190 号文列在招标需求中，而 190 号文的核心内容是列名单，限定了可参与采购的企业，因此被认定为不合法。值得注意的是，这并不意味着招标活动中不能筛选供应商。按照法律规定，招标人有权对投标人的投标资格进行审查，以确认其是否具有胜任某一招标项目的基本能力。

根据《招标投标法》第十八条、第十九条的规定，招标人可以根据招标项目本身的要求，在招标公告或者投标邀请书中，要求潜在投标人提供有关资质证明文件和业绩情况，并对潜在投标人进行资格审查；招标人编制的招标文件应当包括对投标人资格审查的标准。可见，招标人可以设置一定的门槛，将不符合资格的投标人拒之门外。但这个“门槛”，应当是相关资质和业绩等条件，只要符合的，都有投标资格，换言之，仍是面向不特定的对象。并且，这个资格审查应按一定的标准和方法进行：采用资格预审办法的，应当组建资格审查委员会按照资格预审文件载明的标准和方法进行；采用资格后审办法的，应当在开标后由评标委员会按照招标文件规定的标准和方法对投标人的资格进行审查。而本案中，招标人的做法却是直接“列名单”，不在名单内的企业并无机会由资格审查委员会或评标委员会按一定的标准和方法判断其有无资格。投诉人国瑞公司的投标文件通过了资格性和符合性审查，尔后却被按无效标处理，理由正是其未在190号文所列名单之内。

四、公平竞争是政府采购的基本原则

政府采购的资金来源为财政性资金，是一项特殊的经济活动。为体现竞争性采购立法的内容，我国《政府采购法》第一条开宗明义规定：“为了规范政府采购行为，提高政府采购资金的使用效益，维护国家利益和社会公共利益，保护政府采购当事人的合法权益，促进廉政建设，制定本法。”同时，该法第三条再次以公平竞争等原则强调政府采购活动应当确保透明、公平竞争，提高采购效率，保证有效使用公共资金，也因此产生了采购信息充分披露、供应商机会均等方面的微观制度。

本案中的政府采购采取公开招标的形式进行，却在招标文件中以190号文限定了仅三家供应商可以投标，损害了公平竞争，与国家法律相抵触，本身即违法。更甚的是，案涉190号文还存在未公开问题。该文件并未在发文单位的网站公布，招标单位也未进行公布，亦未告知供应商获取上述文件的渠道，甚至评标委员会成员也是在评标过程中才获知该文件具体内容。这实际上形成了一个仅在行业内部圈子内小范围流传的文件，无形中对想要参与体彩热敏票采购竞争的新的“外来者”进入该细分行业增加了阻力，阻碍竞争的意味更浓。当然，如前所述，即便190号文公开，也不能改变案涉招标文件违法的定性。

编写人　浙江省杭州市西湖区人民法院　吴俊洁　宋歌

003 温州时代集团大地房地产开发有限公司诉温州市市场监督管理局工商行政处罚案

——房地产企业的虚假广告宣传行为应受行政处罚

▶裁判要旨

房地产企业为推销其开发建设的商品房，以发放楼书、召开品鉴会等形式进行宣传，属于广告宣传行为。如广告宣传与实际内容不一致，构成发布虚假广告的违法行为，应按照《中华人民共和国行政处罚法》《中华人民共和国广告法》的相关规定进行处罚。

▶案例索引

一审：浙江省温州市鹿城区人民法院（2015）温鹿行初字第260号（2016年2月4日）。

二审：浙江省温州市中级人民法院（2016）浙03行终97号（2016年4月26日）。

▶案情

原告（上诉人）：温州时代集团大地房地产开发有限公司（以下简称大地房开公司）。

被告（被上诉人）：温州市市场监督管理局（以下简称温州市市监局）。

第三人：王莉等十九人。

“悦江锦园”（又名“时代滨江”）即涉案楼盘系原告大地房开公司开发

建设的房地产项目。2013年1月，原告印制、分发涉案楼盘的楼书，该楼书对楼盘规划红线外的周边楼盘、绿地、道路、河流等环境、空间布局作了详细、形象的标示，却将该楼盘规划红线外西南角方向，与该楼盘相邻，实际上为安置房（部分已建成）的楼盘用绿色植物标示。2013年4月20日，原告在温州香格里拉大酒店举行涉案楼盘品鉴会。其间，原告以“望江”户型（137m^2）为例，称“建筑面积137m^2—171.6m^2，全赠送：25.19m^2”，其展示的该户型结构图上标示为书房图样（全赠送：12.44m^2）的位置对照温州市信达测绘有限公司出具的该楼盘对应的3幢、4幢《分层分户平面图》实际上是一个U字形镂空。在上述楼书中，原告也将“望江”户型（137m^2）的该U字形镂空位置在户型结构图上标示为书房图样。

2014年1月9日，原温州市工商行政管理局收到包括十九位第三人在内的众多涉案楼盘业主的举报。举报人称原告的上述行为系广告虚假宣传行为，要求该局查处。原温州市工商行政管理局于2014年1月28日立案后，通过询问案件相关当事人并核实当事人提供的证据材料，核对温州市信达测绘有限公司出具的涉案楼盘对应的3幢、4幢《分层分户平面图》等方式依法开展调查。原告对上述宣传行为无异议，但认为购房者已通过涉案楼盘的相关审批文件公示、原告告知等方式知晓并认可上述宣传内容的实际情况，故其宣传行为并不构成违法。经调查发现，原告共印制上述楼书2907本，印制费用168830元，举办上述产品品鉴会的会务费120000元，两项广告费用合计288830元。2014年11月24日，原温州市工商行政管理局作出行政处罚听证告知书并送达原告，认定原告发布涉案楼盘的楼书广告和产品品鉴会广告的内容与事实不符，广告费用共计288830元，原告的行为已违反了《中华人民共和国广告法》（1994年10月27日发布，1995年2月1日起实施）（以下简称修订前的《广告法》）第四条的规定，依据修订前的《广告法》第三十七条的规定，该局拟决定，责令原告停止违法行为，消除影响，并处以广告费3倍的罚款，即866490元。因原告申请听证，原温州市工商行政管理局于2014年12月26日举行了听证。在该听证会上，原告提出该案听证告知程序不符合法律规定，应以原告与购房户之间的民事诉讼案件审理结果为依据，适用修订前的《广告法》错误，处罚金额过高、处罚过重，应减少处罚金额、取消“责令停止违法行为，消除影响”的处罚内容等申辩意见。后原告在听证主持人的主持下对案件证据及法律依据发表了意见。听证后，原温州市工商行政管理局经集体研究决定，认为原告发布虚假广告事实清楚、证据确凿；对其提出的应取消“责令停止违法行为，消除影响”处罚内容的主张，因原告印发的楼书已分发完毕，产品品鉴会也已举办完成，不再具有行为上的继续性，且大部分的购房户已经与当事人达成调解协议，可以予以采纳。后经温州市人民政府批准的《温州市市场监督管理局主要职责内设机构和人员编制规定》，将原温州市工商行政管理局的职责划入被告温州市市监局。2015 年 6 月 5 日，被告温州市市监局作出温市监处字〔2015〕9 号《行政处罚决定书》，以原告的上述行为违反修订前的《广告法》）第四条的规定，构成发布虚假广告违法事实为由，依据修订前的《广告法》第三十七条的规定，决定对原告罚款 866490 元（以下简称被诉处罚决定）。该处罚决定书分别于同月 8 日、9 日送达原告、第三人等。原告不服，提起本案诉讼。

▶审判

浙江省温州市鹿城区人民法院经审理认为：一、修订前的《广告法》第二条第二款规定：“本法所称广告，是指商品经营者或者服务提供者承担费用，通过一定媒介和形式直接或者间接地介绍自己所推销的商品或者所提供的服务的商业广告。”商品经营者或者服务提供者承担费用，通过一定媒介和形式直接或者间接地介绍自己所推销的商品或者所提供的服务的商业广告，不论其形式具体如何，都应在修订前的《广告法》的调整范畴。本案涉案楼盘的商品房属于商品毋庸置疑，原告作为该商品房的经营者，应承担费用，其采取印发楼书、召开产品品鉴会等形式，目的即在于直接介绍其所推销的商品房，故涉案楼盘的楼书、产品品鉴会，属于修订前的《广告法》调整的广告。原告以其他法律、司法解释等来否定该事实，与法不符，不予支持。

二、修订前的《广告法》第四条规定：“广告不得含有虚假的内容，不得欺骗和误导消费者。”该法第三十七条规定：“违反本法规定，利用广告对商品或者服务作虚假宣传的，由广告监督管理机关责令广告主停止发布、并以等额广告费用在相应范围内公开更正消除影响，并处广告费用一倍以上五倍以下的罚款；对负有责任的广告经营者、广告发布者没收广告费用，并处广告费用一倍以上五倍以下的罚款；情节严重的，依法停止其广告业务。构成犯罪的，依法追究刑事责任。”广告的内容应当尽量做到真实，如存在虚假内容，则应承担相应的法律责任。本案中，被诉处罚决定认定原告的涉案楼盘广告存在以下两处虚假内容：第一处是楼书中楼盘规划红线外西南角方向关于绿色植物的标示与该位置实际上是安置房楼盘的事实不符；第二处是楼书中的“望江”户型（137m^2）结构图及产品品鉴会上展示的该户型结构图关于书房的标示与该位置实际上是一个 U 字形镂空的事实不符。1. 关于第一处，购买商品房是普通民众生活中的重大事项，而商品房所在楼盘周边的环境、空间布局等系评判该楼盘及商品房品质的重要标准，故商品房经营者应尽量如实对楼盘周边的环境、空间布局等进行标识，以便于购房者充分了解商品房的相关情况，使购房者作出符合其真实意愿的决策。同时，商品房宣传广告推销的商品毕竟是楼盘规划红线内的商品房，楼盘规划红线外的环境、空间布局情况，有时难以确定一个合理的距离界线，如果一律要求商品房经营者在商品房宣传广告中全部做到详细、具体的标示，确属过于苛刻，故在一般情况下，不将楼盘规划红线外的环境、空间布局情况作为判断广告是否虚假的内容，除非存在刻意的隐瞒和误导。本案中，涉案楼盘西南角方向的安置房楼盘，与涉案楼盘相邻，面积较大，且部分已建成，属涉案楼盘周边的重要楼盘。原告在涉案楼盘的楼书中，已将该楼盘周边的环境、空间布局情况作了比较详细、形象的描述，标示了其他重要楼盘、绿地、道路、河流，却未将上述安置房用楼盘标示，而用绿色植物标示，明显是误导消费者认为该地块上并无建筑物，为绿地。原告以购房者应尽合理注意义务等为由，力图免除其在宣传广告中应如实标示的义务及未如实标示的责任，与法不符，不予支持。2. 关于第二处，房地产开发企业作为商品房的开发、经营主体，具备较高的房屋建筑领域的专业技术能力与法律知识水平，其本应当为广大购房者提供优质、周到的服务，而不应当利用自身优势误导和欺骗购房者。本案中，在涉案楼盘的楼书及产品品鉴会上宣传的“望江”户型（137m^2），其中所谓“书房”实际上是一个U字形镂空，原告对此解释为技术上的可改造性。事实上，商品房的平面图是经过相关部门严格审批的，购房者是否可以将本不属于商品房范围内的镂空部位改造为书房，纳入商品房范围内，不仅涉及技术上的可改造性问题，还涉及法律上的合法性等问题，需要进行全面、慎重的论证。但被告仅以技术上具有可改造性，草率地将该镂空位置标注为书房，并以所谓“全赠送”面积进行宣传，误导购房者认为将该镂空位置改造为书房不存在技术上的障碍及法律上的风险等。原告提出其是在结合其他宣传内容，并告知购房者“标注面积仅供参考”及意在强调相应空间具有技术上的可拓展性、原告不另就后续拓展收取款项的具体宣传语境中对上述所谓“书房”进行宣传，没有欺骗和误导消费者的主张，与法不符，不予支持。综合以上分析，被诉处罚决定认定原告的上述行为构成利用广告对商品作虚假宣传，并对其处以广告费用3倍的罚款，事实认定清楚，适用法律正确。

三、《中华人民共和国行政处罚法》第三十一条规定，行政机关在作出行政处罚决定之前，应当告知当事人作出行政处罚决定的事实、理由及依据，并告知当事人依法享有的权利。国家工商行政管理总局发布的《工商行政管理机关行政处罚案件听证规则》第七条第一款规定，向当事人告知听证权利时，应当告知当事人拟作出行政处罚的事实、理由、依据和处罚内容。本案中，被告已按上述法律规定对原告进行了告知，并按法定程序作出被诉处罚决定。原告主张被告告知等程序违法，与事实、法律不符，不予支持。综上所述，被诉处罚决定证据确凿，适用法律、法规正确，符合法定程序。原告要求撤销被诉处罚决定的诉讼请求，缺乏事实与法律依据，依法应予驳回。据此，温州市鹿城区人民法院依据《中华人民共和国行政诉讼法》第六十九条的规定，判决驳回原告大地房开公司的诉讼请求。

原告大地房开公司不服原审判决提出上诉称：一、一审法院认定事实错误，超越职权，程序违法。其主要理由有：1. 被诉处罚决定仅认定宣传内容与事实不符，未认定已经误导了消费者。原判却认定“未将上述安置房楼盘标示（指涉案楼盘西南角安置房），而用绿色植物标示，明显误导消费者认为该地块上无建筑物，为绿地”，显然与被审查的具体行政行为内容不符，属认定事实错误。2. 原判认定“仅以技术上具有可改造性，草率地将该镂空位置标注为书房，并以所谓‘全赠送’面积进行宣传，误导购房者认为将该镂空位置改造为书房不存在技术上的障碍及法律上的风险等”，系认定错误。3. 上诉人发布楼书、组织品鉴会不属于修订前《广告法》所称的广告。楼书中，相邻在建安置房不属于楼书介绍商品的本身，不属于广告宣传内容。二、被诉行政处罚决定适用法律错误。修订前的《广告法》上的广告并未包括楼书、产品品鉴会；同时修订前的《广告法》上广告的虚假宣传，不仅应有虚假内容，同时还应该具有欺骗和误导消费者，并实质性影响购买行为的特性。被告武断地将楼书及产品品鉴会内容作为广告内容，并且在未查明是否构成误导消费者的情况下，原判直接以“广告内容与事实不符”适用修订前的《广告法》第四条、第三十七条，适用《房地产广告发布暂行规定》第十四条、第十三条作出行政处罚，系适用法律错误，应予撤销。三、被诉行政处罚决定不符合法定程序，其理由是：1. 在处罚程序中，未全面告知法律依据，未告知认定事实的证据；2. 审批手续存在时间上倒签；3. 被告未全面、客观、公正地调查，没有充分听取当事人的意见，对当事人提出的事实、理由和证据未认真进行复核，不符合法定程序。综上所述，被诉处罚决定认定事实错误、适用法律错误、程序违法，侵害了上诉人的合法权益，一审判决认定事实错误，适用法律不当，应予撤销。

温州市中级人民法院确认了温州市鹿城区人民法院认定的事实。

温州市中级人民法院经审理认为：大地房开公司作为房开企业，采取发放楼书、召开品鉴会的形式推销自己开发的商品房，完全符合修订前的《广告法》的规定，也与修订后的《广告法》的精神相吻合。大地房开公司在广告中，将安置房以植物标示、镂空位置以书房标示，温州市市监局认定其构成发布虚假广告违法事实，证据确实充分，符合修订前的《广告法》规定。至于大地房开公司认为虚假广告还须具有欺骗误导消费者以及损害消费者利益的事实才能予以处罚，属于认识错误，其理由不能成立。温州市市监局听证告知时，已就行政处罚决定的事实、理由及依据进行了告知。本案的基础事实为大地房开公司的广告内容是否属于虚假。该虚假内容是否欺骗误导消费者，进而损害消费者的合法权益，以及与大地房开公司签订购房合同是否构成欺诈，绿色植物标示是否误导为绿地等，均不属于案件审查的内容，法院对此不作评判。

▶评析

近年来，新开发建设的商品房楼盘在通过竣工验收合格后再进行违法搭建、扩建的现象比较普遍，行业内俗称“偷面积”，由于相关职能部门的监管功能缺位，房地产企业往往在销售商品房时将这些“偷得面积”作为所谓“赠送面积”进行宣传。另外，楼盘的开发商对楼盘周边环境的宣传也往往脱离实际，进行过度甚至是虚假的渲染。之前因购房者购得的房屋价格只升不降，购房者与开发商相安无事。随着温州市总体经济的下滑及房地产市场的不景气，涉房地产纠纷的相关案件不断增加，购房者与开发商之间的矛盾纠纷凸显，“偷面积”的相关问题，也被摆到了相关职能部门及人民法院面前。本案即是一起涉及“偷面积”虚假宣传的工商行政处罚案件。

综合各方当事人的诉辩意见，本案的主要争议焦点可以概括为：大地房开公司发放的楼书、召开的户型品鉴会是否属于“广告”，该楼书、品鉴会的内容是否“虚假”及温州市市监局处罚程序是否合法。

一、大地房开公司发放的楼书、召开的品鉴会是否属于“广告”

修订前的《广告法》第二条第二款规定：“本法所称广告，是指商品经营者或者服务提供者承担费用，通过一定媒介和形式直接或者间接地介绍自己所推销的商品或者所提供的服务的商业广告。”修订后的《广告法》第二条第一款规定："在中华人民共和国境内，商品经营者或者服务提供者通过一定媒介和形式直接或者间接地介绍自己所推销的商品或者服务的商业广告活动，适用本法。"本案中，大地房开公司作为房地产开发企业，采取发放楼书、召开品鉴会的形式推销自己开发的商品房，完全符合修订前的《广告法》的规定，也与修订后的《广告法》的精神相吻合。大地房开公司以楼书、品鉴会未纳入产品概念，一定的媒介和形式非所有的媒介和形式，其他法律规定将销售广告与宣传资料、展览等予以分列，说明广告与资料、展览有别等理由进行抗辩，于法不符，不予采纳。

二、楼书、品鉴会的宣传内容是否"虚假"

被诉处罚决定明确大地房开公司发放的楼书及召开的品鉴会宣传内容有两处虚假：一处是楼盘西南角红线上安置房用绿色植物标示，与事实不符；另一处是该楼盘"望江"户型一个 U 字形镂空位置标示为书房图样，与事实不符。大地房开公司承认该事实，但就是否属于广告内容、是否属于虚假以及是否构成违法有争议。大地房开公司主张，我国法律对楼书制作规范并无强制性要求，开发商对楼盘外的建筑并不具有标识的义务。广告的内容一般是商品本身，而楼盘西南角红线外的建筑属商品房以外。该安置房虽以植物标示，但并未声称"周边不存在安置房"。将镂空位置标示为书房，技术上具有可行性，楼书及品鉴会上并未宣传该技术改造不存在法律上的风险。大地房开公司还认为，适用修订前的《广告法》第四条，除了要考虑广告内容是否与事实相符之外，还应考虑是否"欺骗和误导消费者，使购买商品或者接受服务的消费者的合法权益受到损害"，而被告未对此进行调查认定，即作出被诉处罚决定，与法不符。

大地房开公司在广告中，将安置房以植物标示、镂空位置以书房标示，温州市市监局认定其构成发布虚假广告违法事实，证据确实充分，符合修订前的《广告法》的规定。至于大地房开公司认为虚假广告还须具有欺骗误导消费者以及损害消费者利益的事实才能予以处罚，属于法律认识错误，其理由不能成立。

三、温州市市监局处罚程序是否符合规定

温州市市监局听证告知时，已就行政处罚决定的事实、理由及依据进行告知，《房地产广告发布暂行规定》虽在一审举证时提供，但在行政处罚决定作出时并没引用，认定事实的证据已在听证会一一出示并经质证。至于审批表上时间倒签及听证时大地房开公司提供的证据未入卷，被告已作合理解释，且未达到程序不当的程度。大地房开公司认为行政程序不合法的理由不成立。

温州市市监局对本案所涉“偷面积”虚假宣传问题进行工商行政处罚及人民法院对该行政处罚案件进行审理，均引起了社会各界的高度关注。人民法院作出本案裁判后，众多新闻媒体对本案事实及相关法律适用进行了专题报道，最高人民法院官方微信公众号亦进行了推送，对人民法院正确审理涉房地产纠纷行政案件、有力维护房地产正常经营秩序，给予了积极肯定与高度评价。本案判决对规范房地产市场经营秩序、政府相关职能部门依法行使监管职责、人民法院依法审理房地产纠纷相关案件均有重要的指导意义。

编写人　浙江省温州市鹿城区人民法院　麻永和　侯璐琼

004　林银武诉玉环县人民政府、台州市人民政府土地行政登记及行政复议案

——裁定驳回起诉案件中对复议维持决定应不予审查

▶裁判要旨

在复议机关作共同被告的行政诉讼中，人民法院经审查认定原告起诉原行政行为因超过起诉期限等不符合法定受理条件应裁定驳回起诉的，应当一并裁定驳回原告对复议决定的起诉，而不应再审查复议决定（含复议程序）的合法性。

▶案例索引

一审：浙江省台州市中级人民法院（2015）浙台行初字第177号（2016年3月3日）；

二审：浙江省高级人民法院（2016）浙行终字第374号（2016年6月2日）。

▶案情

原告（上诉人）：林银武。

被告（被上诉人）：玉环县人民政府。

被告（被上诉人）：台州市人民政府。

第三人（被上诉人）：林妙根。

原告林银武与第三人林妙根系父子，林妙根为户主，户成员包括原告林银武等子女。1996年1月31日，玉环县人民政府向林妙根颁发了玉集建（1996）字第580号《集体土地建设用地使用证》。2015年7月17日，林妙根向玉环县人民法院提起民事诉讼，要求林银武立即搬离腾空该土地证上的二间二层房屋及一间平顶屋。2015年8月24日，林银武向台州市人民政府申请行政复议，要求撤销玉环县人民政府颁发的上述《集体土地建设用地使用证》。台州市人民政府后作出台政行复字（2015）51号《行政复议决定书》，决定维持该《集体土地建设用地使用证》。林银武于2015年12月9日向台州市中级人民法院提起行政诉讼，请求：一、撤销玉环县政府于1996年1月31日向林妙根颁发的玉集建（1996）字第580号《集体土地建设用地使用证》；二、撤销台州市政府于2015年11月23日作出的台政行复字（2015）51号《行政复议决定书》。

▶审判

台州市中级人民法院一审认为，玉集建（1996）字第580号《集体土地建设用地使用证》颁发时间是1996年1月31日。第三人林妙根在对被诉土地申请登记时，提供的家庭人口调查表中除了户主林妙根之外，还包括原告在内的家庭成员共8人。因此，原告作为被诉土地使用证的权利人之一，在被告县政府向第三人颁发土地使用证时，即应当知道自己作为土地权利人之一的土地登记事实。原告直至2015年12月9日才向法院提起本案行政诉讼，其起诉时间已超过了2年法定起诉期限且无正当理由，故依法应当驳回其起诉。被告台州市政府受理原告的行政复议申请后，经过听证并经延长审理期限一个月，于2015年11月23日作出台政行复字（2015）51号《行政复议决定书》，其复议程序并不违法。依照《最高人民法院关于适用〈中华人民共和国行政诉讼法〉若干问题的解释》第三条第一款第（二）项的规定，裁定驳回原告林银武的起诉。

林银武不服，提起上诉。

浙江省高级人民法院二审经审理认为，上诉人在当时就应当知道被诉颁证行为。根据《最高人民法院关于执行〈中华人民共和国行政诉讼法〉若干问题的解释》第四十一条第一款规定，上诉人于2015年12月9日才提起诉讼，显然已超过2年的期限，原审法院据此裁定驳回上诉人的起诉是正确的。在行政诉讼案件中，行政复议决定维持原行政行为的，对复议程序合法性的审查从属于对原行政行为合法性的审查。上诉人对被诉颁证行为的起诉已超过起诉期限，不符合行政案件的受理条件，对复议程序的合法性也无再审查的必要，故此，上诉人对被诉复议决定的程序和实体两方面提出的异议，均非本案审查范围。依照《中华人民共和国行政诉讼法》第八十九条第一款第（一）项之规定，裁定驳回上诉，维持原裁定。

▶评析

本案争议问题有两个：一是上诉人起诉时间是否已经超过期限；二是在原行政行为已被驳回起诉的情况下，如何理解与处理对原行政行为的复议维持决定。对于第一个问题，行政审判实务中的争议并不大；但对于第二个问题，却涉及新行政诉讼法有关新规定的理解适用问题，实践中争议较大。

一、复议机关作共同被告案件的新规定

新修改的《中华人民共和国行政诉讼法》（以下简称新《行政诉讼法》）

第二十六条第二款规定“经复议的案件，复议机关决定维持原行政行为的，作出原行政行为的行政机关和复议机关是共同被告；复议机关改变原行政行为的，复议机关是被告”；第七十九条进一步规定“复议机关与作出原行政行为的行政机关为共同被告的案件，人民法院应当对复议决定和原行政行为一并作出裁判”。《最高人民法院关于适用〈中华人民共和国行政诉讼法〉若干问题的解释》（以下简称《适用解释》）以第六条至第十条共 5 个条款，进一步明确复议共同被告行政诉讼案件中的有关问题，如第七条规定“复议机关决定维持原行政行为的，作出原行政行为的行政机关和复议机关是共同被告。原告只起诉作出原行政行为的行政机关或者复议机关的，人民法院应当告知原告追加被告。原告不同意追加的，人民法院应当将另一机关列为共同被告”；第九条第一款规定“复议机关决定维持原行政行为的，人民法院应当在审查原行政行为合法性的同时，一并审查复议程序的合法性”；第十条第一款规定“人民法院对原行政行为作出判决的同时，应当对复议决定一并作出相应判决”。相比原《行政诉讼法》与《适用解释》的相关规定，上述新规定确立了复议决定维持原行政行为（含驳回复议申请或者复议请求的复议驳回决定，但不包括以复议申请不符合受理条件为由作出的复议驳回决定）的行政诉讼案件中，在确立原行政行为作出机关与复议机关作共同被告的同时，确立了“一并审查、一并裁判”（也称“双重审查、双重裁判”）的原则。

二、上述新规定的常见理解

对上述新规定，在理解适用中出现了不同认识。司法实践较为常见的观点认为，在新的规定下，原行政行为与复议决定系同一诉讼中的不同行政行为，两个行政行为的作出机关、效力等均不相同，构成了不同的司法审查对象，人民法院按照上述规定可以并且应当一一予以审查、一一作出裁判。本案原审法院在本案中正是基于这样的理解视角，即在一审裁定中认为“被告市政府受理原告的行政复议申请后，经过听证并经延长审理期限一个月，于 2015 年 11 月 23 日作出台政行复字（2015）51 号《行政复议决定书》，其复议程序并不违法”。

三、理解适用的另一视角

我们认为，所谓“一并审查、一并裁判”不应被理解为“分别审查、分别裁判”。虽然有两个被告、两个行为，但只有在能够审查原行政行为合法性的基础与前提下，才能一并（或同时）审查维持原行政行为的复议决定，并进而一并（或同时）作出裁判。理由在于：

（一）维持原行政行为的复议决定并不具有完全独立的行政行为效力，不具有单独可诉性，原告仅起诉维持复议决定的，不属于行政诉讼受案范围。虽然新《行政诉讼法》规定了此种情形下复议机关作共同被告，但“维持复议决定与原行政行为虽不是同一行为，也非同类行为，但属于关联度很高的两个行为，维持复议决定强化了原行政行为，又依附于原行政行为的效力状态”①。维持原行政行为的复议决定本身并不具有可以独立存在的行政行为效力，虽然是上级机关作出的决定，但在效力上反而依附于原行政行为。正是在行政行为效力的此种判断上才能解读出，为何复议维持决定不能单独被诉。

（二）对维持复议决定与原行政行为的双重合法性审查具有“一体性”。对新《行政诉讼法》第七十九条关于“复议机关与作出原行政行为的行政机关为共同被告的案件，人民法院应当对复议决定和原行政行为一并作出裁判”的规定，《适用解释》以更为清晰明确的条款作了解读：一是复议机关决定维持原行政行为，人民法院应当在审查原行政行为合法性的同时，一并审查复议程序的合法性；二是人民法院对原行政行为作出判决的同时，应当对复议决定一并作出相应判决。三个条款都内含着一种前提，即只有在个案中的原行政行为合法性已达到可以接受人民法院司法审查的条件下，才可以一并审查包括复议程序合法性在内的复议决定的合法性。“法院要分别审查原行政行为和复议决定的合法性，应当在一个判决中对原行政行为和复议决定的合法性一并作出裁判”②。而裁定驳回起诉的法律效果，是对原告起诉原行政行为起诉条件的不认可，并不涉及对原行政行为合法性的审查；在不对原行政

---

① 袁杰主编：《中华人民共和国行政诉讼法解读》，中国法制出版社2014年版，第215页。

② 袁杰主编：《中华人民共和国行政诉讼法解读》，中国法制出版社2014年版，第216页。

行为审查的情形下，单独审查复议决定合法性，将违反“一并审查”与“一并裁判”的原则。

（三）《适用解释》第九条原来表述为“复议机关决定维持原行政行为的，人民法院应当在审查原行政行为合法性的同时，一并审查复议决定的合法性”。“在讨论过程中，有意见提出，原行政行为的合法性与复议决定的合法性存在较大的重合。法院既对原行政行为合法的事实根据和法律依据进行审查，也要对复议决定合法的事实与法律依据进行审查。在复议机关作出维持决定的情况下，维持决定与原行政行为之间本身联系就极为紧密，对于原行政行为的合法性的审查，在大多数情况下，也等于对复议维持决定的审查。因此，对于法院的审查对象应当明确审查复议决定的具体内容”；由于“复议决定的合法性包括以下几个方面：一是实质上的原行政行为的合法性。由于原行政行为与维持决定之间存在密切联系，维持决定的合法性实质上是原行政行为的合法性。二是复议决定改变原行政行为所认定的主要事实和证据、改变原行政行为所适用的规范依据且对定性产生影响的情形，本司法解释已认定属于未改变原行政行为（结果）的情形。也就是说，这些相应的事实、证据和适用规范性依据，已经成为原行政行为合法性的一部分。三是复议程序的合法性。复议机关作出复议决定时的程序，与行政行为的程序完全独立、不具有依附性，纯属于自身的程序。对于复议程序的合法性应当由复议机关自己来单独承担举证责任、承担相应的法律后果”。① 这些资料可以反映，《适用解释》的该条款，并不能推导出当原行政行为不能审查的情况下，仍需对复议决定的程序合法性进行审查；而仅是指向当需要对原行政行为与复议维持决定一并审查的情况下，在审查复议决定时应予审查的重点对象。

（四）“分别审查、分别裁判”既不可行也无必要。一是不可行。“修改后的行政诉讼法加大了复议机关作出维持决定的情况下，复议机关和原行政行为机关是一体的观念，也就是说，作出原行政行为的行政程序与复议决定

① 江必新、梁凤云：《最高人民法院新行政诉讼法司法解释理解与适用》，中国法制出版社 2015 年，第 87 – 88 页。

程序是捆绑的、一体的。行政复议机关只要没有改变原行政行为的处理结果，举凡改变事实、改变证据、改变所适用规范依据，均属于对原行政行为的治愈、补正和维持，是对原行政行为的强化，复议机关这些事项已经成为整体行政程序的一个环节和步骤，因此，逻辑上的结论就是，行政复议机关在复议过程中可以收集和补充证据，这些收集和补充的证据，可以作为证明原行政行为的合法性的证据。”① 这表明，复议维持决定程序合法性审查所包含的内容并不限于受理是否合法，在变更原行政行为内容如证据、规范依据，但不改变结果的情况下，复议程序的审查还包括证据的收集采信等与实体问题密不可分的问题。由此可见，在一些案件中难以仅将复议程序切割出来，进行单独审查。二是无必要。如果单独审查后认定复议决定程序违法的，即使判决撤销，但由于复议决定效力依附于原行政行为效力，并不必然影响原行政行为的合法性与效力。有意见认为，单独审查复议决定程序合法性，可以贯彻立法目的，监督复议机关依法作出复议决定。但新《行政诉讼法》规定共同被告的立法目的是明确的，即为了增强复议机关的内部监督作用，以共同被告的方式倒逼复议机关依法纠正违法不当的原行政行为。一旦复议机关作出了维持原行政行为的复议决定，原告提起诉讼，复议机关就应作为共同被告，则该条立法目的即已实现，无须再以确认复议程序违法的方式予以监督。同时，仅从程序方面监督复议决定，也无法贯彻倒逼复议机关强化内部纠错的立法本意。在这类案件中，如仍要求人民法院审查复议程序的合法性，考虑到大量复议案件，仅复议受理条件就包括申请人与被申请人资格、申请期限、复议范围等多项内容，必然会加重人民法院的审查负担，而这种情形下对复议程序合法性的审查根本无益于对原行政行为的监督。

（五）裁判方式有问题。从裁判方法上来看，当原行政行为已过起诉期限，而复议决定程序合法或违法时，人民法院既要出具行政裁定，即针对原行政行为的裁定驳回起诉，还要另外针对复议决定作出行政判决，即判决驳

---

① 江必新、梁凤云：《最高人民法院新行政诉讼法司法解释理解与适用》，中国法制出版社 2015 年版，第 91 页。

回原告诉讼请求或确认复议决定违法。这显然是难以操作的，故《适用解释》将新《行政诉讼法》规定的“一并裁判”转化为“一并判决”。这就表明，只有当人民法院对原行政行为的合法性作出实体判决时，才需要一并对复议程序的合法性进行审查并作出相应的判决。最高人民法院相关行政诉讼文书样式全部以“行政判决书”出现，且判决主文部分均是对“原行政行为与维持复议决定”的实体判决，没有分割处理的样式。

综上，在复议机关因复议维持原行政行为而作为共同被告的行政诉讼中，人民法院经审查认为原告起诉原行政行为出现超过起诉期限等不符合起诉条件情形，依法裁定驳回起诉的，应一并裁定驳回对复议行为的起诉，而不再另行审查复议决定的合法性。这类案件应以一份行政裁定书，直接裁定驳回原告起诉。因此，省高院在二审裁定中认为：“上诉人对被诉颁证行为的起诉已超过起诉期限，不符合行政案件的受理条件，对复议程序的合法性也无再审查的必要，故此，上诉人对被诉复议决定的程序和实体两方面提出的异议，均非本案审查范围。”

编写人　浙江省高级人民法院　蒋中东　管征

005　王忠明、陈向前诉余杭区良渚街道办事处征迁行政协议案

——行政判决可以直接变更行政协议

▶裁判要旨

一、行政协议相对人或其他利害关系人起诉要求变更协议部分内容的行政协议争议，属于行政诉讼受案范围。

二、行政协议确定的内容明显违反法律法规等相关规定，又不符合当事人的真实意思表示，且产生显失公正后果，原告要求变更的，人民法院可以直接判决变更。

▶案例索引

一审：浙江省杭州市余杭区人民法院（2015）杭余行初字第160号（2016年4月20日）；

二审：浙江省杭州市中级人民法院（2016）浙01行终367号（2016年11月24日）。

▶案情

原告：王忠明。

原告（上诉人）：陈向前。

被告（被上诉人）：杭州市余杭区良渚街道办事处（以下简称良渚街道）。

2015年5月25日，浙江省人民政府作出浙土字A（2015）－0080号《浙江省建设用地审批意见书》，良渚街道对杜甫村相关土地的征收集体土地补偿安置方案公告于2015年7月8日发布。2015年6月25日，杜甫村16组王忠明户（乙方）与良渚街道（甲方）签订了《集体所有土地、房屋征迁补偿安置协议书》，协议第六条约定：经初步审核乙方安置人口6人，该户可享受安置建筑面积480平方米。该协议附乙方拆迁时符合安置政策人员名单：王忠明、妻子费仙娥、女儿王月芳、孙女陈昕、孙子陈王烁、母亲徐阿小。协议签订后，王忠明作为户主已领取该协议项下的拆迁补偿款并腾房。陈向前系现役军人，现身份证户籍地址为浙江省杭州市拱墅区长乐路。陈向前与王月芳于2006年11月7日登记结婚，陈昕、陈王烁系二人子女。涉案房屋补偿安置协商过程中，王忠明多次要求将陈向前作为安置人口，均遭良渚街道拒绝。现陈向前、王忠明以陈向前符合安置条件未享受安置为由于2015年

10月26日诉至法院，请求增加陈向前为安置补偿协议的安置人口，即将协议中确定的安置人口6人变更为7人，同时增加安置面积80平方米。良渚街道辩称，王忠明户内在册人员共6人，并无陈向前，故按区委办〔2008〕62号文件规定的人均高层安置为80平方米，共拟安置面积480平方米。对此事实双方早已确认无误，并在平等自愿、协商一致的基础上签订《房屋征迁补偿安置协议书》，现已依法完成补偿及搬迁工作。陈向前依规定并不属于被征迁安置人口，不符合安置条件，依法无法享有安置面积。

▶审判

浙江省杭州市余杭区人民法院经审理认为，征用集体所有土地房屋拆迁安置补偿协议系拆迁当事人就该集体所有土地上房屋拆迁安置补偿事宜协商一致达成的协议，良渚街道作为拆迁人，王忠明作为被拆迁房屋的户主，经协商，双方签订《补偿安置协议书》对安置事项作了约定，系双方的真实意思表示，该协议合法有效。协议约定的内容对双方均具有约束力。陈向前非属王忠明户内人员，且其户籍不在辖区范围内，自然也非属该集体所有土地上房屋拆迁安置对象。王忠明户内已安置480平方米房屋，也已足额获取了《杭州市征收集体所有土地房屋补偿条例》第十八条第一款第（四）项所规定的安置标准的房屋。遂判决驳回陈向前、王忠明的诉讼请求。

宣判后，陈向前不服，向杭州市中级人民法院提起上诉。该院经审理认为，王忠明户房屋因所占集体土地被征收而需要补偿安置，应适用《杭州市征收集体所有土地房屋补偿条例》的相关规定。陈向前与王月芳于2006年11月7日登记结婚，陈向前系现役军人，其在杭州市余杭区无常住户口，但涉案房屋因征地需要补偿安置时，其属于王忠明户内王月芳结婚三年以上的配偶，依据该条例第二十条第二款第（一）项规定可以计入安置人口。良渚街道在与王忠明户签订《集体所有土地、房屋征迁补偿安置协议书》时，拒绝将陈向前列入安置人口，不符合上述规定，也造成显失公平的后果，依法应予纠正。良渚街道与王忠明户签订的《集体所有土地、房屋征迁补偿安置协议书》并非民事合同，而是行政协议，该协议绝大多数内容由法律法规和补偿安置方案直接确定。协议中未确定陈向前为安置人口并非其真实意思表示，不能据此认为其已选择放弃了陈向前的补偿安置权利，其在签约后再要求变更协议违法部分的诉求具有正当性，应得到法律的保护。陈向前作为此次征收补偿安置人口，应享有与其他安置人员同等的每人 80 平方米安置面积的权利。据此，该院依照《中华人民共和国行政诉讼法》第八十九条第一款第（二）项、第七十七条第一款，《中华人民共和国合同法》第五十四条的规定，判决撤销一审判决，将良渚街道与王忠明户于 2015 年 6 月 25 日签订的《集体所有土地、房屋征迁补偿安置协议书》第六条第（一）项中确定的安置人口 6 人变更为 7 人，安置面积 480 平方米相应变更为 560 平方米。

▶评析

行政协议案件系 2014 年《中华人民共和国行政诉讼法》修订后新增的行政诉讼案件类型，法律争议颇多，尚未形成成熟的裁判规则。而本案涉及的集体土地征迁协议，之前一直作为民事案件审理，转为行政案件后在审理思路及法律适用上亦存在很多困难。本案中，能否直接判决变更成为案件审理的重点和难点。

一、利害关系人是否可以针对行政协议提出变更之诉

一种观点认为，行政协议案件的受案范围应严格限定于《中华人民共和国行政诉讼法》第十二条第一款第（十一）项规定的“认为行政机关不依法履行、未按照约定履行或者违法变更、解除政府特许经营协议、土地房屋征收补偿协议等协议的”，直接起诉要求变更协议，超出了法定受案范围。笔者认为，对该条不应作片面的理解。新修订的《中华人民共和国行政诉讼法》将行政协议争议从民事诉讼调整到行政诉讼，目的是更有效监督行政机关依法行使职权，更有利保护公民、法人和其他组织合法权益，更实质性解决行政争议。所以，对于行政协议利害关系人，行政诉讼的救济功能不应低于民事诉讼。若将行政协议争议的受案范围局限于该条列举的几种情形，利害关

系人在很多情况下将无法寻求救济，不符合行政诉讼法的立法本意。《最高人民法院关于适用〈中华人民共和国行政诉讼法〉若干问题的解释》第十五条第二款已经规定“原告请求解除协议或者确认协议无效”属于行政协议案件受案范围，这完全符合立法本意。既然解除、无效属于行政协议案件受案范围，那么变更、撤销当然亦属于行政协议案件受案范围，否则就无法构建完整的行政协议救济体系。

还有一种观点认为，行政协议是一个整体，利害关系人若有异议，只能请求撤销整个协议，而不能只请求变更协议的一部分。笔者认为，行政协议的整体性不能一概而论，在特定情形下，协议的部分内容具有相对独立性。就本案而言，原告只对协议确定的安置人口和安置面积有异议，对协议的其他部分均无异议，并已实际履行（已经领取补偿费并腾空房屋），甚至对已经确定的安置人口与安置面积也无异议，只是认为遗漏了一个安置人口及相应安置面积。此时，原告对协议有异议的部分就具有了相对独立性，仅仅变更协议的该部分并不会与协议的其他内容产生冲突。若强制性地要求原告只能提出撤销整个协议的诉请，既不符合原告的本意，人为制造和扩大了矛盾，也给法院审理案件增加了难度，不可取。事实上，原告也绝不会提出对自身如此不利的诉讼请求，否则其宁可之前就拒绝签订协议；若强制要求其只能提出撤销整个协议的诉请，实际上是阻断了其寻求司法救济的途径，不利于实质性解决行政争议。且在民事合同纠纷中，原告仅提起变更之诉，法院不能直接判决撤销合同。

二、户主签订协议的行为能否成为判决变更的障碍

就民事合同而言，协议达成一致意味着双方的意思表示一致，协议约定的内容对双方均具有约束力，非经法定事由和程序，任何一方都不得单方变更、解除。而本案中王忠明户与良渚街道签订的《集体所有土地、房屋征迁补偿安置协议书》并不是平等民事主体之间订立的民事合同，而是当地政府为征收集体土地，在其职责范围内与集体土地使用权人（房屋所有权人）协商订立的具有行政法上权利义务内容的协议，即行政协议。该协议在意思自治程度和范围上与民事合同存在显著差异，该协议中虽然也存在双方协商一致的内容，如安置方式（货币安置或调产安置），但该协商一般只能在法律法规和补偿安置方案所允许的范围内进行；另外，该协议绝大多数内容是由法律法规和补偿安置方案直接确定的，如安置人口的确定等。按照《杭州市征收集体所有土地房屋补偿条例》第二十条第一款、第二款第（一）项规定，[①] 陈向前应该被计入安置人口，但良渚街道坚持执行余杭当地政策，对王忠明户提出的要求一直予以拒绝。王忠明户为了最大限度保护自身权益，采取了一种先合作签约后寻求救济的策略。由于行政协议双方当事人并不是平等的民事主体，行政机关一方天然强势，行政协议诉讼中如果行政机关不能证明当事人充分知晓《杭州市征收集体所有土地房屋补偿条例》对其有利的安置人口规定并自愿放弃该待遇，则法院可以认定协议中未确定陈向前为安置人口并不是其真实意思表示，不能据此认为其已选择放弃了陈向前的补偿安置权利，其在签约后再要求变更协议违法部分的诉求具有正当性，应该得到支持。

三、判决变更的法理基础

行政协议案件是行政案件，《中华人民共和国行政诉讼法》已规定了变更判决的方式，即第七十七条第一款规定的“行政处罚明显不当，或者其他行政行为涉及对款额的确定、认定确有错误的，人民法院可以判决变更”。但该规定中的变更判决并不是专门针对行政协议案件的，而是针对所有种类的行政行为，甚至主要是针对行政处罚、行政确认等单方行为的，故其所规定的变更判决适用情形，并不能与行政协议案件形成很好的呼应。但行政协议案件毕竟是新类型案件，行政协议的变更判决需要司法实践的不断探索，待经验成熟后再上升为立法。笔者认为，行政协议变更判决的适用情形可以参照《中华人民共和国合同法》第五十四条的立法精神。行政协议虽然是一种

---

① 《杭州市征收集体所有土地房屋补偿条例》第二十条第一款、第二款第（一）项规定，安置人口按照被补偿人家庭常住户口人数确定。被补偿人家庭成员在本市市区虽无常住户口，但属下列情形之一的人员，可以计入安置人口：（一）结婚三年以上的配偶。

行政行为，但其是一种双方行政行为，同时也是一种特殊的合同，与民事合同具有法理上的共通性。《最高人民法院关于适用〈中华人民共和国行政诉讼法〉若干问题的解释》第十四条也明确规定，人民法院在审理行政协议案件中“在适用行政法律规范的同时，可以适用不违反行政法与行政诉讼法强制性规定的民事法律规范”。在行政诉讼法没有对行政协议变更判决作出明确规定的情形下，合同法上变更判决的适用情形对于行政协议的变更判决具有重要参考价值。根据《中华人民共和国合同法》第五十四条第一款、第二款规定，下列合同，当事人一方有权请求人民法院或者仲裁机构变更或者撤销：（一）因重大误解订立的；（二）在订立合同时显失公平的。一方以欺诈、胁迫的手段或者乘人之危，使对方在违背真实意思的情况下订立的合同，受损害方有权请求人民法院或者仲裁机构变更或者撤销。该立法是以平等主体之间的民事合同为对象的，其中的“重大误解”“欺诈”“胁迫”“乘人之危”等情形并不能简单套用到行政协议中，但是根据该立法可以抽象出直接变更合同的两个法定考量因素，一个是意思表示的真实性，一个是订立合同的公平性。此两个因素再加上协议内容的合法性，就可以成为行政协议变更判决的三个主要考量因素。

本案中，协议未将陈向前列为安置人口，明显不符合法律规定，显然也不是王忠明户的真实意思表示，而体现的是良渚街道的单方意志；并且未将陈向前列为安置人口，对于王忠明户是显失公平的，是对该户合法权益的损害。所以，本案具备适用变更判决的法理基础。鉴于本案毕竟属于行政案件，故在作出变更判决援引法律时，笔者认为目前还是将《中华人民共和国行政诉讼法》第七十七条和《中华人民共和国合同法》第五十四条一并援引为好，待行政诉讼相关立法较为完备时，即可单独援引行政诉讼相关规定。

编写人　浙江省高级人民法院　危辉星

浙江省杭州市中级人民法院　张波　吴宇龙

国家赔偿篇

001 施卫兵申请浙江省高级人民法院再审无罪国家赔偿案

——对一些合理诉讼费用，可以其他直接损失名义予以赔偿

▶裁判要旨

一、对一些合理的诉讼支出，限制人身自由赔偿金和精神损害抚慰金不足以弥补损害的，可以其他直接损失名义予以赔偿。

二、司法赔偿案件经协商达成赔偿协议，仍应当作出国家赔偿决定书。

▶案例索引

赔偿义务机关决定：浙江省高级人民法院（2015）浙法赔字第1号（2015年2月12日）。

▶案情

赔偿请求人：施卫兵。

赔偿义务机关：浙江省高级人民法院。

赔偿请求人施卫兵因涉嫌犯故意杀人罪，1997年1月17日被限制人身自由，1997年1月20日被刑事拘留，同年2月3日被逮捕。金华市人民检察院指控原审被告人施卫兵犯故意杀人罪及附带民事诉讼原告人方楷云提起附带民事诉讼一案，金华市中级人民法院于1997年10月24日作出（1997）金中刑初字第133号刑事附带民事判决：一、被告人施卫兵犯故意杀人罪，判处

死刑，剥夺政治权利终身；二、被告人施卫兵赔偿给附带民事诉讼原告人方楷云经济损失5000 元。施卫兵不服，提出上诉。本院于1997 年12 月29 日作出（1997）浙法刑终字第669 号刑事附带民事判决：一、驳回施卫兵的上诉；二、撤销金华市中级人民法院（1997）金中刑初字第133 号刑事附带民事判决中对被告人施卫兵的量刑部分，维持判决的其他部分；三、以故意杀人罪，判处被告人施卫兵死刑，缓期二年执行，剥夺政治权利终身。

施卫兵在服刑期间提出申诉。本院于2014 年11 月24 日作出（2013）浙刑监字第4 号再审决定书，决定对本案提起再审。

浙江省高级人民法院经再审认定，1997 年1 月9 日上午，兰溪市兰江镇的方飞凤被发现死于屋内，系被他人用钝器打击头部致开放性颅脑损伤，脑挫裂伤，脑出血而死亡，死亡时间为1 月9 日凌晨。上述事实有兰溪市公安局现场勘查笔录、照片、法医学尸体检验报告等证据证实。但原判认定被害人方飞凤系原审被告人施卫兵采用捂嘴、用榔头砸等方法致死的事实，不能成立。2014 年12 月29 日，本院作出（2014）浙刑再字第6 号刑事附带民事判决：一、撤销本院（1997）浙法刑终字第669 号刑事附带民事判决、金华市中级人民法院（1997）金中刑初字第133 号刑事附带民事判决及本院（1999）浙法刑执字第1492 号和（2002）浙刑执字第964 号刑事裁定；二、原审被告人施卫兵无罪；三、原审被告人施卫兵不承担民事赔偿责任。

2014 年12 月30 日，原审被告人施卫兵因宣告无罪被释放。

▶赔偿决定

施卫兵2015 年1 月27 日以再审无罪为由，向浙江省高级人民法院申请国家赔偿。提出下列赔偿请求：（一）在《金华日报》《金华晚报》《兰江导报》等媒体公开向赔偿请求人赔礼道歉、消除影响；（二）赔偿侵犯人身自由赔偿金1500012.80 元（国家统计局公布2014 年1 月至5 月职工工资收入24825 元，以此类推年收入59580 元/12 月 =4965 元/21.7 =228.8 ×6556 天 =1500012.80 元）；（三）赔偿精神损害抚慰金120 万元（包括赔偿请求人被判死刑的精神损害抚慰金、父亲死亡无法尽孝，父亲因包庇罪被刑事拘留并受到违法使用警械及数九寒天采取吹风、饿、疲劳审讯、申诉劳累致死的精神损害抚慰金)；（四）赔偿医疗费、后续治疗费42万元；（五）赔偿申请人父、母亲及大哥、二哥、姐因该案的精神损害抚慰金（心理治疗）30万元；（六）赔偿18年整的误工费162万元（年收入9万×18年)；（七）赔偿18年申冤的费用支出90万元（包括18年来亲属几乎每月前往省高级人民法院申诉：院长接待日和10多次前往北京到公安部、最高人民法院和最高人民检察院控告申诉的交通费、住宿费；一、二审辩护律师及申诉聘请的律师费；控告申诉材料的打印、复印、邮寄费等)；（八）赔偿申请人的父亲施小弟10年及二兄8年计申冤18年的误工费54万元。以上各项共计人民币6480012.80元。

浙江省高级人民法院听取了赔偿请求人施卫兵的意见，并就赔偿事宜与其进行了协商。双方于2015年2月11日达成如下协议：（一）赔偿义务机关浙江省高级人民法院有关领导已经在不同场合多次道歉，继续在《金华日报》《金华晚报》《兰江导报》等媒体公开向赔偿请求人施卫兵赔礼道歉、消除影响，已经没有必要，赔偿请求人同意放弃这一赔偿请求。（二）施卫兵因杀人嫌疑于1997年1月17日被限制人身自由，2014年12月30日因宣告无罪被释放，其被限制人身自由时间为6557日。2015年的赔偿标准尚未出台，先以2014年公布的赔偿标准予以赔付。按照最高人民法院公布的2014年作出国家赔偿决定涉及的侵犯公民人身自由权每日赔偿金标准200.69元计算，赔偿义务机关需要赔偿限制人身自由赔偿金131.592433万元。今后最高人民法院公布2015年的赔偿标准，若有不足，再予以补足。（三）赔偿请求人施卫兵因杀人罪被长期羁押，精神损害后果严重，根据《中华人民共和国国家赔偿法》第三十五条之规定，应当支付精神损害抚慰金。赔偿义务机关浙江省高级人民法院决定支付精神损害抚慰金46万元。（四）赔偿义务机关浙江省高级人民法院同意支付赔偿请求人施卫兵其他直接损失27万元。（五）上述赔偿金额总计204.592433万元。国家赔偿协议达成后，赔偿请求人施卫兵承诺不再要求赔偿义务机关浙江省高级人民法院其他方面的赔偿。

浙江省高级人民法院认为，本院与赔偿请求人施卫兵经协商达成的国家赔偿协议内容合法有效。依照《中华人民共和国国家赔偿法》第二条、第十七条第（三）项、第二十一条第四款、第二十二条第一款、第三十二条第一款、第三十三条、第三十五条和第二十三条第一款和第二款之规定，决定：一、支付赔偿请求人施卫兵限制人身自由赔偿金 131.592433 万元。今后最高人民法院公布 2015 年的赔偿标准，若有不足，再予以补足；二、支付赔偿请求人施卫兵精神损害抚慰金 46 万元；三、支付赔偿请求人施卫兵其他直接损失 27 万元。

2015 年 5 月 27 日，最高人民法院下发通知，公布了 2015 年作出国家赔偿决定涉及的侵犯公民人身自由权每日赔偿金标准为每日 219.72 元。根据上述协议及决定，本院尚应补足赔偿请求人施卫兵限制人身自由赔偿金 124779.71 元。浙江省高级人民法院遂决定再支付赔偿请求人施卫兵限制人身自由赔偿金 124779.71 元。

▶评析

施卫兵申请浙江省高级人民法院杀人再审无罪赔偿一案，浙江省高级人民法院共赔偿施卫兵人民币 217.070404 万元，这是《中华人民共和国国家赔偿法》实施以来浙江省赔偿金额最大的国家赔偿案件。

浙江省高级人民法院在赔偿过程中，赔偿请求人施卫兵提出应当按照“张辉、张高平再审无罪赔偿案”和“萧山五青年再审无罪赔偿案”的限制人身自由赔偿金 70% 的标准支付精神损害抚慰金，并且要求在《金华日报》《金华晚报》《兰江导报》等媒体公开向赔偿请求人赔礼道歉、消除影响，而 2014 年 7 月 31 日，最高人民法院发布的法发〔2014〕14 号《最高人民法院关于人民法院赔偿委员会审理国家赔偿案件适用精神损害赔偿若干问题的意见》要求，人民法院赔偿委员会确定精神损害抚慰金的具体数额，还应当注意体现法律规定的“抚慰”性质，原则上不超过依照《中华人民共和国国家赔偿法》第三十三条、第三十四条所确定的人身自由赔偿金、生命健康赔偿金总额的百分之三十五。鉴于本案精神损害抚慰金是在最高人民法院发布法发〔2014〕14号《最高人民法院关于人民法院赔偿委员会审理国家赔偿案件适用精神损害赔偿若干问题的意见》之后决定支付的，相对于我省“叔侄强奸案”和“萧山五青年抢劫案”两起重大冤狱案件的赔偿而言，精神损害抚慰金赔偿比例偏低，本案也没有突破《最高人民法院关于人民法院赔偿委员会审理国家赔偿案件适用精神损害赔偿若干问题的意见》要求，高于全国同类案件的正当理由。如何弥补这一缺陷，《中华人民共和国国家赔偿法》第三十六条第（八）项规定：“对财产权造成其他损害的，按照直接损失给予赔偿。”何谓直接损失，最高法院从来没有明确过，完全取决于法院在赔偿过程中的解释，实践中浙江省在律师费方面已经突破，如果通过协商途径解决，更不存在法律障碍。经查，仅仅根据本院信访登记不完全记载，自2003年以来，以施卫兵或其兄施卫良名义登记来访118次，来信30次，先后聘请5名律师为其辩护、申诉，因此，赔偿请求人施卫兵的申冤成本支出确实较高。这一赔偿请求有一定的合理性。经协商，浙江省高级人民法院同意以其他直接损失名义向赔偿请求人支付27万元，赔偿请求人不仅放弃要求浙江省高级人民法院在《金华日报》《金华晚报》《兰江导报》等媒体公开向赔偿请求人赔礼道歉、消除影响的赔偿请求，而且明确表示不再要求任何赔偿，也不再向最高人民法院赔偿委员会申请作出赔偿决定，本案得以圆满了结。

编写人　浙江省高级人民法院　江勇

002 李士生申请温州市公安局鹿城区分局违法刑事拘留国家赔偿案

——明显不构成犯罪的人不符合刑事拘留“重大嫌疑分子”的条件

▶裁判要旨

一、公安机关拘留赔偿实行违法归责原则，而非结果归责原则，对公安机关刑事拘留的合法性应当严格审查。

二、没有聚众扰乱社会秩序犯罪故意的人不符合“重大嫌疑分子”的条件，公安机关刑事拘留违法。

▶案例索引

赔偿义务机关决定：浙江省温州市公安局鹿城区分局鹿公赔决字（2015）1号（2015年1月28日）。

复议机关决定：浙江省温州市公安局温公赔复决字（2015）2号（2015年4月21日）。

审判机关决定：浙江省温州市中级人民法院赔偿委员会（2015）浙温法委赔字第3号（2015年8月5日）。

上级审判机关决定：浙江省高级人民法院赔偿委员会（2016）浙委提1号（2016年4月22日）。

▶案情

赔偿请求人：李士生，系温州动力头服装批发市场有限公司董事长。

赔偿义务机关：温州市公安局鹿城区分局（以下简称鹿城公安分局），住所地浙江省温州市鹿城区广场路118号。

复议机关：温州市公安局，住所地浙江省温州市鹿城区金桥路2号。

2001年，温州动力头服装批发市场有限公司租用当地鱼鳞浃村土地，举办温州动力头服装批发市场，部分区域系违章搭建。2011年8月5日，温州市鹿城区城市管理与行政执法局下达责令限期改正通知书，认为动力头服装批发市场违章搭建，要求其于2011年10月15日前自行拆除。2011年8月31日租赁期满后，温州动力头服装批发市场有限公司因土地使用权问题与鱼鳞浃村产生纠纷。在接到自行拆除通知后，温州动力头服装批发市场有限公司先后向温州市电力局、温州市鹿城区消防大队和当地南蒲街道党工委作了报告。2011年9月4日，温州动力头服装批发市场有限公司登报通知商户，要求“8”字头摊位及A、B幢8、9通道摊位先行拆除，在9月10日前腾空。并与商户签订承诺书，租赁协议已经届满，一切货物搬离腾空。2011年9月13日，温州动力头服装批发市场有限公司与温州市高峰建筑拆除有限公司签订“旧房拆除协议书”，由温州市高峰建筑拆除有限公司拆除温州动力头服装批发市场周围临时违章棚。2011年9月23日，在温州动力头服装批发市场有限公司有关人员的带领下，温州市高峰建筑拆除有限公司对违章棚进行拆除，当地鱼鳞浃村村民进行阻挠，双方发生纠纷，村民陈显荣不慎从二楼跌落死亡，拆除工作中止。

2011年9月23日，鹿城公安分局对温州动力头服装批发市场有限公司胡克钻等人聚众扰乱社会秩序一案决定立案侦查。经对涉案人员胡克钻、胡立杆、马美仓、吴学飞及证人陈时银、胡立川、漆抚邦、刘天金、陈荣光等人进行询问和组织辨认，于同年12月24日以涉嫌聚众扰乱社会秩序罪对温州动力头服装批发市场有限公司法定代表人李士生予以刑事拘留，并在24小时内将拘留原因和羁押处所通知李士生家属。2011年12月27日，温州市公安局鹿城区分局根据《中华人民共和国刑事诉讼法》第六十九条第二款规定，以李士生涉嫌结伙作案决定延长拘留期限，时间从2011年12月27日至2012

年1月23日。2012年1月21日，温州市公安局鹿城区分局作出温鹿公保字（2012）第21号取保候审决定书、温鹿公释通字（2012）第22号释放通知书，以采取取保候审不至于发生社会危害性，决定对李士生取保候审并释放，李士生共被羁押29天。2013年1月17日，温州市公安局鹿城区分局将该案移送温州市鹿城区人民检察院审查起诉。同年5月20日，鹿城区人民检察院以温鹿检刑诉（2013）64号补充侦查决定书退回补充侦查。经温州市公安局鹿城区分局补充侦查并再次移送审查起诉，鹿城区人民检察院于2013年11月19日作出温鹿检刑不诉（2013）64号不起诉决定书，以犯罪事实不清、证据不足，不符合起诉条件为由，决定对李士生不起诉。

▶赔偿决定

2014年12月8日，李士生以违法刑事拘留为由，向温州市公安局鹿城区分局申请国家赔偿。请求温州市公安局鹿城区分局赔偿因被限制人身自由28天的赔偿金5619.32元、精神损害赔偿金1966.76元，并消除影响、恢复名誉、赔礼道歉。2015年1月28日，鹿城公安分局作出鹿公赔决字（2015）1号国家赔偿决定，认为对李士生采取刑事拘留合法，李士生请求赔偿的侵权事实不存在，决定不予赔偿。

李士生不服，向温州市公安局申请复议。2015年4月21日，温州市公安局作出温公赔复决字（2015）2号刑事赔偿复议决定，认为鹿城公安分局对李士生采取刑事拘留措施和延长拘留期限合法，李士生请求赔偿的侵权事实不存在，根据《中华人民共和国国家赔偿法》第十七条第（一）项、第二十五条规定，决定维持鹿公赔决字（2015）1号国家赔偿决定。

2015年5月20日，李士生向温州市中级人民法院赔偿委员会申请作出赔偿决定。请求鹿城公安分局赔偿因被限制人身自由28天的赔偿金5619.32元、精神损害赔偿金1966.76元，并消除影响、恢复名誉、赔礼道歉。温州市中级人民法院赔偿委员会经审理认为，《中华人民共和国国家赔偿法》第十七条第（一）项规定，违反刑事诉讼法的规定对公民采取拘留措施的，或者依照刑事诉讼法规定的条件和程序对公民采取拘留但超过规定时限，其后决定撤销案件、不起诉或判决宣告无罪终止追究刑事责任的，受害人有取得赔偿的权利。根据《中华人民共和国刑事诉讼法》第六十一条、第六十九条第二款规定，公安机关对于现行犯或者重大嫌疑分子，可以先行拘留，有结伙作案等重大嫌疑的可延长拘留期限至 30 日。温州市鹿城公安分局于 2011 年 9 月 23 日对胡克钻等聚众扰乱社会秩序一案决定立案侦查后，经对涉案人员胡克钻、胡立杆、马美仓、吴学飞等人进行询问和组织辨认，均指认李士生涉嫌伙同他人扰乱动力头服装市场秩序，鹿城公安分局据此认定李士生有结伙作案重大嫌疑，决定对其采取刑拘措施，后经批准延长拘留期限至 30 日，并在期限届满之前对李士生予以释放并转为取保候审，符合刑事诉讼法规定的条件和程序，且没有超过规定时限。故李士生的赔偿申请不符合《中华人民共和国国家赔偿法》第十七条第（一）项的规定条件，鹿城公安分局决定不予赔偿并无不当。温州市公安局复议决定维持鹿城公安分局作出的不予赔偿决定，认定事实清楚，适用法律正确，应予以维持。据此，依照《最高人民法院关于人民法院赔偿委员会审理国家赔偿案件程序的规定》第十九条第（一）项规定，决定维持温州市公安局温公赔复决字（2015）2 号刑事赔偿复议决定书。

温州中院赔偿委员会作出赔偿决定后，李士生不服，向本院赔偿委员会申诉，认为温州中院赔偿委员会赔偿决定认为“鹿城公安分局据此认定李士生有结伙作案重大嫌疑，决定对其采取刑事拘留，后经批准延长拘留期限到 30 日，并在期限届满之前对李士生予以释放并转为取保候审，符合刑事诉讼法规定的条件和程序”的事实认定是错误的、适用法律也是错误的。在其没有犯罪事实，不符合刑事立案标准的情况下，温州市公安局鹿城公安分局对其采取的刑事立案违反了《中华人民共和国刑事诉讼法》的规定，在违法刑事立案之后对其采取的刑事拘留措施当然违法，其有申请赔偿的权利。请求浙江高院赔偿委员会依法重新审查，作出支持申诉人请求的决定。2016 年 3 月 14 日，浙江省高级人民法院赔偿委员会经听证后认为，温州市中级人民法院赔偿委员会的国家赔偿决定确有错误。依照《中华人民共和国国家赔偿法》第三十条第二款的规定，决定本案由浙江省高级人民法院赔偿委员会直接审理。

浙江省高级人民法院赔偿委员会认为，构成聚众扰乱社会秩序罪的主观方面必须是故意。从双方当事人提供的证据来看，2011 年 8 月 5 日，温州市鹿城区城市管理与行政执法局下达责令限期改正通知书，认为动力头服装批发市场违章搭建，要求其于 2011 年 10 月 15 日前自行拆除。为此，温州动力头服装批发市场有限公司已经报告温州市电力局、温州市鹿城消防大队和当地南蒲街道党工委，对商户也作了通知。2011 年 9 月 23 日，李士生组织拆除温州动力头服装批发市场违章建筑，不具有聚众扰乱社会秩序的犯罪故意。在拆违过程中，温州动力头服装批发市场有限公司委托的温州市高峰建筑拆除有限公司的拆除行为比较粗暴，但与聚众扰乱社会秩序犯罪有本质上的区别。

根据《中华人民共和国刑事诉讼法》第六十一条、第六十九条第二款规定，公安机关对于现行犯或者重大嫌疑分子，可以先行拘留，有结伙作案等重大嫌疑的可延长拘留期限至 30 日。而本案李士生组织拆除温州动力头服装批发市场违章建筑的行为不存在聚众扰乱社会秩序的犯罪故意，不属于聚众扰乱社会秩序罪重大嫌疑分子，不符合刑事拘留的条件。温州市公安局鹿城区分局对李士生决定并实施拘留，显系违法。刑事拘留是刑事诉讼法规定对现行犯或者重大嫌疑分子的刑事强制措施，其目的是便于进一步查清案件事实。温州市公安局鹿城区分局在给温州市中级人民法院的答辩状中竟然称刑事拘留为处罚，且认为幅度适当。在本院赔偿委员会 2016 年 2 月 18 日组织的听证中也称，当时调查取证基本完成，事实基本清楚。李士生组织拆除温州动力头服装批发市场违章建筑的行为发生于 2011 年 9 月 23 日，事发三个月后，温州市公安局鹿城区分局于同年 12 月 24 日以涉嫌聚众扰乱社会秩序罪对温州动力头服装批发市场法定代表人李士生予以刑事拘留，显然与立法授权目的不符，应予指正。

申诉人李士生于2011年12月24被刑事拘留，于2012年1月21日被释放，共被违法羁押29日。2016年度限制人身自由的赔偿标准尚未公布，根据《最高人民法院、最高人民检察院关于办理刑事赔偿案件适用法律若干问题的解释》（法释〔2015〕24号）第二十一条第二款规定："作出赔偿决定、复议决定时国家上一年度职工平均工资尚未公布的，以已经公布的最近年度职工平均工资为准。"2015年作出国家赔偿决定涉及的侵犯公民人身自由权每日赔偿金标准为219.72元，据此，温州市公安局鹿城区分局应当支付李士生限制人身自由赔偿金6371.88元。申诉人李士生被违法限制人身自由，身心健康受到严重影响，应当认定精神损害后果严重。根据《中华人民共和国国家赔偿法》第三十五条之规定，应当为申诉人李士生消除影响、恢复名誉、赔礼道歉，并支付精神损害抚慰金2000元。

2016年4月22日，浙江省高级人民法院赔偿委员会决定：一、撤销温州市中级人民法院赔偿委员会（2015）浙温法委赔字第3号国家赔偿决定、温州市公安局温公赔复决字（2015）2号刑事赔偿复议决定和温州市公安局鹿城区分局鹿公赔决字（2015）1号国家赔偿决定；二、由被申诉人温州市公安局鹿城区分局支付申诉人李士生限制人身自由赔偿金6371.88元；三、由被申诉人温州市公安局鹿城区分局为申诉人李士生消除影响、恢复名誉、赔礼道歉，并支付精神损害抚慰金2000元。

▶评析

一、对公安机关刑事拘留的合法性应当严格审查

1994年5月12日第八届全国人民代表大会常务委员会第七次会议通过的《中华人民共和国国家赔偿法》第十五条第（一）项规定："行使侦查、检察、审判、监狱管理职权的机关及其工作人员在行使职权时有下列侵犯人身权情形之一的，受害人有取得赔偿的权利：（一）对没有犯罪事实或者没有事实证明有犯罪重大嫌疑的人错误拘留的。"2010年4月29日第十一届全国人民代表大会常务委员会第十四次会议通过了修正的《中华人民共和国国家

赔偿法》，其第十七条第（一）项规定：“行使侦查、检察、审判职权的机关以及看守所、监狱管理机关及其工作人员在行使职权时有下列侵犯人身权情形之一的，受害人有取得赔偿的权利：（一）违反刑事诉讼法的规定对公民采取拘留措施的，或者依照刑事诉讼法规定的条件和程序对公民采取拘留措施，但是拘留时间超过刑事诉讼法规定的时限，其后决定撤销案件、不起诉或者判决宣告无罪终止追究刑事责任的。”修正后的国家赔偿法在实施之前，公安机关刑事拘留赔偿实行结果归责原则，修正的国家赔偿法实施之后，公安机关刑事拘留赔偿实行违法归责原则，对于拘留合法但结果错误的拘留案件，受害人不能得到赔偿。实践中，由于刑事拘留“重大嫌疑分子”的条件难以把握，一直比较宽松，导致公安机关刑事拘留缺乏应有的监督。刑事拘留作为一项限制人身自由的强制措施，一旦违法行使，其危害性不可低估。为了充分保护受害人的合法权益，有必要对公安机关刑事拘留的合法性实行严格审查。对于公安机关结果错误的刑事拘留行为，即使其程序违法，也要承担赔偿责任。例如，未依法出示拘留证；未在24小时送至拘留所羁押；不存在无法通知或者涉嫌危害国家安全罪、恐怖活动犯罪通知有碍侦查的情形，但未在拘留后24小时以内通知被拘留人的家属；未在拘留后的24小时内进行讯问等。上述程序违法，不能视为瑕疵，公安机关如违反均应当承担国家赔偿责任。

二、明显不构成犯罪的人不符合刑事拘留“重大嫌疑分子”的条件

根据《中华人民共和国刑事诉讼法》第六十一条、第六十九条第二款规定，公安机关对于现行犯或者重大嫌疑分子，可以先行拘留，有结伙作案等重大嫌疑的可延长拘留期限至30日。“重大嫌疑分子”的把握有两点：一是必须有初步证据，有一定的嫌疑性；二是嫌疑性达到一定的要求，构成初步印证，仅仅有利害关系人举报或指控是不够的。只有符合这两个条件，才可以采取限制人身自由的刑事拘留措施。对明显不构成犯罪的，理所当然不符合刑事拘留“重大嫌疑分子”的条件。本案从双方当事人提供证据和案卷材料看，2011年8月5日，温州市鹿城区城市管理与行政执法局下达责令限期改正通知书，认为动力头服装批发市场违章搭建，要求其于2011年10月15日前自行拆除。为此，温州动力头服装批发市场有限公司已经向温州市电力局、温州市鹿城消防大队和当地南蒲街道党工委作了报告，对商户也作了通知，不构成聚众扰乱社会秩序罪的故意。2011年9月23日，李士生组织拆除温州动力头服装批发市场违章建筑，不存在犯罪故意，也就不存在构成聚众扰乱社会秩序罪的可能性，显然不构成“重大嫌疑分子”的条件，温州市公安局鹿城区分局对李士生决定并实施拘留显系违法，依法应当承担赔偿责任。

值得指出的是，本案温州市公安局鹿城区分局给温州市中级人民法院的答辩状中竟然称刑事拘留为处罚，认为量罚适当。在本院听证中也称，当时调查取证基本完成，事实基本清楚。刑事拘留是刑事诉讼法规定对现行犯或者重大嫌疑分子的刑事强制措施，其目的是进一步查清案件事实。在案件事实基本查清的前提下，鹿城公安分局仍作出刑事拘留决定，与立法目的不符，显系滥用职权，应予以司法规制。

编写人　浙江省高级人民法院　江勇

003　李洪伟申请杭州市富阳区人民检察院无罪逮捕赔偿案

——未告知赔偿请求权，申诉上访期间不计入赔偿请求时效

▶裁判要旨

由于赔偿义务机关没有明确告知赔偿请求权，导致赔偿请求人一直申诉上访的，其申诉上访期间可以扣除，不计入赔偿请求时效。

▶案例索引

审判机关决定：杭州市中级人民法院赔偿委员会（2014）浙杭法委赔字第4号（2014年12月18日）；

上级审判机关决定：浙江省高级人民法院赔偿委员会（2015）浙法委赔提字第1号（2015年8月12日）。

▶案情

赔偿请求人：李洪伟。

赔偿义务机关：杭州市富阳区人民检察院（原富阳市人民检察院），住所地浙江省杭州市富阳区富春街道秦望路2号。

2010年5月18日，杭州市富阳区公安局（原富阳市公安局）对李洪伟涉嫌合同诈骗一案进行立案侦查。2010年5月26日，杭州市富阳区公安局将李洪伟刑事拘留。2010年5月29日，杭州市富阳区公安局以李洪伟涉嫌多次作案为由决定延长其刑事拘留期限，延长拘留的时间从2010年5月30日至2010年6月25日。2010年6月7日，杭州市富阳区公安局决定对李洪伟取保候审，同日，李洪伟被释放。2010年11月11日李洪伟被杭州市富阳区人民检察院批准逮捕。2011年5月19日，杭州市富阳区人民检察院决定对李洪伟取保候审并予以释放。2011年11月22日，杭州市富阳区人民检察院作出富检刑不诉（2011）第12号不起诉决定，以该刑事案件在案证据无法形成证据锁链来证明李洪伟的行为构成合同诈骗罪，该刑事案件属事实不清，证据不足，不符合起诉条件为由，根据《中华人民共和国刑事诉讼法》第一百四十条第四款的规定，决定对李洪伟不起诉。该不起诉决定于2011年11月25日向李洪伟宣布。李洪伟共被限制人身自由203天。

李洪伟在2011年11月25日收到被申诉人杭州市富阳区人民检察院所作的不起诉决定后，其与其父李书信一直申诉上访。其父亲曾于2013年11月18日前往国务院、公安部及最高人民检察院等国家机关就错误逮捕、扣押财产等事项上访申诉，之后又于 2013 年 11 月 20 日到杭州有关部门反映相关问题。

▶赔偿决定

2014 年 6 月 16 日，李洪伟向杭州市富阳区人民检察院提出赔偿申请。2014 年 6 月 17 日，杭州市富阳区人民检察院作出富检控申赔申通（2014）1001 号通知书：认为其提出赔偿申请，已过两年法定时效，丧失了请求赔偿权，不予赔偿。李洪伟不服，向杭州市人民检察院申请复议，杭州市人民检察院未作任何回应。

李洪伟不服，向杭州市中级人民法院赔偿委员会申请作出赔偿决定。杭州市中级人民法院赔偿委员会经审理认为：《中华人民共和国国家赔偿法》第三十九条第一款规定："赔偿请求人请求国家赔偿的时效为两年，自其知道或者应当知道国家机关及其工作人员行使职权时的行为侵犯其人身权、财产权之日起计算，但被羁押等限制人身自由期间不计算在内……"该条第二款规定："赔偿请求人在赔偿请求时效的最后六个月内，因不可抗力或者其他障碍不能行使请求权的，时效中止。从中止时效的原因消除之日起，赔偿请求时效期间继续计算。"本案中，杭州市富阳区人民检察院于 2011 年 11 月 22 日作出富检刑不诉（2011）第 12 号不起诉决定，以该刑事案件的在案证据无法形成证据锁链来证明李洪伟的行为构成合同诈骗罪，该刑事案件属事实不清，证据不足，不符合起诉条件为由，根据《中华人民共和国刑事诉讼法》第一百四十条第四款的规定，决定对李洪伟不起诉。《中华人民共和国国家赔偿法》第十七条第（二）项规定："行使侦查、检察、审判职权的机关以及看守所、监狱管理机关及其工作人员在行使职权时有下列侵犯人身权情形之一的，受害人有取得赔偿的权利：……（二）对公民采取逮捕措施后，决定撤销案件、不起诉或者判决宣告无罪终止追究刑事责任的。"据此，李洪伟自该不起诉决定书向其宣布之日起，应当知道杭州市富阳区人民检察院的案涉刑事司法行为侵犯其人身权，其迟至 2014 年 6 月 16 日向杭州市富阳区人民检察院提出国家赔偿申请，已经超过了两年的法定请求时效。据此，李洪伟的赔偿请求不符合国家赔偿的法定条件，根据《中华人民共和国国家赔偿法》第三十九条之规定，决定驳回赔偿请求人李洪伟的国家赔偿申请。

李洪伟向浙江省高级人民法院赔偿委员会申诉。浙江省高级人民法院赔偿委员会认为杭州市中级人民法院赔偿委员会确有错误，决定由本院赔偿委员会直接审理。经审理认为：鉴于被申诉人杭州市富阳区人民检察院作出不起诉决定后并未告知申诉人赔偿请求权，后申诉人一直申诉上访，故其申诉上访期间应予扣除，申诉人于2014年6月16日向被申诉人提出国家赔偿申请，没有超过法定两年请求时效。杭州市中级人民法院赔偿委员会以申诉人超过两年法定请求时效为由，作出驳回赔偿申请决定依据不足，应予撤销，申诉人的赔偿申请应予受理。根据《中华人民共和国国家赔偿法》第十七条第（二）项的规定，被申诉人作出不起诉决定后，申诉人有取得国家赔偿的权利。第三十三条规定："侵犯公民人身自由的，每日赔偿金按照国家上年度职工日平均工资计算。"申诉人实际被羁押203日，按照最高人民法院公布的2015年度侵犯公民人身自由权每日赔偿金标准219.72元计算，应当支付申诉人李洪伟侵犯人身自由权赔偿金44603.16元。《中华人民共和国国家赔偿法》第三十五条规定："有本法第三条或者第十七条规定情形之一，致人精神损害的，应当在侵权行为影响的范围内，为受害人消除影响，恢复名誉，赔礼道歉；造成严重后果的，应当支付相应的精神损害抚慰金。"申诉人李洪伟被违法限制人身自由时间较长，身心健康受到严重影响，应当获得精神损害赔偿。综合考虑申诉人李洪伟被错误羁押和工作生活受到影响等具体情况，决定赔偿其精神损害抚慰金15000元。2015年8月12日，浙江省高级人民法院赔偿委员会决定：一、撤销杭州市中级人民法院赔偿委员会（2014）浙杭法委赔字第4号决定；二、被申诉人杭州市富阳区人民检察院赔偿李洪伟侵犯人身自由权赔偿金44603.16元，精神损害抚慰金15000元，共计59603.16元。

▶评析

本案争议焦点在于如何把握《中华人民共和国国家赔偿法》第三十九条

规定两年请求时效的适用问题。

刑事冤错案件，应当给予国家赔偿，这是司法机关维护司法公信力的需要，也是司法工作的底线。赔偿义务机关告知赔偿请求人赔偿请求权，应当是法定义务，没有告知其赔偿请求权，应当承担一定的法律后果。本案中，李洪伟明确知道杭州市富阳区人民检察院侵犯其人身权的日期是2011年11月25日。根据《中华人民共和国国家赔偿法》第三十九条规定，若无其他情况，李洪伟应在2013年12月25日前申请国家赔偿才符合国家赔偿规定。李洪伟在收到不起诉决定后，由于杭州市富阳区人民检察院没有告知李洪伟赔偿请求权，其本人法律知识又欠缺，其与父亲一直信访申诉，虽然无直接证据证明其向赔偿义务机关杭州市富阳区人民检察院提出过赔偿主张，但其真实意思是明确的。为了更好地保护赔偿请求人的合法权益，有必要将其申诉上访期间不计入赔偿请求时效。这一定程度上是对《中华人民共和国国家赔偿法》第三十九条关于时效规定的扩大解释，但该解释符合国家赔偿法作为权利救济法的本质特征和要求。本案杭州市中级人民法院赔偿委员会以超过赔偿时效为由驳回其赔偿申请，属于对《中华人民共和国国家赔偿法》第三十九条规定的机械适用，故予以纠正。

编写人　浙江省高级人民法院　万成兆

004 杨蔚燕申请宁波市江东区人民法院错误执行国家赔偿案

——错录被执行人信息的国家赔偿责任

▶裁判要旨

执行中把他人信息误导入《全国法院被执行人信息查询》系统，虽未造成其现有财产损失，但错录信息可能影响了当事人银行贷款等生产生活，当事人为及时消除影响所产生的相关费用应被认定为因执行错误产生的直接损失，法院应予赔偿。

▶案例索引

赔偿义务机关决定：浙江省宁波市江东区人民法院（2015）甬东法赔字第2号（2015年9月30日）；

审判机关决定：浙江省宁波市中级人民法院赔偿委员会（2015）浙甬法委赔字第13号（2016年2月17日）。

▶案情

赔偿请求人：杨蔚燕。

赔偿义务机关：宁波市江东区人民法院，住所地宁波市江东区徐戎路126号。

杨蔚燕系上海江川金属材料有限公司（以下简称江川公司）法定代表人，（2012）甬东商初字第2158号原告远大物产集团有限公司诉上海浩轩国际贸易有限公司、江川公司、杨蔚燕等11个被告委托合同纠纷案件于2012年12月3日由宁波市江东区人民法院立案受理，审理过程中，原告经法院允许撤回了对江川公司及杨蔚燕的起诉。该案终审后进入执行程序，2014年10月28日宁波市江东区人民法院立案执行，案号为（2014）甬东执民字第2071号。但宁波市江东区人民法院审查立案时误将原审案件立案时全部11个被告一并列为被执行人，并逐一送达执行通知书和报告财产令。同时在执行案件立案信息登记录入中，将原审案件全部当事人信息导入至最高人民法院的《全国法院被执行人信息查询》系统。杨蔚燕于2015年5月28日向宁波市江东区人民法院提出异议，宁波市江东区人民法院于2015年5月29日出具《证明》，称：“（2014）甬东执民字第2071号，执行依据（2012）甬东商初字第2158号，远大物产集团有限公司申请执行江川公司、杨蔚燕等委托合同纠纷一案，根据申请人申请，撤回对江川公司、杨蔚燕的诉讼和执行，特此证明。”该证明于2015年5月30日送达杨蔚燕。2015年5月28日宁波市江东区人民法院通过浙江省人民法院邮件系统向省高院相关部门发送邮件，要求删除杨蔚燕和江川公司在《全国法院被执行人信息查询》上的记录。2015年6月3日，杨蔚燕从上海来到宁波市江东区人民法院，该院应其要求于当日出具《情况说明书》，确认二当事人的信息系错误录入并决定撤销，2015年7月16日，《全国法院被执行人信息查询》系统上杨蔚燕的姓名尚可查询到。至2015年7月26日，赔偿请求人确认上述杨蔚燕及江川公司的信息记录已被删除。

▶赔偿决定

杨蔚燕认为，宁波市江东区人民法院在（2014）甬东执民字第2071号案件的执行案件立案及执行过程中，错将赔偿请求人杨蔚燕列为被执行人，并将其名字录入最高人民法院《全国法院被执行人信息查询》系统，使其成为执行标的22743920元的被执行人，进入失信人黑名单，在全国范围内侵害请求人的名誉权，给其造成巨大损失。故杨蔚燕于2015年7月30日通过邮寄方式向宁波市江东区人民法院提交了国家赔偿申请，要求该院赔偿因错误执行（2014）甬东执民字第2071号案件将其录入《全国法院被执行人信息查询》系统所造成的30万元损失。

宁波市江东区人民法院于2015年9月30日作出（2015）甬东法赔字第2号国家赔偿决定书，以杨蔚燕的赔偿请求无事实依据为由，决定对其错误执行赔偿申请予以驳回，不予赔偿。

杨蔚燕向宁波市中级人民法院赔偿委员会申请作出国家赔偿决定，请求依法撤销宁波市江东区人民法院（2015）甬东赔字第2号《赔偿决定书》，赔偿因错误执行造成的损失30万元，在《全国法院被执行人信息查询》平台范围内为其消除影响、恢复名誉并赔礼道歉。

宁波市中级人民法院赔偿委员会认为，根据宁波市江东区人民法院

（2014）甬东执民字第 2071 号执行案件立案审批表、申请执行书、执行通知书和报告财产令及送达回证，宁波市江东区人民法院在执行立案时审查不严，未查明生效判决及申请人的申请事项，误把杨蔚燕和江川公司列为被执行人，直接将一审立案时的当事人信息导入《全国法院被执行人信息查询》系统，发送执行通知书和报告财产令，应属于执行错误。虽然除此之外宁波市江东区人民法院并没有采取查封、扣留、冻结等直接强制执行行为，未因此直接造成当事人现有财产损失，但错录信息已经影响了当事人银行贷款，对其生产生活工作产生一定的影响，赔偿请求人为及时消除影响亲自从上海来到宁波市江东区人民法院，所产生的相关费用（包括交通费用、误工费用等）应被认定为因执行错误产生的直接损失，而应予以赔偿。

杨蔚燕主张宁波市江东区人民法院的执行行为影响了其个人贷款，也直接影响到其负责的江川公司的经营并致公司倒闭，其本人因之蒙受了损失。但质证中其未能举证证明《全国法院被执行人信息查询》录入信息影响公司经营并致其倒闭，也未能举证证明其于 2014 年 10 月以来因被宁波市江东区人民法院错误执行而产生直接财产损失，故相关赔偿请求不予支持。杨蔚燕称其因被录入《全国法院被执行人信息查询》系统而导致其名誉权受损，故应在该平台为其消除影响、恢复名誉、赔礼道歉并给予精神损害赔偿。但《全国法院被执行人信息查询》系统所登记信息仅说明其为案件当事人，因并不涉及道德声誉评价而未直接侵害其名誉权。且该平台上杨蔚燕的相关信息已于 2015 年 7 月 26 日前被删除，宁波市江东区人民法院亦已出具书面材料协助澄清，故不存在消除其他后果的必要与可能。杨蔚燕要求为其消除影响、恢复名誉、赔礼道歉并给予精神损害赔偿抚慰金，不予支持。

杨蔚燕来宁波要求出具证明材料等所产生的必要交通、误工费用，可计入直接损失，因其未提供证据证实具体费用，故从实际情况出发，酌情定为 2000 元。据此，根据《中华人民共和国国家赔偿法》第三十八条，《最高人民法院关于人民法院赔偿委员会审理国家赔偿案件程序的规定》第十九条第（三）项、第二十条之规定，决定撤销宁波市江东区人民法院（2015）甬东法赔字第2号国家赔偿决定；宁波市江东区人民法院赔偿杨蔚燕2000元；驳回杨蔚燕其他赔偿请求。

▶评析

本案涉及执行中案件信息管理，由于系统中一审立案和执行信息之间的导入被设置为全盘自动导入，如果不仔细审查，类似本案中原告撤销对部分被告的诉讼系低概率事件就容易被忽视，从而造成信息录入差错，本案存在以下几个争议。

一、错录信息是否导致当事人公司倒闭和个人损失

杨蔚燕主张宁波市江东区人民法院的执行行为影响了其个人贷款，也直接影响到其负责的江川公司的经营并致公司倒闭，其本人因之蒙受了损失。但质证中其承认宁波市江东区人民法院于2014年10月28日发送的执行通知书和报告财产令，其本人及江川公司均未实际收到。其于2015年3月去银行申请个人贷款，后因银行告之其存在法院执行案件而不便贷款，其即于2015年5月28日前后与宁波市江东区人民法院联系。在杨蔚燕未举证证明贷款障碍具体发生时间的情况下，应可推知上述时间即为贷款障碍发生时间。而宁波市江东区人民法院获悉后也当即为其申请删除错录信息，并于同年5月29日出具《证明》、于6月3日出具详细《情况说明书》为其澄清，至2015年7月相关信息被删除。上述补救措施应能消除外界对其执行负债的怀疑。故该错录信息影响其个人贷款的时间最长不过2个月左右，且并无证据证明造成现有财产的直接损失。质证中杨蔚燕承认其负责的江川公司已于2015年4月关闭，并于同年7月23日在《上海商报》上登报注销。而杨蔚燕申请的是个人贷款而非公司贷款，且贷款受阻时间为5月份，故无法证明该公司的关闭及注销与上述贷款相关。《全国法院被执行人信息查询》系统所登记信息仅说明其为案件当事人，并非对其进行当然的负面评价，江川公司及杨蔚燕也未举证证明其公司合作对象因为在《全国法院被执行人信息查询》系统查询了信息而拒绝与其合作。故无法认定《全国法院被执行人信息查询》录入信息影响公司经营并致其倒闭，其主张证据不足。同时，关于执行行为所造成的损失，杨蔚燕提供的江川公司的审计报告［沪立信佳诚审字（2012）第4113 号］仅是该公司 2011 年年度的公司财务状况报告，不能反映该公司自 2014 年 10 月以来因被宁波市江东区人民法院错误执行存在何种直接财产损失；杨蔚燕农业银行、工商银行个人网上银行两个个人账户交易记录查询明细，也不能反映其于 2014 年 10 月以来因被宁波市江东区人民法院错误执行而产生直接财产损失。即客观上是否存在损失及损失数额未能举证证明。

二、错录信息是否导致当事人名誉权受损

杨蔚燕称其因被录入《全国法院被执行人信息查询》系统而导致其名誉权受损，故应在该平台为其消除影响、恢复名誉、赔礼道歉并给予精神损害赔偿。

《全国法院被执行人信息查询》系统仅提供当事人是否牵涉司法案件的中性信息参考，在设置上，进入该《全国法院被执行人信息查询》网络后，该网络网页上有一个声明："相关信息仅供查询人参考，如有争议，以执行法院有关法律文书为准，因使用本网站信息造成不良后果的，人民法院不承担任何责任。"即第一，该平台信息并不是对当事人涉案的司法确认，故可能存在信息差错，具体应以法院相关法律文书为准，这样，如对特定的当事人是否涉案及具体情况产生疑问，公众（包括合作伙伴）完全可以与当事人及人民法院沟通确认，类似本案中误列入当事人的情形，相关误解即可以及时消除。第二，该系统并非《全国法院失信被执行人名单信息公布与查询》这种直接的负面评价平台，后者是法院权威的"黑名单"。逻辑上进入案件执行程序与对抗执行是完全不同的概念，前者指存在民商事纠纷与争议，其产生原因非常广泛，通常不能单纯归咎于当事人缺乏道德诚信。后者是指不履行法院生效判决并恶意对抗执行，其社会诚信已被事实所否定。在程序上只有经过严格的法院执行程序，由执行法院确认后才能列入。因此，宁波市江东区人民法院未将江川公司和杨蔚燕录入全国法院失信被执行人名单，因并不涉及道德声誉评价而未直接侵害其名誉权。且该平台上杨蔚燕的相关信息已于2015年7月26日前被删除，宁波市江东区人民法院亦已出具书面材料协助澄清，故不存在消除其他后果的必要与可能。杨蔚燕要求为其消除影响、恢复名誉、赔礼道歉并给予精神损害赔偿抚慰金，应不予支持。

三、交通、误工费用是否属于直接损失

杨蔚燕主张其来宁波获取其和江川公司并非（2014）甬东执民字第2071号案件被执行人的证明材料时所产生的交通及误工费用属于直接损失。宁波市江东区人民法院认为该院并没有侵害杨蔚燕的名誉权，且与杨蔚燕电话沟通后，该院即于2015年5月28日通过法院邮件系统发送邮件申请删除信息，于2015年5月29日给其邮寄发送《证明》，后者亦于次日收到，故其无必要亲自来宁波，即相应的损失产生不能归咎于该院而应由其自行承担。

我们认为，虽然错录被执行人信息并未直接侵害其名誉权，但客观上，有可能使社会公众对其是否存在经营负债产生负面联想，故可能会在一定程度上影响其社会交往尤其是商业合作，本案银行暂缓给其贷款即是如此。对此，制造问题的行为人应承担排除妨碍消除不利影响的责任（即性质上属于侵权责任，并不属于侵权赔偿，也不属于精神损害赔偿范畴①）。本案中，宁波市江东区人民法院获悉出现信息录入差错后，虽然第一时间内做出了反应，包括出具书面《证明》，并通过邮件向上级法院申请删除错误信息。但应看到，该证明仅说明江川公司和杨蔚燕不是被执行人，并未对已经存在的《全国法院被执行人信息查询》登记信息作出详细及合理说明，同时，因删除信息需要一个时间过程，杨蔚燕为完全和及时消除他人尤其是银行系统的误解，来宁波直接联系相关事宜，系宁波市江东区人民法院执行行为引发，因此产生的交通、误工费用应认定为直接经济损失。

关于赔偿金额的确认，交通、误工费用赔偿以实际损失为原则。因赔偿请求人未提供证据证实具体费用，故从实际情况出发，酌情定为2000元。

编写人　浙江省宁波市中级人民法院　谭星光

---

① 江必新：《〈中华人民共和国国家赔偿法〉条文理解与适用》，人民法院出版社2010年版，第325页。

005　上海晶扬国际物流有限公司申请温州市公安局鹿城区分局刑事违法查封国家赔偿案

——恢复原状是国家赔偿责任的承担方式之一

▶裁判要旨

一、法人财产和个人财产是两种不同性质的财产，公安机关以查封个人股权为名，查封法人财产违法。

二、恢复原状也是国家赔偿责任的承担方式之一，人民法院有权作出依法解除公安机关刑事查封、冻结措施的赔偿决定，使财产恢复为无刑事查封状态。

▶案例索引

赔偿义务机关决定：浙江省温州市公安局鹿城区分局温鹿公赔决字（2015）2号（2015年8月25日）；

复议机关决定：浙江省温州市公安局温公赔复决字（2015）3号（2015年10月10日）；

审判机关决定：浙江省温州市中级人民法院赔偿委员会（2015）浙温法委赔字第6号（2016年6月13日）。

▶案情

赔偿请求人：上海晶扬国际物流有限公司（以下简称上海晶扬物流公司），住所地上海市金山区漕泾镇联发路128号。

赔偿义务机关：温州市公安局鹿城区分局（以下简称鹿城公安分局），住所地浙江省温州市鹿城区广场路118号。

复议机关：温州市公安局，住所地浙江省温州市鹿城区金桥路2号。

鹿城公安分局在办理朱晓东涉嫌挪用资金罪一案过程中，于2012年2月22日向上海市金山区房产管理局产权交易中心、上海市金山区土地局发出《关于要求冻结房产交易的函》（温鹿公函〔2012〕第25号），要求其协助配合将上海晶扬物流公司位于上海市金山区渭泾镇0004街坊17丘的房地产予以查封。鹿城公安分局在给上海市金山区房产管理局产权交易中心的函件上特别注明“查封时间自2012年2月23日起，至温州市公安局鹿城区分局来金山区房地产交易中心解除冻结为止”。鹿城公安分局未通知上海晶扬物流公司对其房地产采取查封措施。2014年5月21日，温州市鹿城区人民法院对朱晓东涉嫌挪用资金罪一案作出（2013）温鹿刑初字第1775号一审判决，同年8月6日，经温州市中级人民法院判决维持。上述判决未涉及上海晶扬物流公司被查封的房地产。2015年7月30日，温州市鹿城区人民法院作出（2013）温鹿刑初字第1775号裁定，追缴登记在朱任彬名下的罪犯朱晓东在上海晶扬物流公司40%的股权，变价后返还被害单位温州特成物资发展有限公司。该裁定未对上海晶扬物流公司被查封的房地产依法作出处理，同时文书中明确载明“本裁定书送达后立即生效”。

▶赔偿决定

2015年5月25日，上海晶扬物流公司向鹿城公安分局申请国家赔偿，要求解除涉案房地产查封，恢复无刑事查封状态。2015年8月25日，鹿城公安分局作出了温鹿公赔决字（2015）2号国家赔偿决定，认为未违法对涉案财产采取查封措施，决定不予赔偿。

上海晶扬物流公司不服，于同年9月9日向温州市公安局申请复议。2015年10月10日，温州市公安局作出温公赔复决字（2015）3号刑事赔偿复议决定，认为鹿城公安分局对上海晶扬物流公司的涉案财产采取查封措施未违法，上海晶扬物流公司请求赔偿的侵权事实不存在，决定维持鹿城公安分局作出的温鹿公赔决字（2015）2 号国家赔偿决定。

2015 年 12 月 8 日，上海晶扬物流公司向温州市中级人民法院赔偿委员会申请作出赔偿决定。请求温州市中级人民法院依据《中华人民共和国国家赔偿法》第三十二条之规定，依法解除对上海市金山区漕泾镇 0004 街坊 17 丘的房地产的刑事查封措施，使该房地产恢复无刑事查封状态。

温州市中级人民法院赔偿委员会经审查认为，《中华人民共和国刑事诉讼法》第二百三十四条规定，公安机关、人民检察院和人民法院对查封、扣押、冻结的犯罪嫌疑人、被告人的财物及其孳息，应当妥善保管，以供核查，并制作清单，随案移送。任何单位和个人不得挪用或者自行处理。人民法院作出的判决，应当对查封、扣押、冻结的财物及其孳息作出处理。《最高人民法院、最高人民检察院、公安部、国家安全部、司法部、全国人大常委会法制工作委员会关于刑事诉讼法实施中若干问题的规定（1998 年 1 月 19 日）》第四十八条规定，关于赃款赃物的处理，应当按照《刑事诉讼法》第一百九十八条的规定执行，并应当根据不同情况作以下处理：……（三）查封、扣押的赃款赃物，对依法不移送的，应当随案移送证据清单、照片或者其他证明文件，待人民法院作出生效判决后，由人民法院通知查封、扣押机关上缴国库，查封、扣押机关应当向人民法院送交执行回单。据此，公安机关对刑事诉讼中扣押的赃款赃物需待人民法院的判决生效后，方可根据判决内容作出没收等处理。（2013）温鹿刑初字第 1775 号刑事判决书、（2014）浙温刑终字第 708 号刑事裁定书、（2013）温鹿刑初字第 1775 号刑事裁定书并无认定涉案被查封的房地产系赃款赃物并作出没收等相应处理，故鹿城公安分局在原刑事诉讼程序中采取的查封行为已无依据，应当在案件终结后及时对扣押物品作出处理并予以返还。鹿城公安分局未予返还，已构成侵害公民财产权的行为。因此，赔偿请求人上海晶扬物流公司据以申请赔偿的侵权事实存在，其要求鹿城公安分局依法解除对上海市金山区漕泾镇 0004 街坊 17 丘的房地产的刑事查封措施，使该房地产恢复无刑事查封的状态，理由成立，依法应予支持。鹿城公安分局作出的温鹿公赔决字（2015）2号国家赔偿决定和温州市公安局作出的温公赔复决字（2015）3号刑事赔偿复议决定认定事实不清，主要证据不足，依法应予撤销。

2016年6月13日，温州市中级人民法院赔偿委员会依照《中华人民共和国国家赔偿法》第三十六条第（二）项、《最高人民法院关于人民法院赔偿委员会审理国家赔偿案件程序的规定》第十九条第（三）项规定，决定：一、撤销温州市公安局鹿城区分局作出的温鹿公赔决字（2015）2号国家赔偿决定和温州市公安局作出的温公赔复决字（2015）3号刑事赔偿复议决定；二、解除温州市公安局鹿城区分局对上海市金山区漕泾镇0004街坊17丘的房地产的刑事查封措施。

▶评析

一、鹿城区公安分局查封上海晶扬物流公司的房地产行为是否合法

赔偿请求人上海晶扬物流公司认为，鹿城区公安分局查封上海晶扬物流公司的房地产没有告知赔偿请求人，本案查封的财产是法人财产，与朱晓东刑事案件无关，唯一的联系是朱晓东的儿子参股了上海晶扬物流公司，但这是个人财产。鹿城区公安分局答辩认为，朱晓东系犯罪嫌疑人，其有权查封其财产。朱晓东以儿子名义将钱打入上海晶扬物流公司，购买了土地，查封有利于案件的办理。我们认为，法人财产和个人财产是两种不同性质的财产，必须严格区分，否则影响市场经济条件下的交易安全。2012年3月1日，鹿城区公安分局发函上海市金山区工商局，要求冻结朱晓东儿子朱任彬在上海晶扬物流公司的股权，上海市金山区工商局也已经执行，查封法人上海晶扬物流公司的房地产，没有法律依据，应当认定违法。并且，已经查封了个人在法人中的股权，再查封法人财产，不仅侵犯了公司法人其他股东的合法权益，而且也没有必要，法人擅自转移查封的股权，构成违法犯罪行为，将受到法律的严厉制裁。

二、鹿城公安分局是否需要履行解除查封义务

2012 年 2 月 22 日，鹿城公安分局发函上海市金山区房产管理局产权交易中心、上海市金山区土地局，要求协助配合将上海晶扬物流公司位于上海市金山区渭泾镇 0004 街坊 17 丘的房地产予以冻结，并在给上海市金山区房产管理局产权交易中心的函件上特别注明“冻结时间自 2012 年 2 月 23 日起，至温州市公安局鹿城区分局来金山区房地产交易中心解除冻结为止”。鹿城公安分局认为，根据公安部等机关颁布的公通字（2013）30 号文件《公安机关办理刑事案件适用查封、冻结措施有关规定》明确的“刑事查封（冻结）措施限于二年”规定，鹿城公安分局查封行为超过二年后自动解除，不需要办理解除查封手续。我们认为，公安部此规定明确的“刑事查封（冻结）措施限于二年”，这是关于查封期限的规定，属于程序规定，适用从新原则 ，本案应当适用“刑事查封（冻结）措施限于二年”的规定，鹿城公安分局查封行为超过二年后自动解除。但是鹿城公安分局的行为包含两部分：一是查封行为；二是明确查封行为必须由鹿城公安分局解封。该行为一经作出即具有确定力、拘束力和执行力。前行为适用“刑事查封（冻结）措施限于二年”的规定，但对后行为，未经鹿城公安分局解除查封或依法宣告解除查封前，不能得出结论：在查封期限二年届满后未办理续封手续的，对该处的刑事查封措施已经自动解除。对此，鹿城区公安分局的认识显然有误。

三、温州市中级人民法院赔偿委员会作出解除查封措施的国家赔偿决定是否正确

鹿城区法院未对鹿城公安分局查封上海晶扬物流公司的房地产行为作出裁判，并没有违法，反而证明鹿城公安分局查封上海晶扬物流公司的房地产行为没有得到法院裁判的支持，应当立即纠正。鹿城区公安分局查封上海晶扬物流公司房地产的行为违法，如造成的损害后果，则依法应当承担国家赔偿责任。由于本案赔偿请求人上海晶扬物流公司仅仅称查封行为导致其无法向银行申请贷款的后果，并没有导致其直接损失。故鹿城区公安分局依法不需要承担经济上的赔偿责任。《中华人民共和国国家赔偿法》第三十六条第

（二）项规定：“查封、扣押、冻结财产的，解除对财产的查封、扣押、冻结，造成财产损坏或者灭失的，依照本条第三项、第四项的规定赔偿。”《中华人民共和国国家赔偿法》第三十六条第（三）项规定：“应当返还的财产损坏的，能够恢复原状的恢复原状，不能恢复原状的，按照损害程度给付相应的赔偿金。”据审查，上海晶扬物流公司的赔偿请求是请求依法解除对上海市金山区漕泾镇0004街坊17丘的房地产的刑事查封措施，使该房地产恢复无刑事查封的状态。本案应当作出恢复原状的决定，而恢复原状必然要求解除鹿城区公安分局查封措施，从这点看，温州市中级人民法院赔偿委员会作出解除查封措施的决定，是合法正确的。

编写人　浙江省高级人民法院　江勇

图书在版编目（CIP）数据

案例指导．2016—2017年卷：总第八卷/浙江省高级人民法院编．—北京：中国法制出版社，2018.9

ISBN 978-7-5093-9624-7

Ⅰ.①案… Ⅱ.①浙… Ⅲ.①案例-中国-2016-2017 Ⅳ.①D920.5

中国版本图书馆CIP数据核字（2018）第161721号

责任编辑 周琼妮（zqn-zqn@126.com） 封面设计 蒋 怡

案例指导2016—2017年卷（总第八卷）

ANLI ZHIDAO 2016—2017NIANJUAN（ZONG DIBA JUAN）

编者/浙江省高级人民法院

经销/新华书店

印刷/三河市紫恒印装有限公司

开本/720毫米×980毫米 16开 印张/27 字数/341千

版次/2018年9月第1版 2018年9月第1次印刷

中国法制出版社出版

书号 ISBN 978-7-5093-9624-7 定价：88.00元

北京西单横二条2号

邮政编码100031 传真：010-66031119

网址：http：//www.zgfzs.com **编辑部电话：010-66067023**

市场营销部电话：010-66033393 **邮购部电话：010-66033288**

（如有印装质量问题，请与本社印务部联系调换。电话：010-66032926）